上海市哲学社会科学学术话语体系建设办公室
上海市哲学社会科学规划办公室

资助出版

上海市纪念
新中国成立
70
年研究丛书

中国法制史研究70年

王立民 洪佳期 高珣 主编

上海人民出版社

主　编：王立民　洪佳期　高　珣

副主编：王　捷　孙晓鸣　宋伟哲

撰稿人（按内容先后排列）：

王立民　何仁俊　陈　艳　王安廷　李　林

刘　倩　洪佳期　王　捷　高　珣　宋伟哲

孙晓鸣

总　序

2019年，是新中国成立70周年。70年来，我们国家所发生的天翻地覆的变化，所展开的这场宏大而独特的实践创新，无论是在中华民族历史上，还是在世界历史上，都是一部感天动地的奋斗史诗。

新中国成立70年来，当代中国经历了广泛而深刻的社会变革。这一变革的范围之广、程度之深、影响之大，都是空前的。新中国成立初期，通过对农业、手工业和资本主义工商业的社会主义改造，我们创造性地完成了由新民主主义到社会主义的过渡。“三大改造”的基本完成，标志着社会主义制度在中国的确立，社会主义初级阶段建设从此阔步展开。改革开放以来，我们成功开创和拓展中国特色社会主义道路，使社会主义这一人类社会的美好理想在古老的中国大地上变成了具有强大生命力的成功道路和制度体系。这不仅为中华民族实现伟大复兴提供了重要制度保障，而且为人类社会走向美好未来提供了具有充分说服力的道路和制度选择。

党的十八大以来，在我国从大国向强国迈进的重要历史关头，以习近平同志为核心的党中央统筹推进“五位一体”总体布局和协调推进“四个全面”战略布局，在改革发展稳定、内政外交国防、治党治国治军等方面展开了一系列治国理政新实践。比如，实施创新驱动发展战略，推进自由贸易试验区和科技创新中心建设；推进供给侧结构性改革，推进“一带一路”建设，推进京津冀协同发展、长江经济带建设、粤港澳大湾区建设、长江三角洲区域一体化发展等国家重大发展战略；稳妥推进政治体制改革，不断深化行政体制改革；在宣传思想、文化文艺、新闻舆论、网络安全、哲学社会科学、思想政治工作等方面作出战略部署；创新和加强社会治理，探索特大城市社会治理新路；实施精准扶贫，持续改善民生；全面从严治党，强化制度治党、管权、用吏；全面实施改革强军战略，深化国防和军队改革；推动构建以合作共赢为核心的新型国际关系等。

“社会大变革的时代，一定是哲学社会科学大发展的时代。”2019 年 3 月 4 日，习近平总书记在看望参加全国政协十三届二次会议的文艺界、社科界委员时再次指出，“哲学社会科学研究要立足中国特色社会主义伟大实践，提出具有自主性、独创性的理论观点”。社会变革和实践创新是产生原创性学术思想的源头活水。原创能力是哲学社会科学的核心竞争力，是构建中国特色哲学社会科学的关键点、着力点。当代中国哲学社会科学的学术研究，要形成自己的特色，提出自主性、独创性的理论观点，就必须扎根中国大地，以当代中国的伟大实践为研究起点、研究对象，把 70 年来中国进行社会主义建设和改革的成就讲清、经验阐明、逻辑理顺、道理论透，在解读中国实践中孕育学术成长、构建中国理论。哲学社会科学各学科都要勇于进行学术创造，从自己的学术视角来认识、研究、总结这一波澜壮阔的社会变革和伟大实践，阐明独到见解、提出独创学说、提升原创能力。

凡学必有史，历史研究是一切社会科学的基础。提升中国学术的原创能力，构建中国特色哲学社会科学的学科体系、学术体系、话语体系，要坚持以史为纲、论从史出，才能厚植学术根基，真正形成中国特色、中国风格、中国气派的哲学社会科学。要坚持“以史为纲”。中国的学术必须真正深入到中国社会变革和实践创新的基本史实，才会具有厚实的根基，才会孕育真正的自信，才会形成真正的中国学术。要扎扎实实地做好各个学科分类的史学研究，做到以史为据、史由证来，形成一系列专门的“史著”，为构建中国特色哲学社会科学提供厚重的史学支撑。要坚持“论从史出”。史实是学术研究的基础，更是检验学术的标准。哲学社会科学的各个学科，都要努力从扎实的“史著”出发，从不同的学科视角依据历史史实、遵循学术规律，提炼出有学理性的新理论，提炼出易于为国际社会所理解和接受的标识性概念，形成体现中国学术原创能力的“论著”。

2017年，在中共上海市委宣传部指导下，上海市社会科学界联合会、上海市哲学社会科学学术话语体系建设办公室、上海市哲学社会科学规划办公室启动实施了上海市“纪念新中国成立70周年”系列研究。本系列研究坚持“以史为纲”“史论结合”，在回顾新中国成立70年来，中国共产党领导全国人民实现国家富强、民族振兴、人民幸福的伟大奋斗历程中取得的伟大成就的基础上，系统研究、辩证揭示新中国70年历史性变革中所蕴藏的内在逻辑，总结经验，前瞻未来，为更好推进“五位一体”总体布局和“四个全面”战略布局提供强大精神力量。两年来，承担系列研究任务的复旦大学、上海社会科学院等上海多所高校和社科研究机构的专家学者辛勤工作，始终坚持以中国实践为基础，以重大问题为导向，以历史研究为支撑，尊重学术规律，弘扬学术精神，追求学术精品，形成了一批既客观准确描述历史，又具有扎实学理基础的学术论著，汇编成这套“上海市纪念新中国成立 70 年研究丛书”，呈现了上海社科理论界在构建中国特色哲学社会科学中应当具有的历史使命和责任担当，是上海社科理论界庆祝新中国成立 70 周年的献礼之作。

是为序，以庆祝新中国成立 70 周年！

徐 炯

中共上海市委宣传部副部长

目 录

序 1

上 编

第一章 新中国成立后30年的中国法制史学 3

第一节 1949—1978年的中国法制史学发展阶段 4

第二节 中国法制史学的研究成果（上） 9

第三节 中国法制史学的研究成果（下） 21

第四节 中国法制史学的重大事件与争鸣 34

第五节 中国法制史学的研究人员与教研机构 43

第六节 中国法制史学的特点和反思 61

第二章 20世纪80年代的中国法制史学 68

第一节 20世纪80年代中国法制史学外部发展环境 72

第二节 20世纪80年代中国法制史学内在发展理路 82

第三节 20 世纪 80 年代中国法制史学研究领域的拓展及主要贡献 106
第四节 20 世纪 80 年代中国法制史学其他若干问题 119

第三章 20 世纪 90 年代的中国法制史学 138

第一节 20 世纪 90 年代中国法制史学发展背景 138
第二节 20 世纪 90 年代中国法制史学的研究情况 151
第三节 20 世纪 90 年代中国法制史学的思考 192

第四章 21 世纪初 20 年的中国法制史学 220

第一节 法律史料的整理与出版 220
第二节 中国法制史研究成果述评 230
第三节 21 世纪初 20 年中国法制史研究争论及主要特点 261

下　编

第五章 楚简法律文献研究 70 年 271

第一节 楚简法律文献的研究价值 271
第二节 楚简法律文献的国内外研究状况 273
第三节 包山楚司法简的出土与研究 276

第六章 中国唐律研究 70 年 295

第一节 唐律研究成果的三大类别 295
第二节 唐律研究涉及的内容 302

第三节 改革开放 40 年来唐律研究取得的主要成就及其原因 310
第四节 唐律研究中存在的主要问题和解决途径 317
第七章 革命根据地时期法制研究 70 年 326
第一节 革命根据地时期法制研究综述 327
第二节 革命根据地时期法制的专题研究 340
第三节 革命根据地时期法制研究评述 353
第八章 中国刑罚史研究 70 年 358
第一节 刑罚种类的研究 359
第二节 刑罚的裁量、执行、消灭及相关问题研究 382
第三节 中国刑罚史研究之评析 392
第四节 中国刑罚史研究之展望 407
第九章 中国地方法制史研究 70 年 421
第一节 地方法制史研究的意义 421
第二节 地方法制史研究成果的分类 427
第三节 地方法制史研究成果所涉及的主要内容 441
第四节 研究成绩、存在问题及展望 448
第十章 中国租界法制研究 70 年 455
第一节 中国租界法制研究成果分类 455
第二节 中国租界法制研究的主要内容 473
第三节 中国租界法制研究前瞻 489
第十一章 中国租界审判机关研究 70 年 502
第一节 中外混合审判机关研究回溯 502

第二节　中国审判机关研究回溯　515
第三节　外国审判机关研究回溯　521
第四节　对研究现状的总结与思考　532
后记　538

序

《中国法制史研究70年》是中国法制史的学术史（史学史）中的断代史，集中反映了新中国成立70年来，中国法制史研究的历程与相关的内容。其中，包括了中国法制史研究的主要成果、作者、发展阶段、研究机构、学术争鸣等一些关键内容。目前，这样的研究成果鲜见，算是为中国法制史研究大厦添砖加瓦了。

《中国法制史研究70年》一书是我主持的2017年上海市哲学社会科学规划“三大系列”课题“中国法制史研究70年”（2017BHB013）的结项成果。2017年，我和团队成员敢于申报这一课题，是因为已有一定学术积累，有一些中国法制史学研究的成果为基础。主要分三大类：第一类是公开出版的著作。主要是由我指导的博士研究生撰写并以著作形式公开出版的博士学位论文。其中有：《中国古代法制史学史研究——以历史古籍为中心》[①]《中国近代法制史学史研究》[②]等。第二类是公开发表的论文。其中，主要是我本人发表的论文，包括：《中国租界法制研究的检视与思考》[③]《中国地方

① 张维新：《中国古代法制史学史研究——以历史古籍为中心》，上海人民出版社2012年版。

② 周会蕾：《中国近代法制史学史研究》，上海人民出版社2013年版。

③ 王立民：《中国租界法制研究的检视与思考》，《当代法学》2012年第4期。

法制史研究的前世与今生》[1]《中国唐律研究三十年》[2]和《中国法制史学史三十五年》[3]等。第三类是硕士学位论文。由我指导的一些硕士研究生把中国法制史学作为研究对象，写成硕士学位论文。其中，主要是：《20 世纪 80 年代中国法制史学的发展与反思——以大陆地区论文为中心》[4]《20 世纪 80 年代中国法制史学研究——以大陆地区著作为中心》[5]《二十世纪九十年代中国法制史学研究——以大陆地区论文为中心》[6]《二十世纪九十年代中国法制史学探究——以大陆地区著作为中心》[7]《晚清中国法制史学探究（1840—1900）——以中国大陆地区研究为中心》[8]《上海法制史学研究——以中国大陆地区著作为中心》[9]《中国法制史学研究（1949—1978）——以中国大陆为中心》[10]等。有这三大类研究成果为基础，再进一步全面、系统研究"中国法制史研究 70 年"课题，就心中有底，充满信

① 王立民：《中国地方法制史研究的前世与今生》，《中外法学》2013 年第 5 期。

② 王立民：《中国唐律研究三十年》，《法学研究》2014 年第 5 期。

③ 王立民：《中国法制史学史三十五年》，《浙江学刊》2016 年第 4 期。

④ 陈艳：《20 世纪 80 年代中国法制史学的发展与反思——以大陆地区论文为中心》，华东政法大学 2011 年硕士学位论文。

⑤ 王安廷：《20 世纪 80 年代中国法制史学研究——以大陆地区著作为中心》，华东政法大学 2012 年硕士学位论文。

⑥ 李林：《二十世纪九十年代中国法制史学研究——以大陆地区论文为中心》，华东政法大学 2013 年硕士学位论文。

⑦ 刘倩：《二十世纪九十年代中国法制史学探究——以大陆地区著作为中心》，华东政法大学 2013 年硕士学位论文。

⑧ 孙婷：《晚清中国法制史学探究（1840—1900）——以中国大陆地区研究为中心》，华东政法大学 2014 年硕士学位论文。

⑨ 王冰洁：《上海法制史学研究——以中国大陆地区著作为中心》，华东政法大学 2016 年硕士学位论文。

⑩ 何仁俊：《中国法制史学研究（1949—1978）——以中国大陆为中心》，华东政法大学 2015 年硕士学位论文。

心了。事实也是如此。本课题的研究比较顺利，能够按时完成，离不开这些前期成果的积累，也离不开以往打下的研究基础。

本书以新中国成立 70 年来中国法制史的研究为核心，重点反映改革开放 40 年来中国法制史研究取得的巨大成就。研究资料以公开发表、出版的论文、著作为主，可信度比较高，以此为基础得出的结论也会比较可靠。

中国法制史研究 70 年就是中国法制史学 70 年，也是中国法制史的学术史 70 年。通过这一研究，进一步深刻领会了研究新中国成立后的中国法制史有其积极的意义。第一，有利于较为系统、全面地反映新中国成立 70 年来中国法制史的研究状况。新中国成立 70 年来，尤其是改革开放 40 年来，中国法制史的研究取得了长足的进步，然而，目前还缺乏系统、全面的总结，鲜有这样的成果面世，以致大家对这一家底不是十分清楚。通过本课题研究，可以较为系统、全面地展示新中国成立 70 年来，尤其是改革开放 40 年来中国法制史的研究成果，较为客观地反映其成果与成就，以便后人的研究有的放矢，进一步推进中国法制史研究。第二，有利于探索新中国成立 70 年来，中国法制史学演进的规律。新中国成立后的前 30 年，中国法制史的研究道路曲折，改革开放 40 年来，这一研究才突飞猛进，其中存在自身的演进规律。从大量史料与现象中，可以去伪存真，探索其演进规律，以便今后遵循这一规律，大力推进中国法制史研究。第三，有利于推动与海外的中国法制史学术交流。中国法制历史博大精深，同样受到海外学者的关注，也有一些研究成果问世。中国法制史研究 70 年的研究成果可以显示出国内中国法制史研究的现状，与海外学者进行必要的学术交流，取长补短，共同进步。第四，有利于凸显新中国成立以来取得的辉煌成就。新中国成立以后，尽管有过挫折，但各条战线从总体上来说，都在进步，改革开放以来，这一进步更大。中国法制史研究 70 年从一个学术史的角度来凸显新中国在法学、社会科学中取得的成就，从而印证新中国在社会主义建设中取得的不凡的进步，特别是在改革开放以后的巨大进步。可见，研究 70 年中国法制史学具有多重意义，这一研究十分有必要。

本书的内容大致可以分为上、下两编。上编以时间为序，集中反映了这 70 年中，纵向的中国法制研究产生、发展情况。其中，又可分为两个板块。第一板块是新中国成立后的前 30 年中国法制史研究的板块。在这 30 年中，法律虚无主义占据主要地位，法学研究遭到抑制，中国法制史的研究也是如此。因此，那时的研究队伍弱、研究成果少、学术含量低。第二板块是改革开放后 40 年中国法制史研究的板块。改革开放使中国的面貌焕然一新，法学研究的春天来了，中国法制史学的研究也是如此。此时的研究队伍壮大，研究成果丰硕，学术含量大增。此时的研究状况是新中国成立以来 70 年中最好的，也是全世界中国法制史研究状况最好的时期。可以说，中国法制史研究的世界中心又回到了中国大陆，令人振奋。下编则是中国法制史研究中专题研究部分。其中的内容由 7 个专题构成，时间跨度是新中国成立后的 70 年，但主要集中于改革开放后的 40 年。下编是对上编的补充和细化。如果说，上编的内容是一种横向、宏观的表达，那么下编的内容则是纵向、微观的表现。横向与纵向、宏观与微观相结合，更能系统、全面地重现中国法制史研究 70 年的面貌。

在本书的写作过程中，我与大家一起做了大量细致、有效的工作，其中包括收集资料、进行调研、咨询研讨、梳理归纳、理论研究等。这些工作都花费了大量时间与精力，大家都不辞辛劳，认真完成，为本书的最终出版，创造了条件。在此，对每位成员表示最为衷心的感谢！

文稿虽然完成，著作也已草成，但其中仍会有不足，特别是资料的收集，难免挂一漏万，出现疏漏；另外，理论的提升还欠火候，功力还有不足。这些都有待于日后弥补与提高。

王立民于华东政法大学

2019年4月28日

上　　编

第一章　新中国成立后30年的中国法制史学

近代史学家金毓黻对于史、史学和史学史三者的关系曾有过这样一段描述："史"研究的是人类社会的沿革、变迁；"史学"是指对前述研究的总结，分析人类社会变迁的机理所在；"史学史"则是对"史学"的总结，以明白史学研究变迁进化的因果关系。①

由此观之，中国法制史学研究之目的，是通过研究历史上的法律制度的存在、运行和变迁，去探求它们存在、运行和变迁背后的机理，以及它们的存在、运行和变迁与中国社会之间的相互作用等问题。

与中国法制史学以历史上的法律制度为研究对象不同，中国法制史学史所研究的对象是中国法制史学本身。它所研究的，是中国法制史这一学科发展变迁的过程。这里的"学术史"包含了三层意思：第一层意思是指"学科发生、发展、演进、变迁的客观历史"，第二层意思是指"对学科过去实际发生的事情和客观历史进行的述说和编纂"，第三层意思是指"对这种述说和编撰背后起支配作用的观念和条件进行的反思和解释"。②

---

① 金毓黻：《中国史学史》，商务印书馆1999年版，第2页。

② 参见黄震：《中国法律史的学科史反思》，载张中秋编：《法律史学科发展国际学术研讨会文集》，中国政法大学出版社2006年版，第25页。

本章研究的是 1949 年至 1978 年间中国法制史学科的学术史，在目前的中国法制史研究中，对于这一时期的研究比较薄弱，对这一块中国法制史学学术史的研究有助于填补空白，厘清中国法制史学发展脉络。同时，这一时期的有关中国法制史的论文和著作散佚比较严重，研究人员的研究情况也不甚详细，通过这样的研究，有助于整理出一个这一时期中国法制史的论文著作目录，整理清楚研究人员的研究情况，为以后的研究打下基础。

第一节 1949—1978 年的中国法制史学发展阶段

1949 年至 1978 年，是中国法制史学学术史上的一段低潮时期。在这一时期，随着政治环境和社会环境的波动，中国法制史学也经历了许多跌宕浮沉。这一时期的中国法制史研究的发展过程可分为两个阶段：1949 年至 1966 年与 1966 年至 1978 年的两个阶段。

一、1949 年至 1966 年阶段

1949 年至 1966 年这一阶段，随着和平的来临，社会经济恢复发展，以及“百花齐放，百家争鸣”文艺政策的提出，中国法制史学发展得到了一定的有利条件。在研究成果方面，这一阶段出现了数量较多的成果；在教育方面，中国人民大学还培养出了一批法制史研究生，充实了中国法制史研究的科研实力，各大院校都编著了中国法制史教材和讲义，推动了中国法制史学知识普及。然而，与前一时期相比，这一阶段的中国法制史学，在时局变化的影响下，发生了许多变化。

在新中国成立前夜的1949年5月，中共中央发布指示，在解放区内全面废除国民党的旧法律制度，要求各级司法机关要以“蔑视和批判”的态度，去批判国民党政权颁布的“一切反动法律、法令”。[①]于是，一场批判旧法的运动迅速展开。这场运动使包括学术界在内的整个社会从上到下对旧法的态度产生巨大变化，批判旧法成为中国法制史的主流观点。在这种观念支配下产生了不少批判旧法律制度的文章。它们批判旧法律制度是“反人民的反动法律”，认为这些法律“没有什么可取的地方”，[②]这种批判尤其表现在对近代法制史的研究，特别是对南京国民政府法律制度的研究上。在这批判浪潮下，当时的中国法制史学没有辩证地看待旧法，把旧法律制度中一些进步的、符合人类发展规律的法律制度和原则同它们的本质区别开来。在批判旧法律的同时，主张法律的继承性的言论也被当作“右派分子的反动言论”进行批判，它们认为，法律“具有鲜明的阶级性”，是“不能继承的”。[③]这些观点对以后的中国法制史学研究产生了消极的影响。

在批判旧法的同时，建立在旧法基础上的旧法学也遭到了弃置，旧法学著作遭到批判，传播受到限制。民国时期的法学家或是失业，或是被迫改行从事其他研究，部分民国时期从事其他部门法学研究的学者转投中国法制史研究，其中最典型的例子有戴克光、吴恩裕等。

旧法学被批判打倒后留下了大量的空白，这为苏联法学的进军提供了大片的空间。在20世纪50年代初中苏友好的大环境下，苏联派出大量专

① 《中共中央关于废除国民党〈六法全书〉和确定解放区司法原则的指示》，文献来源：中国共产党新闻网，访问网址：http：//cpc.people.com.cn/GB/64184/64186/66650/4491574.html，访问日期：2014年12月1日。

② 宋光、江振良：《国民党伪“六法”的反动本质》，《法学》1958年第2期。

③ 萧永清：《学习中国法制史初探》，《政法研究》1963年第3期。

家援助中国建设，其中也包括为数不少的法学专家。这些苏联专家当时主要被安排在中国人民大学，中国人民大学当时被认为是中国社会科学的“工作母机”，不少中国法制史研究人员在校时都上过苏联专家讲授的课程，其中的个别人还得以进一步赴苏联留学深造。在当时，中国法制史的学科定名也曾引起一场争论，学者对中国法制史学科名称是采用清末以来一直使用的旧称“中国法制史”还是采用苏联式的“中国国家与法的历史”持有不同意见，但是在最后，苏联式的学科名称——“中国国家与法的历史”明显占了上风。当时中国法制史的教材也是按照苏联法制史教科书模式编写的。

依靠自力更生和部分苏联法学的影响，新中国逐步在旧法学的废墟上建立了新中国的法学。新中国的法学是以马克思主义为指导的法学，因此马克思主义的阶级斗争论和生产力决定论成为中国法制史学界的指导思想。从这时候开始，中国法制史学不再把法律视为一种独立的、永恒的存在，而是把它看作阶级统治的工具，一种上层建筑。法律随着阶级社会的出现而产生，也将随着阶级社会的消亡而逐步消亡。法律被社会的经济基础所决定，随经济基础的变化而变化，同时也会对经济基础产生反作用。

在研究方法上，阶级分析成为当时中国法制史学的主导研究方法，在这种研究方法影响下，确定历史上法律制度的性质，成了当时中国法制史研究最热衷的问题，质量并不佳：这些作品的论证模式都是以论带史，经常大段引述领导人的讲话或是马列经典著作的论述，史料只是处于一个从属的位置，其结论往往也是千篇一律，成果质量不能算高。

这一阶段的中国法制史研究的这些变化，与其说是中国法制史自身发展的结果，不如说是社会政治因素影响下的产物。总的来说，这一阶段的中国法制史学抛弃了过去的研究基础，走上了一条与此前截然不同的道路，这种转变对后一个阶段乃至更往后时期的中国法制史研究，产生了深远的影响。

二、1966年至1978年阶段

这一阶段爆发“文化大革命”，对新中国的法制建设和法学事业造成巨大冲击。1966年至1976年这十年间，随着国家机构的瘫痪，立法、执法、司法工作全都陷入停顿，法学教学与研究遭遇毁灭性的打击。

在这种环境下，中国法制史学学术遭受严重打击。这种打击表现在教学与研究两个方面。在教学方面，法制史专业研究生的培养被迫停止。“文革”期间，除了西南政法学院和吉林大学的法律系没有被撤销之外，全国其他所有的政法院校都被解散，未解散的院校的教学秩序也受到严重的干扰。中国法制史教育全面陷入停顿。

在研究方面，中国法制史的研究也陷入了停滞。在1966年至1971年这5年间，没有一篇有关中国法制史的论文发表，也没有一部中国法制史的著作、教材编成出版。中国科学院哲学社会科学部、上海市法学会、上海社会科学院政法研究所等研究机构遭到严重破坏，许多中国法制史的研究人员被调离本职，改做其他研究工作。1972年之后，随着国家的部分整顿，历史学研究得以部分恢复，中国法制史研究在部分领域得以重新开展。但是，由于受到“批儒评法”运动的影响，中国法制史的研究受到严重的干扰。在这场运动的影响下，法家思想在中国历史上的地位遭到严重夸大，儒家思想则受到错误批判，所有中国历史上的政治斗争都被解读为“儒法两条路线的斗争”。

总的来说，由于扭曲的现实的影响，1966年至1976年这10年间的中国法制史学基本上是一片萧条，并无建树。中国法制史研究这种萧条局面的逐步改观，要到“文革”结束之后。

1976 年，结束了长达十年的“文化大革命”。寒冬过后，中国法制史的研究迎来局部复苏。许多中国法制史科研人员回到了自己的研究岗位，与此同时，还有许多新的科研人员也加入中国法制史的研究队伍，壮大了中国法制史研究人员的阵容。随着“文化大革命”的结束，部分研究人员开始反思批判“文化大革命”对中国法制史研究的恶劣影响，“批儒评法”等“左”倾错误思想的负面影响逐步被清除。随着国家的法制建设重新开展，研究中国法制史，为中国法制建设事业服务成为中国法制史学界的共识，因此 1976 年之后的中国法制史研究的重心重新回到中国法制史的本体问题——法律制度研究上来。相较于以前的研究成果，1976 年以后的中国法制史学的研究成果中，研究法制史的具体问题的成果逐步多了，其问题意识更加明确。

随着法学院校的恢复，法学教育得以重新开展，中国法制史的课程又重新回到大学的课堂，成为法学院学生的必修课程。中国法制史的教材讲义也得以重新编写出版，这些“文革”后出版的中国法制史教材讲义和参考资料的名称基本上都改变了 50 年代以来沿用的“国家与法的历史”这一称呼，重新称为“法制史”或“法律制度史”，其写作范式也一改过去苏联式的“国家与法的历史”模式，回到以法律制度为主的模式上来。此外，1978 年，北京大学和中国人民大学开始招收第一届法律史研究生，其中的一些研究生成为了八九十年代中国法制史研究的主力军。

但是，在“文革”结束后的两年中，“左”倾错误的影响还没完全清除，整个国家还处于“徘徊中前进”的状态，受制于社会政治环境，这一时期的中国法制史学的复苏是有限的，中国法制史学真正迎来春天，是在 80 年代改革开放之后。

第二节　中国法制史学的研究成果（上）

一、中国法制史学科研究

中国法制史学科研究，即是以中国法制史这一学科本身为研究对象进行的研究。主要研究中国法制史学以什么为研究对象，以什么作为研究方法、以什么思想作为指导等问题。在1949年至1978年间，中国法制史学科研究有如下成果：戴克光的论文《关于研究中国法制史的几个问题》，吴恩裕的论文《政法科学工作者应否研究中国国家起源的问题——与高天人同志商榷》，张晋藩的论文《试论〈中国国家与法的历史〉的对象》，蒲坚的论文《试论〈中国国家与法的历史〉的对象和范围问题》，萧永清的论文《学习中国法制史初探》和署名为史群发表的论文《关于研究我国人民民主法制史的几个问题》等，这些成果集中出现在20世纪五六十年代，它们主要围绕着下面三个问题进行讨论。

（一）“中国法制史”与“中国国家与法的历史”的关系

围绕“中国法制史”与“中国国家与法的历史”的关系问题，戴克光和张晋藩等人曾经展开激烈讨论。

戴克光认为，“中国法制史”这一名称其实与“中国国家与法的历史”所指称的范围并无二致，中国法制史学科可以沿用“中国法制史”的旧名，而且“中国法制史”这一名称也久已通用，就迁就习惯而言，也没有必要去改变。①

① 参见戴克光：《关于研究中国法制史的几个问题》，《人民日报》1956年12月30日第7版。

张晋藩与戴克光的意见不同，他认为“中国国家与法的历史”和“中国法制史”是两个不同概念。前者研究的是“中国社会各个历史发展阶段上国家与法的特有的和一般的规律”，包括“各个历史类型的国家制度与法律制度”两个方面。后者研究的是“中国有法可依和有法必依的制度的历史”,①两者之间存在着一个范围大小不同的问题，不可以互相混淆。1960 年署名史群发表的《关于研究我国人民民主法制史的几个问题》也持有类似的观点。

（二）中国法制史学的研究对象

对于中国法制史学的研究对象问题。在 20 世纪 50 年代的时候存在过一定的争论，各个研究人员对中国法制史学的研究对象，认识颇不一致。

戴克光认为，中国法制史研究的对象是中国历史上的各种类型的具体国家和它的法律实际发展的历史。它主要分为以下几个方面：中国国家与法和它们在各个历史阶段的发展变化过程；特定历史阶段中国国家与法律制度的具体特点；中国国家与法在不同历史阶段的作用；人民民主政权及其法制的产生、发展以及影响。②

蒲坚认为，“中国国家与法的历史”（即中国法制史，下同）的研究对象是“我国进入阶级社会以来，由每一类型的经济基础所决定的并与各历史时期的阶级斗争情况相适应的国家和法的产生、变化和发展的历史”。研究范围则包括国家制度以及法律制度等。③

① 参见张晋藩：《试论〈中国国家与法的历史〉的对象》，《教学与研究》1958 年第 5 期。

② 参见戴克光：《关于研究中国法制史的几个问题》，《人民日报》1956 年 12 月 30 日第 7 版。

③ 参见蒲坚：《试论〈中国国家与法的历史〉的对象和范围问题》，《新建设》1958 年第 7 期，又载曾宪义主编：《百年回眸——法律史研究在中国》第 2 卷，中国人民大学出版社 2009 年版，第 9 页。

张晋藩认为，“中国国家与法的历史”的研究对象是中国历史上各个阶段国家与法的特有的和一般的规律。具体范围包括：国家制度、法律制度与同时期经济基础、阶级斗争之间的相互联系；中国历史各个时期的国家和法律制度；国家与法在中国历史各个发展阶段的具体活动与作用。

（三）中国法制史的研究方法

新中国成立后，中国法制史学研究该以何种思想作为研究的指导思想，在具体研究中该采取何种方法也成为当时中国法制史学研究人员热衷讨论的问题之一。

在中国法制史研究的根本指导思想方面，基本上所有的研究人员都赞同应当以历史唯物主义作为新中国的中国法制史学研究的指导思想。在具体方面，研究人员在各自的成果中提出了不同设想。

戴克光提出，中国法制史研究应该注意祖国法学遗产的整理，应该注意到当时流行的各种意识形态对于统治阶级法律观点所发生的错综交互的影响，应该注意到中国历史上的法典条文所规定的往往与实际处理办法大有出入。他就搜集整理中国法制史史料提出几项建议：翻印历代重要法典和已经绝版的有关法制史著作，注解或翻译较重要的法典和有关法制的重要史书，编辑中国法制史资料丛刊和编制有关书籍与资料的目录。他认为，中国法制史学往后长期的研究重点，应该放在古代，而当前（20 世纪 50 年代）的重点，则应放在五四运动以后这段法制的历史，尤其是中国共产党领导的人民民主政权的法制史。①

萧永清提出，研究中国法制史，要批判地继承历史上的法律科学遗产。在当时连“一本像样的马克思主义中国法制史教科书都没有”的情况

① 参见戴克光：《关于研究中国法制史的几个问题》，《人民日报》1956 年 12 月 30 日第 7 版。

下，中国法制史的学习与研究必须顽强耐心，首先要破除古汉语的障碍，其次要多看多读，涉猎有关知识，最后还要善于整理史料。①

吴恩裕认为，法制史研究必须破除狭隘的“研究各种法才是真正政法科学”的观念，政法科学研究人员必须加强对相关学科如哲学、历史、政治经济学等学科的钻研，只有这样才能扩大研究领域，促进中国法制史学的发展。②

20世纪五六十年代兴起的对中国法制史学科进行研究，探讨中国法制史学的学科名称、研究对象和研究方法，在清末中国法制史学诞生以来还属首次。究其原因，恐怕还是与这一时期中国法制史学的变化有关，中国法制史学自清末以来形成的一整套知识体系在1949年以后正面临着严重挑战。新中国的中国法制史学往何处去，是另起炉灶，还是保守创新，成为当时中国法制史学界普遍思考的问题。形势促使着中国法制史学人开始重新审视自己的学科，对中国法制史学的学科名称、研究对象和研究方法进行反思。

20世纪五六十年代的中国法制史学科研究，深入地讨论了中国法制史的学科定位、研究对象，基本上确定了1949年至1978年中国法制史学的研究框架。当时对中国法制史学研究提出的一些建议，如注意整理祖国法学遗产、注意各种意识形态对于统治阶级法律观点所发生的错综交互的影响、注意中国历史上的法典条文所规定的往往与实际处理办法大有出入等观点，对今天中国法制史学研究都有一定的启发意义。但是这些中国法制史学学科研究的成果也存在一定局限：例如，一些学术观点的差异被当作

① 参见萧永清：《学习中国法制史初探》，《政法研究》1963年第3期。

② 参见吴恩裕：《政法科学工作者应否研究中国国家起源的问题——与高天人同志商榷》，《政法研究》1957年第4期。

政治问题上纲上线地进行批判，这种把学术问题政治化的做法应引以为戒。

二、法制通史研究

（一）研究状况

教材是1949年至1978年中国法制通史研究的主要成果。这一时期，中国国家与法的历史是法学专业的必修课程，为了教学的需要，许多法学院系编写中国法制史的讲义和参考资料。资料显示，这一时期有7个高校编写过中国法制史教材，分别是：中国人民大学、北京大学、北京政法学院、华东政法学院、西南政法学院、湖北大学①、吉林大学②。由于篇幅所限，仅选取其中部分来进行说明分析。

中国人民大学编写的《中国国家与法权历史讲义》是这一时期中国法制史教材的代表。全书共三册。第一分册讲述夏朝至清代前中期的国家与法律制度发展史。第二分册的内容为中国半殖民地半封建时期的国家制度与法权，讲述1840年至1949年各个政权的政权建构与法律制度。第三分册的内容为新民主主义革命时期的人民民主政权和人民民主法制，介绍自新民主主义革命时期中国共产党领导下革命根据地的政权构建以及其法律制度。

北京大学编写的《中国国家与法的历史参考书》是一部教学辅助用的参考资料。③该书按照年代编排，将我国历代有关史料按照国家制度和法律

① 1958年，中南政法学院被并入湖北大学法律系。

② 必须加以说明的是，当时编写过中国法制史教材讲义和参考资料的单位可能不止这些，但是限于资料因素，能够找到资料说明编写过中国法制史的教材只有上述单位。

③ 第一分册的内容包括商代、西周和春秋战国部分，于1959年由法律出版社出版，但后续各分册无从觅得出版记录。

制度的分类罗列于其中。

除了教材以外，1949 年至 1978 年这一时期还有一些有关中国法制通史研究的论文。分别是张晋藩的《中国古代国家与法权历史发展中的几个问题》、白寿彝、何兹全、瞿林东三人合作的《论“王法”》和朱诚如的《论地主阶级的“法治”》。

张晋藩的论文主要论述了作者对中国国家与法的历史的几个问题的一些看法。在国家制度问题上，作者认为中国奴隶制国家出现于夏代，宗法制是中国国家的重要政治制度。中国专制主义中央集权封建国家形成于秦朝，大权集中于皇帝一身，皇帝依靠统一的官僚机构和军队对整个国家进行控制。在法律制度问题上，张晋藩认为，中国古代法律有自成体系、礼法结合、维护家长官僚贵族的特权等特征。它是封建地主阶级维护统治的工具，依据封建法律统治，符合封建地主阶级的整体利益。最后，该文还认为对中国古代法律有必要批判揭示其发展的历史真相，同时在法律思想和法学方面有值得研讨的内容。①

白寿彝等人的论文批判了封建法律制度。作者认为封建时代的“王法”是维护地主阶级利益，反对农民阶级利益，不能为农民作主，也不是“不论人贵贱”的。封建时代存在着大量的司法官员随意出入人罪、滥施酷刑、贪污腐败、纵容不法、土地兼并的现象，封建时代的“王法”并不可凭。作者认为，在封建时代，即使是如海瑞一般的廉吏，也不是“执法如山”的，海瑞的《兴革条例》就存在诸多偏颇之处。作者最后指出，封建时代的法律是维护忠孝为核心的封建道德的，“违背了封建道德的基本教条，必定会受到‘王法’的惩处”。②

① 参见张晋藩：《中国古代国家与法权历史发展中的几个问题》，《政法研究》1963 年第 2 期。

② 参见白寿彝等：《论“王法”》，《历史研究》1966 年第 1 期。

朱诚如的《论地主阶级的“法治”》一文，是批判“四人帮”等在“文革”中大搞“批儒评法”过度美化法家的“刑无等级”“一断于法”的谬论。作者先用大量封建时代的酷刑史实和新出土的简牍法律文献来揭露封建时代的法律残暴的一面，批判了“四人帮”对封建法律的肆意美化。接着，作者又运用出土的《秦律》中对不同身份处刑不同的事实，说明了封建法律也不是“刑无等级”“一断于法”的。

（二）研究评述

观1949年至1978年的中国法制史教材，可以发现有两个特点：

第一，这些教材表现出一种在“革命史观”支配下的叙事方式。首先，这些都是按照国家制度和法律制度两方面进行铺陈，国家制度的内容远较法律制度的内容为多。这种体例正反映了当时“法律是专政的刀把子”，“政治高于法律”的意识。另外这些教材都专门给历史上的“阶级斗争”（其实就是农民起义）留出大量篇幅，讴歌这些运动。

第二，在史料的运用上，虽然这一时期的中国法制史教材注意到了出土法制史文献的运用。但是史料的采信和甄别存在一些问题。当时就有学者指出，北京大学《中国国家与法的历史参考书》存在史料引用的问题：其一，在史料编排上，该书直接把《礼记·曲礼》和《周礼》中记载的官制当作殷商和西周的官制。其二，书中史料的来源中，有不少是来自《孔子家语》《穆天子传》等公认的“伪书”和不可靠的二手材料。①

再看1949年至1978年这一时期对中国法制通史进行研究的论文成果，阶级分析法在其中扮演重要角色，它们都表现为对中国古代法律的阶级性质的分析和批判。在论述过程中也只是大量地引用马列主义进行理论的阐

① 参见缪文远：《评“中国国家与法的历史参考书”第一分册》，《历史研究》1959年第7期。

释，史料只是作为理论的一种简单的佐证。另外，个别论文还受到了当时盛行的“左”倾错误的影响。

三、部门法制史研究

（一）研究状况

部门法制史，指某个部门法律制度发展、变化的历史。由于中国古代的法律是“诸法合体”的，并没有具体法律部门的划分，所以这里所说的部门法制史研究中的“法律部门”，是按照现代的法律部门而言的。

在 1949 年至 1978 年的中国法制史学的部门法制史研究成果中，宪法史的研究成果占了很大的一部分，这一时期有关宪法史的成果集中出现在两个时间段：20 世纪 50 年代初和 70 年代末。

完成于 20 世纪 50 年代的著作和论文有：《旧中国反动政府制宪丑史》《旧中国选举制度的实质》《旧中国宪政运动》（上、下）以及《旧中国宪政运动史话》《五十年来中国人是怎样为民主宪法而斗争的》。这些著作和文章回顾了清末和民国时期的宪政运动以及有关的宪法制度，揭露了旧中国的统治阶级制定宪法的实质，讴歌了中国人民追求自由民主的精神，以及对新中国制定民主宪法的展望。

完成于 20 世纪 70 年代末的宪法史的文章有两篇：《清末以来在宪法问题上的重大斗争——学习〈关于中华人民共和国宪法〉草案》和《中国历史上的宪法和宪政运动》。这些文章回顾了清末至新中国成立初期制宪、行宪的历史，以及畅谈了作者学习清末以来的宪法和宪政运动史以及 1978 年宪法草案的心得。

1949 年至 1978 年间中国法制史研究中，宪法史的研究虽然构成了部门法制史研究成果的主要部分，但是除去宪法史的研究之外，还有刑法史等一些其他部门法法制史的成果。

在刑法史研究方面，有陈光中的《我国古代刑事立法简述》。该文介绍了中国古代刑事立法产生、发展、成熟和没落的过程，认为中国古代刑事立法有以下特点：第一，中国古代统治者相当重视刑事立法工作。第二，中国封建法制的发展呈现出波浪式地逐渐完备的状况。第三，中国封建社会统治阶级一方面相当重视利用法律来进行统治，另一方面又不会让法律束缚自己的手脚。①

在法医学史研究方面，有仲许的《中国法医学史》和张颐昌的《祖国法医学发展简史》。仲许的《中国法医学史》回顾了中国古代法医学的发展历程，介绍了五代以后检验专书即中国古代法医学著作的发展历程，作者对宋慈所著《洗冤集录》尤其重视，着重研究了这本书的内容和影响，并且考证了后人对这本书的增补和注释情况。张颐昌的《祖国法医学发展简史》一文认为，中国法医学发展可以分为三个时期——《洗冤录》出现前和出现后以及法医学时期。在《洗冤录》出现之前的时期，中国的法学②和医学、药学很少发生联系。《洗冤录》诞生后，中国的法学和医学、药学开始发生联系。到了近代，随着西方法医学知识的传入，法医专门机构开始出现，法医学的著作也开始出版，法医学这才成为一门独立的学科。

（二）研究评述

回顾这一时期的部门法制史的成果，可以发现它们有下面几点特点：首先，这一时期的部门法制史的某些成果，在一些观点上是错误的。这种错误主要表现在对宪法史的研究上，我国的1978年宪法，未能彻底清除

① 参见陈光中：《我国古代刑事立法简述》，《政法研究》1963年第4期。

② 中国古代有无法学一直存在争论，这里尊重作者原意，姑且称之为“法学”。

“左”倾错误的影响，还存在一些错误的理论观念和条文。研究宪法史的某些文章，囿于历史条件的局限，没能够区分其中的错误，对 1978 年宪法中的不正确表达仍然加以赞扬。

其次，在这一时期部门法制史的成果中，“革命史观”的色彩浓重。尤其是在宪法史的研究中，这些成果主要着重于用阶级斗争的观点去分析近代以来的宪法和宪政运动，把立宪运动视为“革命”或“改良”，缺乏从规范和制度层面去研究宪法制度的内容。

最后，部门法制史研究中重视对公法部门的研究，忽视了对私法部门的研究。这一时期的部门法制史研究主要以公法部门为主，研究成果中全部都是宪法、刑法等公法部门法制史的研究成果，没有私法部门的研究成果。尽管中国古代的法律是“诸法合体，民刑不分”，但是在律令格式以及“礼”和乡规民约之中，都蕴含着非常丰富的私法部门规范。然而在这一时期的部门法制史的研究中，私法部门的法制史研究没有得到重视，并没有任何有关私法部门法制史的研究成果。

四、少数民族法制史研究

（一）研究状况

中国是一个古老的多民族国家，在历史上汉族和少数民族都创造了辉煌的法制文明。然而在 1949 年之前的很长一段时间内，少数民族法制史研究得到的重视并不够，中国法制史研究变成中原王朝的法制史研究。1949 年之后，随着国家对巩固国家统一、维护边疆地区稳定的重视，以及民族平等、民族团结、各民族共同繁荣的民族政策的推行，学界开始开展对少数民族法制史的研究。在 1949 年至 1978 年这一时期，少数民族法制史研究在对中央政府管理西藏的制度、突厥民族法制史和蒙古民族法制史等方面有过一些研究成果。

在中央政府对西藏管理制度方面，有陈鸣钟的《清朝前期中央政府对西藏地方政治制度、宗教制度的改革》以及王忠的《中央政府管理西藏地方制度的发展》两篇论文。前者回顾了清代前期中央政府以驻藏大臣设置和反击廓尔喀入侵二事为契机对西藏地方政治、宗教制度进行改革的历程，说明了西藏与内地的天然联系，证明西藏自古以来就是中国的领土。后文的重心放在了清代治藏的重要法律文献——《钦定藏内善后章程二十九条》上。该《章程》是清廷中央为西藏地方政权所规定的最高法律，规定了清廷驻藏大臣的地位以及在行政、军事等方面的权力。它在一定程度上改善了西藏地方的政治、军事局面，它的存在说明了西藏一直以来都是我国的合法领土，反驳了当时某些西方学者提出的中央与西藏地方的关系是“宗主国与殖民地”的论调。①

在突厥民族的法制史研究方面，有蔡鸿生的论文《突厥法初探》。该文对突厥法律制度中的物权、身份、婚姻家庭、继承以及刑法等内容进行考释。作者除了使用汉文史籍与突厥碑铭的史料外，还使用了诸如拜占庭等国家的史籍以及一些其他游牧民族的法律史料作为旁证。作者认为，突厥法主要来源于习惯，同时也有不少特权法的内容，突厥法的这种现象说明了当时的突厥社会正处于一个从氏族制向封建制过渡的阶段。

在蒙古民族的法制史研究方面，有罗致平等人的译著《蒙古—卫拉特法典》。该法典制定于1640年，它与《喀尔喀法规》《理藩院则例》并称蒙古民族三大法典，它主要调整卫拉特蒙古与喀尔喀蒙古各部落之间的关系。《蒙古—卫拉特法典》的蒙文文本当时已经散佚，作者是根据俄文转译过来，并且附有英文、日文版本的译文，供读者参考。

① 王忠：《中央政府管理西藏地方制度的发展》，《历史研究》1959年第5期。

（二）研究评述

纵观 1949 年至 1978 年这一时期的少数民族法制史研究成果，与同时期其他中国法制史研究成果相比，有如下特点：第一，与同期其他中国法制史研究成果相比，它们更加关注国家统一的问题。这一时期与西藏有关的两篇论文都是论述历史上对西藏管理制度的。这些论文通过历史事实说明中央政府对西藏的管理制度不是一成不变的，也会根据时势的变化而变革这一事实，为西藏的民主改革提供历史上的经验借鉴。同时，这些论文也驳斥了“中国殖民西藏”等谬论，为西藏是中国领土的一部分的事实提供了法律依据。

第二，在史料运用上，这一时期的少数民族法制史研究成果比其他中国法制史成果更为广泛地使用外国文献中的少数民族法制史料。例如《突厥法初探》一文，作者除了使用汉文典籍中的突厥法史料外，还广泛引用了诸如拜占庭、意大利等国的古代文献以及近代英俄等国历史学家对突厥文物的考古学著作。《蒙古—卫拉特法典》也是根据流传在外的法典俄文、英文、日文等版本翻译而成。

在 1949 年至 1978 年的少数民族法制史研究中，也存在一些不足：一方面，从研究的整体情况来看，这一时期的少数民族法制史研究领域比较分散，主要集中在北方和西部少数民族的法律制度上。1949 年至 1978 年少数民族法制史研究都集中在对藏族、突厥和蒙古等民族的法律制度研究之上，其他少数民族，特别是南方少数民族法律制度的研究被忽视了。

另一方面，从研究方法上看，这一时期的少数民族法制史的研究方法比较单一，主要采用文献分析法，从历史文献的记载去还原历史上少数民族法制的面貌。其他方法，例如田野调查法、个案分析法等则阙如。

总的来说，1949 年至 1978 年这一时期的少数民族法制史研究存在着的这些不足，正是新中国中国法制史学在少数民族法制史的研究上刚刚处于起步状态的反映，这说明少数民族法制史研究在许多方面都有待完善和发展。

第三节　中国法制史学的研究成果（下）

本节是对1949年至1978年中国法制史学断代法制史研究成果的研究。分先秦法制史研究、秦汉法制史研究、隋唐宋法制史研究、明清法制史研究以及近代法制史研究五个部分。某些朝代和时期的法制史在这一时期没有相关的研究成果（如魏晋南北朝、五代、辽、金、西夏和元），在此不再多作叙述。由于断代史类成果较多，限于篇幅，只对部分具有突出代表性的成果进行单独研究，其余一般的成果则将其合并研究。同时，采取夹叙夹议的方式，将评述寓于成果内容的介绍之中。

一、先秦法制史研究

1949年至1978年中国法制史学对先秦法制史的研究主要集中在商代的刑名、西周出土法律文献的释读和春秋战国列国的变法运动这几个领域上。

在商代的刑名方面，这一时期有裘锡圭的《甲骨文所见的商代五刑——并释刖刹二字》和胡厚宣的《殷代的刖刑》两篇论文。裘锡圭的《甲骨文所见的商代五刑——并释刖刹二字》一文用笔名赵佩馨发表。该文引用新出甲骨文文献，对《尚书》所载五刑——黥、劓、剕、宫、大辟在商代的存在进行了考证。该文提出，甲骨文中的“刖”字为“刖”字的初字，表示用锯锯断人足，即是指“剕”刑；“刹”字表示割断男子的生殖器，为“椓”字的专字。胡厚宣的《殷代的刖刑》运用了大量的甲骨文献资料，进一步证实了裘锡圭的“刖”即后世的刵刑的说法。

在西周法制史的研究方面，当时主要有程武、盛张、钟肇鹏和斯维至等人的研究成果。程武的《一篇重要的法律史文献——读𠑇匜铭文札记》和盛张的《岐山新出𠑇匜若干问题探索》通过西周青铜器——𠑇匜铭文记载的“牧牛之讼”的考释，试图解读西周的刑罚制度、狱讼与盟誓制度。

钟肇鹏的两篇论文《从周代的奴隶法谈到孔子思想的阶级性》以及《“礼不下庶人，刑不上大夫”论》对西周法律原则进行了研究。《从周代的奴隶法谈到孔子思想的阶级性》一文对古籍中的西周法律制度作了一番钩沉，揭示了西周法律制度的残酷性以及其“维护奴隶制生产方式的本质”，①驳斥了当时普遍认为的孔子守旧的观点，肯定了孔子思想进步人道的精神。同时，该文通过孔子对晋国“铸刑鼎”和子产“铸刑书”的不同态度，认为两者是不同性质的立法活动。《“礼不下庶人，刑不上大夫”论》一文认为，西周法律中“礼不下庶人，刑不上大夫”的原则是指“礼”和“刑”是分别对奴隶主贵族和奴隶的两种法律规范，孔子的“有教无类”，其实就是要用“礼”来教化平民，将“礼”这一法律规范推广到平民阶层中去，这与法家的“刑无等级”虽然逻辑方向上相反，但是其本质上是一样的，在当时同样具有进步意义。

斯维至的《古代的“刑”与“赎刑”》通过传世文献和出土文献的互证，认为周代的“赎刑”和“刑”一样，都是源自军事征伐。“赎刑”所缴纳的“罚锾”并非金属货币，而是缴纳大量可以铸造兵器的青铜来代替刑罚执行的制度。

对春秋战国时期列国的变法运动的研究主要集中在魏国李悝变法和秦

---

① 钟肇鹏：《从周代的奴隶法谈到孔子思想的阶级性》，《文史哲》1962年第4期。

国的商鞅变法。有关的成果包括杨宽的《论商鞅变法》，王灵轩的《略谈战国时期各国的变法和商鞅变法》，张晋藩的《关于李悝的〈法经〉》以及署名为项前发表的《李悝的〈法经〉》等。这些论文都是介绍这些变法运动的起因、经过、影响、历史人物和颁布的法典等内容，在此不多作叙述。

二、秦汉法制史研究

（一）秦代法制史研究

对于秦代法制史的研究主要围绕1975年出土的睡虎地秦墓竹简展开，睡虎地出土的这些竹简中包括《秦律十八种》《法律答问》《封诊式》等重要秦代法制史文献。睡虎地秦墓出土的秦律竹简让人第一次直接窥见秦律的真面目，引起了世界轰动，研究人员以极大的热忱投入秦律的研究。

以睡虎地秦墓竹简为中心的秦律研究在“文革”晚期展开。在那时，对秦律的研究也受到“左”倾思想的干扰，出现了《秦国法家路线的凯歌——读云梦出土秦简札记》《〈秦律〉是新兴地主阶级反复辟的锐利武器》《秦律与秦朝的法家路线——读云梦出土的秦简》《云梦秦简——秦始皇巩固新兴地主阶级专政的重要历史见证》等一系列的文章，秦律研究成了“四人帮”大搞“批儒评法”的牺牲品。

“文革”结束后，随着思想文化和学术战线的拨乱反正的展开，研究人员开始纠正“文革”中“左”倾思想给秦律研究带来的错误，这些文章有：高恒的《秦律中“隶臣妾”问题的探讨——兼批“四人帮”的法家“爱人民”谬论》，吴荣曾的《论秦律的阶级本质——读云梦秦律札记》等。这些文章用实事求是的眼光重新审视秦律，纠正了“文革”之中强加给秦律的那些不切实际的评价。

“文革”结束后，对秦代法制史的研究得以正常展开，这一时期出现了《云梦秦简出土〈封诊式〉简册研究》和《啬夫考——读云梦秦简札记》等研究秦代司法制度的成果。前者对秦代的司法审判中的重要法规——《封诊式》进行了考释，后者则通过秦简对秦代基层司法官员“啬夫”进行考证，认为以往通常把“有秩”和“啬夫”分开的说法有误，两者是同一官职。

（二）汉代法制史研究

汉朝是继秦朝之后又一个大一统的中央集权王朝，汉代法制上承周秦，下启魏晋，在中国法制史上有着重要的位置。汉代传世文献和出土考古资料众多，因此许多学者十分注意汉代法制史的研究。

两汉的刑徒是这一时期汉代法制史研究的热门领域。这一时期对汉代刑徒研究取得了以下成果：李平心的论文《释鬼薪与顾山》，张政烺的两篇论文《汉代的铁官徒》和《秦汉刑徒的考古资料》，陈直的论文《关于两汉的徒》，吴荣曾的论文《汉刑徒砖杂释》，《文物》杂志刊发的简述《褒斜石刻与汉代徒刑》以及《考古》杂志刊发的考古发掘报告《东汉洛阳城南郊的刑徒墓地》等。这一时期关于汉代刑徒的研究基本覆盖了汉代徒刑的所有刑名，其运用的资料既有传世文献，也有出土的考古资料。其研究的主要重心在于考察汉代刑徒的阶级性质。

汉代的诉讼审判制度也有人进行研究，这一时期对汉代诉讼审判制度的研究主要围绕着一部出土简册——“粟君所责寇恩事”展开。这些成果包括：《“建武三年候粟君所责寇恩事”释文》《略释汉代狱修辞文例——一份治狱材料初探》以及《“粟君所责寇恩事”简册略考》等。这些成果主要是围绕着这份简册进行释读以及对其反映的汉代诉讼审判制度进行考证。

此外，这一时期部分历史学研究者也从汉代法制史的角度去讨论史学界“五朵金花”问题。“五朵金花”问题是新中国成立之初史学界争鸣热烈的5个问题，它们分别是：中国古代史分期问题、中国封建土地所有制形式问题、中国封建社会农民战争问题、中国资本主义萌芽问题、汉民族形成问题等。侯外庐的论文《论中国封建制的形成及法典化》即是对“五朵金花”中的古代史分期和土地所有制问题讨论的成果。侯外庐认为，中国的封建化的过程在汉代完成，从汉律条文中可以看出，中国的封建土地所有制主要是土地国有制，社会直接生产者是小农，中国封建社会缺乏土地私有的法律观念，农民存在着人身隶属关系，领民户口制即是这种隶属关系的体现。①

三、隋唐宋法制史研究

中国古代法律文明从先秦发端，经过秦汉魏晋南北朝的发展，到隋唐和宋代臻于完备。产生了《开皇律》《唐律疏议》《宋刑统》等在中华法系中举足轻重的法典，一直以来，中国法制史研究人员们对隋唐宋法制史研究都倾注了极大的热情，并取得了丰硕的成果。

（一）隋代法制史研究

隋代是结束了南北朝乱世的又一统一王朝，隋王朝制定了《开皇律》和《大业律》两部律典，其中《开皇律》成为唐朝制定律典的蓝本，对后世有着重要影响。然而因为隋朝存续的时间较短，而且有关隋代法律制度的文献资料相当缺乏，因此隋代的法制史研究在这一时期没能受到重视。

这一时期隋代法制史研究成果仅有韩国磐的《略论隋朝的法律》。该文以隋朝《开皇律》为主，探讨隋律制定的社会经济背景、历史渊源、内

① 参见侯外庐：《论中国封建制的形成及法典化》，《历史研究》1956年第8期。

容以及执行情况。通过对北魏、北齐和隋三朝律典的篇目、刑名和内容的比较，认为隋律承自北魏、北齐一脉，“初步集北朝律的大成”。[①]该文还认为，隋律比前朝法律用刑更轻，具有进步意义，隋朝速亡不在于隋律严苛，而是专制皇帝法外滥施酷刑，鱼肉百姓，最终引发农民起义推翻了自己。

（二）唐代法制史研究

唐代是中国古代最为强盛的王朝之一，《唐律疏议》对以后的宋元明清历朝以及古代朝鲜、日本、琉球、越南等东亚国家的立法活动都产生了重要影响。因此，唐代的法律制度历来都是中国法制史研究的重要领域。

这一时期有关唐律的论文对唐律的性质、唐律的“同居相为隐”原则、唐律的版本、唐律对亚洲的影响和唐宋法律对外国人的规定等问题进行讨论。

讨论唐律的性质的论文有：王永兴的《关于唐代法律的几个问题》，戴克光的《试论唐律是中国封建社会的标准法典》和《论唐律与中国封建社会的“四种权力”的问题》，刘海年的《唐律的阶级实质》等。这些论文主要从唐律的历史类型、代表的阶级利益、所维护的权力等几个角度去研究唐律的性质。它们的结论都比较接近，它们普遍认为：唐律是一部封建法典，它保护封建国家土地所有制——均田制。唐律作为一部封建王朝颁布的法律，它维护专制主义中央集权的政治制度。唐律建立在阶级社会之中，是一部维护等级制社会的特权法，它所维护的是皇室、官僚贵族、家长和夫的特权。

对唐律“同居相为隐”原则进行研究的有王永兴的论文《〈唐律〉所载“同居相为隐”一语如何理解》。该文对该原则的渊源、内容和性质进

---

① 韩国磐：《略论隋朝的法律》，《历史教学》1956 年 12 月号。

行了考辨。王永兴认为，“同居相为隐”原则不只允许同居相互隐罪，还强制家中卑幼必须执行有罪相为隐这一原则。封建统治者主要想通过这一条原则来巩固大家族和族权，从而加强封建统治。①

对《唐律疏议》版本问题进行研究的有叶孝信和杨廷福。叶孝信的《唐〈律疏〉系〈永徽律〉考》和杨廷福的《〈唐律疏议〉制作年代考》对现存的《唐律疏议》究竟是《永徽律疏》还是《开元律疏》这一问题进行考辨。该问题一直是法史学界争论的一个重要问题。叶孝信和杨廷福认为现存《唐律疏议》是《永徽律疏》。他们旁征博引，依据两《唐书》的记载，唐人的避讳制度、唐人的行文习惯、唐代地名官名以及唐代的田制和刑制等方面，反驳前人的观点，并举出大量例证，证明现存《唐律疏议》是唐代的《永徽律疏》。

有关唐律对外国的影响，在民国时期杨鸿烈就已经进行过研究，并著有《中国法律对东亚的影响》一书，对唐律对东亚日本、朝鲜、越南和琉球的影响叙述甚详。这一时期，对这一问题进行研究的有杨廷福，他著有《〈唐律〉对亚洲古代各国封建法典的影响》一文。虽然在篇幅和研究的深入程度上，杨廷福的这篇论文与杨鸿烈的著作无法相比，但是他的论文仍有一定的创新之处：他把西域纳入研究唐律的影响的视野，认为西域的封建法律也受到唐律的影响。

有关唐宋时期外国人的法律地位的问题，这一时期高树异曾进行过研究，撰有《唐宋时期外国人在中国的法律地位》一文。高树异通过对唐宋的法典和有关史籍进行研究，认为唐宋时期外国人在中国享有居住权、受教育权、考试任官权、财产所有权、缔结婚姻权、继承权等权利。高树异还认

① 参见王永兴：《〈唐律〉所载“同居相为隐”一语如何理解》，《历史教学》1962年第3期。

为，唐宋律令规定的“化外人相犯”依照“本俗法”处理的规定，是中国封建统治者的自主抉择，与近代被不平等条约强加的治外法权不可同日而语。

唐律研究是 1949 年至 1978 年中国法制史研究的一个重要部分。这一时期的中国法制史研究人员在继承前人研究的基础上，大胆创新，大胆质疑，产生了许多非常有意义的成果，其中的某些成果对 80 年代、90 年代的中国法制史研究给予了有益的启发。

（三）宋代法制史研究

宋代的法律在隋唐的基础上又有了进步，出现了诸如《宋刑统》《庆元条法事类》等代表性法典。在法律实践方面，宋代也有很大的进步，出现了《洗冤集录》等杰出著作。

1949 年至 1978 年中国法制史研究成果中，没有专论宋代法制史的成果，多数都是在其他领域的研究中，涉及宋代法制史的内容。例如高树异的《唐宋时期外国人在中国的法律地位》，即是把唐宋对外国人的法律规定放在一起进行研究，比较考察唐宋两代政府颁布的有关外国人的法令以及对待外国人的具体政策。此外，在法医学史的研究成果中，很多篇幅是留给南宋宋慈的《洗冤集录》的。

四、明清法制史研究

明清虽然是中国传统社会的末叶，但是在法律制度上仍较前代有所发展，出现了《大明律》和《大清律例》等非常具有影响力的法典。然而，在 1949 年至 1978 年的中国法制史研究中，明清法制史研究成果数量较少，其研究主要围绕明代特务统治与司法和明清法典与资本主义萌芽两个问题展开。

有关明朝特务统治与司法的研究成果有丁易的专著《明代特务政治》和陈鸣钟的论文《明代的厂卫》。丁易的《明代特务政治》是研究明代特务统治的代表作。该书首先介绍了明代特务机关的设置和编制，然后从各个角度详细介绍和评述了明代厂卫制度，明王朝的特务机关不限于传统所说的厂卫组织，还包括了以司礼监为首的内廷宦官部门。明代皇帝多数不信任大臣，把权柄委于其亲近的宦官，造成以司礼监为首的宦官集团权势日重，宦官获得统领特务机关的大权，皇帝让他们去侦缉异端，镇压大臣和百姓，形成一张遍布全国的严密特务网络。明代厂卫机关和宦官，滥施酷刑，制造冤狱，无恶不作，是明王朝崩溃的一个主要原因。①作者批判明朝厂卫机关其实是“醉翁之意不在酒”，他的真正目的是“用历史事实来攻击蒋帮反动统治”。②但是，这种批判性并不影响其学术性，该书引用史料翔实可靠，具有很高的学术价值。

有关明清法典与资本主义萌芽的成果主要有经君健的两篇论文《明清两代“雇工人”的法律地位问题》和《明清两代农业雇工法律上人身隶属关系的解放》。这两篇论文讨论明清资本主义萌芽时期法律中的“雇工人”的地位与其人身的解放问题。经君健在《明清两代“雇工人”的法律地位问题》中首先讨论了明清法律中的“雇工人”的地位。他认为，明清法律中所规定的“雇工人”并非就是资本主义中的自由雇佣劳动者。雇工人被编入了雇主的宗法家长制体系，与雇主间存在着人身隶属关系。其在家外法律地位虽然等同于常人，但是在家内与卑幼、奴婢一样处于从属地位。接着，作者又在《明清两代农业“雇工人”法律上人身隶属关系的解放》一文中，通过考察明清律例中“雇工人”的涵义的变化，来研究“雇工人”取得与雇主平等法律地位的进程。作者综合了从明万历十六年（1588年）到清宣统二年（1910 年）的律例规定和司法成案等史料得出如下结

① 丁易：《明代特务政治》，群众出版社 1949 年版。

② 同上书，前言。

论：第一，明清时期农业“雇工人”身份解放是一个漫长的过程。第二，不能认为与生产资料完全脱离的雇佣劳动者才是自由雇佣的劳动者，明清的史实反映了完全脱离土地等生产资料的长工，更多可能与雇主形成人身隶属关系，而与生产资料保持一定联系的短工，更早地摆脱了这种人身隶属关系。第三，雇主与雇工之间存在契约，也不能说明他们之间的劳动关系是资本主义性质的，那些没有契约的劳动者，反而很有可能是身份自由的。第四，从法律形式上看，大地主与“雇工人”形成的从属关系十分显著。

五、近代法制史研究

1949 年至 1978 年对近代中国法制史的研究，主要就是围绕着近代法律的变化、揭露反动政府法律的本质和讴歌革命政权的法制建设三个方面来进行。这一时期的近代法制史研究，按照其研究对象可以分为：统治政权法制史研究、农民运动政权法制史研究和中国共产党领导下的革命根据地法制史研究三部分。

（一）清末民国法制史研究

在中国近代（1840—1949 年）先后有晚清朝廷、中华民国南京临时政府、北洋政府和南京国民政府占据统治地位。除中华民国南京临时政府是资产阶级革命派缔造的政权外，其他政权或是代表封建地主阶级利益，或是代表着大地主大资产阶级等阶级的利益。这些政权在立法和法制改革上都曾作出一定的努力，客观上推动了中国法律的近代化。同时由于这些政权所属阶级的局限，它们制定的法律又带有一定的反动性。1949 年至 1978 年对近代中国这一部分的法制史研究，主要是围绕着揭批近代统治阶级制定的法律（主要是南京国民政府制定的法律）的反动本质来进行。

批判近代统治政权法律制度的论文有宋光、江振良的《国民党伪“六法”的反动实质》《国民党伪程序法的反动实质》等。这些论文以南京国民政府的法律制度为主要批判对象，它们从阶级斗争出发，对这些法律制度进行批判。这些论文比较空洞，不够实事求是。例如，南京国民政府在制定法律制度时，大量地参考、借鉴了德日等大陆法系国家的法律制度。然而，这一正常的法律移植的过程，被批判为“继承中外反动统治阶级的衣钵”。[①]又如，旧民法债权编第 226 条规定：“债务人不给付或完全不能给付者，债权人得声请法院强制执行，并得请求损害赔偿。”这一规定本意在保护债权人权利，使其权利受损之时得以寻求公力救济，而在这里错误地被当作旧民法保障“大地主、大资产阶级、高利贷者对劳动人民的剥削”的“罪证”之一，被大加挞伐。[②]应当承认，在当时整个大环境下，这种错讹是不可避免的。

（二）农民运动政权法制史研究

随着近代民族危机和统治危机的深化，各种农民运动风起云涌。其中爆发于 1853 年的太平天国运动更是成为中国历史上农民战争的最高峰。太平天国政权建都南京后，曾先后颁布《天朝田亩制度》《资政新篇》等一系列具有法律性质的文件。由于农民阶级的局限性，这些文件多数都带有空想的色彩，同时受到当时阶级斗争史观的影响，对农民运动的研究主要集中于讴歌其反封建的性质，因此在 1949 年至 1978 年这一时期，对近代农民运动政权的法制史研究比较罕见。

目前仅见的在 1949 年至 1978 年这一时期对中国近代农民运动政权的法律制度史进行研究的成果有谢兴尧的《黄鼎凤〈约法十二章〉告谕质疑》。黄鼎凤是清末一支活跃在广西的农民军的领袖，20 世纪 50 年代，曾发现过一份名为《约法十二章》的告谕。当时认为，《约法十二章》告谕

①②　参见宋光、江振良：《国民党伪“六法”的反动本质》，《法学》1958 年第 2 期。

是黄鼎凤的农民军归附另一个农民政权“大成国”，黄鼎凤被封为“隆国公”后，发布的一份纲领性文件。谢兴尧认为，这份《约法十二章》告谕在年代、人物关系等方面有诸多可疑之处，很有可能是后人伪造的。因此，在学术研究中引用它作为论据时应当慎重。

（三）革命根据地法制史研究

在漫长的革命斗争中，中国共产党在根据地建设尤其是根据地政权和法制建设中形成了许多独特新颖的制度，积累了许多政权和法制建设的宝贵经验，这些制度和经验对新中国的民主政治和法制建设都有非常重要的启示意义。因此，在新中国成立后，对革命根据地法制史的研究很快便开展起来。1949 年至 1978 年对革命根据地法制史的研究成果主要关注革命根据地的选举制度、刑事法律制度、司法制度等内容。

在 1949 年至 1978 年的革命根据地法制史研究中，有关革命根据地选举制度的成果有魏宏运的《抗日战争时期革命根据地的民主选举制度》和罗世英《中华人民共和国成立前革命根据地选举制度的特点》两篇论文。这些文章回顾中国共产党领导的革命根据地、抗日根据地和解放区的选举制度，总结了这些制度产生的背景、特点、优点以及对革命运动的影响。这些论文产生于 20 世纪 50 年代，颁布选举法，召开人民代表大会选举国家机关组成人员之际。对革命根据地选举制度的回顾，有助于总结历史经验，形成一套符合中国国情的选举制度，推动我国民主法制事业前进。

在 1949 年至 1978 年对革命根据地法制史的研究中，有关革命根据地土地立法政策方面的论文有高树异的《中国革命各时期土地立法》。该文回顾了半殖民地半封建社会的土地制度，以及中国共产党根据革命需要因时制宜采取的各项土地政策，制定的各种土地法规。该文实事求是，没有讳言革命历史上在土地政策和立法上的一些失误。除了回顾革命时期的土地政策，该文还把视角延伸到解放后的土地改革和农业合作化运动，解释了为什么合作化运动中采取的是“土地公有”而不是“土地国有”，有很强的现实意义。

在1949年至1978年的革命根据地法制史研究中，对革命根据地刑事法律制度进行研究的论文有《试论新民主主义阶段人民刑法的发展》。该文回顾了从第一次国内革命战争时期到解放战争时期中国共产党领导的革命政权制定刑事法律制度的历史。文中着重介绍了抗日根据地的刑事法律法规，用现代刑法总则、分则的体例对各边区抗日根据地的刑事法律法规进行了详细的梳理。通过对革命根据地的刑事法律制度的回顾，作者认为，革命根据地并非“没有法律”，研究革命根据地时期法律制度也并非“没有价值”，在过去的革命根据地法制建设中，有许多非常有效的经验，现实需要把这些经验“进一步加以总结提高，逐步以法律形式固定下来，成为我国人民民主法制建设的重要内容之一”。①

在1949年至1978年的革命根据地法制史研究中，有关根据地的司法制度方面的成果有马锡五撰写的《新民主主义革命阶段中陕甘宁边区的人民司法工作》。该文主要回顾了抗战时期以陕甘宁边区为代表的抗日根据地司法工作情况。包括边区的法院组织情况、法院的主要任务、法院判决民刑案件的法律依据和法院审判的工作制度。作者用自己审判办案的亲身经历，说明了当时陕甘宁边区法院的群众路线的工作作风，以及就地审判、巡回审判、公开审判和注意调解的工作方式。这些方式后来被阐发为“马锡五审判方式”，对新中国成立后的司法工作产生了深远的影响。马锡五作为抗日战争时期陕甘宁边区司法的参与者，他的这篇论文内容翔实可靠，具有很强的资料意义。

① 杨琪：《试论新民主主义阶段人民刑法的发展》，《法学》1957年第4期。

第四节　中国法制史学的重大事件与争鸣

在 1949 年至 1978 年，中国法制史学领域发生的这些事件和围绕下列问题进行的学术争鸣，深刻地影响了这一时期中国法制史学的发展和走向，本节即是对这些中国法制史学发展中的重大事件与争鸣的研究。本节将先叙述这些重大事件与争鸣的始末，然后分析这些重大事件与争鸣对这一时期中国法制史学发展的影响。

一、重大事件

（一）苏联法学的继受与中国法制史学

新中国的法学是在旧法学撤退后留下的空白上建立起来的。但是在新中国成立之初，法学研究人才相当匮乏，理论准备不足的情况下，要建立新中国自己的法学体系，只能借助于外来的力量。正是在这样的机运之下，中国开始大规模继受苏联法学。

中国继受苏联法学，主要通过三个渠道：苏联来华法学专家授课、派遣前往苏联留学的留学生和苏联法学著作和教材的翻译。[①]苏联法学也通过这三个渠道，对 20 世纪 50 年代的中国法制史学产生了重要影响。

在苏联来华的法制史方面的研究专家是瓦里雅赫梅洛特夫。瓦里雅赫梅洛特夫是军人出身，1948 年取得副博士学位，20 世纪 50 年代来华工作，被安排在中国人民大学国家与法的历史教研室。当时中国人民大学承担着

① 参见何勤华：《中国法学史纲》，商务印书馆 2012 年版，第 369 页。

中国社会科学教研人才培养的任务，新中国自己培养的法制史教研人才都听过瓦里雅赫梅洛特夫的授课，他给中国师生留下了深刻印象。

在派遣前往苏联的留学生方面，在当年留学学生的群体中，留苏学习法学的只是很小的一部分，在这一部分中，有成为后来秦汉法制史专家的高恒。高恒于20世纪50年代赴苏联留学，1961年毕业，获副博士学位，归国后从事秦汉出土法律文献研究，曾经参与云梦出土秦律竹简的整理工作。

在苏联法学著作和教材的翻译方面，20世纪50年代翻译的法制史教材主要是瓦里雅赫梅洛特夫编写的《俄罗斯国家与法的历史和苏维埃国家与法的历史》。尽管这部书属于外国法制史的领域，但是却是当时所有的法制史研究生必须修读的教材，同时，在20世纪50年代中国编写自己的中国法制史教材时，却是按照这种“国家与法”的体例编写的。可以说一代中国法制史学人都是在它的熏陶下成长起来的，影响不可谓不深远。

通过以上三个渠道，苏联法学深深地影响了20世纪50年代的中国法制史研究，以至于整个中国法制史学科从名称到内涵都打上了深深的“苏联烙印”，苏联法学足足影响了一代法制史学人。

（二）“厚今薄古”讨论与中国法制史学

1958年3月10日，陈伯达在一次会议上作了题为《厚今薄古，边干边学》的报告，报告全文在次日被《人民日报》全文刊发，并由此在整个学术界引起了一场有关“厚今薄古”的讨论。

在当时的环境下，“厚今薄古”的讨论很快便被当时不成熟的理论界对马克思主义片面化、教条化的理解所扭曲，并且由此“导致了中国学术的严重失范”。[①]覆巢之下，安有完卵，中国法制史学在这波冲击中显然难

① 李方祥：《五十年代理论界关于“厚今薄古”的论辩与马克思主义教条化》，《党史研究与教学》2007年第1期。

以独善其身。作为法学学科中与“古今”关系直接相关的学科，中国法制史学正面受到了“厚今薄古”讨论这波巨浪的冲击。

1958 年 4 月 18 日，在当时中国法制史研究的重镇上海，召开了一次法学界座谈会，讨论“厚今薄古”方针，座谈会把“厚今薄古”上升到阶级立场问题，批评法制史研究中“把过多精力放在古代法律上”，是“厚古薄今”行为，是错误的。同时座谈会还批判了主张“旧法继承性”的观点，认为那是“右倾甚至反动的”；座谈会还认为古代法和法制史“只能分配一小部分人去‘批判地’研究，以找出历史联系，论证社会主义法律的优越性”。①

“厚今薄古”的讨论与新中国开展的批判旧法的运动是一脉相承的，它可以说是在那个时代“左”倾思想影响下的特定环境的产物。为了否定、批判传统法律的需要，这一时期的中国法制史研究常常把中国传统法律描绘成一种严苛残酷的意象，使人们总是不自觉地把传统法律同野蛮落后联想起来。但只要是对中国法制史稍有研究的人，一看就可以知道这些并非事实。从汉文帝废止肉刑到唐代的死刑“五复奏”，再到明清的秋审大典，总的来说，中国古代的法律制度在一步步沿着从野蛮到文明，用制度去约束暴力这条路前进。然而，“厚今薄古”对传统法律简单地下了残酷暴虐结论，实际上歪曲了中国法制的历史。

同时，“厚今薄古”也挫伤了中国法制史研究的积极性。在 20 世纪 50 年代，中国近代法才产生四十余年（如果把租界内的法律也计算在内，也才一百余年），革命根据地法律制度才产生二十余年，而中国古代法律制度则有近四千年的历史，其所占比重十分大。而且中国古代法律制度中，有许多新问题、新领域值得去研究发掘。“厚今薄古”运动中提出的古代

① 《上海法学界座谈“厚今薄古”方针》，《法学》1958 年第 5 期。

法和法制史“只能分配一小部分人去‘批判地’研究”的观点，严重地影响了对中国法制史，特别是中国古代法制史研究的积极性，对中国法制史研究带来了严重的负面影响。

(三)“批儒评法”运动与中国法制史学

儒家和法家本是先秦时期的两个主流的思想学派。儒、法两家在国家治理方面的主张存在着众多不同，儒家主张“宪章文武”，推行“礼治”“仁政”，法家主张“便国不法古”，力主“法治”，以求富国强兵。在春秋战国乱世的环境下，法家的主张得到列国君主的青睐，秦孝公任用商鞅实施变法，最终使秦国国力富强，统一了中国，建立了第一个大一统的王朝——秦朝。

今天看来，春秋战国时期儒法之间的争论，其实就是两种政治理论之争，然而，儒法之争在新中国成立之后，曾被赋予阶级斗争的意义。那时认为，儒家就是“没落的奴隶主贵族的代表”，而法家则是“新兴地主阶级的代表”，这样春秋战国时期的儒法之争便有了革命与反革命、复辟与反复辟的意义在里面。但是在20世纪60年代之前，儒法之争还是被认为是春秋战国时期的现象，到了70年代，在“四人帮”及其御用文人的推波助澜下，“儒法斗争”被夸张到有“两千多年历史”。儒法之争也不被限定在“礼治”“法治”之争，而是被扩大到“‘前进’和‘倒退’、‘厚今薄古’和‘厚古薄今’、‘国家统一’还是‘分裂割据’”①等领域。法家阵营的人物也被急剧扩充，战国后期儒家代表人物荀子被划入了法家阵营，东汉末年思想家王充也被列入法家之榜，一些特立独行、锐意改革的政治家，如刘邦、曹操、诸葛亮、王安石、张居正等，都成了“法家代表人物”。②在

---

① 参见柏青：《坚持古为今用，研究儒法斗争》，《北京大学学报》(哲学社会科学版)1974年第4期。

② 参见《法家代表人物介绍》，《北京大学学报》(哲学社会科学版)1974年第3期。

“四人帮”的神化下，法家仿佛成了中国古代一切先进力量的代表，而儒家则是守旧、落后、反动的象征。

“批儒评法”的闹剧是由“四人帮”导演的，“文革”结束后，这场闹剧便遭到学者的一致声讨，草草收场。“批儒评法”对孔子和儒家思想造成严重的“污名化”，落魄的“丧家之犬”的“孔老二”形象成了不止一代人的记忆。不仅是在社会思潮方面，在法制史的研究中，“批儒评法”运动也造成严重的负面影响。儒法之争，其实主要还是两种治国手段在学术上的争论，正如汉宣帝所说：“汉家自有制度，本以霸王道杂之，奈何纯用德教，用周政乎！”①在实际政治实践中，除了某些特定时期外，恐怕没有一个政治家会专任法家或专任儒家。一部唐律，既有儒家的“宽简以弘风，树仁惠以裁化”②的主张，也有法家的“以刑止刑，以杀止杀”，③但最终还是认为“德礼为政教之本，刑罚为政教之用”。④汉代以后中国古代法，正是儒法合流的产物。“批儒评法”运动不仅恶意附会，造成一种儒家和法家势不两立的局面，还人为地划定禁区，对某些历史人物只能赞扬，对某些历史人物只能批判。这使得当时的中国法制史领域出现许多诸如“法家重刑爱人民”“焚书坑儒是专政”等违背常识、令人啼笑皆非的论调。这些观点在“文革”结束之后便遭到学者们的一致批判。

二、重要争鸣

在 1949 年至 1978 年，中国法制史学界曾围绕着一些学术问题展开讨

① 《汉书·元帝纪》。

② 《唐律疏议·进律疏表》。

③④ 《唐律疏议·名例律》。

论、争鸣。这些讨论和争鸣影响到了中国法制史学学术的路径和发展方向。这些争鸣其实都与当时的社会政治环境有关。下面试就中国法制史学学科名称和现存唐律版本两个问题的争鸣进行分析。

（一）关于中国法制史学学科名称的争鸣

在20世纪50年代初期，曾就中国法制史这一学科该采用何种名称展开过一场争鸣。一派主张沿用历史悠久的“中国法制史”这一名称；另一派主张使用“中国国家与法权历史”（或称“中国国家与法的历史”）这一名称。

支持采用“中国国家与法权历史”名称的学者认为，“国家与法权历史”这一名称很准确恰当地反映国家与法权的关系：国家是法律产生的前提，“没有国家，何来法权”。①而且“中国国家与法权历史”这一名称在当时“已为多数学校所采用，成为现行的新习惯”，②故应当采用“中国国家与法的历史”这一称谓。支持采用“中国法制史”名称的学者认为，“中国法制史”一名在中国沿用已久，其所指内容已经包括“国家与法权历史”的内容，因此并没有再改换另一个称谓的需要。③支持前一种观点的学者有肖永清、张国华、张希坡、吴恩裕、张晋藩等，支持后一种观点的学者有李祖荫、卢蔚乾、张映南、陈盛清、罗耀培、戴克光等。

这场争鸣在50年代中期落幕，一开始，这场争鸣以支持“中国国家与法权历史”的一派获胜告终。“中国法制史”这一名称一度消失于大众的视野中，当时的各大政法院系的法制史教研室都被称作“国家与法的历史”教研室，它们所编著的教材，其名称基本上都采用“中国国家与法权

---

① 张晋藩：《继往开来的百年中国法制史学》，《甘肃政法学院学报》2012年第5期。

② 王昭仪：《法学界座谈关于中国法制史的几个问题》，《人民日报》1954年2月4日第7版。

③ 戴克光：《关于研究中国法制史的几个问题》，《人民日报》1956年12月30日第7版。

历史”（或者是“中国国家与法的历史”等相类似的名字）。然而到了 60 年代以后，一些学者又重新使用“中国法制史”这一名称，“文革”之后，“中国国家与法权历史”这一名称消失于大众的视野中。学科名称的改变，不仅仅是简单的话语改变，更是学科的研究方法的改变，“国家与法权历史”这一名称，正是反映了那时候把法律和国家、政治捆绑在一起的学术现实。同时，“中国国家与法权历史”这一名称的浮沉，还是整个中苏关系的缩影。在 50 年代初中苏友好的，“向苏联老大哥学习”的大环境下，“中国国家与法权历史”这一苏联味道极浓的学科名称无疑有着“政治正确”的先天优势，然而，自从 50 年代末 60 年代初中苏交恶，昔日“老大哥”转身成为路人的时候，“中国国家与法权历史”这一名称便成了明日黄花。

（二）关于现存唐律的版本问题的争鸣

现存的《唐律疏议》究竟是《永徽律疏》还是《开元律疏》，一直是法史学界争论的一个重要问题。这一争论从 19 世纪末就开始了，1885 年，日本学者佐藤诚实提出：现存的《唐律疏议》实际上是李林甫等人制定的《开元律疏》。这一观点得到日本学者仁井田陞、牧野巽的支持。总结下来，这些学者认为现存《唐律疏议》为《开元律疏》的依据包括以下几点：第一，现存《唐律疏议》中存在着永徽以后的避讳改字。①第二，现存《唐律疏议》中出现了“开元”的年号。②第三，现存《唐律疏议》中的有

① 武后名曌，唐人为了避讳，把“诏”改为“制”；唐中宗名显，为了避讳“显”，常常用“露”或“明”来代替。以上参见杨廷福：《〈唐律疏议〉制作年代考》，载《文史》第 5 辑，中华书局 1978 年版，第 31 页。

② 《名例律》的“大不敬”条就出现了“开元”的年号，该条“疏议”云：“秦汉以来天子曰玺，诸侯曰印，开元岁中曰宝。”以上参见杨廷福：《〈唐律疏议〉制作年代考》，载《文史》第 5 辑，中华书局 1978 年版，第 32 页。

些地名并非永徽年间所设置。①第四，现存《唐律疏议》中出现的官职有些出现在永徽之后。②第五，敦煌写本《律疏》残卷中记载了刊定者和刊定的日期，根据这些可知现存《唐律疏议》是《开元律疏》。第六，学者常常以现存《唐律疏议》中长孙无忌的《进律疏表》来证明其为《永徽律疏》，然而在敦煌写本《律疏》残卷中未见长孙无忌的《进律疏表》，可知该表为伪造，不能作为现存《唐律疏议》就是《永徽律疏》的佐证。第七，史载《永徽律》为500条，而现存《唐律疏议》有502条，与《永徽律》条数不符。

在1949年至1978年这一时期，叶孝信、杨廷福等中国法制史学者曾对唐律为《开元律》这一观点提出反驳。其中以杨廷福的论述最为详尽。杨廷福认为现存的《唐律疏议》就是唐高宗永徽年间长孙无忌等人撰定的《永徽律疏》。他的观点有以下依据：第一，现存史料均记载《唐律疏议》撰者为长孙无忌，而没有提及李林甫等人撰《开元律疏》的史实。第二，敦煌写本所载为李林甫等人“刊定”而非“撰上”。古汉语中“刊”意为校正、勘误等，与“撰”所蕴含的著述的意思不同，李林甫等人“刊定”

① 《卫禁律》的“奉敕夜开宫殿门”条出现了“东都”字样，据《旧唐书·地理志》载：“显庆（唐高宗所用年号，在永徽后）二年置东都，光宅（唐睿宗年号）元年为神都，神龙（唐中宗复位后年号）元年复为神都。”又《贼盗律》“盗宫殿门符”条出现了“北都”字眼，而两《唐书》和《唐会要》均记载武后之前并无“北都”的设置。以上参见杨廷福：《〈唐律疏议〉制作年代考》，载《文史》第5辑，中华书局1978年版，第32页。

② 《名例律》“同职犯公坐”条出现了“大理少卿”，按《文献通考》和《唐会要》记载，唐“大理少卿”之设始于永徽六年。又《斗讼律》“诸监临主司知所部有犯法不举劾”条中有“金吾卫”，按《唐六典》《通典》所载，隋炀帝大业三年置“左右武候卫”，唐高宗龙朔二年始改称“左右金吾卫”。又《斗讼律》“诸佐职及所统属官殴伤官长者”条有“诸州别驾”字样，按《通典》记载，至唐高宗上元元年方有“别驾”一职，此前称为“长史”。以上参见杨廷福：《〈唐律疏议〉制作年代考》，载《文史》第5辑，中华书局1978年版，第32页。

律疏很可能只是对以前律疏的校核和刊正，而非重新著述。第三，《唐律疏议》为奉诏修撰，按照唐代惯例，撰者都会上表恭进。敦煌写本它本身就是残卷，其中缺漏了《进律疏表》不能就此说明现存《唐律疏议》的《进律疏表》就是伪造。第四，开元年间确实进行过法典的修撰工作，但是目前所见的史料只见有修撰格、令、式和典的记载，而没有提及修撰律和律疏。第五，古书避讳之例事出多端，有些避讳属于后人追改，通过文字避讳来确定古书年代时应该加以注意。现存《唐律疏议》中的某些对唐高宗之后帝王的避讳很可能就是后人刊定或传抄时的追改，对于这些文字避讳，还应从具体的史实进行考证。第六，现存《唐律疏议》出现了永徽之后的地名，这些地名其实很多早在永徽之前就已经出现，以此难以说明现存《唐律疏议》成书于永徽之后。第七，唐初文人写作言必征古。现存《唐律疏议》出现的永徽之后才出现的官职，多在前朝就出现过，这里很可能只是引用典故。第八，《唐律疏议》流传已久，其中不乏后人转抄时的讹夺和掺杂入后人注释、整理痕迹的状况。这些讹夺和注释、整理的痕迹也被学者用作认定现存《唐律疏议》并非《永徽律疏》的证据。第九，现存《唐律疏议》为 502 条，与历史记载不同。其原因在于传抄过程中，把《职制律》的“大祀不申预期”条和《斗讼律》的“殴兄弟姐妹”条都一条误记为两条，故现存《唐律疏议》为 502 条。

如果现存唐律是《永徽律》，那么现存唐律则出现在日本《大宝律令》和《养老律令》之前，如果现存唐律是《开元律》，那么现存唐律则出现在日本《大宝律令》和《养老律令》之后。围绕现存唐律是《开元律》还是《永徽律》的争鸣，是否存在着中日学者之间为了民族自尊的暗中角力，不得而知。两种观点都拥有自己的铁证，很难说哪一方才是正确的，而这场争鸣，今天仍在继续。我们或者可以跳出两者之外再来审视：今天我们看到的唐律，很可能是保留了贞观、永徽和开元年间多次修改痕迹的版本。正如刘俊文所说："《唐律疏议》并非永徽或开元一朝之典，而是有唐一代之典。"①

第五节　中国法制史学的研究人员与教研机构

本节是对 1949 年至 1978 年中国法制史研究人员和教研机构的研究。对研究人员的研究，主要采用群体研究的方法，考察研究人员群体的性别比例、地域分布、学历水平、毕业专业和研究领域，目的是研究这些因素对他们研究中国法制史学的影响。对教研机构的研究，则主要采用个案分析法，对这些机构的典型代表进行分析，研究它们对这一时期中国法制史学的影响。

一、研究人员

（一）研究人员性别比例

男女平等，妇女能顶起半边天，这已经是现代中国的社会共识。20 世纪八九十年代以来中国法制史研究人员中，不乏女性学者的身影，她们用自己的学术成果证明了女性在中国法制史研究中的能力。

但是在更早前的时候，女性学者在中国法制史研究人员中所占比例并不突出。在 1949 年至 1978 年的中国法制史研究人员中，有男性 42 人，女性 1 人，可以说这一时期的中国法制史研究基本上是男性的天下。

① 刘俊文：《〈唐律疏议〉点校说明》，载《唐律疏议》，中华书局 1983 年版，点校说明第 3 页。

对这些研究人员的大学入学年份进行分析，可以发现，这些研究人员在 1949 年新中国成立之前完成大学学业的全部都是男性，唯一的女性研究人员——孙丙珠是 1951 年在中国人民大学法律系国家与法的历史研究生毕业，完成自己的学业。

女性学者在中国法制史学领域的研究地位，是女性在中国学术研究地位和女性在中国社会的地位的一个缩影。中国法制史女性研究人员的从无到有，这正是新中国成立后女性地位得到提升的一个明证。这从另一个方面也说明，中国法制史学知识得到进一步的普及，中国法制史学知识的受众不再仅限于男性，女性也开始接受中国法制史知识。

（二）研究人员的地域分布

1. 研究人员的地域分布态势

人才的产生，与人才所处的地理环境和人文风俗息息相关。中国疆域广大，自然环境差异甚大，各地的风俗民情不一，不同的地理环境和人文风俗，使得人才的分布出现了一种参差不齐的局面。

以出生地为基准对这 43 名中国法制史研究人员进行考察，其原因在于出生地的环境对人的成长直接施加了影响。近代以来，中国人被束缚在土地上的局面逐步被打破，人口流动迁徙越来越频繁，而且距离越来越远，其祖籍或籍贯地与其出生地可能差距千里、文化差异巨大，因此以出生地为准对这些研究人员的地域分布进行考察。

考察的 43 名中国法制史研究人员，除 1 人不详外，其余分布在中国的 16 个省份，具体分布如下：

江苏省 9 人：分别为：南通的韩国磐、苏州的吴荣曾和吴传颐、射阳的戴克光、无锡的孙丙珠和陈直、海安的仲许、仪征的经君健、南京的陈鸣钟。

上海市 5 人，分别为：杨廷福、李浩培、裘锡圭、俞伟超和杨宽。

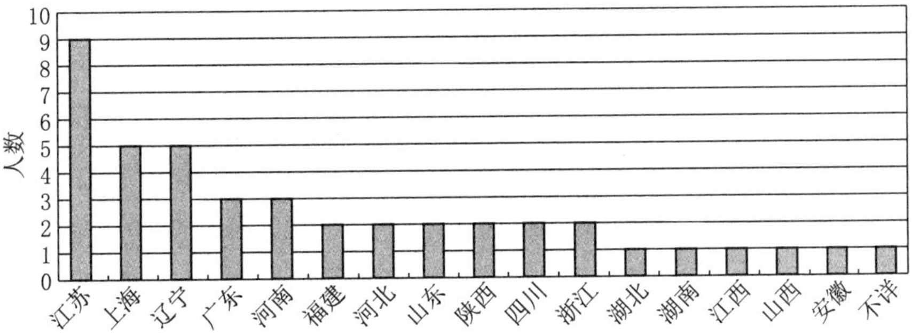

图 1-1 1949—1978 年中国法制史学者地域分布

辽宁省 5 人，分别为：沈阳的吴恩裕、陈公柔和张晋藩，昌图的王永兴，新民的高树异。

河南省 3 人：分别为：郾城的田昌五、唐河的刘海年和开封的白寿彝。

广东省 3 人，分别为：澄海的蔡鸿生、梅州的肖亢达和台山的江振良。

浙江省 2 人，分别为：诸暨的斯维至和永嘉的陈光中。

河北省 2 人，分别为：玉田的蒲坚和望都的胡厚宣。

山东省 2 人，分别为：荣成的张政烺和平度的吴树平。

福建省 2 人，分别为：石狮的林甘泉和建瓯的叶孝信。

陕西省 2 人，分别为：保安（今为志丹县）的马锡五和长安的魏宏运。

四川省 2 人，分别为：成都的钟肇鹏和射洪的谢兴尧。

山西省 1 人，为平遥的侯外庐。

安徽省 1 人，为桐城的丁易。

湖北省 1 人，为老河口的高恒。

湖南省 1 人，为常德的戴修瓒。

江西省 1 人，为南昌的李平心。

如果说，清末与民国时期中国法制史研究人员地域分布呈现“南盛北弱”[1]的态势，那么 1949 年至 1978 年的中国法制史研究人员在地域分布方面表现出来的则是“南北平分秋色，南方稍强”的态势。在这一时期，南方省份（江苏、上海、广东、浙江、福建、安徽、湖南、湖北、江西）一共出了 25 名中国法制史学研究人员，而同期北方则有 18 名，总的来说是南方略强。

2. 研究人员集中地域分析

纵观 1949 年至 1978 年这一时期的中国法制史研究人员集中分布的三个地域：华东、华北和东北地区，其中华东地区（江苏、上海、浙江、安徽、江西、福建）20 人，占了人数的将近一半，华北地区（河南、河北、山东、山西）和东北地区（辽宁）分别为 8 人和 5 人。影响这些研究人员分布的原因，主要有经济、政治、文化三个方面。

经济是影响人才成长的决定性因素，只有经济繁荣、生活安定无忧，人们才会有闲暇去关注教育，而教育正是人才成长的根本。纵观 1949 年至 1978 年中国法制史研究人员集中分布的地域，都是 20 世纪初至 70 年代，中国经济比较发达的地区。华东地区从中古时代开始，就已经是中国经济重心之所在。到了近代，这里的上海、宁波、杭州、厦门等城市又被开辟成商埠，其中上海更因贸易一跃成为“远东第一大商埠”。对外贸易的繁荣，使得华东地区更加容易接触到外来的文明，接受各种新思想、新文化，使得近代以来江浙地区人才辈出。东北地区是我国最早工业化的地区，早在民国时期，东北，特别是辽宁、吉林等地区工业就已经十分发达。新中国成立后，东北地区被称为“共和国的长子”，新中国早期的众

① 参见周会蕾：《中国近代法制史学史研究》，上海人民出版社 2013 年版，第 90 页。

多工业项目都安排在了东北，为东北地区文化发展提供了物质基础。

政治因素也是影响人才成长的因素之一。在中国古代，皇都之所在，同时也是文化极其昌盛的地方，六朝的建康，汉唐的长安、洛阳，宋代的开封等，莫不如是。清末民初，政治中心在北京，使得京津华北一度成为文人学者汇聚的地区。新中国成立后，建都北京，在北京成立了中国社会科学的“工作母机”——中国人民大学，又建立了中国科学院等科学研究机构，再一次促进了专家学者的集聚和华北地区人才的养成。

文化因素也是影响人才成长的重要因素。华东地区自古重学，不仅在古代文化繁荣，近代在学术领域也独领风骚。在清代，江浙地区的书院数量居全国之首，状元登科人数也位居前列。在国民党统治时期，华东地区的国立大学数量长期居于榜首。[①]新中国成立后公布的首批16所全国重点大学中，也有4所位于华东地区。这种浓厚的文化氛围，为华东地区的人才辈出提供了有利条件。

综上所述，由于自然地理和社会经济因素的影响，使得中国法制史研究人员的分布格局呈现出不均衡的状态。但是这种不均衡的格局是动态的，晚清直至民国以来形成的“南强北弱”的格局，在这一时期逐步被改变，形成了一种“南北并立，南方稍强”的态势。这种分布格局的改变，也说明了政治经济文化的发展，中国法制史知识得到进一步的普及，它不再简单是南方人的学术爱好，越来越多的北方学者也意识到研究中国法制史的价值，从而加入其中。

（三）研究人员的学历

清末至20世纪初期的中国的中国法制史研究人员群体，一直都存在

---

① 有关数据参见李涛：《民国时期国立大学数量及区域分布变迁》，《北京师范大学学报》2014年第2期。

着新、旧两种教育背景。①旧式教育是指为科举取士而设计的，以私塾、书院以及官学为形式，把儒家传统经典作为主要教授内容的教育模式；新式教育是指以近代以来仿效西方学制设立各种教授近代自然科学和人文社会科学的新式学堂代表的教育模式。

在 1949 年至 1978 年这一时期的中国法制史学研究人员群体，基本上是由接受新式教育的学者组成，接受旧式教育的学者已经难觅踪影了。接受旧式教育的学者的退出主要还是时间原因。1905 年，清王朝实施学制改革，设立新式学堂，标志着旧式教育正式退出历史舞台，到 1949 年，旧式教育的废除已经过去 40 多年了，接受旧式教育的学者多数已经作古，或者是因为年龄原因，不再进行研究。

新式教育主要分为初等、中等和高等三个等次。此次研究考察的 43 名研究人员中受过高等教育的比例如下图所示：

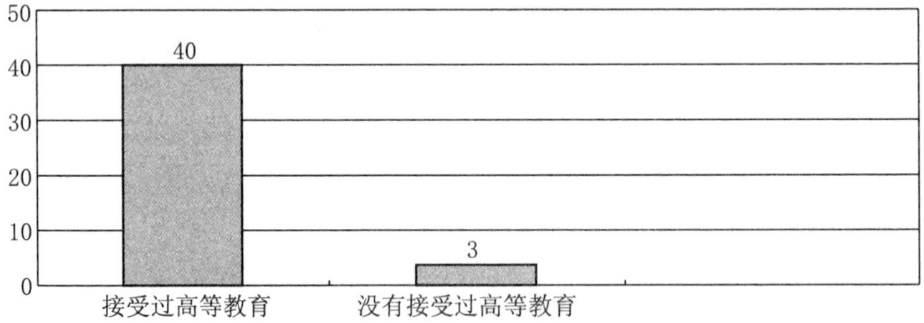

图 1-2　1949—1978 年中国法制史学者接受高等教育比例

从图 1-2 可见，这 43 名研究人员中，有 40 人接受过高等教育，有 3 人没有接受过高等教育，这三人是：陈直、马锡五和斯维至。

① 关于清末至 20 世纪前半叶中国的中国法制史研究人员教育背景，可以参见孙婷：《晚清中国法制史学探究（1840—1900）》华东政法大学 2014 年硕士学位论文；周会蕾：《中国近代法制史学史研究》，上海人民出版社 2013 年版，第 92—106 页。

陈直出生于一个读书人家庭。因为家庭贫困，没能入学，但是在家庭的影响下，他13岁便开始阅读《史记》《汉书》等史籍。陈直先后从事过学徒、家庭教师、县志编辑、义务教员等职业，在紧张劳作之余，他仍然坚持自学。在他24岁时，就已经撰成《史汉问答》两卷，在他39岁前，就已经刊行《楚辞大义述》《汉封泥考略》《列国印制》《周秦诸子述略》《摹庐金石录》等多种著作。

马锡五出生于一个贫苦农民家庭，小学毕业后因为家庭贫困，没能继续升学。后来马锡五外出谋生，先后当过账房和宪兵。1930年，马锡五投身革命，1935年12月，马锡五加入中国共产党。1939年，马锡五担任陕甘宁边区陇东分区专员，1943年兼任边区高等法院陇东分庭庭长，1946年任陕甘宁边区高等法院院长。新中国成立后，他又先后担任了最高人民法院西北分院院长、最高人民法院副院长等职务。

斯维至生于一个贫困家庭，6岁时父亲去世，在亲戚资助下完成中学学业。斯维至中学毕业后即辍学，但其自强不息，坚持自学，得到了王培德、乌以风、储丝竹等书法音律大家的赏识和指点，后来又在四川图书馆供职。1947年，被华西大学聘为助理研究员，新中国成立后，在西北大学、陕西师范大学等学校任副教授、教授。

以上三人是1949年至1978年这一时期中国法制史研究人员的特例。他们都是因为贫困没有接受过正规的高等教育，但是他们自强不息的态度弥补了教育经历的不足，最终创造出了不逊色于其他研究人员的成果。

除去这三人之外的40名研究人员均接受过高等教育，其学历情况如下：

从图1-3可见，在受过高等教育的研究人员的40人中，拥有专科学历的1人、拥有本科学历的26人，拥有本科以上学历13人。其中，在拥有

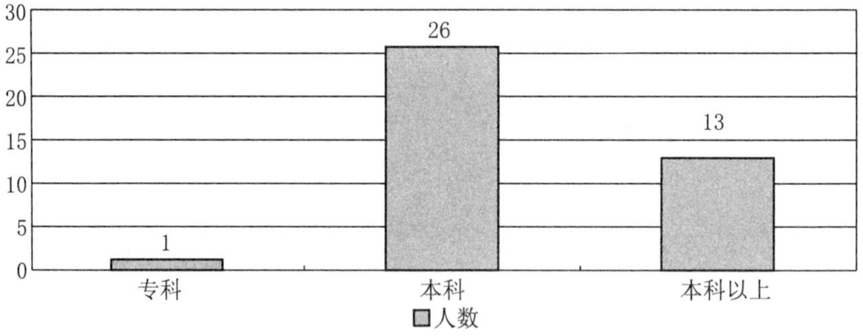

图 1-3　1949—1978 年中国法制史研究人员接受高等教育的情况

本科以上学历的研究人员中，有 3 人获得博士学位，1 人获得副博士学位，①1 人获得硕士学位，7 人是研究生毕业。②

此外，在这些受过高等教育的研究人员中，还有数人曾经有求学海外或赴外国勤工俭学的经历。这些研究人员留学的具体情况如下：

表 1-1　中国法制史研究人员留学国家一览

姓　名	留学国家
戴修瓒	日　本
戴克光	英　国
吴恩裕	英　国
李浩培	英　国
侯外庐	法　国
高　恒	苏　联

从表 1-1 可以看见，这些有海外求学经历的研究人员留学的国家既有英法日等资本主义国家，也有苏联这一社会主义国家。主要以留学资本主

① 副博士是俄式学制中特有的学位，其级别比硕士高，低于俄式学制的博士。根据我国教育部的有关规定，俄式学制的副博士学位相当于国内大学或欧美日等国家的大学所授予的博士学位。

② 这里的“研究生”是指根据 1953 年《高等学校培养研究生暂行办法（草案）》培养的“师资研究生”，由于条件限制，那时候没有授予学位。

义国家为多，但是他们都是在1949年前出国留学的。1949年之后出国留学的只有高恒一人，其留学国家是苏联。

出现以上情况主要是因为：新中国成立后，西方国家对中国实施封锁，断绝了学术往来，接受中国留学生的国家只有苏联等社会主义国家。在50年代初期，中国学生要赴苏联留学，要经历严格的审查，淘汰率极高，而且在当时的环境下，主要是理工科专业的学生前往苏联留学，法学、历史等人文科学前往苏联留学的较少。

纵观1949年至1978年中国法制史研究人员群体的学历，可以发现这个群体主要是由当时社会受过高等教育的知识精英所组成，他们都是毕业于海内外的著名高校，受过专业的学术训练，接触到当时最先进的学术理论。然而，在当时的社会政治环境下，他们的学历似乎并没有给他们的研究提供多少助力，反而在后来的一些运动中给他们带来灾祸，这不得不令人深省。

（四）研究人员的专业背景和研究领域

1. 研究人员的专业背景

1949年至1978年中国法制史研究人员群体的专业背景体现出一种多学科交叉的趋势。在专业背景方面，这40名受过高等教育的研究人员，他们在大学中学习的专业以法学和历史相关专业为主，具体情况如图1-4：

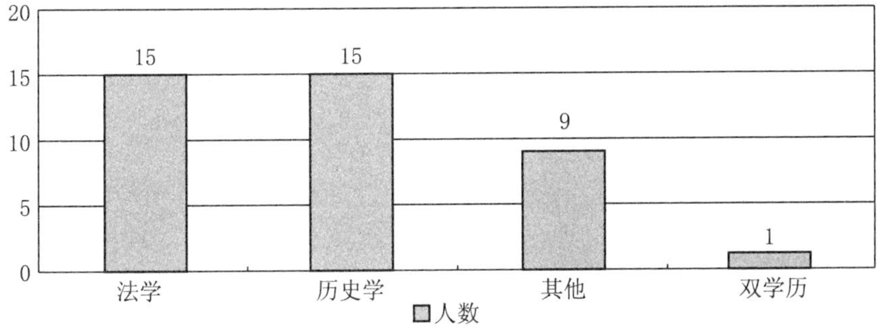

图1-4　1949—1978年中国法制史研究人员专业背景

如图 1-4 所示，这 40 名研究人员中，法学专业毕业的有 15 人，[①]历史学专业毕业的有 15 人，其他专业毕业的有 9 人，还有 1 人具有双学历。

这一时期法学专业出身的 15 名研究人员中，拥有专科学历的研究人员 1 人，拥有本科学历的研究人员 7 人，拥有本科以上学历的研究人员 7 人。专科毕业的研究人员是仲许，他的专业是法医学。在拥有本科以上学历的研究人员中，有 3 人为国家与法的历史（即法制史）专业毕业，1 人为国家与法的理论（即今法理学）专业毕业，3 人为法学其他专业毕业。这些法学专业出身的研究人员中，5 人毕业于 1949 年以前，10 人毕业于 1949 年后，他们多数系出名门，1949 年以前毕业的法学专业研究人员，都是毕业于东吴大学、朝阳大学、震旦大学等以法学教育见长的学校，1949 年以后毕业的法学专业出身的研究人员，有 5 人毕业于中国人民大学，其余分别毕业于北京大学、吉林大学和武汉大学，这些院校都是新中国早期重点高校。此外，这一时期法学专业出身的研究人员有 4 人有赴海外留学的经历，分别留学日本中央大学、英国剑桥大学等著名学府。

这一时期历史学专业出身的 15 名研究人员中，拥有本科学历的研究人员有 12 人，拥有本科以上学历的研究人员有 3 人。这些学者中，有 6 人毕业于 1949 年以前，9 人毕业于 1949 年以后，他们全部毕业于国内高校，没有人有海外留学经历。这些历史学出身的学者就读的高校主要以北京大学为主，北京大学毕业的共有 7 人，其次是厦门大学和燕京大学，这两所学校毕业的各有 2 人。

在 9 名其他专业出身的学者中，有文学专业出身的研究人员 5 人，哲学、医学、社会学和经济学出身的研究人员各 1 人。这 9 名研究人员中，

① 这里的“法学”既包括法学及其二级学科法律史、国际法等专业，也包括其他法学相关专业。

有6人拥有本科学历，3人拥有本科以上学历，1人在国外留学并取得博士学位。他们之中，有7人毕业于1949年之前，2人毕业于1949年之后。分别毕业于四川大学、复旦大学、北京大学、北平师范大学①、清华大学、上海大学、光华大学等高校。

唯一一名拥有双学历的研究人员是侯外庐，他曾于20世纪20年代初进入北平法政学堂和北平高等师范学校同时攻读法律和历史两个专业。后来他又赴法国勤工俭学，在巴黎大学旁听唯物史观的课程，同时钻研翻译马克思的经典著作《资本论》。回国后，他先后在哈尔滨法政大学、北平大学和北平师范大学担任教职。

这些研究人员主要毕业于法学和历史学两个专业，研究人员这种学历背景正体现了中国法制史学作为一门法学和历史学交叉学科的特征。

2. 研究人员的研究领域

1949年至1978年这一时期中国法制史研究人员之中，除马锡五之外，其余都是有一定学术专长的学者。他们的研究领域分布如下：

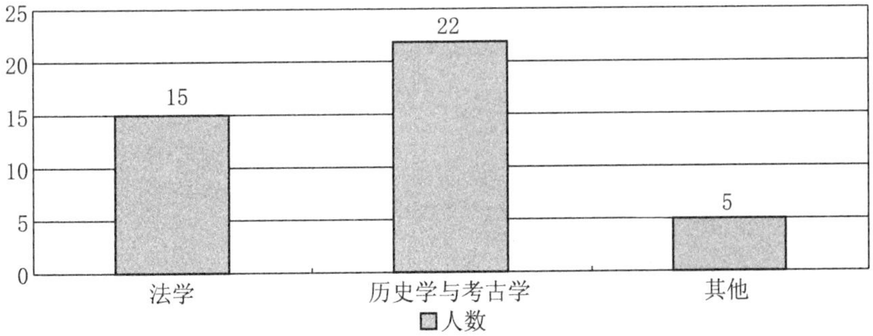

图1-5 1949—1978年中国法制史研究人员研究领域

如图1-5所示，这一时期的中国法制史研究人员群体的研究专业是以

① 北平师范大学即今北京师范大学。

历史学和法学为主，其中学术专长为法学的15人，学术专长为历史学与考古学的22人，学术专长为其他学科的5人。

在学术专长为法学的研究人员中，有7人的学术专长为法律史，2人为民商法，2人为国际法，2人为法医学，1人为宪法学，1人为诉讼法学。这些学者之中，有2人并非法学本专业出身，分别是杨廷福与张颐昌，他们分别是中文和医学出身，后来从事法律史和法医学研究。

在学术专长为历史学与考古学的研究人员中，有2人没有高等教育经历，分别是斯维至和陈直。有3人拥有本科以上学历，其余都是本科学历。这些研究人员中，有8人毕业于北京大学，其余分别毕业于厦门大学、清华大学、复旦大学等学校，这些学校都是在近代中国历史学、考古学研究中占有重要地位的高校。这些研究人员中，有4人并非历史学、考古学科班出身。这4人是：杨宽、陈鸣钟、李平心和侯外庐。杨、陈、李三人分别是中文、法学和社会学出身，侯外庐是在大学时期同时攻读了法律和历史专业。

学术专长为其他专业的5名研究人员为：钟肇鹏、丁易、经君健、戴克光和吴恩裕。钟肇鹏为四川大学中文系毕业，新中国成立后考入中科院的哲学研究所，成为一名研究生，此后一直从事中国哲学研究。丁易原名叶鼎彝，1938年自北平师范大学中文系毕业，后来又在四川省立戏剧音乐学校、西北师范学院等高校任教，同时也进行文学创作。经君健1954年于北京大学的经济系毕业，后来进入中科院哲学社会科学部从事研究工作，主攻明清经济史。戴克光和吴恩裕两人专长为政治学，两人曾经留学英国，对英国的议会制独有研究，新中国成立后，他们于北京政法学院任教，后来政治学专业被取消，两人都转变了研究方向，吴恩裕转向了红学研究，戴克光则部分转移到法制史领域，在20世纪50年代多次发表有关法制史的论文。

纵观这一时期的中国法制史研究人员的专业背景和研究领域，可以发现：这一时期的中国法制史研究人员的专业领域和专业背景呈现出一种多样化的趋势，但是，法学和历史学这两大领域的学者对中国法制史研究贡献最大，这正符合了中国法制史这一学科是法学和历史学交叉学科的性质。然而，在这一时期的研究人员中，法律史科班出身、专门从事法律史研究的研究人员较少，法学其他领域和历史学的学者“跨界”研究较多，此外，这一时期的研究人员群体中，还出现了其他学科，如政治学、经济学等学科的学者的身影，他们也为中国法制史学的发展作出了一定的贡献。不过，尽管这一时期中国法制史研究人员群体的专业背景和研究领域如此多样化，但是这种背景的多样化却没能带来中国法制史研究方法的多样化，这不得不令人深思。

二、教学、研究与出版机构

（一）教学机构

从民国时代开始，中国法制史就被纳入法学这一大学科之下，成为法学的一个子学科，从那时起，中国法制史的教育就与法学教育紧密联系在一起。在1949年至1978年这一时期，中国法制史学教育跟随法学教育走过了一段曲折的历程。

新中国成立后，围绕社会主义现代化的需要，中央政府对全国高等院校进行了大规模的调整。这次高校的调整主要是模仿苏联高等教育的突出专业化办学思路进行，在这种环境下，各大法学专门院校以及高校的法学院系纷纷被拆分合并，到1953年，全国形成4所专门政法学院和5所综合性院校的法律系。①“文革”期间，法学教育受到前所未有的冲击，这些法学院系纷纷被关闭，只剩下西南政法学院和吉林大学法律系，但名存实亡。“文革”结束后，法学教育得以逐步恢复，各大高校的法律系和政法学院慢慢重建并开始招生。

新中国的中国法制史学教育就是在这几所法学专门院系起步的。当时的中国法制史学教育分为本科和研究生两个层次。

在本科层次，中国法制史学主要是作为法学专业学生的必修和选修课程而存在。1953 年，高等教育部颁布了政法学院和综合性大学法律系的教学计划，把中国法制史的课程列入教学计划内。北京大学法律系按照高等教育部的教学计划设置了课程表，开设了中国法制史的有关课程。

从表 1-2 可以看出，这一时期北京大学中国法制史课程的设置，分为基础课程和进阶课程两种。基础课程一般开设在大学本科的低年级，讲授中国法制史的基础知识。进阶课程设置在大学的高年级，按照中国法制史的各个专题进行讲授。这样的课程设置遵循了认识由浅入深的一般规律，比较合理。这一时期其他法律院系也按照高等教育部的教学计划开设了中国法制史的有关课程，但是其课程多数以基础课程为主，鲜见像北京大学这样设置的。

在研究生教育这一层次，法制史是作为研究生的一个招生专业出现。1950 年，中国人民大学招收了第一届国家与法权通史研究生，这批研究生

① 4 所专门政法学院分别是：北京政法学院、华东政法学院、西南政法学院和中南政法学院。这几所政法学院一开始的任务是培养司法干部，直至 1954 年才开始招收本科学生。开设有法律系的综合性大学分别是：中国人民大学、北京大学、东北人民大学、武汉大学、西北大学。其中北京大学的法律系原先被并入北京政法学院，后在 1954 年恢复。中南政法学院 1958 年被并入湖北大学，成为其中的法律系。西北大学的法律系 1958 年与西北政法干部学校合并成为西北政法学院。

表 1-2 北京大学法律系中国法制史课程设置①

开课年份	课程名称	课程性质	学时
1954	中国国家与法权史	基本课程	72
1954	中国与苏联国家与法权史专题讲授与研究	专门化课程②	76
1959	中国国家与法的历史	基本课程	149
1959	封建中央集权的宰相制度	专门化课程	不详
1959	封建中央集权的诉讼制度	专门化课程	不详
1959	唐律专题研究、国民党伪六法批判	专门化课程	不详
1963	中国法制史	专业课	132
1963	中国法制史	专题讲授	109③
1976	中国政治法律史	专业课	72

研习国家与法权通史、苏联国家与法权历史等课程，由苏联专家讲授有关课程。中国人民大学国家与法权通史研究生招收了四届，其中第一届的张晋藩，第二届的张希坡、杨堪、王召棠，第四届的邱远猷、薛梅卿等都成了后来中国法制史学研究主要骨干。1961 年，中国人民大学以张晋藩为导师，招收了“文革”前最后一届法制史研究生，有研究生四人：刘海年、祝铭山、张天宝、冷玉金。此后“文革”爆发，整个国家秩序被打乱，所有教育事业都陷入停顿，中国法制史的研究生教育直至 1978 年才得以恢复。

虽然遭受到一定的挫折，但是，新中国的中国法制史学教育还是取得了一定的成效，在一定程度上它推动了中国法制史知识的普及，同时培养了一批人才，这批人才在 20 世纪八九十年代的中国法制史研究中发挥了

① 参见李贵连：《百年法学——北京大学法学院院史（1904—2004）》，北京大学出版社 2004 年版，第 231—233、244—246、248—249 页。

② 专门化课程为北京大学法律系 1954 年的课程表中的特别分类，主要在四年级授课。

③ 专题讲授包括法学基础理论、中国法制史、国际法、民法、刑法 5 门专业课程，5 门课程总共 109 学时。

重要作用。

（二）研究机构

1949 年至 1978 年这一时期，除了各大高校之外，还有一些机构专门从事中国法制史研究，这些机构有：国务院法制局法制史研究室、中国科学院哲学与社会科学部法学研究所法制史研究室、中国政治法律学会、上海市法学会、上海社会科学院政治法律研究所国家与法的历史研究室等。

国务院法制局是由此前的中央人民政府法制委员会演变而来的。根据 1955 年的《国务院法制局组织简则》规定，国务院法制局共设四组三室。四个业务组分别负责行政法规的起草与审查，三室是法制局的总务、办事和研究机构，法制局法制史研究室是法制局专门从事法制史研究的研究机构。在 1954 年，曾经出版过《大清律例》的点校本。

中国科学院哲学与社会科学部法学研究所法制史研究室即是今天中国社会科学院法学研究所的前身。中国科学院哲学与社会科学部法学研究所设立于 1958 年，是当时我国的国家级法学研究机构。法制史研究室是法学研究所下面的一个专门研究法制史的机构，这个研究室中，曾有刘海年、高恒等中国法制史研究人员在此工作。

中国政治法律学会成立于新中国成立的前夜。1949 年 6 月，新法学研究会和新政治学研究会在北京相继成立，1951 年，两会合并成为中国政治法律学会。中国政治法律学会是中国法学会的前身，在新中国法学早期发展上扮演了重要的角色，有关该学会在中国法制史研究中扮演的角色的史料较少，仅见的是，它在 1956 年 11 月曾召开过一次关于中国法制史的座谈会，到会的学者围绕着中国法制史的学科名称、研究范围、研究方法、研究意义以及未来中国法制史研究发展方向等问题展开讨论。①

① 参见《中国法制史问题座谈会发言摘要》，《政法研究》1957 年第 1 期。

上海市法学会成立于1956年12月30日，其主要任务是“团结上海法学研究者和法律工作者，在马列主义的指导下进行法学研究工作”。①上海市法学会成员多样，其中既有中国共产党的老干部、也有旧法学研究人员。中国法制史研究是上海市法学会的重要学术内容之一，在学会筹备阶段，会员提出的计划中就包括有中国法制史的研究计划。在上海市法学会的成立大会上，当时上海市委书记魏文伯提出，上海市法学会研究重点之一就是“中国近代的法和古代的法”。②此后上海市法学会曾组织过“法的继承性”和“厚今薄古”的问题的争鸣，在1959年的年会上，有法制史论文《关于研究我国人民民主法制史的几个问题》参与报告。③

上海社会科学院政治法律研究所是上海社会科学院法学研究所的前身，成立于1959年8月。国家与法的历史研究室是其中专门研究法制史的机构。该研究室于1959年起，分别对历代刑法志和唐律进行专门的整理和注释的工作。在刑法志的整理和注释方面，该研究室把刑法志原文分成若干篇，然后分段进行注释，注释对象以专业性的词语为主，兼对难解词进行注释，语言力求简洁通俗。在唐律的整理注释方面，该研究所计划出版《唐律章句》《唐律今文》《唐律辞典》《唐律图表》和《唐律论文》六种著作。《唐律章句》是从《唐律疏议》中抽出律文与夹注进行标点，每条另标反映律文内容的新目。《唐律今文》是将唐律律文分别翻译成现代汉语，并转引不同条文内部的准用条款。《唐律辞典》收集了一般辞书所不收集的唐律词条两千余个，并且进行注释。《唐律图表》是将《唐律疏议》有关内容绘制成图表，以便读者参考。《唐律论文》则辑录了古今有

①②　《上海法学会成立》，《法学》1957年第1期。

③　参见《上海法学会历史》，上海市法学会 http：//www.sls.org.cn/Pages/Detail.aspx?id=3882，2015-01-01。

关唐律的论著一百多种。至 1962 年时，已经完成《唐律章句》《唐律今文》和《唐律辞典》三书的初稿。[①]

（三）学术期刊

1949 年至 1978 年这一时期中国法制史论文多数发表在众多大学的学报和法学、历史学、医学、经济学等专业学术期刊上。其中主要刊登在《政法研究》《法学》《历史研究》《历史教学》和《文物》等几种杂志上。

《政法研究》和《法学》是新中国成立初期仅有的三种法学类的专业学术期刊之二。[②]《政法研究》于 1954 年 5 月创刊，是中国政治法律学会的下属刊物，在北京出版。《法学》前身是《华东政法学报》，创刊于 1956 年 6 月，是华东政法学院的学报。1957 年改由华东政法学院与上海市法学会合办，并改名为《法学》。在 1949 年至 1978 年这一时期，《政法研究》刊登了中国法制史学科研究、唐律研究和革命根据地法制史等领域的中国法制史论文，《法学》（包括《华东政法学报》）刊登了法医学史、近代法制史等领域的论文，以及一系列有关中国法制史学术讨论会的摘要等。

《历史教学》《历史研究》和《文物》杂志是刊登中国法制史论文较多的史学期刊。《历史教学》于 1951 年 1 月创刊，是新中国成立后创刊的权威性历史教学类杂志之一。《历史研究》由中国社会科学院主办，创刊于 1954 年，是新中国成立后最早创刊的一本综合性史学月刊。《文物》是中国文物考古专业学术期刊，刊载有关文物考古方面的专题研究论文。在 1949 年至 1978 年这一时期，发表在这三种期刊上的中国法制史论文有 24 篇，超过了法学几种期刊刊发的论文数量。在“文革”爆发后，基本上所有的中国法制史论文都是在历史学的期刊上发表的。

---

① 参见《上海政法研究所整理中国法制史资料》，《人民日报》1962 年 2 月 3 日第 5 版。

② 另外一种是《政法译丛》。

第六节 中国法制史学的特点和反思

前面已经对1949年至1978年中国法制史学的成果、重大事件、重大争鸣和研究人员群体进行梳理，已勾勒出这个时期中国法制史学的基本面貌。本节将探讨这一时期中国法制史研究的特点，同时对这一时期研究所暴露出来的问题进行反思。

一、中国法制史学的特点

1949年至1978年的中国法制史研究和20世纪80年代的中国法制史研究在年代上相去不远，而且两者存在着一定的继承关系。把两个时期的中国法制史学放在一起比较，我们可以发现，1949年至1978年的中国法制史学有以下两个突出的特点。

(一) 马列主义著作和领导人语录占有重要地位

与20世纪80年代的研究相比，我们可以发现1949年至1978年中国法制史学的另一个特点：在这一时期的研究成果中，马列主义著作和领导人论述占有重要地位，常常被引用为自己观点的例证。

这种特征在1949年之后就已经出现。最初引用较多的是马克思主义理论著作中的论述。以经君健的《明清两代"雇工人"的法律地位问题》为例，该文39个引注中，引用马列主义经典的注释就有6个，占到了近六分之一。这些引注多数分布在论文的首尾两端，该文的前四个引注主要引用的是马克思的《资本论》和《资本主义生产以前各形态》，引用的目的主要是说明资本主义自由雇佣的关系，特别是"自由"一词的含义。该文最后两个引注是列宁的著作，主要是阐明“阶级”这一词的含义，由上可见，马列主义经典著作在这里变成了问题的来源，文中引用的一切论证都是为了证明这些经典著作里面的论述而存在。

到了“文革”时期，这种引用扩展到了领导人的语录。在“文革”时期的一些有关中国法制史的文章中，我们可以看见，这些成果在开篇和结尾必定引用一段领导人的语录，并且这些语录常常使用黑体字，被加粗，有时候还加上了着重号，显得十分显眼。这些领导人的语录常常作为整篇文章的中心论点的出处，论证都是围绕其展开。

这种马列主义著作和领导人语录在论文中占有重要地位的现象，体现了当时法制史研究中一种“以论带史”的倾向，先抛出观点，再以史料作为佐证，而非从史料中引出论点。“以论带史”正是那个时代社会政治现实的反映。不论日常生活，还是学术研究，都特别强调观念、立场、路线的重要性。而最正确的理论莫过于马列主义著作和最高领导人的语录，所以马列主义著作和领导人的语录常常成为论之所出，史料成为证明其正确的依据。这种现象正是在“左”倾的大环境下，当时学术活动政治化的产物。

（二）与历史学研究联系特别密切

与20世纪80年代比较，我们可以发现1949年至1978年的中国法制史学还有一个重要特点，那就是在学科关系上，1949年至1978年中国法制史学表现出一种与历史学特别密切的关系。

在1949年至1978年这一时期，中国法制史学与历史学的这种联系紧密表现在以下几方面：第一，如前文所述，研究人员群体中，历史学专业出身、研究领域在历史学的学者从事中国法制史研究的有不少，而且他们研究的成果在数量上和质量上都不比法学专业出身的学者差，最典型的例子是王永兴，他是现代中国著名的唐史专家，他曾在五六十年代发表过多篇有关唐律的论文，对唐律的性质和唐律“同居相为隐”原则有一定的研究。第二，在这一时期中国法制史也常常参与到史学问题的讨论中。新中国成立之初，史学界曾有关于“五朵金花”问题的争论，一些研究人员试图从法制史的角度去探讨这些问题，其中的典型代表有侯外庐和经君健，侯外庐试图从法制史的角度去讨论中国古史分期和封建土地所有制问题，经君健试图从法制史的角度去探讨明清资本主义萌芽问题。第三，在一些非常时期，法学遭遇灭顶之灾的时候，中国法制史依靠着历史学得以存续和发展。在“文革”时期，整个法学研究处于瘫痪状态，许多专门从事法制史研究学者被调往历史学研究机构，在那里得以部分继续从事中国法制史研究，另外，在20世纪60年代之后《法学》和《政法研究》等法学专门学术刊物停办，大部分的中国法制史论文都是通过《历史研究》《历史教学》等历史学的期刊发表的。

中国法制史是一门法学和历史学的交叉学科。作为一门交叉学科，中国法制史学应该与法学和历史学之间有紧密的联系。然而，在当时的环境下，中国法制史学与历史学这种特别紧密的联系，有着特殊的意义。从20世纪60年代中期开始，由于“左”倾错误的影响，使法学研究举步维艰，在“文化大革命”中，法学研究更是一度停摆。虽然历史学也受到了“左”的冲击，但是历史学的研究尚未全部停顿，还可以进行部分研究，与历史学保持紧密的联系，保留下了将来中国法制史学发展的种子。也正是因为与历史学的这层紧密关系，使得中国法制史能够在“文革”结束后较早得以恢复，成为“文革”结束后最早恢复的法学学科之一。

从上述比较可以看到，尽管1949年至1978年和20世纪80年代在时间上相去不远，但是1949年至1978年的中国法制史研究与20世纪80年代的中国法制史研究相比，有自己的特点，这些特点反映了1949年至

1978 年的中国法制史研究处于一个比较低潮的阶段。

二、中国法制史学的反思

纵观 1949 年至 1978 年这一时期中国法制史研究，可以发现它在对待传统法律的态度以及研究方法这两个方面存在着一定的局限，有一些值得我们反思，作为中国法制史研究的镜鉴。

（一）对待传统法律态度的反思

纵观 1949 年至 1978 年的中国法制史学，可以发现这一时期的中国法制史学在研究中充满了“革命史观”支配下的政治化叙事。在“革命史观”的支配下，当时的法制史学把中国传统法律视为剥削阶级压迫被剥削阶级的工具，应该予以彻底批判。

这种全面否定、批判的态度既与当时的社会政治环境有关，同时也是近代以来，对传统文化失去自信的产物。这种思潮挫伤了研究人员研究中国法制史的积极性，对中国法制史学的发展造成严重的负面影响。在法学众多学科中，中国法制史是唯一与传统法律挂钩的学科，如果传统法律一文不值，那么中国法制史的研究价值又从何谈起。

钱穆先生曾说，一个国家在“知识水平线以上之国民”，对其本国的历史应该有一种“温情与敬意”，不会认为本国历史是一种“无一点有价值，亦无一处足以使彼满意”的东西，也不会认为“我们是站在已往历史最高之顶点”，也不会把现在的种种罪恶与弱点，全部“诿卸于古人”。①毫无疑问，中国传统法律已经式微。研究中国法制史并不意味着是要事事以古为美，在今天复活那些早已走进历史的制度；也不是要证明某些现行制

① 参见钱穆：《国史大纲》，商务印书馆 1998 年版，序言。

度古已有之，今天只是前人的翻版。而是客观地去审视这些传统法律在它们的时代的实施情况和效果优劣。这种“审视”不应是站在一个“历史的终结”去俯视过往的历史；而是用“温情与敬意”去理解历史，像演员一样，把自己融入一个个鲜活的历史场景中，去品味社会的架构和人们的行动。从前人的一个个具体行动中逐步抽象出前人在处理类似问题时的智慧，与我们今天的行动形成观照。

（二）研究方法的反思

尽管20世纪上半叶的中国法制史学还处于初生期，但是在那时的中国法制史研究中，我们可以看到多种学科研究方法并存，并且相互影响、交织使用的场景。既有用西方法律分类体系去研究中国古代法律的陈顾远、杨鸿烈，也有运用传统史学方法去考据古律的沈家本、杨鸿烈，还有运用社会学的方法，从法律社会史的角度去研究中国古代社会与法律的瞿同祖。①正因为众多学者运用多学科的方法、从多学科角度去研究中国法制史，才造就了这一时期中国法制史研究繁盛的局面。

即使是在20世纪八九十年代，走出冰期的中国法制史学也出现了多种学科方法并用的场景。除去基于规范分析和权利义务关系出发的法学方法与从史料分析和考据着手的传统史学方法之外，还有以田野调查为主要形式的人类学方法，着重横向对比和纵向对比的比较法等方法。

然而在1949年至1978年这一时期，中国法制史研究却呈现出成果十分有限的局面。除了在“文革”前有少数历史学和考古学学者运用过二重证据法等史学方法，这一时期的中国法制史研究方法就只有阶级分析法一种研究方法。不同的研究方法，会有不同的思维定向、理论分析和价值判

① 参见周会蕾：《中国近代法制史学史研究》，上海人民出版社2013年版，第65—66、75—76、78—84页。

断。由于这一时期的中国法制史著述机械地套用阶级分析法，因此，尽管这一时期的中国法制史研究人员群体中有着来自各个学科的知识精英，但是这一时期中国法制史学研究成果的内容很不足。它们在选题时多数都是以分析某传统法典的阶级性质为主，论证过程常常是先大段引述马列经典著作和领导人的论断，然后中间引述一两段史料，它们得出的结果也是大同小异：认为这些法律是剥削阶级维护统治、镇压人民的工具。这一时期对法律性质的分析，超过了对法制史具体问题的探讨。这种机械地套用阶级分析法的做法，使得当时的中国法制史学俨然成了政治学的附庸，严重地阻碍了中国法制史研究的开展。

中国法制史作为一门法学和历史学的交叉学科，它要求研究人员不仅有法学的专业素养，同时也要求研究者有一定的历史学功底。无论在古代还是今天，法律都不只是纸上的文献，还是丰富多彩的社会生活，中国法制史的研究不应只停留在简单描述一种纸上的规范，还应该深入地去分析这种规范与它背后社会的互动。要进行这样的研究，可以把社会学、人类学等学科的方法运用在中国法制史的研究中。社会学中定性研究的方法，特别是社会史的研究方法在法制史研究中已经被广泛应用，但是定量研究似乎方兴未艾。法律史研究中有大量的司法判例、案卷档案等法律史史料。这些史料数量较多，作为样本有一定代表性，在整理这些史料的时候，可以将这些“概念化”“可操作化”，为其中的某些特定项进行编码和赋值，然后通过统计分析，去估量数据的规模、核心趋势和特征离散程度等，通过这样的分析，可以得出明确、量化的而非笼统、抽象的结论。人类学的研究方法中，除了田野考察可资利用之外，“深描”的方法也可以作为法制史研究的有益借鉴。正如莎翁所言，“寰宇皆舞台，世人为优伶”，人的行为不是无端的，其实都是按照一定的“剧本”的“表演”，“剧本”这么安排，其实是有它一定的意涵。“深描”的方法，可以说就是像戏剧鉴赏一样，去分析角色“表演”与在剧中的意义。简而言之，“深描”就是把文化符号放在一定的历史、社会和意义结构中进行综合考察，层层深入地揭示这些符号背后的真正意涵。法律制度其实也是一种社会文化的现象，“深描”可以运用到法制史研究中。法制史研究中的文化符号可大可小，一条法律条文，判词中的一个典故、一个仪式，都能成为“深描”的对象。这种“深描”不是没有意义的，对这些符号的深描，可以从小见大解释这种行为在当时为什么是犯罪，为什么要判刑。由于“深描”是立足于当时的结构进行研究，通过“深描”，还可以提高研究的客观程度，避免“以今非古”的偏见。总而言之，中国法制史不是一个封闭的学科，不断地借鉴其他学科的方法，才能使它的视野更加开阔，成果更加丰富多彩。

1949年至1978年这一时期，虽然中国法制史学成果并不算少，但是它们的内容和研究方法都较为单调。然而，这一段学术史又有着它独特的意义。它是新中国中国法制史学史的开端，它在指导思想、研究方法等方面发生了一系列的变化，这些变化直到今天，仍然有着它的影响。

第二章　20世纪80年代的中国法制史学

“文革”结束后，百废待兴的局面使学科重建被提上了议事日程。1979年9月在长春召开了新中国成立以来首次全国法律史学术讨论会，经过学科指导思想和研究方法等方面的调整，以及大量法制史料的挖掘整理，使得该学科在停滞了数十年之后，得以接续学术传统，开始恢复和发展。20世纪80年代作为衔接前后两次改革与变迁的历史坐标，有其特殊的历史地位。通过对80年代中国法制史学发展的回顾，了解这一时期论著出版发表的情况，探讨在该时代背景下学者们在研究对象、研究视角、研究方法、研究成果等方面所取得的进步与存在的不足，譬如：他们用什么方法和形式表述中国法制史的面貌？这些方法和形式较之以往有什么变化？各种方法和形式有何相同或相异之处？他们的长短得失何在？尤其是通过中国法制史学与特殊时期外在环境影响等方面的考察，以此揭示学科发展的规律性，有利于中国法制史学的传承与创新。冯友兰先生为他的哲学史研究确立了一个目标：“它应当不仅是过去的历史的叙述，而且是未来的哲学的营养。”①中国法制史研究同样不仅是为历史而历史，也应当为当下和未来而历史。

---

① 冯友兰：《三松堂全集》第1卷，河南人民出版社1985年版，第343页。

以80年代出版的各类著作统计数据来看，根据刘海年、马小红在《五十年来的中国法制史研究》一文中的“研究结果统计表”，教材类有20本，法制通史类有9本，断代法史类有23本，部门法史类有7本，史料类有45本，案例类有14本，普及读物有6本，其他类有7本，总计131本。[①]根据曾宪义主编的《百年回眸——法律史研究在中国》第4卷（目录索引卷），统计出80年代著作类的数量大大超过上述数据，通论类、法制通史类、断代法制史类、法制文献类、案例类的数量分别是28本、38本、72本、69本、30本。[②]

本章是对80年代这一特定时期法制史学在著作/论文方面研究成果的总结，内容上，从通史、断代史、部门法史、少数民族法制史等不同的方面和层次对这一时期的研究成果进行了系统的梳理。同时对同时期的台湾地区法制史学和新中国成立以来至70年代末的中国法制史学发展进行反思，与90年代中国法制史学进行比较，从而得以找到其在上述各方面所取得的进步与存在的不足，揭示学科发展的规律性，以期望对这一时期法制史学研究有所贡献。

曾宪义、郑定编著的《中国法律制度史研究通览》[③]和张晋藩主编的《中国法制史研究综述》[④]，讲述了新中国成立40年来中国法制史研究状况。第一，对研究概况进行总述，详细介绍了对中华法系的研究以及中国法制史的研究对象。第二，对同一问题的不同观点，以及某些在法史学界

① 刘海年、马小红：《五十年来的中国法制史研究》，载《法律史论集》第3卷，法律出版社2001年版，第45页。

② 曾宪义主编：《百年回眸——法律史研究在中国》第4卷（目录索引卷），中国人民大学出版社2009年版。

③ 曾宪义、郑定编著：《中国法律制度史研究通览》，天津教育出版社1989年版。

④ 张晋藩主编：《中国法制史研究综述》，中国人民公安大学出版社1989年版。

已经得到普遍认同的结论、各方面研究存在的不足、亟须研究并加以解决的理论课题进行梳理。如：关于中华法系的范围这一问题就存在不同的观点。陈朝璧认为，在空间范围上，中华法系的影响扩展到东方许多国家，成为东方许多国家共同的法系；在时间范围上，中华法系经历了漫长的由简单到复杂、由低级到高级的发展历程，一直延续到清代末叶。张晋藩认为，中华法系主要是指中国封建时代的法律，对中华法系的外延不宜无限扩大，不能将新中国的社会主义法律归入中华法系中。乔伟认为，中华法系实质上就是指中国封建社会的法律制度。第三，对 80 年代中国法制史学在通论研究、断代史和部门法研究以及关于各方面的评论总结等研究取得的成果作了综述。

论文方面，诸多学者已经对近代以来中国法制史学的发展作了综述，其中也不乏关于 80 年代这一历史阶段的特点描述。例如刘广安在《二十世纪中国法律史学论纲》中提到，80 年代以来，随着国家改革开放的进行，法律史学者解放了思想，扩展了眼界，在研究方法上也作了更多的探索。从文化人类学的角度，从自然科学系统论的角度，从英美判例分析方法的角度，从西方现代语言学的角度和解释学的角度以及法社会学的角度等方面进行了多种多样的尝试。①陈晓枫、柳正权在《中国法制史研究世纪回眸》中将 20 世纪 80 年代界定为恢复和发展时期，并指出，该时期的研究首先摆脱了新中国成立之初套用的苏联研究模式，客观、科学地运用马克思主义理论研究中国法制史，构建新的学科体系；其次承认法律具有继承性，冲破了否定旧的一切的樊篱，开始正视中国法制史以及以往的研究成果。②韩秀桃认为，1979 年以后中国法制史学进入了一个新的发展时期，

① 刘广安：《二十世纪中国法律史学论纲》，《中外法学》1997 年第 3 期。

② 陈晓枫、柳正权：《中国法制史研究世纪回眸》，《法学评论》2001 年第 2 期。

主要表现在，一是从学科名称上摆脱了苏联“国家和法权历史”的称谓，科学界定了本学科的研究对象；二是在学科指导思想上确立了马克思主义的指导地位；三是在法制通史、断代法制史、部门法制史、专题法制史、法律史料的挖掘与整理，以及教学与人才培养等方面取得了丰硕的成就；四是学术研究领域不断扩大，学者们在研究方法上不断寻求突破。①张中秋在《中国法治进程中的法律史学（1978—2008）》中强调，1980 年以后，“诸法并存，民刑有分”思想成为指导中国法制史学科和课程体系建设的新的范式——无论学科研究还是课程体系都涵盖了部门法史，从而摆脱了苏联语境和“泛政治化”的学术背景。②曾宪义的《中国法制史学的十年回顾与前瞻》，就 80 年代中国法制史学在通论研究，先秦、秦汉、魏晋隋唐、宋元明清法制史研究，近代及民国时期法制史研究以及关于台湾地区法研究方面取得的成果作了综述。③

法制史学史属于学科史的范畴，“学科史包含三个层次的意思：第一个层次是指学科发生、发展、演进、变迁的客观历史；第二个层次是指对学科过去实际发生的事情和客观历史进行的述说和编撰；第三个层次则是指对这种述说和编撰背后起支配作用的观念和条件进行的反思和解释”。④在上述学术回顾中，我们不难发现学者比较集中于第一和第二个层次的论述：“文革”结束、改革开放以后，中国法制史作为一门独立的学科在拨

---

① 韩秀桃：《中国法律史学史——一个学科史问题的透视》，《法制与社会发展》2003 年第 6 期。

② 张中秋：《中国法治进程中的法律史学（1978—2008）》，《河南省政法管理干部学院学报》2009 年第 2 期。

③ 曾宪义：《中国法制史学的十年回顾与前瞻》，《法学家》1990 年第 6 期。

④ 黄震：《中国法律史的学科史反思》，载张中秋编：《法律史学科发展国际学术研讨会文集》，中国政法大学出版社 2006 年版，第 25 页。

乱反正中步入一个新的发展阶段。然后概述学界在哪些研究领域取得怎样的学术成果，较之以往有哪些进步，等等。但 80 年代的篇幅往往只占很少一部分，且更多偏向于阐述著作的成果。本章和其他一些文章的不同之处在于聚焦 80 年代关于中国法制史的论文，关注学科史第三个层次的内容，采用历史研究中的“内史”“外史”两种范式对学科史进行研究，一是侧重学科本身的内在运行轨迹和发展过程，二是注重本学科与社会环境、时代背景之间的相互关系。此外，通过与台湾地区中国法制史学的横向比较，以及与大陆 1949 年以来至 80 年代以前和 90 年代纵向比较的方式，对 80 年代中国法制史学的发展特点进行剖析，以期勾勒出这一阶段在悠悠历史中的一幅明朗画面。

第一节　20 世纪 80 年代中国法制史学外部发展环境

一、中国法制史学与社会环境

20 世纪 80 年代中国法制史学的恢复和发展，既是学者们不断努力的结果，也是当时学科建设与社会环境发展的必然要求。倘若没有社会变革经济发展，没有将中国法制史列为高等院校本科法学专业的主干课程，没有学者教材建设的支持，没有优秀学子的培养，就不可能取得长足的进步。

自 70 年代末宣布废除阶级斗争的纲领，不再坚持无产阶级专政下继续革命，决定把工作中心转移到经济建设上来后，这一政治局势的变化使得法学界重获新生：被取缔的政法院校、法学专业陆续恢复招生；全国性的法律史学会成立并定期举行学术活动；法律史研究机构重建，有影响的法学学术刊物有数十家之多，中国法制史的研究及学科建设开始步入正轨。这一时期的中国法制史学科动向受到整个学界的关注，可以说，这是该学科自 20 世纪初形成以来百年间最为荣耀的时期。其荣耀在很大程度上和当时的社会需求有关，当时的社会刚刚经历了一场“文化大革命”，而法制缺失正是那场动乱形成的主要原因——这是邓小平反思新中国成立以来党的路线方针政策后的结论，并很快成为全党和全民的共识。在法制处于一穷二白的状况下，①以法制为主要研究对象的法学不知该从哪里开始突破，当时也惟有法制史学能担当起兴盛法学的历史重任了。然而，“冰冻三尺，非一日之寒”，欲消三尺之冻也绝非一朝一夕之功。张友渔在 80 年代初总结法制史研究中的几个问题时就指出，许多“清规戒律”将法制史研究工作限制得死死的，很难开展。比如在法的继承问题上，有三句话：“剥削阶级法制，只能批判，不能继承；农民革命的法制，只能肯定，不能分析；革命法制，只能歌颂，不能批判。”②可见，在思想禁锢时代刚刚结束之时，劫后余生的学者在行文间仍难免带有一些无法避免的历史所赋予的战战兢兢的印记。我们今天接受的看似理所当然的观点，例如法的阶级性与继承性、人治与法治之争、“诸法合体，民刑有分”等，其实在最初的探索征程中，每前进一步都走得很艰辛。随着学术环境的相对宽松，许多论文都突破了传统的研究框架，尤其是对于中国古代民事、行政、诉讼制度和近代转型等领域有着前人所无的开掘和缕析。

1979 年，在长春召开的中国法律史学会成立大会集中讨论了学科重建问题，确定了中国法制史学术研究的中国特色，逐渐清除了苏联模式对中

① 经过全国人民代表大会常务委员会对 1978 年以前颁布的法律的清理，134 件法律和有关法律的决定中，已经失效的有 111 件，也就是说，81%已经失效。参见信春鹰：《中国法律制度及其改革》，法律出版社 1999 年版，第 19 页。

② 张友渔：《关于法制史研究的几个问题》，《法学研究》1981 年第 5 期。

国学术的影响，本学科的名称定为“中国法制史”已经得到了普遍的承认。这次学术讨论会首开法制史学术研究突破政治束缚的风气，逐渐把中国法制史的研究作为一门科学学术来研究讨论，这同 1979 年以前所有时期相比，都是一个非常重要的进步。①中国法制史的研究及学科建设开始步入正轨。1986 年中国法律史学会在合肥召开的第三次年会上成立了全国性的中国法制史学术研究机构——中国法制史研究会，使中国法制史学的发展又迈出一大步。②随着文化热潮的到来，法学界也开始了“法律文化”的研究，适应了现代化建设对于学科间交叉与综合研究要求的趋势。③对中国传统法律进行文化阐释，试图超越一维的立法层面，从法文化演进与变迁的立体视角来深入解读中国法律的传统及其近代转型，在此过程中还伴随着西方学说思潮的涌入。信息论、控制论、系统论等西方社科新作经翻译引入，卢梭、伏尔泰、边沁、洛克、韦伯等人类思想史上的代表人物渐为人知，社科领域首次出现马列经典之外的理论和方法，有了较多的文化参照物和武器的批判，这些都为中国法制史学的研究带来了新的气象。但应当看到，“20 世纪的后半叶，是政治或政权与学术几乎不分的时代，法律史学科的兴起随着政治局势的变化而变化。80 年代法律史学科领军地位的形成便有着诸多的政治因素。许多经过那一时期的法律史学者，都不否认当时法律史的显学地位有其特殊的历史原因，并不属于社会正常发展状态下的学科应有的地位”。④

---

① 曾宪义、郑定编著：《中国法律制度史研究通览》，天津教育出版社 1989 年版，第 45 页。

② 参见王申：《中国法律史学会第二届年会在合肥举行》，《政治与法律》1986 年第 6 期。

③ 洪明：《澄清是非　开拓前进——反思 80 年代“文化热”》，《文艺理论与批评》1991 年第 4 期。

④ 马小红：《关于法律史学科发展的一点想法》，载张中秋编：《法律史学科发展国际学术研讨会文集》，中国政法大学出版社 2006 年版，第 81 页。

另一方面，法学研究资料的极度匮乏也成为当时为数不多的法科院系的共同难题。由此，这一时期对台湾地区法学家的各类著述引进并阅读成为大陆法学教研中的一道独特风景。众多台版教科书籍介绍了很多内容新颖、研究方法多样、内涵丰富的课题，开拓了大陆法学生的研究视角，使法科学生和法学研究者对法学研究有了更深刻的认识，激发了对法学各分支学科深度研究的热情。在此背景下，80年代初、中期对于台湾法律学术研究的欣然接纳，恰好是对于被迫中断的法学与法律传统的接续，或者说，是清末变法改制启动其开端并延续近代中国法学与法律传统，在1949年以来“一树两枝”、各有型制的情形下，在这一时期出现“传统的汇合”。

二、中国法制史学的学科建设及其他学科对其影响

20世纪中国法制史学的两次勃兴，固然是学者们卓绝努力的结果，但也与学科制度的良性作用密不可分。因为“现代科学的标志是知识的学科化和专业化，一门学科存在的根据是它能在教育体制中有自己的容身之地，能够根据一定的行规进行知识的生产的再创造，成为一种知识生产和消费体系”。①20世纪初在中国法制史相对独立的知识体系尚未建立之时，依靠京师大学堂、京师政法学堂的课程设置，规定中国法制史为必修课，这门学科才得以迅速建立起来。除了中国法制史学自身的学科建设，我们也不能忽视其他学科对它的影响。法制史是历史的一部分，是古代社会法制发展的过程，对它的研究不可避免地涉及考古学、历史学和社会学的内容，同时它们的发展也促进了法制史学的发展。

① 黄震：《中国法律史的学科史反思》，载张中秋编：《法律史学科发展国际学术研讨会文集》，中国政法大学出版社2006年版，第30页。

历史学。梁启超在他的名著《中国历史研究法》以及《新史学》等著作中，详细阐述了历史学的研究方法，强调历史发展脉络和因果关系，这一思想被法律史学所接受。[①]80 年代伊始，史学理论研究领域兴起了一场方法论热潮，其主要内容就是讨论多学科方法的引入问题。首先，系统论、控制论的方法被引入历史研究。“对于一些重大历史现象，我们不难从经济上、政治上、意识形态上分别找出许许多多原因来。但这些原因常常互为因果，使得找终极原因的方法变得无能为力……它需要我们在方法论上有所建树，需要我们从经济、政治、意识形态方面分别找终极原因的传统方法中摆脱出来，而从三者相互作用相互关联的角度，即从社会结构的特点来理解历史的进展。”[②]1981 年，丁伟志在《人民日报》上撰文指出：“运用历史比较方法，通过对不同时期或不同地域的历史进行求常求变或求同求异的比较研究，才可以从宏观上认识历史发展的一般规律和特殊规律。”[③]运用这种历史比较的方法在法制史的论文中也颇为常见，例如朱德魁在《从纵囚的论争看唐宋法制的宽严》一文中，通过欧阳修针对李世民的“纵囚”而发的《纵囚论》，指出宋较之唐在法律制度上的重大变化之一就是宋代抛弃了唐代法律制度中较为宽缓的成分，增加了许多更为残酷的内容。[④]此外，实证方法重新受到重视。这表现在两个方面：“一是

① 林乾：《学科体系、研究方法与文献利用——中国法律史研究突破路径之浅见》，载张中秋编：《法律史学科发展国际学术研讨会文集》，中国政法大学出版社 2006 年版，第 236—237 页。

② 金观涛、刘青峰：《中国历史上封建社会的结构：一个超稳定系统》，《贵州师范大学学报》（社会科学版）1980 年第 1 期。

③ 丁伟志：《马克思主义与历史宏观研究》，《人民日报》1981 年 8 月 25 日。

④ “矢志效忠于赵宋王朝的欧阳修，目睹人民遭催如此苦难与不幸，不仅不为一言，反而通过《纵囚论》以非难李世民的纵囚之举，极力主张本来已经很残暴的赵宋统治者更加残酷镇压和屠杀那些敢于反抗的所谓罪大恶极的‘死囚’。”参见朱德魁：《从纵囚的论争看唐宋法制的宽严》，《贵州民族学院学报》（社会科学版）1987 年第 4 期。

关于史料搜集、鉴别及考证方法的论文和专著较‘文化大革命’前有了明显增加，发表的有关论文有四五十篇之多。二是对以胡适、傅斯年、顾颉刚为代表的近代实证学派及其所倡导的科学史学、实证方法重新评价，倡导他们的科学史学方法。这在八九十年代几乎成为一种思潮和时尚。”①这些方法的运用对法制史的研究都产生了极大影响。运用历史比较方法，通过对不同时期或不同地域的历史进行求常求变或求同求异的比较研究，在法制史的著作中也颇为常见，例如王清云的《汉唐文官法律责任制度》②，分三章，即封建文官法律责任制度概述、两汉文官的法律责任制度、唐代文官的法律责任制度，通过比较分析得出对我国人事制度改革所具有的借鉴意义。历史学方法的运用对法制史的研究产生了极大的影响。

考古学。考古发掘的文字资料虽因埋藏久远而有所缺失，但却最大程度地保存了当时历史的原貌，有相当的可靠性。其不仅可与文献资料相互印证，且能弥补后者的不足，纠正其中的错误。在近百年来文物考古资料的研究中，甲骨文、简牍文书等越来越引人注目。战国、秦汉时期是我国封建法制形成和发展的时期，长期以来由于资料匮乏而难以进行深入研究。考古资料的发掘极大丰富了这一领域的研究资料，尤其是云梦秦简、张家山汉简经发掘、整理公布后，法制史学界立即掀起了秦律、汉律的研究高潮。不过，文物资料整理速度缓慢是妨碍研究进一步发展的重要因素。不少考古文物发掘后，历时多年仍未整理发表，“我国迄今出土简牍已逾20万枚，但已整理公布者仅是其中的极少部分，使大多数研究者无法全面了解其内涵”。③因此，加快考古文物资料的整理也是深化这一领域

① 参见李振宏：《20世纪中国史学方法论研究》，《史学月刊》2002年第12期。

② 王清云：《汉唐文官法律责任制度》，中国人民大学出版社1989年版。

③ 曾代伟、郑军：《二十世纪简牍文书法制研究的回顾与展望》，载汪汉卿、王源扩、王继忠主编：《继承与创新——中国法律史学的世纪回顾与展望》，法律出版社2001年版，第91页。

法制研究的需要。

对其他人文社会科学研究方法的借鉴。瞿同祖较早运用社会学的方法研究法律与其他社会制度的相互关系及实际运行情况（在社会上的实施情况是否有效，推行的程度如何，等等），并注重从各个不同朝代的法律中寻求共同点以解释法律的基本精神及其主要特征，极大拓展了法律史的研究领域。用社会学的方法研究法制史在 20 世纪非常流行，这种研究方法注重法律的社会功能及其价值，而不在于考证具体的制度。例如中国古代社会中的宗规族法生成发展至清代渐臻完善，朱勇的《清代江南宗族法的社会作用》以清代江南地区的宗族法为考察对象，从政治、经济、思想文化诸方面对其社会作用作了有益的探讨。①此外，从传统的哲学、经济学、社会学、伦理学、人类学理论到新兴的哲学解释学、结构主义、现象学、符号学等观念的引入，我们每多一种理论工具，历史便会在我们面前多显现出一层意义，我们也就会多一份创造的收获。

三、国内外学术会议与交流

1979 年 9 月中国法律史学会成立时，与会者就如何批判地继承法学遗产问题进行了探讨。此前很长一段时期，法律有无继承性问题被列为禁区，有学者指出："历史上统治阶级为保证法律贯彻执行而采用的某些行之有效的方法、制度以及在法律和法学中都或多或少地带有民主性的因素，这些都是可以为无产阶级批判吸收，引为历史的借鉴。一些同志在肯定法律的继承性的同时，强调要对封建法制和法律思想对于维护封建专制主义统治所起的作用，要进行严肃的批判，这对进一步肃清林彪、'四人

① 参见朱勇：《清代江南宗族法的社会作用》，《学术界》1988 年第 4 期。

帮’的流毒极为重要。”①

1983年8月，在西安举行以“法律史研究与建立具有中国特色的法学”为中心议题的第二届年会。与会者认为，建立具有中国特色的法律史学，第一，要以马克思主义为指导，在提高理论水平的基础上，继续重视历史典籍的整理工作，同时加强对我国近代史和革命根据地法制建设的研究。第二，要坚持实事求是的原则，提倡学术讨论和争鸣。第三，要深入探讨和把握中国法制史的本质特征和民族特点，不要简单地用外国或今人的概念去套用。第四，注意吸取现代科学发展提供的研究方法，系统地、历史地、客观地开展研究。在分头研究的基础上，开展更多的合作和交流，为建设具有中国特色的社会主义的法学和法制作出应有的贡献。②

1986年8月，中国法律史学会在合肥举行第三届年会。来自全国的一百五十名代表参加会议，与会者就法律史的地位、研究法律史的方法等问题展开了热烈而广泛的讨论。有人认为，法律史学存在着“危机”，它在教学方面虽然不可少，但对于法制建设来说，又不必很多，甚至是可有可无的。关于法律史的研究方法问题，有学者提出，方法的更新是法律史学科振兴的重要途径之一，法律史学研究正面临着一个方法论上的突破时期。我们可以借鉴系统论、控制论、信息论的方法，用开放性思维取代封闭式思维，用多向思维替代单向思维，定性分析与定量分析相结合，等等。还有学者提出了针对中国法律文化及法律文化史、中国法律思想史的特有范畴及特有问题进行研究的建议。这次年会还成立了全国性的中国法制史学术研究机构——中国法制史研究会，使中国法制史学的发展又迈出一大步。③

---

① 众言：《我国法律史学界的空前盛会》，载《法律史论丛》（一），中国社会科学出版社1981年版，第480页。

② 参见《中国法律史学会召开首届年会》，《法学杂志》1983年第5期。

③ 参见王申：《中国法律史学会第二届年会在合肥举行》，《政治与法律》1986年第6期。

1987 年 7 月，中国法制史研究会首次学术讨论会在昆明召开，会议主要针对古代法制改革的成败得失进行研讨。与会者一致认为，中国古代法律制度改革并非偶然，是社会政治、经济矛盾发展到一定阶段的产物，且都是在以自然经济为主导的状况下进行的，受到君主专制制度的制约和宗法等级观念的羁绊，始终围绕着强化皇权这一轴心运行。在总结改革得失的同时，与会者们还认真地分析了古今改革的实质差异："尽管历史上的改革取得一定的成功，但同时也必将带来重大的弊端。当今的社会主义改革事业是在先进思想和先进政党领导下进行的有史以来最宏伟的事业。因此，两者之间无论是出发点和归宿都有根本上的不同，只有分清这一点，才能更有针对性地借鉴历史上的改革经验。"①

与国外的学术交流也日益频繁。对于西方法学的介绍，构成了 80 年代以降中国法学的重要环节。比较令人欣慰的是，在大力了解英美法系的同时，中国法学界并未停止对于"苏东"法制和法意的介绍与研究，而且，随着外语语种的增多，对于德、法、意等欧陆法律文明的研究亦逐渐受到应有的重视，避免了非"苏联"则"英美"的视域的单向度。1981 年 6 月，韩幽桐率中国社会科学院法学考察团赴日本访问，紧接着，以滋贺秀三为团长的法制史专家访华团回访了中国。②中国法制史学界与美国、英国、法国、日本、澳大利亚、韩国等各地学者都建立了广泛的学术交流关系。

影响大的有 1984 年 4 月由中国社科院法学研究所和华夏研究院法律文化与法律发展战略研究所举办的"中国稀见法律史料国际学术讨论会"，会后还出版了中国法律史国际学术讨论会论文集。③此外，日本学者的论文

---

① 郭成伟：《中国法制史学界重视古代改革得失研究》，《比较法研究》1988 年第 1 期。

② 冈野诚：《中国对唐代法制史研究的现状》，《中国史研究动态》1983 年第 11 期。

③ 俞荣根：《大陆中国古代法律史研究概述》，《现代法学》1995 年第 4 期。

也被译成中文发表，比如池田温的《隋唐律令与日本古代法律制度的关系》（载《武汉大学学报》1989年第3期）、池田雄一的《论中国古代法制的发展：中国古代的法和国家》（载《中国史研究》1989年第2期）等。日本对中国法制史的研究，具有显著的特点，例如，重视基础资料的研究；研究的课题涉及范围广，但研究的具体内容细致，这些特点对当时的中国法制史研究包括现在的法制史研究具有深刻借鉴意义。20世纪80年代，日本对中国法制史的研究取得长足进展，研究范围进一步扩大，新的研究领域不断开拓，对法史资料的整理、翻译、校订、考证等基础研究成绩突出。除了依据各代传世文献的记载对各方面法律制度作深入细致的研究外，还有一些学者专门在实物资料如出土简牍、敦煌文书等方面进行整理与研究。在此基础上，法制通史、断代法史、部门法史、法典编纂史等各个方面，凡是属于中国法制史以及相关联的许多领域几乎都有所论及，并取得若干成果。

参加学术交流的目的一般有三种：第一，发表科研成果、成就、理论和学术意见，追求同行认可，提升自己的价值；第二，结交新老同行朋友，面对面进行交流、讨论、协商与合作；第三，了解同行特别是一流学者的研究动向，了解研究趋势。可见，学术交流是科研工作的组成部分，是学者向同行介绍自己的研究成果的团体活动。通过学者之间的思想接触、学术交流、自由争辩，可以沟通信息、取长补短、相互促进、共同提高，从而有可能产生新的科学假说，开辟新的研究途径。学术交流的最终落脚点在新学术思想以及学术创新上，足见学术交流的作用已经不仅仅停留在信息的交流，更重要的是不同来源的思想的碰撞，从而激发出新的思想。而发挥激发、启迪作用最有效的方式是学术争鸣与学术批判。当然，争鸣与批判的前提是尊重别人的学术成果，如果只是为了批判而批判，为了哗众取宠或者利用名人效应使自己出名，这是令人嗤之以鼻的。但尊重不代表附和，不代表人云亦云，必要的学术批评是学术发展的基石。日本著名的中国法制史学者滋贺秀三认为，学术批评往往是学术进步的必经阶段，批评者是被批评者的“学术恩人”。①

第二节　20世纪80年代中国法制史学内在发展理路

一、突破传统、开掘缕析——研究对象梳理

关于中国法制史的研究对象问题，不少学者都进行过一定程度的讨论。韩延龙、刘海年在《关于法制史的研究对象和方法问题》一文中对此作了归纳：“第一，把法制史理解为法律编纂史或法律沿革史；第二，把法制史理解为国家制度、政治设施和法律制度的演变史；第三，研究对象既包括法律制度，也包括国家一系列的具体制度，例如选官制度、田赋制度、货币制度、土地制度；第四，把法制史理解为各种法律制度的历史部分的综合或专题汇编；第五，把法制史理解为探讨刑法的制定、内容、沿革及其对后世的影响。”②1979年中国法律史学会成立时集中讨论了法制史

① 滋贺秀三在叙述自己的学术经历时曾说，“我的前半生主要研究了中国家族法。……年青时候写了这方面的小册子，表明了我自己的大致看法，发表后却受到仁井田陞先生的严厉批评。仔细想来，他的批评未必正确。因此我准备有关资料，整理我的论点，对他加以反驳。仁井田陞先生对我的论点又进一步进行了反驳。辩论继续了一个时期。经过这场辩论，我写了《中国家族法的原理》。如果不与仁井田陞先生开展辩论，恐怕我也写不出这本书来。仁井田陞先生对我的批判锻炼了我，他是我的恩人”。参见［日］滋贺秀三：《日本对中国法制史研究的历史和现状》（吕文忠译），载《法律史论丛》（三），中国社会科学出版社1983年版，第301—302页。

② 参见韩延龙、刘海年：《关于法制史的研究对象和方法问题》，载《法律史论丛》（一），中国社会科学出版社1981年版，第2—5页。

研究对象问题，后取得一致意见，即“中国法制史的研究对象就是中国法律制度的产生及其发展过程中的实质、特点、作用和规律”。①现对80年代学者聚焦的研究对象作一个粗略的统计，如表2-1②：

表2-1 80年代中国法制史研究对象统计 （单位：篇）

分类	总数	立法	刑事	民事经济	行政	监察	司法
夏商西周	21	13	4	2	0	0	2
先秦	19	14	4	0	0	1	0
秦汉	64	21	20	7	8	1	7
魏晋南北朝	11	9	0	0	1	1	0
隋唐	67	29	10	5	8	2	13
五代宋金元	33	15	2	6	2	6	2
明清	82	40	11	6	6	1	18
中华民国	22	12	1	0	3	2	4
革命根据地	32	10	4	3	1	1	13
通代	197	70	53	15	18	12	29
总论	8						

上述统计概括为立法、刑事、民事经济、行政、监察和司法这几大类，这可能会被诟病为用现代法的语境和体系分割了中国古代法，但我们无法完成时代场景的回归，为了更好理解古代法的存在空间，这恐怕是不得已的无奈之举，而且不少论文的标题本身就含有以上的关键词。这里需要解释一下的是各大分类所包含的小类：第一，立法方面，主要有立法原则的探讨，例如刘泽华的《秦先秦法家立法原则初探》、俞荣根的《从以

① 张友渔主编：《中国法学四十年》，上海人民出版社1989年版，第112页。

② 根据何勤华、王立民主编：《法律史研究》第1辑，中国方正出版社2004年版，第207—262页统计。

礼率刑到改法为律：先秦的立法概况》；有法律形式的考证，例如丛希斌的《“汉科”质疑》、钱元凯的《试述秦汉至隋唐法律形式“格”的递变》；有法（律）典的介绍，例如刘海年的《我国第一部封建法典——〈法经〉》、潘德伟的《宋律的编纂及其特点和作用》。第二，刑事法律方面，有刑法原则的论述，例如肖永清的《西周刑法原则的探讨》和《论两汉刑法的基本原则》；有罪名的研究，例如夏勇的《唐律中的谋杀罪》、曹洋的《〈唐律〉强盗罪初探》；有刑罚的探源，例如彭年的《秦汉族刑、收孥、相坐诸法渊源考释》、于尧光的《汉代刑罚制度改革的原因刍议》。第三，民事经济法律方面，主要涉及婚姻、家庭、财产以及农业、赋税、商贸等领域，例如水寿的《秦律的经济规范考论》、陈汉生的《从西汉税法看古代经济立法对社会经济的影响》、郭成伟的《宋朝的民事法律规范》、瞿同祖的《清律的继承和变化》等。第四，行政法律方面，主要围绕行政组织机构、官员的职务及责任展开，例如华雁的《秦简中关于官吏的法律责任》、王超的《我国古代的行政法典——〈大唐六典〉》、钱大群的《唐律与封建吏治》、李铁的《清朝的行政立法与吏治》。第五，监察制度方面一般集中论述制度本身的内容及变迁，例如吴卫生的《秦汉监察制度初探》、陈琳国的《魏晋南朝监察制度的变迁》、丁中柱的《唐代的监察制度》、肖娟的《元朝监察机构的重大变革》。第六，司法方面，不仅涉及机构、法官责任、具体原则和制度，还包括动态的诉讼和审判情况考察，例如胡留元、冯卓彗的《西周誓审：兼与殷代神判之比较》、高敏的《〈秦律〉所反映的诉讼、审讯和量刑制度》、张中秋的《试论秦朝法官责任制》、李治安的《唐代执法三司初探》。尽管传统的刑事法律在数量上仍然保持优势，我们还是欣喜地看到研究对象已突破传统，尤其是民事、经济、行政、监察等其他领域的研究在逐步扩大，中国古代法制的面貌开始呈现出丰富多样的一面。

从表 2-1 中还可以看到，断代史方面的研究主要集中在秦汉、唐宋、明清以及近代法制史方面。这和中国法制史的史料整理工作的推进不无关系。继 1978 年《睡虎地秦墓竹简》问世后，又出版了《居延汉简甲乙编》《银雀山汉墓竹简》以及《张家山汉简》。与此同时，学界对现存历史档案以及各代法制史料进行了全面整理，刘广安的《论明清的家法族规》利用地方族谱和档案，论证了明清封建统治者大力支持家法族规的强化措施，并就明清家法族规中有关刑事和民事法律方面的内容进行了归纳和概括。从刑律的注释点校来看，《唐律疏议》（点校本）、《宋刑统》（点校本）、《大明律》（点校本）、《御制大诰四种》和《大清律》（点校本）等的出版为研究唐宋明清的法制提供了珍贵的文本资料。陈汉生的《唐代商事立法探究》，主要通过《唐律疏议》梳理唐代在市场管理、专卖、对外贸易、抑商和扶商方面的制度安排。怀效锋的《论明代司法中的皇权》则通过对《大明令》《大明律》《大明律集解附例》《问刑条例》等法律文本进行研究，阐释明代司法中的皇权。

二、热点突出、诸家争鸣——研究成果管窥

所谓成果，每个时代的标准会有所不同，而且成果亦非一成不变，它会随着新史料或新方法的出现而有所变化和发展。限于篇幅，很难把这一时期所有研究成果总结出来。从前述研究对象的统计中可以观察到断代法制史的研究数量占有明显优势，因此本部分所述主要集中于具有影响力的论文研究成果。所谓具有影响力，一是指针对当时的热点问题展开学术争鸣时各方所持的具有代表性的观点，二是指对某些问题的观点奠定了某些学者在学术界的地位，或者该观点作为后人的研究基础在 90 年代以后得到了进一步的发展。

关于奴隶制时期的法律所针对的对象，各方的争议颇大。以陈光中为代表

的观点认为夏商周三代，奴隶主所制定的刑法是专门针对以奴隶为主的人民大众的，奴隶主的行为准则是礼，其即便受罚也不算犯罪，不适用五刑。①第二种观点以陈抗生为代表，认为奴隶制法的适用对象只有奴隶主阶级内部成员，而不以法律形式规定对被统治阶级的镇压。②廖炳扬也不同意第一种观点，他认为奴隶在当时社会是物品而不算是人，因而不可能成为刑事犯罪的主体。③第三种观点不同意奴隶制法只调整奴隶主之间关系的看法，而是强调镇压奴隶反抗是主要的、本质的，同时也调整奴隶主内部的关系。④

关于周代法制，第一个热点问题是对“礼”的认识。栗劲、王占通指出，礼是西周普遍适用的行为规范，天子诸侯大夫各有其礼，庶人当然也应有庶人之礼。礼为道德规范的表现形式，在许多情况下由国家强制力保证实行，具有道德和法律的双重性。⑤李启谦提出“礼不下庶人，刑不上大夫”这一原则在西周时代并不成立。“礼不下庶人”的“礼”是说某种礼节仪式对庶人来说是不存在的，而“刑不上大夫”应是指不能把对一般人判罪用刑的方法加在大夫身上，对大夫应用更慎重的手段和办法判罪行刑。⑥谢维扬对此辩解说，传统理解的关键是把《礼记·曲礼》原文的“上”“下”读成“至”“及”，而这种读法是不合先秦文例的。贾谊《治安策》云：“故古著礼不及庶人，刑不至大夫，所以励宠臣之节也。”这一理解和运用与后来传统的理解完全合拍，也许是它的滥觞。⑦第二个热点是围

① 陈光中：《我国古代刑事立法简述》，《政治研究》1963 年第 4 期。

② 陈抗生：《从商周奴隶制法看法的阶级性问题》，《法学杂志》1984 年第 4 期。

③ 廖炳扬：《我国奴隶制刑法是对着奴隶吗?》，《法学杂志》1986 年第 6 期。

④ 刘林希、尹天佑：《商朝法律制度辨析》，《政治学习》1985 年第 1 期。

⑤ 栗劲、王占通：《略论奴隶社会的礼与法》，《中国社会科学》1985 年第 5 期。

⑥ 李启谦：《“礼不下庶人，刑不上大夫”吗?》，《齐鲁学刊》1980 年第 2 期。

⑦ 谢维扬：《“礼不下庶人，刑不上大夫”辨》，《学术月刊》1980 年第 8 期。

绕《吕刑》展开的争论。徐静村认为《吕刑》是我国现存的刑法典籍中最早的文献，产生于我国西周穆王时期，是穆王命大司寇吕侯修订的。主要内容涉及"刑"与"罚"、诉讼制度的规定及对司法官员的要求。周穆王的时代不是"乱国""乱世"，当时国家正逐步走向安定，并不需要采用"重典"，却有行"中典"或"轻典"的必要，因此有了这样一次重大的司法改革，其基本精神是宽法慎刑。[①]阎青义的观点和徐静村基本相同，但他所述制定吕刑的出发点和徐静村所言不尽相同：当时王道衰微，文武之道缺，诸侯有不睦者，同时官吏贪赃枉法，典狱受财图利，贿赂公行，阶级矛盾日趋尖锐，因此穆王接受吕侯的劝告，作修刑辞，制定《吕刑》。[②]李弋飞则指出，《尚书·吕刑》篇并非吕侯所作之《吕刑》，而是穆王向诸侯大臣宣布《吕刑》时发表讲话的记载。吕侯当时制定的也不仅仅是赎刑，而是在"九刑"基础上修订而成的一部新刑法。且不宜简单地说《吕刑》是"重典"或"宽法"，而应该看到穆王晚年西周社会并非"乱邦"无需"重典"和《吕刑》又使法网更加严密这两个方面。[③]与认为《吕刑》作于西周穆王时代的传统观点相反，近现代"疑古派"（持这一观点的学者主要有郭沫若、钱穆、傅斯年等人）认为《吕刑》是晚出之书或作于春秋以后。对此，马小红从历史背景、西周刑罚制度、青铜器铭文、思想体系诸方面加以论证传统的"穆王说"。[④]此外，蔡燕荞针对春秋以前即使有法也无典和法不成文、不公开是我国奴隶制社会刑法制度的一大特点的说法，通过对《吕刑》的反思，认为《吕刑》不仅成文，而且是公布了的，同时肯定夏之《禹刑》、商之《汤刑》和周之《九刑》都是我国早期刑典，《吕

① 徐静村：《〈吕刑〉初探》，《现代法学》1980年第4期。

② 阎青义：《〈吕刑〉——我国最古老的一部刑法文献》，《社会科学战线》1987年第3期。

③ 李弋飞：《〈吕刑〉试议》，《中国法学》1989年第2期。

④ 马小红：《试论〈吕刑〉的制定年代》，《晋阳学刊》1989年第6期。

刑》的存在只是一个最低限度的反证，由此可见我国成文法制源远流长。[1]在成文法的公布方面，铸刑鼎事件历来是讨论的热点。庆明认为，春秋时期“铸刑鼎”与反“铸刑鼎”的斗争，不仅是中国法律发展史上的重大事件，而且也是整个中国文明史中带有分界标志的重大事件。当时的法律形态从原来的道德习俗与法律混为一体、法与刑分立的礼法形态，逐步地变革为道德与法律分立、法与刑统为一体的法律形态。这一变革过程就是从“铸刑鼎（书）”开始，到商鞅建立秦律完成的。[2]后俞荣根提出质疑：《“铸刑鼎”辨正》一文以为礼法制度下“定罪量刑不可测，完全由官长意志”的推断，使人难以理解西周礼法社会持续三百年的统治。该文认为铸刑鼎是变法律与道德的混同为分离和法刑一体的观点，还有待进一步证明。而认为铸刑鼎为“变革的一块丰碑”，是中国法律发展史上的重大事件，则是把它人为地拔高了。[3]

关于秦律，学界对“隶臣妾”问题展开了激烈的争论，基本形成了四种观点。其一，林剑鸣、钱大群等人持“刑徒说”，他们认为隶臣妾以上一般都具有无限期的罪隶身份。[4]林剑鸣之后又撰文指出，“隶臣妾”是刑徒还是奴隶，本是属于两个范畴的问题，前者属法律范畴的概念，后者属阶级范畴，这两个范畴并不完全一致。讨论“隶臣妾”是否为奴隶，就需要用划分阶级的标准来衡量，在生产资料占有关系中所处的地位，则是反映阶级关系、阶级地位的本质内容。“隶臣妾”并非不能拥有生产资料和

---

① 蔡燕荞：《我国成文法制源远流长——对〈尚书·吕刑〉的反思》，《中国法学》1989年第2期。

② 庆明：《“铸刑鼎”辨正》，《法学研究》1985年第3期。

③ 俞荣根：《晋刑鼎再议：兼向庆明同志请教》，《法学研究》1986年第3期。

④ 参见林剑鸣：《“隶臣妾”辨》，载《中国史研究》1980年第2期；钱大群：《谈“隶臣妾”与秦代的刑罚制度》，《法学研究》1983年第5期。

私有财产，故不能构成奴隶阶级，但亦不排除在“隶臣妾”的队伍中有奴隶存在，甚至占相当大的比重。可见，该集团并不是一个阶级，其成员只是一种刑徒，而刑期、待遇、来源等就反映了刑徒这一事物的本质。①张传汉也支持隶臣妾是服刑罪人，其服刑方式是在不受监禁下为官府服劳役。隶臣妾有独立的家庭经济，又有一定的人身自由，部分时间服劳役，部分时间从事家庭生产，从事公和不从事公，轮番更替，是秦代适用于轻罪的一种较轻的刑罚手段。②其二，高敏、刘汉东、苏诚鉴等人持隶臣妾为“官奴隶说”。③针对林剑鸣的《三辨“隶臣妾”》，刘汉东发表《再说秦简“隶臣妾”确为奴隶》：“隶臣妾”与刑徒有一个极大的不同，即刑徒无论判罪轻重，刑期长短，总有一定的刑期，“隶臣妾”则无刑期，除非放免、赎免、老免等取得人身自由，否则终身劳役，这正是奴隶的特征。根据“隶臣妾”并不占有生产资料或私有财产，表现了所有奴隶身份的特征又不是刑徒的情况，可以确切断定“隶臣妾”为奴隶，是秦官府占有和奴役的生产工作者，是此时期奴隶制残余的构成部分，和私家奴隶一样，属于奴隶阶级，存在于封建社会中。④其三，栗劲、王占通等人指出，隶臣妾基本上是刑徒，但保留有某些官奴脾的残余属性。它是由奴隶社会的“罪隶”演化而来的，具有很大的过渡性。⑤其四，刘海年的观点是“隶臣妾”是官奴

---

① 林剑鸣：《三辨“隶臣妾”——兼谈历史研究中的方法论问题》，《学术月刊》1985年第9期。

② 张传汉：《略论秦代隶臣妾的身份问题》，《辽宁大学学报》（哲学社会科学版）1985年第4期。

③ 参见高敏、刘汉东：《秦简“隶臣妾”确为奴隶说——兼与林剑鸣先生商榷》，《中国史研究》1980年第2期；苏诚鉴：《秦“隶臣妾”为官奴说——兼论我国历史上“岁刑”制的起源》，《江淮论坛》1982年第1期。

④ 刘汉东：《再说秦简“隶臣妾”确为奴隶》，《中州学刊》1987年第2期。

⑤ 栗劲、王占通：《“隶臣妾”是带有奴隶残余属性的刑徒》，《吉林大学学报》（社科版）1984年第2期。

婢，亦是刑徒的一种。①施伟青也认为秦简所提及的“隶臣妾”包含了刑徒“隶臣妾”与官奴隶“隶臣妾”。刑徒“隶臣妾”必须服事繁重的劳役，有一定的刑期，刑满后可免为自由民，官奴隶“隶臣妾”服事各种杂役和供驱使，必须世代为奴，这是两者的不同点。但是两者都拥有私有经济，不能被任意屠杀，这是他们的共同点。②

关于汉律研究，高恒经考证后认为汉《田律》并非过去一直以为的“搜田之法”或“田猎之法”；《金布律》亦不是汉时所创，在秦时已有；汉时的《兴律》与秦简中的《徭律》相近，汉代的《厩律》也是萧何以秦《厩苑律》为蓝本，“采摭秦法”而制定的；《户律》篇名更非萧何所创，魏国早已有之。③对汉律的篇目问题，胡银康提出过质疑。他认为终两汉之世没有九章律之说，且汉初没有户、兴、厩三篇作为正律的要求，至武帝时才上升为国家正律。④有关汉代的法律形式，针对当时一般所持的汉代法律形式有律、令、科、比的定论，丛希斌撰文指出，各种法史论著中摘引作为佐证的史料均未越出程树德《九朝律考》所辑录的史料范围，而这些史料尚不能说明汉朝法律形式有“科”的存在，而只能说明“科”是指对某种罪名实施刑罚或是对法律条文的泛称。⑤张建国也以历史考证的方法否定了科作为一种法律形式在汉代的存在，他认为两汉的科只是一种事项条目，“而非有形式上的独立品格”，直到曹魏时期科才成为具有独立性质的临时法典形式。⑥而马小红则对“格”进行了考察，她认为唐以前“格”的

① 刘海年：《秦代刑罚考析》，《中国法学文集》，法律出版社1984年版，第330页。

② 施伟青：《“隶臣妾”的身份复议》，《中国社会经济史研究》1984年第1期。

③ 高恒：《汉律篇名新笺》，《吉林大学学报》（社科版）1980年第2期。

④ 胡银康：《萧何做律九章的质疑》，《学术月刊》1984年第7期。

⑤ 丛希斌：《“汉科”质疑》，《天津师大学报》1987年第1期。

⑥ 张建国：《“科”的变迁及其历史作用》，《北京大学学报》（哲学社会科学版）1987年第3期。

演变可分为三个阶段：一是格从科演变过来，二是以格代律，三是格退回副法的位置。[①]另一个引发热议的问题是“引经决狱”对封建法制的影响。高恒认为，以儒家经义作为定罪量刑的理论根据，是将法律置之不顾，且造成官吏断章取义、任意发挥，既不利于法制的统一，也为不法官吏大开方便之门。[②]萧伯符对此提出不同意见，认为春秋决狱是对从前“论心定罪”的一种发展，它抵抗了繁法严诛，客观上减轻了劳动人民的一些痛苦，巩固了汉王朝统治，加速了社会发展进程。[③]宋昌斌则又持有另一种看法，他认为春秋决狱的绝大多数案例是解决统治阶级内部矛盾的，很难说它是农民阶级与地主阶级矛盾激化的产物。[④]

关于唐律研究，历来为学术界重视。对于《唐律疏议》的制作年代，仁井田陞与牧野巽考定是唐玄宗开元二十五年（公元737年）新颁行的《开元律》的《律疏》，轰动国际史学界。对此，杨廷福和蒲坚均进行了考辨，他们的结论是《唐律疏议》即为《永徽律疏》。[⑤]这两篇论文，基本澄清了学术界几十年悬而未决的一桩公案。阎青义认为《唐律疏议》是唐王朝封建专制主义中央集权制的最发达形态的一部重要法律文献，也是我国古代流传下来的保存至今最完整、影响最大的一部诸法合体的封建法典。这部法典不仅完整地保存了唐代的律文，而且还保存了大量的唐代的令、

① 马小红：《格的演变及其意义》，《北京大学学报》1987年第3期。

② 高恒：《论“引经决狱”》，载《法律史论丛》（三），中国社会科学出版社1983年版，第52—68页。

③ 萧伯符：《〈春秋〉决狱初探——兼与两本统编教材中某些观点商榷》，《湖北财经学院学报》1984年第4期。

④ 宋昌斌：《试论“春秋决狱”》，《政治与法律》1984年第5期。

⑤ 参见杨廷福：《〈唐律疏议〉制作年代考》，《文史》1979年第5期；蒲坚：《试论〈唐律疏议〉的制作年代问题》，载《法律史论丛》（二），中国社会科学出版社1982年版，第18—41页。

格、式。[1]对于令、格、式的性质，张中秋指出，由于违反令、格、式都会受到律典制裁，因此令、格、式不是单纯的行政法，而是刑法化的封建官僚机构组织与行政执行法典。[2]基于同样理由，王立民提出令、格、式都是刑法，至于唐代的组织法、行政法、经济法、民法和诉讼法等部门法，都不在唐律、令、格、式体系之中。[3] “诸法合体”是人们冠诸《唐律》的一个重要特点，所谓以刑法为主要内容，同时也包括民事、婚姻、继承以及行政和诉讼等方面的法律规范。此说流行中外，影响极大，被学界肯定为《唐律》（扩而大之是封建的“中华法系”）理论体系的一个重要组成部分。对此，姜永琳提出质疑：作为一部刑法典，《唐律》规定的只有刑事法律规范，根本不存在将民事、婚姻、行政、诉讼等法律规范“合为一体”这种内容范围及形式结构方面的落后性。[4]此外，《唐六典》的性质与实施一直是有争议的问题。刘逖指出，《唐六典》讲的是典章制度，收入了许多令、格、式，但又不具有法典的性质，它从编纂的指导思想到内容都存在矛盾，无法完全实施，因而仅作为一种传统或先例在某种程度上被继承，未成为具备法律效力的法典被援引。[5]韩长耕则认为《唐六典》在制定以后的两百年间未曾“明诏颁行”，但“确曾行用”，其内容多见于中唐以前的史实。[6]次年，王超撰文提出，要从中华法系的基本特点入手考察《唐六典》编纂的历史背景，从基本内容去分析其性质，从法律效力探索

① 阎青义：《〈唐律疏议〉——中华法系的典型之一》，《古籍整理研究学刊》1988 年第 1 期。

② 张中秋：《中国法文化的考察》，《比较法研究》1988 年第 3 期。

③ 王立民：《论律令格式都是刑法》，《法学研究》1989 年第 4 期。

④ 姜永琳：《〈唐律〉“诸法合体”说质疑》，《烟台大学学报》（哲学社会科学版）1988 年第 1 期。

⑤ 刘逖：《试说〈唐六典〉的施行问题》，《北京师范学院学报》1983 年第 2 期。

⑥ 韩长耕：《关于〈大唐六典〉行用问题》，《中国史研究》1983 年第 1 期。

其行用与否及其历史地位。作者得出的结论是：《唐六典》是我国古代最早的一部行政法典，是中国法律制度发展史上的一项创举。①

对于宋代的编敕与“以敕代律”，学者们从不同角度对宋代律敕关系进行了研究。邹身城提出以敕破律或用敕不用律，开了以命令、以个人意志代替法律的先河。②郭成伟、沈国峰提出北宋的编敕分为三个阶段：第一阶段是太祖建元以后，律在形式上仍享有主要法律渊源的地位；第二阶段是太宗以后，进入编敕甚为频繁的时代；第三阶段是神宗即位以后，把唐以来的律、令、格、式改为敕、令、格、式，进一步提高敕的地位，形成了“以敕代律”的局面。③而江必新、莫家齐认为，宋神宗以后并非“以敕代律”，而是敕律并行。因为在神宗以后各朝的司法实践中，“律”仍然占有重要地位，还多次进行过修律活动。并且，敕与律均作为法律考试的内容。④潘德深指出，除新增“折杖法”外，《宋刑统》的律文基本上承袭了《唐律》，但它收集了自唐开元二年（公元714年）到宋初建隆三年（962年）约二百五十年间的敕、令、格、式中的刑事规范，从统治阶级的现实需要出发，加以审定和汇编，这也是其与《唐律》的重要区别。⑤除了法律形式之外，宋代的另一研究热点在于其监察制度。莫家齐指出，宋朝的监察制度较为完备，尤以监司巡检制度最为严密。鉴于唐末五代藩镇坐大、军阀专权的教训，宋朝统治者注重巩固和强化中央集权。在收夺地方财、

---

① 王超：《我国古代的行政法典——〈大唐六典〉》，《中国社会科学》1984年第1期。

② 邹身城：《宋朝的“以敕代律”和岳飞冤案》，《河南师范大学学报》1981年第1期。

③ 郭成伟、沈国峰：《神宗变法与北宋编敕的发展》，载《法律史论丛》（三），中国社会科学出版社1983年版，第102—111页。

④ 江必新、莫家齐：《“以敕代律”说质疑》，《法学研究》1985年第3期。

⑤ 潘德深：《宋律的编纂及其特点和作用》，《福建师范大学学报》（哲学社会科学版）1987年第1期。

政、军、司法权的同时，加强了对地方的监察，在路一级建置“监司”，并确定了监司巡检制度，使监司在治理兵刑钱谷的同时，督治一路；在按察官吏中绥抚地方，是宋朝帝王把重点防内患、维护家天下的指导思想付之实践的一个有力措施。①戴建国对宋代提点刑狱司的设置、组成、职能、考课监背和作用作了系统的阐述，认为该司对巩固宋代专制主义中央集权统治起了积极作用。②

对元代（蒙古）法律，李淑娥认为成吉思汗时期已有了有关民事、刑事、军法等方面的规定。③阎青义指出，元代的笞杖刑、徒刑、流刑和死刑与前代是不同的，并总结出几大特点：蒙古人及色目人可以享有许多特权、维护农奴制的生产关系、保存和实施蒙古传统法、惩罚汉人和其他民族、对汉族地主施行笼络政策。④陈景良认为《大元通制》是元仅有的系统、完善的成文法典，该法典的颁布，标志着元朝由蒙古习惯法向汉成文法的重大转折。⑤

关于明律研究，杨一凡系统论证和阐述明初重典治国问题，指出朱元璋洪武年间的重典之治，并非“治官不治民”，仅《明太祖实录》所载朱元璋杀害起义农民的数字比其诛戮官吏数不知高出多少倍。⑥对于朱元璋重典治吏的评价，史学界和法学界一直有着争议。怀效锋认为吏治首先得到了整饬，很大程度上限制了地主阶级过度的土地兼并，有利于社会经济的

① 莫家齐：《具有特色的宋代监司巡检制度》，《政法论坛》1989 年第 3 期。

② 戴建国：《宋代的提点刑狱司》，《上海师范大学学报》（哲学社会科学版）1989 年第 2 期。

③ 李淑娥：《成吉思汗时期蒙古法律初探》，《史学月刊》1985 年第 3 期。

④ 阎青义：《元代五刑体制及特点》，《现代法学》1987 年第 4 期。

⑤ 陈景良、张中秋：《英宗新政与〈大元通制〉》，《江海学刊》1988 年第 4 期。

⑥ 杨一凡：《明初重典治民考实》，载《法律史论丛》（三），中国社会科学出版社 1983 年版，第 112—129 页。

恢复和发展。①陈国平也指出，重典治吏的结果，缓和了当时的阶级矛盾，稳定了社会秩序，积极推动了生产力的发展。②程天权研究了明六赃的内容、量刑的具体变化，他认为明六赃的量刑较唐六赃加重，这与“惩元纵弛之后，刑用重典”不无关系。且六赃不仅规定了旨在镇压农民的“盗赃”，还以很大篇幅规定了官吏赃罪。可见法律除了镇压被压迫阶级之外，还有着调整本阶级内部关系的功能。③对明清封建法制对资本主义萌芽的摧残问题，曹三明认为，明清封建统治者厉行“禁榷”，重征商税，奉行“海禁”政策，严重限制了商品流通。他们极力维护官工业制度，肆意蹂躏私营手工业，加强对矿冶业的管制，干涉商业性农业的发展，对于手工业者实行“匠籍制度”进行束缚和人身控制，终于导致了阻碍资本主义萌芽发展的严重后果。④怀效锋对明代首辅的司法职权范围、权力的行使及其效应等进行了论述，他认为中国古代没有司法独立的传统，行政干预司法使得法制更加切合专制的需要，延伸了专制法网的范围。⑤吴观文对明代监察制度作了较多研究，他认为明代建立了完备的监察制度，创造性地让监察机关参与官吏的选拔、简任、考察和黜陟等行政人事管理，使得监察职能由消极惩治变为积极防治。⑥

关于清律研究，瞿同祖认为，清律大体上继承了明律，但其法律上例处于优先地位的特点，一直延续到清末。清代以例补充甚至修改律文的例

① 怀效锋：《明初重惩官吏赃罪浅论》，《中国法学》1984年第2期。

② 陈国平：《论明初的重典治吏》，《青年法学》1985年第1期。

③ 程天权：《从唐六赃到明六赃》，《复旦大学学报》1984年第6期。

④ 曹三明：《明清法制对资本主义萌芽的摧残》，《中国社会科学》1982年第2期。

⑤ 怀效锋：《明代首辅与司法》，《中国法学》1987年第6期。

⑥ 吴观文：《论明代监察制度及其作用》，《管理世界》1987年第3期。

子很多，使得有些律文不再有效。但在法律的基本精神与传统上，清律与明律保持了一致性。①苏亦工指出学术界一直以来存在一种成见，即在清代，律已是形同虚设的法律形式，例基本上取代了律而成为最有效的法律形式。他认为律是清代的基本法，在各种法规中居于主导地位，是各种法规的渊源和基础；同时他也肯定了例的补充、辅助律之不足以及灵活性强的优越性，并得出结论说清代律例并行，不偏废哪一方，二者相辅相成，相互补充，但特别强调以律为主导。②关于清代宗族制度，朱勇创见性地提出了作为国家法律的重要补充形式的宗族法，与国家法律一起共同组成了农业社会的二元法律结构。③刘广安与朱勇的提法有所不同，他采用传统的家法族规的概念：明清成文的家法族规在结构上已接近国家制定法，在内容上涉及国家制定法中刑事、民事法律等多方面。实际上，它已成为封建国家法律体系的一个组成部分。④

近代法制史的研究成果主要集中在清末修律及法律近代化、宪法与宪政制度以及司法改革等方面。江兴国论述了上海公共租界会审公廨的产生，通过《会审章程》解读组织机构及管辖权限，揭示其性质。⑤邱远猷在《南京临时政府的司法改革》中指出，南京临时政府在司法上实行了四个方面的改革，包括反对株连之法等。⑥杨永华、方克勤总结了陕甘宁边区法制建设的几项原则，主要有保障人民民主、法律面前人人平等、实事求

---

① 瞿同祖：《清律的继承与变化》，《历史研究》1980年第4期。

② 苏亦工：《论清代律例的地位及其相互关系》，《中国法学》1988年第5、6期。

③ 朱勇：《论清代江南宗族法的经济职能》，《中国经济史研究》1987年第4期；朱勇：《清代江南宗族法的社会作用》，《学术界》1988年第4期。

④ 刘广安：《论明清的家法族规》，《中国法学》1988年第1期。

⑤ 江兴国：《上海公共租界会审公廨的产生及其性质》，《中国政法大学学报》1984年第2期。

⑥ 邱远猷：《南京临时政府的司法改革》，《法学杂志》1983年第3期。

是、群众路线等原则。①此外，张希坡还解读革命根据地的科技政策与法规：奖励发明创造、优待科技人员的政策、关于奖励发明创造的规定、关于优待专门技术人员的规定。②

三、范式转换、视角创新——研究方法探析

倘若要对 80 年代中国法制史学者的研究方法进行分类，实在不是一件容易的事。在此按法制史的学科属性将之划分为历史的研究方法、法学的研究方法，但这样做的结果难免造成一些方法上的重叠，因为无论是历史的还是法学的研究方法，两者都可以包括诸如阶级分析法、比较分析法这类有点百搭的方法，只是在不同时期所侧重的会有所不同。每一门学科都有自己的研究方法，除了共同的研究方法之外都要有所侧重。法史学研究的基本方法是史学求真与法学分析方法的结合。“历史有其特殊性、变异性与传统性。”③研究历史就是要研究历史前后的不同之处，“治史所以明变”。④一切关于历史研究的指导思想、思考路径以及对历史学发展带有全局性影响的问题，都进入了史学方法论研究的视野，被当作重大的方法论问题来看待。同样，研究法制史也是如此。

（一）主要研究方法

1. 传统历史学的研究方法

我国研究法制史的学者大体分为两个派别，一派学者主要侧重于从历史学的角度研究法制史，这也是我国当时法制史研究的主要力量，另一派

---

① 杨永华、方克勤：《论陕甘宁边区法制建设的原则》，《法学研究》1984 年第 5 期。

② 张希坡：《革命根据地的科技政策与法规》，《法学杂志》1988 年第 2 期。

③ 钱穆：《中国历史研究法》，生活·读书·新知三联书店 2001 年版，第 2 页。

④ 同上书，第 4 页。

主要是法学界的学者，单纯从法律的角度研究法制史。相比史学学者只侧重从历史史料中对法学进行研究，法学学者更加注重从法律出台的相关背景、法律制度的演进等方面开展对法制史的研究。与我国类似，美国、日本两国的中国法律史学研究者也主要由史学学者和法学学者两派组成。但有所不同的是，在西方研究中国法制史的法学家们主要是从法学的角度来进行研究。“美国法学界，也许包括其他西方学者在内，研究中国法的学者们，尤其是公认的较有成就的学者，多数长于中国法制史的研究。”①西方学者对中国法制史研究的视角值得借鉴，我国法学界的学者应当紧紧围绕“法”这一核心来研究法制史，侧重对法律制度的发展进程及相关影响因素进行研究。当然，发掘史料、考订史实等史学领域的研究工作也应大力开展，以使法制史的研究能够最大限度地借助史学界的成果。法制史学作为一门交叉学科，在两派学者的共同研究下，史学和法学的共同繁荣，共同发展，互相补充，互为启发，能大大促进两大学科的进步。

法制史是一门法律与历史的交叉边缘学科，历史学的许多研究方法自然也会被法制史学者运用。传统的史学方法不外乎两类：一类是处理历史资料的方法，像考订、校勘、训诂，还有对资料的收集、辑录、整理等，以期尽可能详尽、逼真地展现出古代法制的状况以及当时人们对于法律的种种认识。学者大多执着于历史之“真”，因而对史料、古籍以及“恢复”历史本来面目等怀着猎奇或者探险般的浓厚兴趣。例如张传汉的《“窥宫者膑”释》，考证了宫字在秦汉以前的用法，从而纠正了几种法制史著作中用秦汉以后宫字的含义来解释成书于战国初期的《法经》中的法条。②史

① 苏亦工：《当代美国的中国法研究》，《中外法学》1996 年第 5 期。

② 张传汉：《“窥宫者膑”释》，《辽宁大学学报》1984 年第 5 期。

学界的学者研究法制史的一个优势是善于甄别史料的真伪，能够最大限度地借助那些已经发掘、考订的史料等成果作为研究的基础。历史学出身的高潮在他的一篇论文中指出："用铜器铭文研究古代史，在史学界可以说蔚然成风，然而在法学界并没有受到足够的重视。"[①]他根据铭文提供的实例，对周代财产所有权提出新的观点，认为除周王之外，诸侯大臣对不动产和某些动产，不仅有占有、使用权，还具有处分权，这些权利为国家所认可，并受法律所保护。他的另一篇代表作则以历史考证的方式对"五虐"之中是否包括刖刑以及"膑""刖"如何行刑的问题作了解释。[②]同样是拥有历史学背景的学者戴建国，其研究领域集中于宋代，在《宋代的提点刑狱司》一文中，他引用《宋会要》《庆元条法事类》《续资治通鉴长编》《文献通考》等大量史料对宋代提点刑狱司的设置、组成、职能、考课监督和作用作了系统的阐述，即见其史学功底之深。值得一提的是，他还对当时较少为人注意的古代狱政制度作了研究，依然是通过大量史籍考察了宋代监狱、监狱管理、囚犯的医疗饮食待遇、狱官责任及狱政监督，并在论述制度的同时引用一些案例说明了上述制度的部分实施情况。某种程度而言，几乎所有法制史的论文都会涉及历史资料的处理，毕竟法制史是历史的一部分，这可谓研究的基础。另一类是对历史资料进行分析、归纳的方法，最典型的莫过于阶级分析法，这种方法强调用阶级的观点去分析问题与解决问题。新中国成立以来，法学界一度流行过这样一种理念：法是阶级矛盾不可调和的产物，是阶级压迫、阶级剥削的工具，法的本质是阶级意志性，强调阶级斗争和阶级分析的单一研究方法。受这种理念的

① 高潮：《铜器铭文中的法律史料——兼论周代的财产所有权》，《中国法学》1988年第6期。

② 参见高潮：《刖刑名实考》，《现代法学》1985年第2期。

支配，法制史的本质被演绎为阶级斗争史。于是，我们看到许多中国法制史的论著都是以刑法为主线，且将刑法史的内容局限于各个朝代的统治者如何用法律来维护政治压迫和经济剥削。在这段时期，研究者往往容易以论带史，在没有系统搜集材料、没有细致整理分析的基础上就仅凭片段的材料或孤证轻率得出结论，且史料的使用多是为阶级分析的方法作注脚。这种注重法律制度阶级本质的分析以及五种社会形态理论的阐释或多或少地对 80 年代的研究产生了影响。例如在《从商周奴隶制法看法的阶级性问题》一文中作者最后总结说，“在律文中或正面、或曲折地规定保护和镇压的对象，固然能反映法的阶级压迫性质，但这并不是主要的和必需的因素，而主要的和必须的因素是法所反映的阶级意志和维护的阶级利益。奴隶制法虽然并未规定（因为不需要规定）压迫的阶级对象，但却具备了上述主要的和必须的因素，所以它维护奴隶主对奴隶压迫、剥削的根本利益这种阶级性是毋庸置疑的”。①林剑鸣的《秦代法律制度初探》②也是偏重于秦律阶级本质的评述。一些历史学出身的学者自然比较推崇史学的研究方法，如杨廷福曾提出：“法制史研究的是法的历史，法与史不能偏废，而着眼还在史上。”③当然，有很多学者主张法制史的立足点在于法，而非史，这就对研究者提出了更高的要求，除了具备良好的法学素养外，还要有扎实深厚的史学基础，否则，一个连史料甄别都不懂得或者对于史学界已经取得的成果茫然无知的研究者又如何能获得认可呢？不过，单单从历史学的角度分析问题难免会有盲人摸象的缺憾，虽然可以看到相关律文的逐条分析，却并不能使我们清晰地理解条文及其所使用的概念与现代法律

① 陈抗生：《从商周奴隶制法看法的阶级性问题》，《法学杂志》1984 年第 4 期。

② 林剑鸣：《秦代法律制度初探》，载《法律史论丛》（一），中国社会科学出版社 1981 年版，第 122—135 页。

③ 杨廷福：《研究中国法制史的几个问题》，《学术月刊》1983 年第 1 期。

体系中对应概念的联系和差别。[①]

2. 法学的研究方法

汤因比概括观察和研究事物有三种方法："第一种方法是考核和记录'事实'；第二种方法是通过已经确立了的事实的比较研究来阐明一些一般的'法则'；第三种方法是通过'虚构'的形式把那些事实来一次艺术的再创造。"[②]显然，历史学主要运用的是第一种方法，法学更主要运用第二种方法。其中以实证分析法作为法学本身的主要研究方法。

通常来说，属于法学本身的研究方法，主要是实证分析法。它以感觉经验为基础，以可操作的逻辑形式来检验或推导出概念和命题。具体而言又可以分为两种：其一是建立在逻辑实证主义基础上的规范分析方法，主要解决"法律是什么"的问题。它注重对法律的概念、渊源、形式和效力进行解释，一般很少甚至不考虑法律以外的因素对法律的影响，而仅限于法律规范本身的内容。其二是建立在经验实证主义基础上的社会实证分析方法，如社会调查、资料统计和定量分析、历史考察等，它以可以观察和描述的事实来概括或检验命题和概念，解决"法律在实际上是怎样的"问题，同时关注其他因素对法律的影响。正如钱穆先生所言："单研究制度本身而不贯通之于当时之史事，便看不出该项制度在当时之实际影响……每一制度自其开始到其终了，在其过程中也不断有变动，有修改。历史上记载制度，往往只举此一制度之标准的一段落来作主，其实每一制度永远

① 林端先生引知识社会学理论治法律史学术史，对我国台湾地区的中国法律史研究巨擘戴炎辉进行了深入有效的研究，归纳出其治学成就的外缘因素和后世影响。参见林端：《固有法与继受法——戴炎辉法律史研究方法的社会学考察》，载台湾"中国法制史学会"编：《法制史研究》2003年第4期，第175页。

② ［英］汤因比：《历史研究》，上海人民出版社1986年版，第54页。

在变动中，不配合当时的史事，便易于将每一制度之变动性忽略了，而误认为每一制度常是凝滞僵化，一成不变地存在。”①可惜在关于司法方面的论文中，更多是热衷于研究制度本身，例如审判制度、监狱制度、断狱责任制度，或者是研究司法机关、狱官制度的，较少有法制实施方面的论文，这可能和资料的挖掘、收集不足有关。法制实施不似直接研究法律文本，它需要在一些史籍、档案甚至文学作品中寻找蛛丝马迹，抽丝剥茧地整理出相关内容，颇费功夫。

理论上讲，法制史学是法学与史学的交叉学科，要求研究者兼具法学和史学两门学科的功底和素养。五六十年代法科背景的学者在法制史的研究中似乎并没有与史学学者有泾渭分明的差异，他们仍然注重对史料的考证和分析，以马克思主义历史观看待各种现象，并没有将法学专门使用的概念和术语放置在特定法律体系中去理解，运用诸如规范性、权利与义务、程序性规则等法学思维模式来解读法律制度和法律现象。比如刘海年的《秦代法吏体系考略》利用云梦秦简提供的新材料结合史籍中有关记载，对秦代法吏体系进行一些新的探讨。乔伟的《五刑沿革考》通过分析我国各个历史时期政治、经济和文化的发展水平以及阶级力量对比关系的发展变化，详述了五刑在各朝代的沿革情况。但 80 年代毕业的法科学者则有了微妙的转变，他们逐渐倾向于依靠法学理论的学术训练和思维习惯，侧重从法的角度进行研究。比如张中秋的《试论唐朝司法审判的法律依据》根据“罪刑法定主义”产生的历史背景和它的四个分原则，对照唐朝司法审判的法律依据，辨明唐朝司法审判实行的到底是什么原则。苏亦工的《论清代律例的地位及其相互关系》从法理学的理论出发，探讨律和例的性质、地位、作用以及二者的相互关系。郭成伟的《从阿云狱的审理

① 钱穆：《中国历史研究法》，生活·读书·新知三联书店 2001 年版，第 33 页。

看宋神宗年间的“敕律之争”》从社会政治、经济、法律状况分析阿云狱发生的历史条件，并指出变法派与守旧派围绕审理阿云案展开的敕律之争，其实质是两派政治、经济斗争在法制上的延伸，而任何带有根本性的法律改革，只有彻底根除旧的社会经济基础与政治制度，法制上的革命才会取得成功。上述转变和80年代西方法学理论的引入不无关系，而且研究视角也渐趋多样化，不再局限于就制度论制度，而是从一个小事件起手，逐渐放大事件背后的政治经济法律等因素的作用。正如有学者指出的，“法学界与史学界的法制史研究的区别可能并不在于对象和资料，而在于观察的角度和研究的方法”。①

3. 社会学的研究方法

用社会学的方法研究法制史在20世纪非常流行，这种方法注重法律的社会功能及其价值，而不在于考证具体制度。史筠的《民族法制研究》②一书从新民主主义革命时期到新中国成立后的民族区域自治这一时期，以民族法律法规为考察对象，从政治、经济、思想文化等方面对其所起到的社会作用进行探讨。

4. 经济学的研究方法

用经济学的研究方法主要体现在用静态分析法和动态分析法，这两种方式对法律史学进行研究。从80年代初以通史和教材编写为主对法制史进行研究，到后期从通史、断代史、专门史、地方史、少数民族法制史等多方面对法制史进行研究，不仅对每一时代法典的编纂、立法状况及法典内容等所谓“静态法”投入研究，而且更注重对法在

① 如同样是研究契约，历史学家从中考察地租、赋税、阶级关系等问题的历史演变和影响，法学家则侧重于法律分析。参见苏亦工：《法律史学研究方法问题商榷》，《北方工业大学学报》1997年第12期。

② 史筠：《民族法制研究》，北京大学出版社1986年版。

社会和民众中的实施状况进行研究，体现了这一时期法制史研究从静态到动态的过程。

20 世纪 80 年代中国法制史学开始恢复和发展，随着社会经济的发展许多新的研究方法被引入，阶级分析法被摒弃，传统的历史学方法，法学的实证分析法被重新应用到研究领域，社会学、经济学中一些新的研究方法被应用。

（二）影响研究方法的因素

1. 指导思想

不同的研究指导思想，会有不同的思维定向、内容取舍、理论分析、价值判断等，就会展现不同的法制史。法制史研究的指导思想，其实质是用什么样的观念去分析和认识法制史。通常来说，某个阶段的指导思想往往体现了当时国家的意识形态。如前所述，在阶级论的指导思想下，法制史的研究充斥着浓烈的政治气息，得出的结论往往强调法的剥削、镇压、斗争功能。我们可以看到，这一时期的不少论文都认为奴隶制、封建制的法律制度是严苛而残酷的，是用来镇压劳动人民以及维护剥削阶级利益的。80 年代以后，历史唯物主义及辩证唯物主义的思想成为意识形态的主流，我们看到许多论文是以此为指导思想的。例如李贵连引用《马克思恩格斯选集》《列宁全集》《毛泽东选集》，用马列主义的观点正确分析清末修订法律中的礼法之争。其实，人类创造法的目的，是为了管理自身、解放自身、完善自身、协调自身与自然的关系，虽然实际中法的功能和追求不可能是单纯的、美好的，它不可避免地在不同程度上扮演着为统治者服务的角色，但是考察法的这种功能与角色是次要的、局部的、非本质的，它不应该是法制史的主线。况且，统治者即便迫使法律屈从于狭隘的集团利益乃至个人意志，这种强迫在任何时候都有一个合理的限度和范围，法律终究会回到这个限度和范围内。法制史正是法的合理性和科学性不断提高的历史。法制史研究便是要揭示法的合理性与科学性是如何逐步提高的，引导后人去追寻这一过程的发展轨迹，无论是积极合理的精华抑或是反人道的糟粕，研究这些现象以及现象背后的原因，进而发现法律发展的一般规律。这样研究中国法制史才能得出兼具学术价值和社会价值的成果。

2. 研究对象和史料

每一门学科都有自己的研究方法，其分支学科亦不例外。除了共同的研究方法之外都要有所侧重，例如制度史侧重于考据和解释，而思想史则侧重于归纳和分析。单就法制史而言，不同的研究对象决定了史料搜集范围、种类的不同，进而直接影响着方法的运用。例如一个研究者试图研究某个朝代的具体制度而搜集了相关典章制度的文本史料，那么其很可能采用考据、分析的方法进行研究，从而排除了比较、综合、社会、文化等研究方法。倘若要研究民间的司法运行状况，那么他多半会积累一些民间法律文书，如契约文书、分家文书、乡规民约、家规族法、商业文书、讼师秘本等，从而以社会学的方法为切入点进行分析。大量新资料的发现往往能在相关学科领域产生划时代的革命，正如陈寅恪先生所说："一时代之学术，必有其新材料与新问题。取用此材料，以研求问题，则为此时代学术之潮流。"①不难发现，古代官员的司法案牍、行政司法事务的指导书和官箴书、地方志、地方法、习惯法，甚至稗官野史、笔记小说、戏曲唱词、法律俗语、宝卷善书、器物图画也陆续成为学者热衷收集的史料。应该说，法制史的研究并没有固定的方法，其选择在很大程度上取决于研究对象以及所掌握的史料。

---

① 陈寅恪：《陈寅恪史学论文选集》，上海古籍出版社1992年版，第503—504页。

第三节 20 世纪 80 年代中国法制史学研究领域的拓展及主要贡献

一、对通史研究的拓展

重视通史的研究和编纂是中国史学的传统，同样重视中国法制通史的研究和编纂也是中国法制史学的传统。十年“文革”期间，各政法院系先后解散，教师和科研队伍严重流失，致使中国法律史学的研究完全陷于停滞。“文革”结束后，百废待兴的局面使学科重建的问题提上日程，此时期的著作多以法制通史和教材为主，因此，法制通史成为研究这一时期法制史学发展状况的重要资料。

（一）法制通史的发展阶段

我们可以认为是从 19 世纪末 20 世纪初开始把法制史学作为一门学科来看待的。《历代刑法考》是由沈家本所著，可以把它看作中国法制史学的第一部著作。在这之后该学科开创初期的代表作主要为：程树德的《九朝律考》对各朝代的法律进行考究，杨鸿烈的《中国法律发达史》也对中国古代的法律进行了系统的介绍。从那时起可以从三个发展阶段看中国法制史的研究过程：第一个阶段是从沈家本到民国末期，研究基本上是对相关历史史料的整理、记录，特别是对那些从没有人系统梳理过的中国法制史史料进行全面的整理叙述。考察这一时期的研究，比较欠缺的是，我国的法制史研究并没有形成比较系统的法制史研究方法和理论指导思想。第二个阶段是从中华人民共和国成立到 80 年代中期以前的时期。这一阶段的中国法制史的研究和讨论，由于受到许多政治运动的影响，集中表现出反封建、反剥削的特质，实现了从反面衬托新中国法制所取得的伟大进步的宏伟目标。纵观这一时期的研究，紧扣历史唯物主义和辩证唯物主义的指导思想，以阶级分析方法作为主要方法来研究法制史的基本问题，并透过对历史现象的研究，得出历代法制所呈现的阶级本质。中国法制史研究指导思想的确立是这一时期所取得的主要研究成果，与此同时，存在着非历史唯物主义的态度，导致人类文化遗产的连续性、继承性、共通性被忽视。大约从 80 年代末开始，中国法制史研究进入第三个阶段，即客观、全面、系统地研究中国法制的传统文化。

（二）法制通史的研究成果及重要意义

1979 年恢复中国法制史的教学和科研工作以后，为适应学科刚起步时的需要，进行了一些基础性的工作，主要是在法制通史上进行全面的探索和介绍。据初步统计，80 年代以来有关法制通史的著作大约有 38 部，①并且由于当时缺乏教学书籍，所以大部分的通史研究都是从《中国法制史》教材开始的。1982 年春，中央司法部法学教材编辑部组织编写了高等院校试用教材《中国法制史》②。该教材第一次明确了中国法制史是一门以马克思列宁主义为指导思想，研究我国进入阶级社会以后各种类型的法律制度的实质、内容、特点和它的发展规律性以及中国法律起源的科学，不再包括政治制度等内容，结束了照搬外国模式的弊端，标志着新时期法律史学科体系称谓的形成。正式将中国法律史学分为中国法制史和中国法律思想史两个分支学科。在此以两部典型的著作对通史的研究进行浅析：

① 根据曾宪义主编：《百年回眸——法律史研究在中国》第 4 卷（目录检索卷），中国人民大学出版社 2009 年版，第 410—411 页。

② 张晋藩主编：《中国法制史》，群众出版社 1982 年版。

《中国法制史》（第 1 卷）①史料丰富、观点鲜明、体例十分得当，是一部公开出版的具有中国特点的法制通史。在内容上，这一卷记述了从氏族制度解体和国家的形成，到最后一个封建王朝的覆没，近四千年间中国古代法制史的主要发展变化。在研究方法上，系统和重点相结合，阶级分析和历史分析相统一，较好地反映出了中国古代法制自成一统的完整性和某些颇具影响的法制的特色。在史料应用上，史论结合、论从史出，是此书的特色所在。如作者通过叙述西周统治者创设“礼”的缘由、“礼”的基本内容和它的规范、“礼”的实际运用等历史事实，说明了礼和法的形式虽然不同，适用对象有所不同，但实质上都是压迫人民、维护其统治的工具。另外，还注意到中国古代法制对经济的调整作用，这是过去编写法制史不太重视的部分。而且，对秦汉律到清律的发展演变进行详细介绍，使我们清楚地看出法律是根据时势而变通转移的。

《新编中国法制史》②在体例上，以断代为经线，以部门法史为经络。全书除前言及附录外，按历史断代分为三大部分：奴隶制时期法律制度、封建制时期法律制度、近代和中华民国时期法律制度，勾画出中国上下几千年间法制变迁沿革的发展线索。分十五章，按节分述立法思想和立法概况、行政法规、刑事法律、民事法律规范、经济法律规范、司法制度（近代、中华民国时期加宪法），描述出各个历史阶段各部门法的具体轮廓。这样，横观成块成面，纵观成条成线。每章由不同部门的法律规范构成一个整体，由此可窥一代法律制度全貌；把各章中相同部门的法律规范贯穿

① 张晋藩、张希坡、曾宪义编著：《中国法制史》第 1 卷，中国人民大学出版社 1981 年版。

② 曾宪义：《新编中国法制史》，山东人民出版社 1987 年版。

起来，亦可形成各自独立的部门法史。该书特别对各代的行政、民事、经济法规，都用了一定的篇幅加以介绍，对各朝代中后期的法律制度状况，亦力图作些必要补充。

80年代对法制通史教材和著作的编写，一方面对法制史学科建设起到非常大的作用，满足了当时各大院校及学者对教材和书籍的需求；另一方面法制通史大都按朝代的时间顺序对各代的法制史进行详细的介绍，对于学者们从总体上把握中国法制史起到非常大的作用，为法制史研究从纵向向横向研究奠定了基础。

二、对断代史研究的拓展

在基本解决法律史教学急需的教材建设之后，学者开始向断代法律史和部门法律史进军。断代法律史方面的研究主要集中在秦汉、唐、明清以及近代法制史方面，初步统计80年代以来有关法制断代史的著作大约有29部，[①]已出版的著作有：《西周法制史》[②]《秦律通论》[③]《隋律研究》[④]《唐律初探》[⑤]等。断代史著作出版情况如表2-2[⑥]：

---

① 根据曾宪义主编：《百年回眸——法律史研究在中国》第4卷（目录检索卷），中国人民大学出版社2009年版，第421—424页。

② 胡留元、冯卓慧：《西周法制史》，陕西人民出版社1988年版。

③ 栗劲：《秦律通论》，山东人民出版社1985年版。

④ 倪正茂：《隋律研究》，法律出版社1987年版。

⑤ 杨廷福：《唐律初探》，天津人民出版社1982年版。

⑥ 根据曾宪义主编：《百年回眸——法律史研究在中国》第4卷（目录索引卷），中国人民大学出版社2009年版，第421—424页。其中王清云：《汉唐文官法律责任制度》，中国人民大学出版社1989年版，单独列出，不统计在内。

表2-2 20世纪80年代中国法制史断代史出版数量一览表 （单位：部）

夏商周	1	明	2
秦汉	5	清	6
三国两晋南北朝	0	太平天国	0
隋唐五代	7	中华民国	2
宋	0	革命根据地	4
西夏辽金元	0	中华人民共和国	1

（一）从隋律研究看80年代断代法制史研究

以《隋律研究》为例看80年代断代法制史研究，是因为谈论中国历史的辉煌，我们理所当然想到唐朝，谈论中国传统的法制成就，映入我们脑海的会是《唐律疏议》，但正如“罗马不是一日建成”的，唐律的发达与完善也不是唐朝一代的功劳，唐人说“唐因于隋，相承不改”。①鉴于史料的丰厥不一，许多年来，对秦、汉、唐的研究颇多，各类著述也不少。而研究隋代的各种文章则寥若晨星，特别是在法律史研究方面，更为突出。因此，长期以来，中外学术界，除程树德的《九朝律考》之《隋律考》对隋律有所掇拾以及少量的单篇论文外，隋律研究几乎可以说还是一个空白。倪正茂的《隋律研究》一书的问世，为填补这一空白作了有益的尝试，也从正面证实了中国20世纪80年代在断代法制史方面所取得的成就。

该书在隋律渊源的论断上，提出了不少有说服力的新见解，认为隋律承袭了北朝法律的传统，兼采北齐、北周以及隋之前封建法制长期发展的极为丰富的经验。在隋律性质的论证上，该书提出了首次正式列名为“十恶之条”的，是《开皇律》，其矛头主要是指向封建统治阶级内部

① 《唐律疏议·名例》：“隋因北齐，更为名例。唐因于隋，相承不改。”

的异己分子的观点。还指出法律的本质在于它的阶级性，即使它带有落后民族统治阶级的某些特征，但归根结底还是阶级性在起作用。在隋代法律思想的评述上，作者详细论述了隋初君臣的法律思想，并指出其法律思想所具有的两个特点："第一，积极革新法制；第二，佛、道、儒合一的'德主刑辅'思想。"①此外，《隋律研究》一书是国内最早对王通的法律思想作出全面考证与评述的。作者指出王通的法律思想与他的复古主义和儒学理论是一致的，主要体现在四个方面："第一，主张'刑清'以求'无讼'；第二，主张适当的赏罚，'罚一惩众'；第三，反对严刑峻法；第四，主张先德后刑。"②因此，它在学术上的贡献是应该给予肯定的。

（二）从唐律研究看80年代断代法制史研究

"我国保留下来的古代的成文法，较完备的首先要算唐律。"③并且如前所述《唐律疏议》是中国传统法制的成就，是一部具有深远影响的法典。它总结了以往各朝代的立法及司法经验，并使之系统化和周密化，成为维护封建经济基础、上层建筑和调整各方面社会关系的法律规范。所以，历代"承用不废"，成为五代、宋、元、明、清编制和解释律例的蓝本。所以，对80年代断代法制史的研究不得不提对唐律的研究。

杨廷福的《唐律初探》出版于1982年，全书共收录了七篇论文，这七篇文章虽然各自成篇，但是每篇又互有联系，形成一个较系统的整体，大致反映了《唐律》的基本面貌。该书考证出《唐律疏议》当为《永徽律

① 倪正茂：《隋律研究》，法律出版社1987年版，第144—146页。

② 同上书，第160—162页。

③ 《董必武同志在军事检察院检察长、军事法院院长会议上的讲话》，1957年3月18日，《人民日报》1978年10月10日。

疏》，澄清了学术界几十年悬而未决的一桩公案。对《唐律》的制作年代、社会经济基础及其阶级关系、唐律的历史渊源、唐律对中国法律的影响以及对亚洲古代各国封建法典的影响进行了论证。此外，提出了对中国古代法制建设的一些借鉴，强调法律的作用，重视法典的编制，对判决和死刑执行要慎重，依法办事，执法必严，并对建立法官责任制度等方面进行论述。

（三）从其他朝代的法律研究看 80 年代断代法制史研究

80 年代有关夏商周的法制断代史只有一部《西周法制史》①，详细介绍了西周的立法概况，对热点问题“礼”进行了详细的介绍，指出“礼”是奴隶制时代等级名分制度的体现，是调整奴隶主阶级内部关系的习惯法。对明清律的介绍有多部著作，它们从不同的角度和方面对明清的立法状况、监察制度、司法制度等进行了细致的描述。近代法制史的研究成果主要集中在清末修律及法律近代化、宪法与宪政制度以及司法改革方面。

三、对部门法史研究的拓展

所谓部门法史，是研究中国历代统治者运用各部门法的特殊手段来调整特定范围内的社会关系的立法、司法活动，研究各部门法律法规的制定、修改过程以及指导原则等问题。对于这些问题的研究有助于我们更深入更准确地了解统治阶级运用各种法律手段调整各种社会关系的意图、过程及经验教训，加深对法律制度的本质和作用的认识。

---

① 胡留元、冯卓慧：《西周法制史》，陕西人民出版社 1988 年版。

80年代部门法史方面，先后出版了《中国刑法史》[①]《中国刑法通史》[②]《中国古代行政管理体制研究》[③]《中国古代民法》[④]等。现对80年代学者的中国法制史部门法研究著作作一个粗略统计，如表2-3[⑤]：

表2-3　20世纪80年代中国法制史部门法研究著作统计　（单位：部）

宪法	1	民事经济	3
刑事	9	行政	2
司法	2	狱政	3

上述统计概括为宪法、刑事、民事经济、行政、司法、狱政这几类，可能会被诟病为用现代法的语境和体系分割了中国古代法，但为了更好地理解古代法的存在空间，亦是不得不为。

刑法方面，蔡枢衡先生的《中国刑法史》有其独到之处，他并没有按照传统的历史著作的编写体例，即，按照朝代顺序来阐述自己的刑法史研究，而是采取了纵横相结合的方法：一方面，其按照生产资料所有制的发展变化，来划分刑法体系历史的发展阶段，同时将全书内容分为若干问题来进行分别叙述研究，目的在于探索各自的发展历程和规律性，以避免相互干扰，故可以充分地完成刑法史学的任务；另一方面，作者坚持以马克思历史唯物主义为指导思想，认为社会经济基础的上层建筑是法制，其归根结底取决于社会的生产资料所有制，同时不照搬马克思主义的原文，将社会发展的五个阶段简单地搬用到中国历史的发展过程中，而是按照历史

① 蔡枢衡编著：《中国刑法史》，广西人民出版社1983年版。

② 李光灿、宁汉林主编：《中国刑法通史》，辽宁大学出版社1986年版。

③ 张晋藩主编：《中国古代行政管理体制研究》，光明日报出版社1988年版。

④ 李志敏：《中国古代民法》，法律出版社1988年版。

⑤ 根据曾宪义主编：《百年回眸——法律史研究在中国》第4卷（目录索引卷），中国人民大学出版社2009年版，第421—424页。

资料的显示，认为中国的生产资料所有制先后经历了原始共产制、邦人私有制、邦君私有制、家长私有制和法律上的个人私有制五个阶段，其中除第一个为公有制外其余为私有制，并花费大量笔墨详细介绍它们各自所具有的特点，以此来指导自己的刑法史研究，系统地描绘出了中国刑法史的变革。魏国库编著的《中国历代刑法浅谈》①是一部介绍、研究我国各个朝代刑法的专著，与蔡先生的《中国刑法史》相比，它是按照我国历史发展的顺序，简明扼要地阐述了刑法的起源、本质、作用及其在不同历史时期的特点和规律。

民事经济方面，主要涉及婚姻、家庭、财产以及农业、赋税、商贸等领域，例如高树异的《中国民法简史》②、李志敏的《中国古代民法》③；在行政法律方面，主要围绕行政组织机构、官员的职务及责任展开，如张晋藩的《中国古代行政管理体制研究》④；在司法方面，不仅涉及机构、法官责任、具体的原则和制度，还包括动态的诉讼和审判情况考察，例如陈光中、沈国锋的《中国古代司法制度》⑤，熊先觉的《中国司法制度简史》。⑥

从上述统计我们不难看出，传统的刑事法律研究在数量上仍然保持优势，但我们欣喜地发现对民事经济、行政、司法等其他领域的研究正逐步扩大，中国古代法制史研究呈现出多样的一面。

---

① 魏国库编著：《中国历代刑法浅谈》，江西人民出版社1985年版。

② 高树异：《中国民法简史》，吉林大学出版社1982年版。

③ 李志敏：《中国古代民法》，法律出版社1988年版。

④ 张晋藩主编：《中国古代行政管理体制研究》，光明日报出版社1988年版。

⑤ 陈光中、沈国锋：《中国古代司法制度》，群众出版社1984年版。

⑥ 熊先觉：《中国司法制度简史》，山西人民出版社1986年版。

四、对少数民族法制史研究的拓展

民族法制是多民族国家法制工作的一个重要内容。在多民族国家内如何用法律调整民族关系，调整民族关系的法律的产生、发展的规律，它的内容、形式和作用等，是法学新的研究领域。因此，家族法、少数民族习惯法和民间习惯法的研究，是了解和分析中国古代法律的地域性、结构性和层次性特征必不可少的环节和内容。20 世纪 80 年代以来，学者们对该领域日益关注，研究取得了长足的进步，丰富了中国法制史的研究领域。

（一）少数民族法制史研究的兴起

1978 年后，中国法制史学科，民族史学的教学与科研由于偏重对于汉族法制史的研究，对少数民族法制史的研究停留在呼吁重视阶段，中国少数民族法制史在此阶段侧重于从通史的角度和专史的角度展开研究。1979 年中国法学界在长春市正式成立了全国级学术团体中国法律史学会，民族史方面各种研究机构与人才亦如雨后春笋般发展，这一切有效地推动了少数民族法制史的研究。少数民族法制史研究的首要倡导者张晋藩先生在 1983 年 8 月 17 日中国法律史学会第一次年会上首次提出法制史研究要开创新的领域，尤其是要开展对少数民族法制史的研究。1988 年，全国人大民委、国家民委等有关部门，着手谋划筹备建立民族法学研究会。

（二）少数民族法制史研究成果和研究目的

20 世纪 80 年代以来，中国少数民族历史研究取得了长足的进步，不仅开掘了研究深度，也拓展了研究领域。作为中国少数民族历史和中国法制史交会点上的中国少数民族法制史的系统研究，被提到日程上来。①这一

① 俊德、王平：《中国法学会民族法学研究会在京成立》，《中国法学》1991 年第 4 期。

时期具体的研究主要取得两方面的成绩：一方面是对相关各少数民族历史文献资料单纯的收集整理，即研究者将汉文古文献中有关对少数民族地区的治理及对少数民族法律文化的描述加以整理，将少数民族文献中有关法律文化的记载加以汇编。已经出版的有魏治臻的《彝族史料集》①，但只是历史资料的收集整理，并没有作者的见解看法；另一方面是对少数民族法制的断代史、地方史的研究。其中史筠对于民族法的研究是值得称道的，他的《民族法制研究》②是一部系统研究民族法制的著作，全面考察了从新民主主义革命时期革命政权的民族法制到中华人民共和国的民族法制。作者认为，中华人民共和国成立以来的三十多年间，我国出现了两次重视民族立法的时期，第一次是 50 年代至 60 年代初；第二次是党的十一届三中全会以来，并指出两个时期的不同点在于前一时期侧重于规定自治机关在政治上的自治权力；而后一时期则在重视自治机关政治上的自治权力的同时，着重规定了自治机关在经济文化建设上的自治权。资料丰富翔实，方法新颖独到，具有重要学术价值与学术影响。

民族法制是多民族国家法制工作的一个重要内容。在多民族国家，如何运用法律解决民族工作中的实际问题，以及调整这种民族关系的法律的产生、发展的规律，它的内容、形式和作用等，是法学的一个新的研究领域。同理，研究民族法制史丰富了中国法制史的内容，扩展中国法制史、中国民族史的研究领域，复原中国多民族国家各民族法制发展的历史原貌，使民族法制的内容凸显。在研究过程中应该注意把国家和少数民族法制两方面兼容互补，既要介绍汉民族法和汉民族政权法，也要介绍各少数民族所具有的习惯法。由于各民族习惯法不相同，历史的线索也不够清

① 魏治臻：《彝族史料集》，四川民族出版社 1989 年版。

② 史筠：《民族法制研究》，北京大学出版社 1986 年版。

晰，近现代的多，古代的少，所以在研究过程中对古代的要多注意些，要注意突出每个历史时期占主导地位的民族法律关系，比如，清朝的蒙古族和藏族问题。中国少数民族法制史是中国法制史不可缺少的组成部分，所以要在中国法制史研究的基础上不断地拓展少数民族法制的内容，尽量将具有少数民族法制特色的内容凸显出来，同时要摆正以汉民族为主体的多民族国家发展中各民族法制的位置。因为历史上的民族法制是中国法律发展史中的重要部分，是在中华法系的大背景中产生和发展的。少数民族法制的内容十分丰富，具有民族的多样性和不同历史时期的阶段性，反映着各民族在不同社会发展阶段的经济形态、政治组织、管理手段、文化习俗的差别。研究这些纵向和横向的差别与联系，对探讨中国法律的形成与发展，对认识当代少数民族法律习惯、传统、心理等都有着重要意义。

五、主要贡献

从上述论述，我们不难看出20世纪80年代法制史学取得了丰硕的研究成果，为法制史研究作出了重要贡献。

第一，指导思想的确立。新中国成立后至80年代以前的中国法制史学者的著作，在收集资料、勾画中国法治变化轮廓、对个别法典和制度的研究等方面取得了一定的成就，但限于法律观和方法论，法制史的研究内容泛杂。80年代的研究认为中国法制史研究必须坚持辩证唯物主义和历史唯物主义。如，《中国法制史》（第1卷）中指出：“从具体历史事实出发，详细占有材料，阐明各种材料之间的内在联系，揭示法制发展中的一般规律和特殊规律。坚持阶级分析与历史分析的统一。阶级分析是研究一般历史的基本方法，对中国法制史的研究当然离不开对阶级分析方法的运用。

唯有如此，才能揭示法律制度的实质以及它的错综复杂的变化和发展的趋向。”[①]把马克思主义的辩证唯物主义和历史唯物主义的世界观、价值观、方法论作为研究中国法律史的主流学科指导思想。

第二，研究领域的不断扩大。从对国家法律制度的研究扩大到对地方法制的研究，从以汉族法制史研究为主扩大到对少数民族法制史的研究，从刑事制度的研究扩大到民事经济、行政、司法制度的研究。同时法律史学者还不断尝试突破原有的研究框架，借鉴西方人文社会科学学者的研究成果，寻求一些新的研究范式和研究视角，不断丰富和创新学科的研究方法。改革开放以后，经济不断发展，一些新的研究方法被不断地引入法制史研究，例如，社会学的研究方法、经济学的研究方法。研究领域从以研究国家法律制度为主的法制史扩大到地方法制史，如，《西藏历史上的法律地位》[②]详细论述了西藏地区的法律发展概况。同时，开始重视少数民族法制史的研究，筹备建立民族法学研究会，扩大了部门法史研究的领域，开始注重对民法、行政、司法制度的研究，如，《中国司法制度简史》[③]《中国近代宪政宪法史略》。[④]

第三，学科体系建设逐渐完善。自 80 年代中期以来，中国法律史学除传统的法制史和法律思想史两大方向以外，一些新的法律史学的分支学科如法律考古学、法律文献学、比较法律史学、地域法律史学、少数民族法律史学等相继诞生，并获得长足发展。

第四，研究队伍不断壮大，人才培养取得突破性发展。自 1983 年 5

---

① 张晋藩、张希坡、曾宪义编著：《中国法制史》第 1 卷，中国人民大学出版社 1981 年版，第 9 页。

② 李铁铮：《西藏历史上的法律地位》，夏敏娟译，湖南人民出版社 1986 年版。

③ 熊先觉：《中国司法制度简史》，山西人民出版社 1986 年版。

④ 蒋碧昆：《中国近代宪政宪法史略》，法律出版社 1988 年版。

月，国务院学位委员会批准中国法制史博士点（导师为张晋藩），次年 6 月开始招收第一届博士生始，研究人员不断增加，队伍不断扩大。至 2018 年培养了 100 余名获得学位的博士生，数百名硕士研究生，从而为培养高素质法律史学后备研究力量奠定了坚实的基础。

第四节　20 世纪 80 年代中国法制史学其他若干问题

一、与同时期台湾地区中国法制史学发展状况比较

国民党 1949 年迁台时，带走的不仅是败军、黄金和档案，还带走了一批民国时期的学术精英，其中有法制史先驱者之一的陈顾远先生和徐道邻等一批早期著名的法制史学者。也使台湾地区的法律史研究因地域原因而走上了另一条道路，呈现出学术发展的另一种形态。他们为中国法制史学在台湾的延续发展作出了巨大贡献，其深厚的学术底蕴一直为台湾中国法制史学界所承续。从学术风格的延续性来看，20 世纪 80 年代的台湾地区的中国法律史研究，基本上延续了 20 世纪三四十年代的传统，当时盛行的做法是以“中国法制史”或者是类似的名称作为教科书的书名，这也成为当时台湾地区法律史教科书的一个普遍特点。该时期出版的以“中国法制史”或类似表述为名称的教科书数量众多，有学者进行过粗略的统计，发现仅是由政治大学图书馆收藏的书名为《中国法制史》的教科书中，台湾地区学者在 20 世纪 60 年代至 80 年代撰写的并且在台湾地区出版的就有 6 种。刘海年、马小红在《五十年来的中国法制史研究》一文中提及：“台湾学者在研究中基本沿袭了中国法制史学科创建时的主流研究方法，在通史方面更注重法学分类法的使用，在专题研究及断代法制研究中

则更注重传统考据、个案研究的方法，间或也使用比较、量化、统计等方法以增加说服力。”①

在诸多法制史学者中，戴炎辉教授②是一位影响深远、奠定了此后台湾地区中国法制史研究的两种分庭抗礼的学术范式的大师。“中国法制史”的研究范式以其著作《唐律通论》为代表，他运用现代西方的法律语言与体系去理解《唐律》，后来作为台湾法制史学界研究重点之一的唐律研究几乎无一不受戴炎辉所倡方法之影响。另一种便是将法律、社会、经济融于一炉的“法律社会史”研究范式，其不再仅仅注重律典例文，而是注重社会史研究路数对法制史研究方法的补充。以往那些并不很为法制史研究者重视的内容，如契约文书、民事习惯等被大量采用。③由于资源限制，台湾学者不太可能去发掘商周考古或者秦汉简牍中的法制史材料，而对诸如“淡新档案”“明清内阁大库档案”及国民党政府本身诸多司法文件的整理和利用，显示出其本土的优势与特点。正如梁治平先生所说，“以规模论，台湾的中国法制史研究恐怕无法与大陆法律史界近二十年来的发展相比；

① 刘海年、马小红：《五十年来的中国法制史研究》，载《法律史论集》第 3 卷，法律出版社 2001 年版，第 37 页。

② 戴炎辉（1908—1992），台湾屏东人。1930 年 3 月，台北高等学校文科毕业后，东渡日本入东京帝国大学法学部赞修法学。1933 年 3 月毕业后，再入大学院，师从法制史学泰斗中田熏先生，致力于法制史研究。参见陈俊、范忠信：《中国法律史研究在台湾：一个学术史的述评》，载中南财经政法大学法律文化研究院编：《中西法律传统》第 6 卷，北京大学出版社 2008 年版，第 8 页。

③ 以戴炎辉之名著《清代台湾之乡治》为例，除了大量运用“淡新档案”外，还参考了很多清代的县府治理资料（如《福建省例》、《台湾县志》等）、公私文书（如蓝鼎元的《鹿洲文集》）以及一些碑刻资料，这样一种研究方法已经超越了传统意义的法制史研究，而是汇通法学、史学与社会科学的新范式。参见陈俊、范忠信：《中国法律史研究在台湾：一个学术史的述评》，载中南财经政法大学法律文化研究院编：《中西法律传统》第 6 卷，北京大学出版社 2008 年版，第 11—14 页。

以范式论，它也缺少类似‘马克思主义中国法制史学’那样具有明确定义的刚性体系。不过，此一规模较为有限但是资源相对集中的研究领域，也包含了若干不同的传统，其中，有些显然是 1949 年以前法律史传统的延续，另一些则有更多本土渊源，而这些不同传统在空间上的分布与在时间上的继替，也未尝没有意识形态变化影响的痕迹。”①看似这一时期的中国法制史在台湾法学界已经进入了显学时代，但有学者却撰文指出：“台湾地区的中国法制史研究，在‘中国法制史学会’②成立的高峰期的同时，在戴先生有生之年，面临逐步下滑的状况，恰与大陆大量推广中国法制史的研究，形成强烈的对比。”③究其原因，和中国法制史在台湾地区的司法考试科目中被废除有莫大关系。法制史从此在台湾地区的大学降格为选修课，许多法制史研究的人才无法在大学供职，进而连锁影响到后继人才的培养。即便如此，较之大陆的法史研究学者来说，台湾学者的研究成果比较扎实，写出来的文章很少有水分，这与正统法史的传承有很大关系。具体表现在：“第一，文章选题小而具体；第二，史料的引用规范具体严密，所谓‘一分史料说一分话’；第三，史料的阅读研究功夫极深。台湾有许多大学里都有读书会，每个讲解的人要花很多时间和精力，必须每个字都得讲得清楚，这对史料的把握和理解是十分透彻的；第四，学术会议讲究实效。台湾法史的研究会参加人数不多，但主体明确，一次讨论两个人主题发言，然后大家讨论，一天或半天就可完成了，效果非常好。”④

---

① 梁治平：《法律史的视界：方法、旨趣与范式》，载杨念群等主编：《新史学：多学科对话的图景》（下），中国人民大学出版社 2003 年版，第 592 页。

② 台湾地区“中国法制史学会”由戴炎辉教授发起筹设，成立于 1976 年 9 月。

③ 参见林端：《固有法与继受法——戴炎辉法律史研究方法的社会学考察》，载“中国法制史学会”编：《法制史研究》2003 年第 4 期，第 175 页。

④ 参见艾永明：《台湾的法史研究与法治建设》，http：//lawschool.suda.edu.cn/Item/478.aspx，2011-02-20。

20 世纪中叶以后，我国台湾地区处于政治经济的边陲地位，基本上不曾中断与西方主流文化的接触。在此情形下，不少台湾地区法学从业者都曾留学西方，因而，其法学著述不仅反映了当地的“法律实践”，并且引用了大量西方学者的著述。留学背景主要涉及欧洲大陆与英美两大法学传统以及东邻日本，其引用对象亦包括上述各家，相当开阔。虽然不断地接受西学，乃至不免会造成亦步亦趋，这成为台湾学术中的一大弊端，①但此种作业对于被迫关门 30 年之久的大陆法学界来说，却起到了打开窗口或“索引”的作用。

二、与新中国成立以来至 80 年代以前中国法制史学比较

（一）论文方面

新中国成立后，确立了马克思主义的历史观、阶级观、国家观和法律观对法学的指导地位。后来在“左”倾的思想影响下，法律长期被定性为阶级斗争的工具，它不可避免地与社会政治命运紧密联系起来，它常常以政治斗争的形式表述理论观点并直接介入现实的政治斗争中去。现实紧迫的阶级斗争和政治运动缩小了法学的生存空间，法律研究受到政治风云的制约而成为人们望而生畏的禁区，②使得法史界总是避开现实法制发展的问题而醉心于古代法制史的研究。③但所谓的研究成果，也不过是以“儒法斗争”“影射史学”的标签形式出现，对地主、资产阶级的一切法律制度和

① 参见杨国枢主编：《中国人的心理》，台湾桂冠图书公司 1998 年版，第 1—2 页。

② 参见赵震江主编：《中国法制四十年》，北京大学出版社 1990 年版，第 77 页。

③ 《文物》《考古》等杂志承载了这一阶段许多论文发表载体的历史使命，参见曾宪义主编：《百年回眸——法律史研究在中国》第 4 卷（目录索引卷），中国人民大学出版社 2009 年版。

文化全部砸碎、批判，于是可怜兮兮地成为无产阶级专政的反面教材。新中国成立以来中国法制史学断代史30年的论文数量可谓屈指可数：有关法制通史的论文仅16篇，断代史的论文发表情况如表2-4①：

表2-4 新中国成立以来至1979年中国法制史学断代史论文发表数量一览

（单位：篇）

夏商西周	12	明	14
东周秦	23	清	9
汉	14	晚清	10
三国两晋南北朝	0	太平天国	9
隋唐五代	14	中华民国	8
宋	8	革命根据地	6
西夏辽金元	0	中华人民共和国	7

另外，新中国成立以来尤其是70年代的法制史作者比较喜欢引用马克思、恩格斯、列宁的话语作为自己行文的注脚。比如在《略论隋王朝的封建法制和它的兴亡史》一文中，作者在开头引恩格斯的话说："历史事件似乎总的说来同样是由偶然性支配着的。但是，在表面上是偶然性起作用的地方，这种偶然性始终是受内部的隐蔽着的规律支配的。……经济状况是基础，但是对历史斗争的进程发生影响并且在许多情况下主要是决定着这一斗争的形式的，还有上层建筑的各种因素。"在结尾处又写道："马克思主义认为，法律是统治阶级意志的体现，它不是单个的个人肆意横行。在我国历史上的封建制国家里，皇帝是最高统治的象征，拥有至高无上的权力，但是他只能自觉地成为整个地主阶级的代表。"②有的70年代末

① 根据曾宪义主编：《百年回眸——法律史研究在中国》第4卷（目录索引卷），中国人民大学出版社2009年版统计。

② 参见沈国峰：《略论隋王朝的封建法制和它的兴亡史》，《政法论坛》1979年第1期。

论文还与当时批判林彪和“四人帮”相联系，如一篇文章通过云梦秦简来探讨秦代刑律及其阶级本质，认为认真研究秦简所记载的刑律的内容和它的阶级本质，有助于揭露“四人帮”及其御用工具歪曲历史的罪恶阴谋，还历史的本来真面目。①这些带有时代印记。总体而言，这一时期的研究比较集中于从特定的阶级关系出发，考察法制的本质特点及演变过程，这些处于特殊社会发展阶段的学者也许是为了使中国法制史的研究不至完全中断而用心良苦找寻“正当理由”。

相较而言，80年代的中国法制史学虽然在初期尚有些乍暖还寒的味道，但的确是进入了一个全新的发展时期。无论是法制通史、断代法制史还是专题法制史方面都取得了丰硕的成果：第一，研究领域不断扩大。譬如从对国家法律制度的研究扩大到地方法制的研究，从刑事制度的研究扩大到民事、行政制度的研究，从静态的法制研究扩大到注重法律实施、社会效果等动态法制状况研究。值得一提的是，运用现代法学知识，特别是运用部门法学的知识去分析中国传统社会的法史材料，是中国现代法制史学发展的新气象。部门法史研究方法的发展，既有外国近代法学分类理论的影响，也有中国传统法史材料存在特点的内部原因。中国传统社会诸法并存的法典为近现代部门法史的研究提供了刑事、民事、行政和经济方面的研究材料，客观上形成了部门法史研究能够利用的历史基础。然而，不少学者对于简单地从现代部门法体系出发，随意选择分割传统法典内容和法律体系，将今人的法律观点强加于古人的现象表示出极大的忧虑，因为这样做会使传统法律体系的整体性和历史性受到破坏，导致许多认识的主观性和结论的片面性。第二，80年代中后期出现了一种从传统的描述性法制史向解释性法制史转变的状况。它不仅将制度、思想、观念、心理、行

① 黄贤俊：《从云梦秦简看秦代刑律及其阶级本质》，《现代法学》1979年第2期。

为和习惯等有机结合起来，而且强调从政治、经济、伦理、哲学、美学等多种侧面和层次对法制史进行综合性的考察。在此过程中，中国法制史学界开始自觉地把法律现象看成是一个文化现象，从多方位、多层次的角度来探求法律现象存在的社会意义、历史根源及其表现形式。“它既重视蕴含于人们内心深处的隐形的法律文化观念对法律制度和法律实践的制约，又强调后者对法律文化观念的折射和倡导；它不仅要从历史发展的必然性说明一个国家或民族法律制度和观念的绵延不断的内在联系，还要根据历史过程中的无数偶然因素阐释促成当下法律制度的存在形态的种种缘由。”①

（二）著作方面

新中国成立初期，在马克思主义的历史观、阶级观、国家观和法律观的指导下，新的法制史科学得以建立。但随即受到苏联各方面的影响，学科名称被改为中国国家与法的历史，或者称为国家与法的历史；学科体系及内容仿照苏联教科书的框架内容，主要讲述经济基础、阶级结构、国家和法律制度。之后由于受到法律虚无主义思想的影响，把法律定位为阶级斗争的工具，法律是为了维护阶级统治，只讲法律的阶级性，否定法律的继承性，把法律与社会政治命运紧密联系起来，社会政治运动严重损害了法治的权威，法学研究遭到巨大的破坏，也包括了对法制史学的破坏。“文革”期间，中国的社会经济发展遭受重创，文化教育也遭受沉重打击，各政法院校被迫关闭，高校的人才资源大量流失，大量的学术研究活动被搁置，这一系列障碍严重阻挠了中国法律史学研究的发展进程。新中国成立以后 30 年的著作数量可谓屈指可数：有关法制通史的著作仅 10 部，断代史的发展情况如表 2-5②：

① 胡旭晟：《描述性的法史学与解释性的法史学》，《法律科学》1998 年第 6 期。

② 根据曾宪义主编：《百年回眸——法律史研究在中国》第 4 卷（目录索引卷），中国人民大学出版社 2009 年版，第 409—410 页。

表 2-5 新中国成立以来至 1979 年中国法制史学断代史著作数量一览（单位：部）

夏商周	2	明	2
秦汉	2	清	0
三国两晋南北朝	0	太平天国	1
隋唐五代	0	中华民国	1
宋	0	革命根据地	0
西夏辽金元	0	中华人民共和国	1

《中国国家与法权历史讲义》（初稿三册）①尽管仍以国家与法权作为书名，但在结构上打破了苏联教科书的体例，突出了法律制度的内容，以马克思列宁主义、毛泽东思想作为指导。《中国法制史》②在著作后记中写有认真研究和学习中国法制史的发展规律和它的阶级本质。这一时期主要研究成果体现在确立以马克思主义的唯物史观为指导的核心价值体系方面，在研究范式上所形成的法律观、历史观、世界观对此后的研究影响甚大。

相比而言，改革开放以来，法律史学工作者在学术研究和教育工作中兢兢业业，广泛利用史料，辨其真伪，对法史问题进行深入研究，并不断地提出新的问题，使中国法制史学得到恢复，并取得长足进步，使得中国法制史这一学科成为人文社会科学中得以最快恢复和发展的学科之一，也使中国法制史学进入了一个全新的发展时期。思想得到解放，确立了中国法制史学的指导思想，即马克思历史唯物主义和辩证唯物主义；80 年代大量通史著作和教材的编写，为学科重建作出重大贡献；研究领域的扩展，从以汉民族法制史研究为主向少数民族法制研究扩展，从以刑法史研究为

① 中国人民大学国家与法权教研室编：《中国国家与法权历史讲义》（初稿三册），中国人民大学出版社 1963 年版。

② 《中国法制史》：北京大学法律系中国法制史组 1980 年编印。

主向民事经济、行政、司法领域扩展；学科体系建设不断完善，一些新的法律史学的分支学科如法律文献学、法律考古学、少数民族法律史学等相继诞生。

三、与 90 年代中国法制史学的比较

在对 80 年代与 90 年代的中国法制史学作比较之前，不妨看看前辈学者对这个阶段的法学理论发展所作的述评："如果说在新时期法学刚开始的 10 年前，我们对以往法学理论的阐释仍然过于偏执和狭隘，并拒绝采取开放的态度的话，则在 10 年后的今天，我们已经清醒地认识到了将中国法学 40 年来存在的理论形态与中国深远的文化传统和世界宽广的人类文化精神密切联系的必然性，并据此培养法学全面的开放品格。"①这段话可以作为中国法制史学从 80 年代到 90 年代发展变化的注释。80 年代中国法制史学的欣欣向荣被带入了 90 年代。

随着整个社会科学的发展及中国法律史学科的成熟，学者逐渐对已有的研究进行反思。1985 年前后对法本质的讨论可以视为学术界对于法学（包括法律史）研究反思的先声。②反思主要体现为对传统法律史研究方法的反思。倪正茂认为，"20 年来的中国法律史研究以及整个法律史研究，都犯了一个基本性的错误，即定性错误：把法律史当作阶级压迫史，掩盖了法律史的真正本质"。"法律史包括中国法律史，本质上是人类解放自身的历史。"③杨一凡认为，法史著述存在四种缺陷：一是把丰富内涵的中国

① 赵震江主编：《中国法制四十年》，北京大学出版社 1990 年版，第 69 页。

② 参见于浩成：《论法的阶级性与社会性》，《法学评论》1984 年第 1 期；周凤举：《再论法的阶级性和社会性——兼答诸同志商榷之一》，《江海学刊》1986 年第 3 期。

③ 倪正茂：《批判与重建——中国法律史研究反拨》，法律出版社 2002 年版，序第 3 页。

法律史简单化，只注意法的阶级性，而忽视了法的社会性；二是忽视了历史上存在的多种法律形式，以律典编纂史替代了立法史；三是法律思想与法律制度、立法与司法割裂研究；四是以静态的法律史替代了动态的法律史。①

对 80 年代研究成果的继承和发展，使得 90 年代以后的学术争鸣更加活跃，一些有着各方不同观点的问题在这一时期仍然延续着热议。例如对“礼不下庶人，刑不上大夫”的理解，杨志刚试图跳出《礼记·曲礼》文本的特点语境，针对历史上的“礼不下庶人”现象和以后又如何“礼下庶人”提出分析与论证，借此寻绎一条可以理解和把握中国古代社会与文化演变的线索。②而张全民则强调“礼不下庶人”是讲具体的礼仪规定的，不能抽象成阶级原则，且无论是从理论还是事实来看，庶人都是有“礼”的。目前学术界流行的酬酢之礼不下庶人、庶人无力行礼、庶人假士礼而行、战国以前礼不下庶人、贵族之礼不下庶人、宗法礼不下庶人等说皆有难以自圆其说之处。究其原因，是由于理论前提、思维方式、论证方法等方面的错误所致。③再如隶臣妾问题，李力在其博士论文《“隶臣妾”身份再研究》中，综合运用法学、历史学、简牍学、古文字学、历史语言学的研究方法，吸收了相关研究领域的研究成果，校读、辨析、考证目前已有的传世文献与出土文献中有关“隶臣妾”的史料，逐一考察其中所见“隶臣妾”的身份，探讨其成因与社会背景，并厘清以往研究成果众说纷纭的学术成因。④再如关于汉代的科是否成了一种法律形式，探讨的论文依然层出不穷。⑤

---

① 倪正茂：《批判与重建——中国法律史研究反拨》，法律出版社 2002 年版，序第 7 页。

② 杨志刚：《“礼下庶人”的历史考察》，《社会科学战线》1994 年第 6 期。

③ 张全民：《“礼不下庶人”发覆》，《吉林大学社会科学学报》1997 年第 1 期。

④ 李力：《“隶臣妾”身份再研究》，《中国博士学位论文全文数据库》，中国政法大学 2006 年。

⑤ 参见马作武、蒋鸿雁：《汉“科”为法律形式说质疑》，《法学评论》1990 年第 4 期。

还表现在研究方法的多元化。借鉴国外研究新方法或者积极吸收其他学科的研究成果可谓遍地开花。具体而言，一些时髦的新方法概括如下：第一，经济学论。社会经济关系对法律的产生、变迁从来都是影响深刻的。第二，案件档案论。这是以历史诉讼档案资料为基点，对静态法律和动态运作进行同步研究的一种方法论。第三，语境论。还原至历史语境中去理解古代法律的正当性和合理性，把法律制度视为在诸多制约条件下对社会问题所作的一种常规化的回应。第四，历史事件论。历史事件通常是政治、经济、文化、法律等各种因素矛盾激化或冲突的结果。“对某个历史事件进行细致的解剖，揭示出该历史事件掩盖或包容的法律精神、法律内容和法律意义。”①第五，文学作品论。每个时代的文学作品中所描写的故事场景、情节、人物言行等会或多或少反映出当时的意识形态和社会制度。这些缤纷多姿的研究理路和多种视角的历史诠释令人耳目一新，但倘若在研究中简单地、不加批判地引入某种方法便具有很大的局限性，比如有些文章在写作中虽然采用了很多时髦的研究方法，但缺乏过硬的数据，不免给人以闭门造车之感，反而多了一些浮躁情绪。当法制史学在这个宣扬学科及知识应当“经世致用”且日益功利的社会中放慢发展步伐的时候，学界还出现了“复述”的尴尬局面。②

① 艾永明、方潇：《关于 21 世纪中国法律史研究的几点思考》，载汪汉卿、王源扩、王继忠主编：《继承与创新——中国法律史学的世纪回顾与展望》，法律出版社 2001 年版，第 29—31 页。

② “‘复述’就是重复叙述别人已经说过、写过的东西。我们已有了约 100 种中国法制史著作，其中相当大一部分了无新篇，绝大多数是重复述说 80 年代出版的几本法制史著作的内容。在这种情况下，资料收集工作被放在一边了，艰辛的法律史研究工作变成了轻松的‘炮制’。”参见倪正茂：《略论 21 世纪的中国法律史研究》，载汪汉卿、王源扩、王继忠主编：《继承与创新——中国法律史学的世纪回顾与展望》，法律出版社 2001 年版，第 46 页。事实上，不仅仅是教材，论文也存在严重的“复述”问题。

虽然中国法制史学在改革开放的时代中开风气之先，却没有将这种“先”的学风传承下去，在丧失先导性学科作用的同时，其“入世”功能亦不断弱化，乃至退化到“出世”的边缘，这些危机使得一些学者开始对本学科的冷静反思与上下求索。有学者总结了中国法制史学在法学界处于“边缘化”的表现：第一，在研究队伍上表现出的特点是，“四多”与“两快”并存。“四多”即人数增多；青年学者拥有高学历（博士）和高职称（教授）的多，硬件条件比过去要好；法制史专业博士点增加得多；研究者浮躁者多。“两快”即研究梯队衰落得较快；改行较快。第二，在研究成果上所表现的特点是，“六多”与“三少”共存。“六多”即专著、论文多，雷同的作品多，粗糙的作品多，“法理化”的作品多，教材多，合著（编）的作品多。“三少”即称得上“精品”的著作少，有个性的作品少，开展学术批评的作品少。①相较而言，虽然80年代中国法制史学在各种研究条件方面有所限制，但无论老师还是学生，都有一种遏制不住的求知欲望和向上精神，奋斗的渴求和探索未知世界的冲动。而到了90年代，处于社会转型期的中国，在市场经济浪潮的冲击下，人们的思想意识难免发生巨大的变化，整个社会也多少弥漫着一种急功近利以及浮躁的情绪。于是，法制史研究一度遇到了困难：人才流失、经费不足、刊物出版受阻等，使得许多人对法制史研究的兴趣骤减，勉强为之的则显得漫不经心、轻描淡写、浮光掠影，不愿意作更加深入细致的研究。

四、对当时中国法治进程的影响

党的十一届三中全会是我国历史上的又一次大转折，它打破了长期存

① 李力：《危机、挑战、出路：“边缘化”困境下的中国法制史学——以中国大陆地区为主要对象》，载“中国法制史学会”编：《法制史研究》2006年第8期，第167—170页。

在的“左”的思想禁锢，使党重新回到实事求是的思想路线上来，确立了经济建设的中心地位，揭开了改革的序幕。改革带来了中国法制发展的生机，带来了社会主义法治的希望。改革开放后的 10 年是中国法治社会奠基并以踏实步子迈进的 10 年。对于法学基本问题的探讨，如“法的起源”“法的本质”“法的阶级性”“法的继承性”“法律面前人人平等”“人治与法治”等，法律史学者都积极参与并发挥着重要的作用。

之所以这一时期法律史学担当起兴盛法学的历史重任，概其原因，大致有三：一是当时法律史的历史史料相当丰富，在现实中由于各种政治运动，其他类型的法律书籍十分缺乏，两者形成了鲜明对比；二是法律史研究从未中断过。在“文化大革命”期间法制史研究也从未完全中断。三是法律史研究涉及了许多基本的法学理论问题，如法的起源、法的本质、法的阶级性、法的社会作用、法的继承性、人治与法治的关系等问题。回避这些理论问题甚至将其视为禁区，会导致法制发展停滞不前。

如前所述，1979 年长春中国法律史学术讨论会，集中讨论学科重建问题，提出法律的阶级性和继承性问题，观点鲜明：法律的阶级性不能否定法律的继承性，不能把法制阶级性的存在作为衡量法制的唯一标准。今天看来，这场争论的学术价值或许并不是很大，但在当时，它却实际上涉及整个法学中最敏感的问题——法的阶级性问题。同时，这场争论以承认法律有继承性结束，使当代法制建设实现了与历史上法制传统的联接，使历史上的法律制度和法律思想得以在当代社会更充分地发挥其价值。接下来的人治与法治之争发生在 70 年代末 80 年代初的我国社会主义法制的转型期，时代的特点决定了这次讨论的性质和范围，法律史学者积极参与这一争论，并且充当这场争论的主力军。这场争论得出的主流观点为：不赞成人治，实行社会主义法治。并认为在法律面前人人平等和消除特权既是法治的内涵也是其价值所在，为此后的依法治国方略作了理论准备。

任何事物的发展都有一个过程。中国 80 年代的 10 年改革是一个过程，10 年的法制建设也是一个发展过程。这有两层意思：其一是说，10 年的法制发展并不是绝缘于新中国前 30 年历史之外发生的，也不是完全脱离于整个中国历史以及历史所造就的国情而自行发展的，它有发展的土壤环境和根基。其二是说，10 年法制的发展是“旧”与“新”的碰撞，是一种由旧向新的转化过程，一些陈旧的观念、意识以及原则体制中的不利因素正在萎缩，而新的法制实践和法制观念正在不断发生。法律史学开创了引领法学研究，繁荣法学成果的新局面，其成为改革开放初期研究一系列法学基本理论问题和法制实践问题的重要力量，不仅完成衔接古代的法与现代的法的重大任务，而且确立了法学理论和法制建设的指导思想——马克思历史唯物主义和辩证唯物主义，大大推进了我国民主法制建设的发展进程，为中国法制建设的进步提供了有益的借鉴，同时，在法学研究百花齐放的良好态势下，法律史学研究也获得了充分的发展，朝着更为深入的研究方向迈进。①

五、对 80 年代中国法制史学的反思

从学科发展史而言，中国法制史学的发展固然需要时代赋予它的轨迹，但进程却并非机械被动地适应，而是应当有一个积极主动的催生过程，故而便不能不对中国法制史学的发展状况进行一番慎重的反思，促使学科在清醒的自我意识中不断地探索，在深化理论品质过程中不断走向成熟与完善。

---

① 徐祥民：《架起联接过去与未来的桥梁——谈中国法律史学 50 年的经历》，《山东大学学报》1999 年第 3 期。

(一) 方法论问题

如前所述，80 年代初期的论文仍倾向于以马克思主义的阶级斗争历史观为指导，运用马克思主义阶级分析的工具，对古代中国法律进行研究。在这种方法论下，古代中国的法律被赋予了浓烈的剥削阶级色彩，易导致对传统法律的抹杀，且成为政治性的研究。最典型的是对秦代法制的述评。不少观点都可以归纳成这样的表述：秦代法律是实现专制主义中央集权统治的重要武器，秦法繁于秋荼，网密于凝脂，刑罚极为严苛和残酷。其实，秦是中国第一个大一统的国家，其对奴隶制法的否定及对新的生产关系的肯定是具有历史进步意义的，不容忽视。“汉承秦制”，秦法对后世，至少是对汉代是产生极大影响的。此外，对于夏商的法制，多数文章也是斥以“严刑峻法”的否定性评价，几乎看不到对这两个奴隶制兴盛时期的王朝的法制有肯定性评价。这乃是一种与政治宣扬密切关联而先入为主的定式思维活动的结果，这种方法论几乎使研究者承担了政治人的角色。另一种方法论则是不自觉地用当代社会的主流价值观去研究、评价历史上一切存在的法律及法律文化。立足于现实社会，然后从后往前看，推今及古。虽然方便于研究者自身，却未必公正于历史，未必能拨开历史迷雾，抹去历史封尘，反而导致我们对传统法律的轻视、傲慢和否定，无法提炼出真正有意义有价值的东西。

法制史学有着自己的独特的术语和内涵，也天然存在着现代词语与古典语境之间的紧张。比如“所有权”或者“物权”这一类词，在中国古代法律生活中并没有出现，而是用“为有”“名下”“占有”“占”等词语来表达。[①]仅仅是词语不同但所指之物相同倒还不难应对，最棘手的是“词不

---

① 周子良：《研究中国法律史的几点断想》，载倪正茂主编：《法史思辨——二〇〇二中国法律史年会论文集》，法律出版社 2004 年版，第 76—84 页。

达意”的状况，用现代的法律术语去生搬硬套古代法律现象，引起了很多争议，在中国法制史学界未达成基本共识，那么其他学科的学者难免对此有所非议和质疑。特别是当西方法律文化的理论、观念、术语支配了对中国法律文化的理解时，对于中国法律文化是什么便是通过西方标准表现出来，它不是什么也是因为不符合西方标准。在现代学术语境里，许多人反对完全套用西方的知识和理论，但也必须承认，西方是一个走不出去的背景。①我们对这个背景就必须有足够的把握和了解，以期对中国和西方作出一种互动性的解释。譬如“用现代法学概念去解释古典术语，这样解释方法与语言是现代的，而术语依然保持古典意味，这样古典的术语也容易让现代人接受，虽然这仍然导致现代与传统的某种脱节，但却是传统术语在现代语境下生存的惟一道路”。②

（二）传统法的现代价值

许多人都会觉得，一门学科的发展，必须兼有学术价值和社会价值，两者缺一不可。缺少学术性，学科的发展难以维系；缺少社会性，学科就没有生命力。“历史”呈现于史学家的视野中，原本就是三个不同的“世界”，③于是中国法制史的学者非常关心在我们文化的深层中是否掩埋着与

① “在学术范式已经全面‘西化’的当下，不拿西方的法律作为参照，我们还有什么比较的标准？不学外国的那套东西，人家说你不行；全盘学习，进而拿来研究中国法律史，又总觉着‘隔’得很，每每‘挠’不到‘痒’处。由是，两者产生出了一种紧张。况且，自家又拿不出一套可资运用的，行之有效的研究范式——理论和方法。”参见徐忠明：《关于中国法律史研究的几点省思》，《现代法学》2001 年第 2 期。

② 陈煜：《论作为法律科学的中国法律史》，载张中秋编：《法律史学科发展国际学术研讨会文集》，中国政法大学出版社 2006 年版，第 41 页。

③ 一是现象世界，即历史“是什么”；二是根源世界，即历史“为什么是什么”；三是意义世界，即历史能为我们的现在和将来提供什么，或者说，“过去”与“现在”和“将来”的统一体中意味着什么。参见胡旭晟：《描述性的法史学与解释性的法史学》，《法律科学》1998 年第 6 期。

现代法制相冲突抑或对现代社会法制文明有促进作用的基因，提炼出积累在我们民族机体中的古代法制文明，调适其与现代法治的关系，探索传统法律的现代价值。尤其在这个注重实际功效的人群里，许多人不禁要问：中国法制史学究竟对中国社会的发展、改革有什么作用？从历史中寻找存在的根据，试图证明现在的法律制度在我国古已有之，其结果反而减弱了学科的科学性。既然传统法律在今天已经不能起到实质作用，转而寻求当时法制在当时社会上的实施情况及其效果优劣，也不失为一条有意义的进路。正如学者提出："研究中国法律史，不一定要与现实政治需要相结合，与现行部门法接轨才有价值，能够提供一种了解中国法律演变过程和法律传统特点的知识，提供一种法学理论基础方面的知识也是有价值的。勉强地去发掘古代法制的借鉴价值和在当代社会的应用价值，往往会使法律史研究沦为现实政治行为的廉价工具而丧失其学术价值。"①除此之外，我们还可以认真解构古代的制度、案例、立法者、执法者、守法者、法学家自己运用的概念体系和表达方式，对于走出上述"物与词"的困境也会大有裨益。同时，这个过程亦是以新的学术视角对历史事实的重新整理和建构，于历史学的研究或为补充或为批评，意义不小。更为重要的是，中国法制史研究所要提供的"不仅是一堆杂乱无章的材料，更要提出一套帮助人们深入理解人类法律文化的理论工具"。②缺乏这套理论工具，法制史不过是一堆没有生命的图画和数据。

通过总体把握与多角度相结合的方法来研究法制史，以揭示中国法制史的一般规律和特殊规律。为此，我们应注意以下几点：

---

① 刘广安：《中国法史学基础问题反思》，《政法论坛》2006年第1期。

② 徐忠明：《中国法律史研究的可能前景：超越西方，回归本土？》，《政法论坛》2006年第1期。

第一，更加重视挖掘古代法律调整功效的多样性。法律史是关于古代社会法制变迁的历史，它所反映的社会关系错综复杂，调整社会关系的方式也是多种多样。在阶级社会中，阶级分析是研究历史的基本方法，对于研究法制史来说要时刻注意把握、遵循。过去的研究，把阶级社会中法律的功能局限于阶级压迫与阶级剥削，却使法律的一般调整功能未能受到重视。

第二，注意理论思想与历史史料的统一。中国法制史涉及的资料范围是十分广阔的，包括文献记载、地下文物、历史档案、私家笔记，以及各种规约和檄文等，我们要不断地发现新的史料，并且要鉴别真伪。做到理论的研究与史料的收集相统一，避免过分重视史料而陷入“唯史料论”，充分发挥二者的统一，以期发掘法制史研究的实证价值。改革开放以来，国内外学术交流不断加强，各种思潮纷至沓来，马克思主义理论指导思想已经不是唯一，出现了百家争鸣的情况，西方的其他理论思想逐步引入并得到应用，但为使其真正发挥作用，应当避免“拿来主义”。

20 世纪 80 年代中国法制史学可谓重建于一系列政治运动终结的基础之上，在今日看来，那些具有革命性的事件导致了价值的全面重估，一套较为完整的世界观、历史观和法律观浮出水面。相对宽松的政治环境和自由研讨的学术氛围，促使法制史学的研究活动相当活跃，也取得了显著的成果。研究领域逐渐扩大，80 年代中后期以后研究方法更趋多元化，传统的描述性法制史研究增添了不少解释性的元素。虽然在步入 90 年代以后，中国法制史的研究呈现出一片繁花盛景，但是其被边缘化的危机还是被一些学者一针见血地道破。在复杂社会转型期所带来的功利和浮躁情绪下，人们不禁怀念 80 年代相对单纯的社会环境中始终坚持学术理想的时代精神。

历史像一座大厦，尽可能照亮每个角落，所以需要多角度进行研究。只有总体把握与多角度相结合，才有可能揭示中国法制史的一般规律和特殊规律。

第三章　20世纪90年代的中国法制史学

上一章是对20世纪80年代的中国法制史研究进行分析，而本章则对90年代的中国法制史研究状况进行探讨。90年代作为20世纪最后10年，有着承上启下的作用。至于90年代的中国法制史学对80年代的中国法制史学到底承袭了多少，对21世纪的中国法制史学又有怎样的影响等这些都值得深入挖掘。因此本章聚焦21世纪90年代中国法制史学的发展，试图通过学术活动、研究对象、研究成果、研究主体等多种角度而还原出90年代中国法制史学发展的背景、状况等历史画面，继而在这种历史性的重述之上，“将过去的真事实予以新意义或新价值，以供现代人活动之资鉴”。①

第一节　20世纪90年代中国法制史学发展背景

自清末“中国法制史”这一学科概念及研究对象的形成，历经90年，中国法制史学科的研究有了长足发展，尤其是80年代中国法制史研究更

① 梁启超：《中国历史研究法补编》，中华书局2010年版，第6页。

是在量与质方面有较大变化，在 80 年代中后期有了百家争鸣似的学术繁荣，一时间中国法制史学科不仅发展上步入正轨，更是位列显学，学科研究成果可圈可点，研究范式既传统又启新篇，研究人员人才辈出，可以说是本学科自 20 世纪初形成以来最为辉煌的时期。当然，80 年代前的研究对象过于集中，具有不均衡性，以及“理论分析的阙如，研究相对缺乏客观性”,①前几十年的研究更侧重对事实的描述，更偏重“承认或侧重于利用既有理论框架或纯粹立足史料本身所进行的考订事实、陈述事实”,②而不是进一步追寻问题的价值。但后来研究者都是站在前人研究基础上，前人研究让后继学人在研究时更有判断性，更有方向性。而 90 年代研究发展更因政治、经济、文化等因素的作用，呈现出更具纵深度的研究。

一、政治稳定对中国法制史学发展的保障

国家在特定历史时期的政策取向、政治环境以及相应的社会构造与治理方式都会影响学术研究。20 世纪近一百年间，法制史学科的几经起伏深受政治因素的影响。与“文革”十年造成法制史学停滞相反的是，90 年代政治局势稳定，政策趋好，因此给学科发展提供了有力的保障。

1992 年，党的十四大提出经济体制改革的目标是建立社会主义市场经济，而建立社会主义市场经济体制的一个重要条件就是建立起一个完备的法制体系。法学学科从这个层面说，拥有了更加明确的目标。1997 年，党的十五大进而提出“依法治国，建设社会主义法治国家”的目标。治国方

① 周会蕾：《20 世纪上半叶中国法制史学史》，华东政法大学 2012 年博士学位论文。

② 王志强：《中国法律史学研究取向的回顾与前瞻》，载中南财经政法大学法律史研究所编：《中西法律传统》第 2 卷，中国政法大学出版社 2002 年版，第 61 页。

略的转变，表明我国的现代化进程从首先解决存亡之忧、凝聚人心，然后追求物质层面的变化，转向物质文明、精神文明、制度文明并重的阶段。这个过程，法制史学不可或缺，对法制进行探索，不忘前人的脚步，对今天提供启示、借鉴，需要对中国法制史进行研究、梳理，揭示规律。

1997 年和 1999 年香港和澳门分别回归祖国，与台湾的互通也逐步加强，都从客观上扩大了中国法制史的研究对象，同时学科大门为更多人敞开，研究主体上大大增加，研究成果就更是硕果累累了。地域的扩大，参与人员的增多，政策的保驾护航，都是重要的影响因素。

二、经济发展对中国法制史学发展的影响

20 世纪 90 年代的中国经济处于迅速腾飞阶段，经济的迅猛发展给法制史学带来了新的发展机遇，同时也提供了良好的外部发展条件。与 80 年代相比较，90 年代的中国市场经济更加完善，竞争也愈加激烈；激烈的竞争贯穿着市场经济，整个市场形成了一个追求效益的大赛场。因此市场需要仲裁和裁判，法律与市场经济必须同步发展。有论者说："如果说，每一个时代的历史著作也都是历史的一部分，是历史时代精神的记录；那么，每一个时代的史论或文化批评就同样也是历史的一部分，是历史时代精神的反思和自我批判。"①就如同没有反省就没有史学的进展，就更不能不顺应时代发展，不能停止反思，不能不用自己的发展推动法学的进步并且适应经济的发展。改革开放以来特别是 90 年代后经济持续高速增长引发社会结构变化和物质财富涌流，释放出对法律制度的巨大需求，法学的各学科都看到了明朗未来。而另一方面，形势的变化、市场经济的强大冲

① ［德］梅尼克：《德国的浩劫》，何兆武译，生活·读书·新知三联书店 1991 年版，序言。

击，实用主义、拜金主义等观念的出现，让很多人认为，法律史学科不能学以致用，无法像其他部门法那样即时应用，使得法律史学科的发展也面临着一些困难。例如，法律史学科研究成果的发表、出版日显困难，这在一定程度上降低了研究者的积极性，使法律史研究遭受到损失。再者，由于基础学科中研究本身即较为艰苦和困难，加之外部环境的压力，使得法律史学研究的后继人才发生问题。如中青年学者成为学科发展的主力，但 30 岁以下的新生代中有法律史研究的功力且愿意从事法律史研究的人较少，这无疑是法律史学科发展的一个隐忧。①

经济的快速发展对本学科发展来说是把双刃剑，一方面创造了条件，提供了便利，另一方面却带来了现实主义思想与浮躁之风，这两个方面都在 90 年代学科发展中得以体现。

三、文化发展对中国法制史学研究的推动

改革开放后的十几年时间给各种思想引进和更新提供了充足的时间和相对宽裕的环境，文化领域内的各学科蓬勃发展。其中史学的发展对法制史的影响最大，其新的理论、新的研究方法等都对法制史的研究有着推动帮助的效果。其中对中国历史学来说，最大的成就莫过于重新恢复了实事求是的学风，重新焕发勃勃生机并开始全面发展。这不仅表现在打破学科的“禁区”，深化研究重大史学理论方面，也表现在应学科发展的需要而进行史学研究的结构性调整、建设新的分支学科、拓展新的研究范畴、关注前沿的研究热点，还表现在提出新颖的课题，转换不同的观察视角，从

① 参见曾宪义：《法律史学科的研究现状与发展趋势的调查报告》，《法学家》1995 年第 6 期。

理论到方法进行探索等方面。特别是坚持用唯物史观构建中国历史解释体系，从社会形态变迁的角度重新对中国历史的发展道路问题进行探索并取得了进展，这一切史学理论的发展都为法制史学的发展带来了有形或无形的影响。

除了史学理论的发展，课题的更新，视角的转换，新史料的发现也为法制史研究扩展了对象，带来了新鲜的血液。比如简牍出土资料是重要的第一手资料，如江陵张家山汉简整理小组的《江陵张家山汉简〈奏谳书〉释文》①、连云港尹湾汉墓简牍（由连云港市博物馆整理）②等新的史学成果就好像养分一样滋养了法制史学。

四、学科建设情况

法学教育与法制史学相互影响，法制史学想要更进一步的发展，离不开优秀的研究者，而这一点与法学教育密不可分。“百年大计，教育为本”已经是一个老生常谈的问题。法律人才作为建设法治国家的第一资源，与其攸关的法学教育已成为衡量社会文明程度的重要标志。霍宪丹指出：“如果创立国家的时代是英雄的时代，建设国家的时代是技术精英大显身手的时代，那么管理国家的时代必然是法治精英登上历史舞台的时代。而这个时代的来临，万万离不开法学教育的可持续发展和不断创新。”③其中占了法学教育比重相当大的高等法学教育给法制史研究提供了不可忽视的智力支持，给法制史的发展也提供了不可或缺的平台。

① 张家山汉简整理小组：《江陵张家山汉简〈奏谳书〉释文》，《文物》1993 年第 8 期。

② 连云港市博物馆：《江苏东海县尹湾汉墓群发掘简报》，《文物》1996 年第 8 期；连云港市博物馆、中国社科院简帛研究中心：《尹湾汉墓简牍初探》，《文物》1996 年第 10 期。

③ 霍宪丹：《不解之缘——二十年法学教育之见证》，法律出版社 2003 年版，封面语。

（一）法学院校与机构建设规范化

从20世纪80年代开始，国家教委正式确认法制史为法学基础学科，纳入政法院校的教学计划。后学科分类把法律史学和法律思想史学分为独立的两个学科。这样一来，一方面充实了两个领域的研究人员，奠定了这两个领域的基础，但是另一方面也人为地带来了研究方法的分裂、研究领域的分割，不利于从宏观上进行研究。①后经过多次征求意见、反复论证修订，国务院学位委员会和国家教育委员会又于1997年6月联合下发《授予博士、硕士学位和培养研究生的学科、专业目录》②。新的学科目录将法律制度史和法律思想史合为一个法律史二级学科，并下设若干方向，有利于法律史学者摆脱学科的束缚，开展宏观的、综合的研究。具体来说，90年代已有不少研究机构都设立了法律史教研室，开设了中国法制史的课程，以及招收硕士研究生和博士研究生。其中主要的研究机构有：

1. 中国政法大学

1984年，经国家司法部批准，中国政法大学成立了当时全国唯一的中国法制史的专业研究所——中国法制史研究所。1988年，被评为国家级重点学科。中国政法大学的研究方向主要为中国法制史、中国法律文化史和比较法制史。③在90年代众多学校当中，中国政法大学是拥有博士研究生、硕士研究生最多的学生。中国法制史学科研究人员，④以著名法律史学家张

---

① 参见曾宪义、郑定、丁相顺：《1997年中国法律史学研究的回顾与展望》，《法学家》1998年第2期。

② 参见国务院学位委员会和国家教育委员会：《授予博士、硕士学位和培养研究生学科、专业目录》，http：//www.exam8.com/xueli/kaoyan/zixun/zhengce/201103/1916583.html，2013-02-10。

③ 张晋藩：《总结过去　开拓未来——中国法制史学六十年》，《政法论坛》2009年第9期。

④ 学科人员包括教师与学生，下同。

晋藩为主要学术带头人，还有怀效锋、李曙光、马小红、高潮、刘斌、侯国云、贺嘉、费安玲、刘广安、郑秦、孙玉荣、魏向阳、王宏治、薛梅卿、许章润、郝颖莉、童光政、龚伟玲、江旭伟、朱勇、成亚平、高浣月、王涛、杨鹤皋、马志冰、李祝环、李鸣、陈秋云、张生、李俊、周鹏飞、沈厚铎、张建荣、郑显文、王志武、王志强、李雪梅、马志刚、郑志、侯淑雯等五十多人。人数相比其他学校同时期人数要多出一至二倍左右，且每个学者都在 90 年代发表有一篇以上的论文，这也是中国政法大学在 90 年代非常明显的学科优势。

2. 中国人民大学

1950 年，新中国第一个法律史教育研究机构——中国人民大学法学院法律史教研室成立。可以说，这个教研室为全国法律史学科体系的形成、学术发展作出了突出的贡献。众多在全国高校法律史教学研究中起骨干作用的老一辈法律史学者以及众多优秀中青年学者都出自这个教研室。1981 年本专业被批准为首批硕士点，1990 年被批准为博士学位点。中国人民大学的法律史学科主要研究方向有中国法制史、中国法律思想史、外国法制史、比较法律文化、台湾法 5 个研究方向。其中，比较法律文化和台湾法两个研究方向，是本学科 90 年代以后新开拓的领域，形成了较为明显的学术优势，在全国也具有较大的影响。90 年代众多学校的法律史学科点中，有着阵容最强大的学术队伍：由著名法律史学曾宪义作为主要学术带头人，还有林榕年、张希坡、王思治、杨先材、郭成康、张文显、戴逸、李文海、丁相顺、黄长杰、赵晓耕、叶秋华、王云霞、郑定、范忠信、江伟、杜钢建、胡旭晟、吴晓华、马作武、邓弈琦、史彤彪、王春玲等众多学者。

除上述两所高校外，中国社会科学院、北京大学、华东政法大学、吉林大学、中南财经政法大学、南开大学、安徽大学、武汉大学、厦门大学等机构、院校，[1]也逐渐成为中国法制史科研与人才培养的重镇，并逐渐形成了各自的学科特色和专业优势。

（二）法学学生招收增多

“文革”结束后高校恢复招生，招生规模逐年以 8.5%的速度增长。1998 年 11 月，经济学家汤敏以个人名义向中央提交了一份建议书《关于启动中国经济有效途径——扩大招生量一倍》，建议中央扩大招生数量。建议被中央采纳之后，中央很快制定了以“拉动内需、刺激消费、促进经济增长、缓解就业压力”为目标的扩招计划。1999 年，当年招生人数增加 51.32 万人，招生总数达 159.68 万人，增长速度达到史无前例的 47.4%。

早在 1862 年，京师同文馆开始设立法律课程，中国近代法学教育由此开始。北洋大学堂开设了律例学等五个专业。1906 年，清政府创办了中国第一所官办法律学堂——京师法律学堂。自此，法学就进入大学的讲堂。1952 年院系调整后形成“五院四系”[2]构成了今天我国法律教育规模的来源和基础。到 20 世纪 80 年代末 90 年代初综合大学和非法律的专门院校普遍开设了非普通类法律专业。到 1992 年底，全国已在 135 个普通高校设立了法学专业，比 1957 年增长了 13 倍，法学学士占全国在校大学生总数的 1.58%，达到 40 555 人（其中本科生 27 580 人，专科 12 975 人）。高等法学教育的迅猛发展在 90 年代末凸显，在这期间，几乎所有综合大学都设立了法律院系，甚至一些理工、农林、外语、经贸等院校也设立了法律院系。法学专业的本科生与研究生也随之快速增加。同时中国法制史列

① 参见张晋藩：《总结过去　开拓未来——中国法制史学六十年》，《政法论坛》2009 年第 5 期。

② “五院四系”是指当时的北京政法学院、西南政法学院、华东政法学院、中南政法学院、西北政法学院和中国人民大学法律系、北京大学法律系、吉林大学法律系、武汉大学法律系。

入法学专业的主干课程中，无论是原来的 12 门主干课程还是现在的 16 门主干课程，中国法制史都是不可缺少的一部分。这为中国法制史扩展后备力量提供了充分的条件。

随着高等院校的扩招，学生的增长，法制史硕士点也随之增加，这为法制史的研究注入了新鲜的血液，使学术气氛活跃起来。这些新生力量主动参与各类研讨会、年会的讨论或是积极作为主办方助手做好学术研讨的各项准备工作，并从中接受到来自法学前辈的指导，并以此为契机加深自我的学术水平。并且从 1996 年开始首次招收法律硕士，学生来自各个学科的优秀毕业生，不仅生源范围扩大了，而且他们把先前的大学教育背景带入法学的学习进而带入法制史的学习，对于在法制史研究中开阔新的视角有了内在准备。

无论什么样的研究活动都是由人来完成的，人是研究活动的主体，主体的活跃与主体力量的增强以及研究的开展与深化有着鱼与水的关系。随着主体人数的增加，研究成果不管是从著作还是从论文上较之 80 年代都有较大幅度增长，这种促进推动作用不容忽视。

（三）法学教育师资力量增强

高等教育要取得发展，教师的发展必须放在最优先，因为教师是高等教育事业的首要资源，教育质量的好坏很大程度上取决于教师能力的高低。“一所高校要想能够持续发展，就要有可持续的内生增长机制，这个具有发动机功能的内生增长机制就是教师的发展。”①

高校为提高促进教师的发展制定了一系列的目标和方法。法学教师的发展基本上是围绕着四个目标进行的：专业发展、教学发展、个人发展和组织发展。专业发展主要是为了促进教师成长，获得并且提高与专业工作

① 潘懋元：《高等学校教学原理与方法》，人民教育出版社 2003 年版。

相关的技能、意识以及知识。由于专业学生的增加和质量的提高，对师资不仅提出了量的要求，还提出了质的要求；吸引高层次人才，加大法学人才的引进力度，从高校外引进高学历、高层次法学人才和实务专家等一系列行动都是为了满足不断提高的要求和需求。教学发展主要涵盖学习材料的准备、教学的模式以及课程计划等方面，通过对这些方面的更新与创新提高教学水平。个人发展所包括的内容更加丰富一点，如采取整体计划提高教师人际交往能力，进行维护健康的计划，帮助新进教师进行职业规划，来提高师资的整体素质。组织发展方面主要是集中于营造有效的组织氛围，促使教师采用新的教学实践。

与此同时，对教师职务以及任教资格有着越来越明确的划分以及严格的要求。法学教师职务有助教、讲师、副教授和教授，每个职务的取得都必须符合一定的条件，无论是哪一级别的教师都首先必须取得高等学校教师资格；其次，要系统地掌握本学科的基础理论；第三，要具备相应职务的教育教学能力和科学研究能力；最后，要承担相应职务的课程和规定课时的教学任务。教授与副教授的级别较高所以要达到的要求也相对高一些，他们除了应当具备以上基本任职条件外，还应当对本学科具有系统而扎实的基础理论知识和较为丰富的教学经验、学术研究经验，要求教学和学术都要取得一定的成绩。为了进行有效的教师把关，我国实行的是教师资格制度。这就要求想要成为一名法学教师就首先必须通过教师资格考试，再经过有关部门的认定，只有符合条件者才可以取得高校法学教师资格。随着博士等高层次人才培养的增加，其中留校任教的也不在少数，这也使得教师的教育水平逐步提高，到 90 年代后期，法学学科的普遍设置，以及对法学学科的重视，各高校对教师的教育水平要求也越来越高，这都使得师资队伍水平整体提高。并且教师有越来越多的国际交流，国内的教师可以去国外的大学做客座学者进行交流，不仅仅是学术方面也包括教育方面，同时也有外国教师来中国互通有无。这些都使得师资力量越来越强。

五、学术交流与会议

这一时期的国内会议主要是中国法律史学会年会与其他研究机构组织的学术研讨会两类。中国法律史学会是中国法律史学界的全国性学术机构，1979 年成立，1991 年 8 月中国法律史学会经民政部重新进行社团登记，由曾宪义任会长，刘新任秘书长。学会下属机构经调整后，主要有中国法制史专业委员会、中国法律思想史专业委员会、西方法律思想史专业委员会、法律文献古籍整理专业委员会、儒学与法律文化分会、民族法律文化分会、东方法律文化分会及老庄法律文化分会。90 年代的会议有：

1991 年，中国法律史学会西南分会第三届学术年会在桂林举行。会议由西南法律史分会、广西大学法律系、广西壮族自治区桂林地区司法处联合举办，研讨中外历史上关于廉政的法律制度与法律思想问题。会议的热门话题是中国历史上惩贪倡廉及其法制建设的经验和教训。会上韩延龙认为，政治清明是惩贪倡廉的必要条件，惩贪倡廉是政治清明的充分体现。①

1993 年，主要有年初在南京召开的“《论语》思想的现代法文化价值研讨会”；6 月在北京召开的“93 中国法律史国际学术讨论会”；8 月在北京召开的“两岸法学界学术研讨会”。②

1995 年，中国法律史学会第五届年会在南京召开。年会除顺利完成学

① 参见史廉：《廉政与法制——记中国法律是学会西南分会学术研讨会》，《现代法学》1991 年第 3 期。

② 参见曾宪义、郑定、赵晓耕：《法律史学研究的回顾与展望》，《法学家》1994 年第 1 期。

会组织机构调整，还围绕“新形势下中国法律史学的发展趋势与前景”这一主题进行讨论。会上对近年来中国法律史学科的发展、学科面临的共同问题等方面进行回顾并交换意见。另外还有4月，中国社会科学院法学研究所《法学研究》编辑部就《美国学者论中国法律传统》一书举行的座谈会。8月，儒学与传统法律文化研究会在黄山召开的该会第三届年会，围绕“儒家义利观与市场经济”这一论题进行讨论。①

1996年10月，中国法律史学会年会第二次会议在南京召开。年会就市场经济与传统道德、市场经济与经济法律、传统法律文化与法律现代化等议题进行研讨。这次年会是中国法律史学会领导体制改革后的第一次年会，会上既有就法律史研究中的热点、难点问题进行的探讨，还有就当代法制中的若干问题的新见解。另外还有8月在辽宁省营口市召开的“20世纪中国法制变革的回顾与前瞻学术研讨会”。研讨会主要就20世纪中国法制变革的历史道路进行总结，对如何实现“依法治国，建设社会主义法治国家”的战略性目标提出见解。研讨会的论文集《走向法治之路——20世纪的中国法制变革》，有很多法律史方面的文章。②

1997年，中国法律史学会年会在西安召开。年会的主题是“廉政与法律监督”。近70位法学界的专家和学者参加会议，围绕“中国古代有关廉政法制建设的一般理论问题”，“各朝代的具体廉政措施”和“中国古代廉政法制建设的成败得失及对现实的启示”等三个问题进行讨论。提交的论文着眼点主要是为抑制腐败现象，如何建立有效的监督机制，凸显法律史学者的使命感和责任感。还有1月在海南大学召开的民族法律文化分会第

① 参见曾宪义：《1995年中国法律史学研究的回顾与展望》，《法学家》1996年第1期。

② 参见曾宪义、丁相顺：《1997年中国法律史学研究的回顾与展望》，《法学家》1997年第1期。

四届学术年会。会议的中心议题是中外证券法制的历史与现状。同年在开封召开的中国儒学与法律文化研究会第四届年会，就“儒学思想与现代道德和法治的关系”这一主题进行探讨，可以说是法律史学界的一次重要的学术盛会。①

1998 年，中国法律史学会第六届会员代表大会暨中国历史上的法制改革学术研讨会在济南召开。山东大学法学院承办，五十余名法律史学者参加会议。会议主题是“中国历史上的法制改革”，研究方法与研究领域等问题也受到了很多学者的关注。会议选举产生第六届理事和常务理事。11 月，由中国社会科学院《法学研究》编辑部与南京师范大学法制现代化研究中心联合召开的全国“20 世纪中国法学与法制现代化”学术研讨会在南京师范大学召开。与会人员就 20 世纪中国法学与法制现代化的概念、范畴、理论基础、科学定位、发展历程以及 21 世纪中国法学的发展目标和战略进行讨论，并就建立 20 世纪中国法学学术史及深入开展法学学术史的研究达成初步共识。②

1999 年，“庆祝中国法律史年会成立加周年暨 1999 年学术研讨会”在重庆西南政法大学召开。会议的主要议题是回顾二十年来法律史学会取得的成就，并对未来法律史研究进行展望。此外，与会的百余名法律史学就法律史研究的方法及面临的问题进行讨论。③

另外，在 20 世纪 90 年代，中国法制史学界与美国、英国、法国、日

① 参见曾宪义、郑定、丁相顺：《1997 年中国法律史学研究的回顾与展望》，《法学家》1998 年第 1 期。

② 曾宪义、丁相顺、黄长杰：《1998 年中国法律史学研究的回顾与展望》，《法学家》1999 年第 1 期。

③ 曾宪义、赵晓耕：《1999 年中国法律史学研究的回顾与展望》，《法学家》2000 年第 1 期。

本、澳大利亚、韩国等各地都建立了广泛的学术交流关系。学者先后赴美、英、日、法、韩、澳等国进行了访问交流，也取得一定的成就。

第二节　20 世纪 90 年代中国法制史学的研究情况

20 世纪 90 年代中国法制史研究成果相较之前，可谓丰硕。以下对 10 年的研究情况，以著作和论文分类加以阐述。

一、通史类研究成果

（一）以著作为中心

在很长一段时间内中国法制史的通史研究被局限在比较狭窄的范围内：以研究国家立法和相应的制度为主，以国家立法中以历代朝廷颁布的律典为主要研究对象。从 20 世纪 80 年代开始，通史的研究范围逐渐扩大，到 20 世纪 90 年代，随着学科整体研究水平的提高，研究视野进一步拓宽。关于律典以外其他形式的国家立法、国家立法中的地方法、以非官方立法形式存在的其他法以及民族法、法律的实施和实际运行等问题的考察分析已成为通史研究不可或缺的内容。

在 90 年代的通史类著作中，由张晋藩教授任总主编的《中国法制通史》（多卷本）不得不提。这部书共 10 卷，510 万字。从 1979 年长春中国法律史学会成立大会上正式确定选题、拟定编写计划到出版，前后历经 20 年时间，期间参与编写的人员有 70 多人，几乎包含了所有国内法制史研究的骨干力量，是迄今为止卷数最多、篇幅最大的法制通史著作。

对于这部著作，学术界有诸多评论。刘广安就在《二十世纪中国法律史学论纲》[①]中指出："从已出版的清代法制卷来看，其内容涉及清代的刑事、行政、经济、民事、外贸、民族、宗族、诉讼法制等各个方面，体系庞大，观点也有创新，为中国法制通史的研究，提供了重量级的产品。"这部通史和当时将要出版的《中国法律思想通史》，"集中了当代比较优秀的法律史学者，吸收了法律史学界研究积累的多种学术成果，在中国法律史学发展的道路上树立了巨大的里程碑"。梁治平则在《法律史的视界：方法、旨趣与范式》[②]中说道："它没有改变或者创制范式，却把既有范式的潜力发挥到极致。因此，它称得上范式的典范。"《究五千年法制轨迹，集一百年学术大成》[③]的作者范忠信也认为这部书是"对五千年中华法制文明的整理综述和研究的结晶"，"是中国法律史研究百年学术史的集大成"之作。"集大成"主要表现在以下三个方面：首先，把握中华文化特质，完整、真实地整理和解说中国法制史。突破了套用西方部门法概念分析中国固有制度这种法史学界长期使用的套路，全面注意到"礼制"在法制史中的地位作用，全面注意到了中国传统政治生活中的政治惯例法的地位作用，特别注意到了宗规祖法在中国传统社会中的重要作用。其次，综合并升华了中国法制史学术研究百年以来的主要成就。作者认为法制史研究经历了从沈家本到民国终结、从新中国成立到"文革"结束甚至包括20世纪80年代中期以前，从20世纪80年代末以来三个发展阶段。第一个阶段的研究基本上是整理、述说以及叙录式的研究，是针对未曾有人梳理过的法制史进行全面的整理及叙述，特别是对资料进行一系列的梳理；第二个阶段基本上是批判与控诉式的；从第三个阶段开始进入不带偏见地全面整

① 刘广安：《二十世纪中国法律史学论纲》，《中外法学》1997年第3期。

② 梁治平：《法律史的视界：方法、旨趣与范式》，《中国文化》2002年第19—20期。

③ 范忠信：《究五千年法制轨迹，集一百年学术大成》，《现代法学》2004年第2期。

理优秀法制文化传统、寻找其中的精神路线与灵魂、总结分析其对人类法制文明所作出的贡献，将其中共通的、超越的、永恒的价值提炼出来的模式中。可以说它充满民族法律文化精华并体现出要将中华法制文明遗产发扬光大的使命感。

这部《中国法制通史》（多卷本）的价值有以下几点：首先，是 20 世纪 80 年代以来中国法制史学研究的标志成果。新中国成立后，法制史学界主要是以历史唯物主义的理论作为指导，贯穿阶级分析的方法，虽然取得了一系列成果，但是机械地搬用历史唯物主义导致对法制史研究的简单化、片面化。80 年代以来，中国法制史学界一直在探索一条新路，即“不带偏见地全面整理中华民族优秀法制文化传统，寻找其中的精神路线和灵魂、总结分析其对人类法制文明的贡献，提炼其中共通的、超越的、永恒的价值”。[①]其次，它在建立科学化的中国法制史研究体系上作出了重大贡献。在研究中作者们避免就法律制度来研究法律制度，而是充分注意到法律制度产生的土壤和背景，把法律制度纳入特定的历史阶段和历史环境中进行分析，打破了以往重制度、少人物、少思想的做法，融法律制度、法律人物、法律思想于一体。再次，它填补了大量的学术空白，在一些专题上作了深入的突破性研究。如对从前法制史著作多做模糊处理的时代作了最大限度详尽的研究；用前所未有的大篇幅对一些从来没有人专门讨论的地域或政权的法制史进行讨论；在关于中国法律近代化部分，跳出传统的阶级分析方法，从新的角度重新认识法律近代化的过程。最后，该书尽可能地采用了当时挖掘整理的新史料，材料选择方面与时俱进。但也有不足，例如由于编写工作的繁重、作者群的庞大，使得部分写作风格不统一。此外，还有些最新的学术研究成果并没有完全吸纳进来，而且某些章

① 范忠信：《究五千年法制轨迹，集一百年学术大成》，《现代法学》2004 年第 2 期。

节中教科书的痕迹比较明显，对问题的研究尚待深入开展。

（二）以论文为中心

表3-1　法制通史的研究成果　（单位：篇）

类别 时期	立法	刑事	民事经济（民经）	行政	司法	其他	总计
古代	14	125	40	14	33	103	329
近代	5	1	17	8	11	67	109

如表3-1所示，90年代关于法制通史的研究成果共计438篇，其中古代法制通史有329篇，近代法制通史有109篇。下文分为这两个阶段进行阐述。

1. 古代法制通史的研究成果

在古代法制通史研究成果之中，刑事方面几乎占了半壁江山，传统五个方面的总数也占到了三分之二。鉴于成果太多，故而有的方面的成果以类别举例介绍。

立法方面成果较少。赵元信的《中国古代妇女立法的特征》聚焦于妇女立法，通过分析考述总结其特征。郑显文的《中国古代关于见义勇为的立法》将目光投向见义勇为立法，相关内容对现今仍有借鉴意义。张梓太的《中国古代立法中的环境意识浅析》则关注环境立法的研究。另外还有关于某类法规的立法，如黄启昌的《试论中国古代的反贪立法》、李光涛的《我国古代反贪惩贿立法探微》都是通过对反贪或惩贿史料的挖掘，以此说明反贪立法的特点或概况。除了这些，还有黄才庚的《我国历代诏令文书发展述略》等论文。

刑事方面共计125篇论文，数量甚至超过某些朝代所有研究成果总和。制度类的有童光政、龚维玲的《论赎刑制度》，董念清的《论中国古代的赦免制度》，范忠信的《中国容隐制度的历史发展及其文化意义》，徐晓光、路保均的《中国古代反腐惩贪法律制度述要》，陈嘉俊的《论中国古代的赎刑制度——兼议现代以罚代刑的若干问题》，巩富文的《中国古代法官责任制度的基本特征》和《中国古代法官违法行刑的责任制度》，王耀虎的《浅谈中国古代死刑制度的演变及特点》等。这一类的论文范围广泛，一般是对某一制度展开讨论，观点明晰、用词准确。罪名刑罚类的如刘桂彬的《中国古代盗窃罪的产生成立及处罚》、张建国的《夷三族解析》、王小健的《论象刑》、黄晓明的《车刑论考》、任怀国的《“车裂”试释》等，这一类的论文对某一罪名或刑罚展开论述，大多体现了历史时间的跨度，行文考据，总结性强。原则类的有杜钢建的《无罪推定与罪行法定：中国古代人身权利保障原则的新仁学思考》等。在这些类别以外还有王晓勇的《我国封建法律惩治行贿罪的规定及特点》、沈厚铎《中国古代的赦》、梁凤荣的《论中国古代防治官吏赃罪的对策》、胡新的《中国古代刑法中的比附》等论文。

民事经济方面的成果多集中于婚姻家庭法与经济法的内容。如陈宁英的《从婚姻家庭法的规定看我国古代妇女的社会地位》、曾尔恕与张志京的《论中国古代法和罗马法中的夫权》以及王良学的《儒家学说对中国历史上民商法经济法的影响（上）》、陈涛与高在敏的《中国古代侵权行为法例论要》、高潮与刘斌的《敦煌所出买卖契约研究》、张传玺的《论中国历代契约资料的蕴藏及其史料价值》、侯欣一的《中国封建社会对外贸易法制初探》、怀效锋的《中国古代民法未能法典化的原因》等。

行政方面的成果不多，代表的有于敬民的《秦汉以来我国古代监察制度的几个特点》、陆士祯与杨小强的《中国古代社会保障典制考评》、张晋藩的《论中国古代的职官编制法》、王立民的《我国古代官吏知法论》、李传卫的《消防法制史漫谈》、李曙光的《中国古代没有行政法》、刘长江的

《迁徙封建时代监察官的“闻风弹人”》、徐立志的《中国古代官吏监控系统探析》等。

司法方面有张晋藩的《中国古代民事诉讼制度通论》、刘敏的《传统调节制度及其创造性转化——一种法文化分析》、王立民的《有关中国古代刑讯制度的几点思考》、马作武的《古代息讼之术探讨》和《“录囚”“虑囚”考异》、薛梅卿的《我国监狱及狱制探源》、徐忠明的《“仵作”源流考证》、杨一凡与刘笃才《中国古代匦函制度考略》、侯淑雯的《中国古代法官自由裁量制度的发展脉络》、孙谦《逮捕制度的产生与发展》、郑禄的《诉讼证明的中国传统模式初探》等论文。

其他方面，张建国的《中国法制历程简论——1949 年之前的中国法》一文对各个时期法律制度的特点、发展的因果关系、沿革轨迹和利弊得失进行了分析。此外还有李光显的《浅谈中国古代法律的宗教性》、黄宗智的《中国法律制度的经济史、社会史、文化史研究》、徐忠明的《试论中国古代廉政法制及其成败原因》、史建群与叶桐的《中国古代礼治与法治的冲突与互补》、武树臣的《中国古代法律样式的理论诠释》、何勤华的《法学形态考：“中国古代无法学论”质疑》和《汉语“法学”一词的起源及其流变》、范忠信等的《论中国古代法中的重农抑商传统》、姜建设的《古代中国的环境法：从朴素的法理到严格的实践》、徐忠明的《试论中国古代廉政法制及其成败原因》、林国清的《中国古代法律与文学发展关系初探》、马志冰的《中国古代法律制度特点若干成因质疑》等论文均有一定代表性。

2. 近代法制通史的研究成果

与古代法制通史研究成果构成分布不同，在近代法制通史的研究成果中，刑事方面、行政方面、诉讼方面和立法方面所占比重都比较少，民事方面的略多，而其他方面占了半数以上，“教育”相关法律制度受到较多关注。限于篇幅，仅简要介绍相关研究成果。

立法方面的成果仅有5篇，具有代表性的是杨惠的《中国近代刑事立法的特色》等论文。刑事方面只有一篇彭凤莲、陈旭玲的《罪刑法定：立法还是司法——探析20世纪罪刑法定原则在中国的历程》。民事经济方面的成果较其他四类相对多些，且高质量的论文居多。如虞和平的《近代商会的法人社团性质》、胡旭晟的《20世纪前期中国之民商事习惯调查及其意义》、李玉与熊秋良的《中国近代公司制度史：史学领域的一块处女地》、王文杰的《台湾公司法律制度的变迁与发展》、钱明星的《近现代物权法的发展趋势与我国物权法的制定》、张忠民的《近代中国的“公司法”与公司制度》，还有曲三强的《被动立法的百年轮回——谈中国知识产权保护的发展历程》、周林的《中国版权史研究的几个问题》等论文。行政方面的成果仅有8篇，包括方庆才的《旧中国治安管理处罚法评介》、韩光辉的《北京历史上的警巡院》等论文。司法方面有郭卫东的《近代中国权力丧失的另一种因由：领事裁判权在华确立过程研究》、崔敏的《刑事诉讼法学百年回眸》。

较之这些，其他方面的成果比较丰富。关于近代法制教育问题有李龙的《中国法学教育百年回眸》、王立中的《近代中国的比较法学教育》《论金达中国的法政留学教育及影响》和《近代中国政法留学教育动因考察》。关于法律近代化问题，李贵连有四篇，分别是《中国法律近代化简论》《近代中国法律的变革与日本影响》《二十世纪初期的中国法学》《二十世纪初期的中国法学（续）》，还有郭志祥的《中国法制近代化论略》、张晋藩的《中国法律的传统与近代化的开端》、郑文举的《国际法观念与中国法的近代转型》、赵晓耕的《近代不平等条约与清末法制的变革》、周少元的《二十世纪中国法制变革与法律移植》、公丕祥的《二十世纪中国的三次法律革命》、杨泽伟的《近代国际法输入中国及其影响》、谢晖的《政治家的法理与政治化的法——二十世纪中国法理对“宪政”的支持关系及变革》、张仁善的《近代中国的海权与主权》、郝铁川的《中国近代法学留学生与法制近代化》、萧功秦的《近代中国人对立宪政治的文化误读及其历史后果》、何勤华《〈华洋诉讼判决录〉与中国近代社会》、文勇的《制度决定论的贫困：近代中国立宪政治失败的原因分析》等论文。

二、断代史类研究成果

（一）以著作为中心

几乎各个断代都有新的研究专题被开发出来。在先秦法史研究中，有关早期“判例法”及早期监狱制度的研究，兵家法思想研究，利用国典楚简等出土资料进行的研究等。90 年代法制断代史研究中唐代、明清两朝、中华人民共和国时期的作品相对较多且篇幅长度有所限制，主要介绍对此三个时期的研究以期映射出 90 年代断代史研究基本状况。

钱大群与夏锦文合写的《唐律与中国现行刑法比较论》①在马克思主义法学理论的指导下，以现行刑法的原则、制度和理论为视角来审视、探讨唐律，力求通过纵向的比较研究构建唐律与现行刑法之间的桥梁，在比较中拓展唐律研究的新意境。比如关于唐律的基本原则的研究，该书用专章，以现行刑法的基本原则为出发点，对应性地论述了唐律的四个基本原则，即：第一，与现行刑法“罪刑法定原则”相对应的“罪刑形式法定原则”；第二，与“罪刑相适应原则”相对应的“量情处分原则”；第三，与“罪责自负原则”相对应的“缘坐”和“连坐”；第四，与“惩罚与教育相

① 钱大群、夏锦文：《唐律与中国现行刑法比较论》，江苏人民出版社 1991 年版。

结合”相对应的“德主刑辅原则”。在此基础上提出了“唐律中自始至终贯穿着两大刑法原则，即等级特权原则和宗法原则。这是唐律中的刑法总原则”的观点，见解独特。作者还从实践价值这一方面充分挖掘唐律中刑法制度的现代性与有效性，进一步揭示了唐律对中国现行刑法的参考借鉴价值。唐律作为帝制时期法典的代表，涵盖了我国古代政治法律思想，律文内容也是古代立法与司法经验的总结。值得一提的是比较研究的方法贯穿全文始终，例如作者认为，唐律中“因职犯公坐”这一制度对于现今监督国家公务员履行职责方面就有非常重要的参考价值。再如官员在处理公务中若有过失犯罪，除了实行“各以所由为首”的原则，即追究负主要责任官员的罪责，除此之外凡“连署之官”即同一衙门逐级经手处理公务的官员，依据其职责关系的远近，将责任依照轻重分为四等承担。可以说，这一制度的实施督促着官员们认真对待每个经手的案件。可以说，此书是对古代与当今刑法比较研究中具有一定开拓性的著作，对于弘扬古代法律文化，探索现行刑法的渊源，具有学术价值与实践意义。

王立民《唐律新探》①一书具有新颖性，主要体现在如下几个方面：首先，该书在体例方面进行了创新。这里所指的体例指的是学术著作的整体结构。在此之前研究唐律的作品大多数是从经济基础、社会背景、阶级关系入手，再由此论及唐律的立法过程，最后论述唐律的内容、特点以及影响等。作者写作时则突破了这种原有的框架，逐次研究了唐律的法律思想、唐律结构、唐律中某些具体的内容、与唐律具体实施相关的若干问题，以及唐朝以后各朝代对唐律的改革。这种体例既完整又简洁，并且蕴含着相当的科学性。其次，该书开拓了新的研究视角。前代学者受到视野的限制，导致他们的研究大多禁锢于唐律本身有关定罪量刑的规定。该书

① 王立民：《唐律新探》，上海社会科学院出版社 1993 年版。

则独辟蹊径，以新的视角探究唐律。例如关于贯穿唐律的法律思想，该书列举了以礼为本、礼法并用、法律内容的统一稳定和简约等七个方面，颇为具体；再如对唐律中涉及佛教、道教和阴阳五行方面的内容也有论述，以及针对有关青少年犯罪与青少年保护的规定的研究，都是很有新意的研究角度。另外，“唐律的实施”一章则将唐律分为前期与后期进行动态研究。这些角度都是过去所鲜见甚至是未曾见过的，由此使得该书具有很强的专题研究色彩。第三，该书使用了新的研究方法。作者遵循着唯物辩证法的研究方法与现代科学的一般研究方法，并在此基础上结合唐律本身的内容与特点，着重运用若干具体方法，如历史和逻辑相结合的方法、比较的方法等。必须指出的是，该书在比较研究方法的运用上并非重复前人已经做过的事情，比如对唐律内部罪名与刑名、唐律与明律之间进行比较等，而是扩大了比较的范围，把比较建立在更加自觉的基础上，包括了唐朝和其他各朝代的社会背景和立法环境的比较，唐朝以前及以后诸律的结构形式与具体内容的比较，唐律和某些外国法律的比较。此外，作者尤其善于在比较研究后发现并总结造成这种差异的原因，从而进一步揭示不同时代不同地域的法律发展的共同道路和各自的规律。这种全方位的比较为唐律研究提供了一种新的方法，促进了唐律研究进一步深入。

清代研究成果中，张晋藩的《清律研究》①一书对清初立法的指导思想和立法成熟时期的法律特点进行了论述，并在已有研究成果的基础上取得了新的突破。该书的研究揭示了关外法制建设情况的同时又论证了满族在法制建设上的独特指导思想，指出关外法律是汉满各族法律文化互相交融渗透的结晶。作者通过对清代法律体系的基本特点进行概括，进而反映出

① 张晋藩：《清律研究》，法律出版社 1992 年版。

法制史的特色与发展规律，比如清代刑法所反映的封建社会后期的时代特点，民事法律规范趋于法典化，行政法律集历代大成，经济法律对社会经济方面能够进行广泛的调整等。在晚清修律部分，作者从与众不同的角度论证晚清修律的特点，比如以西方资本主义国家法律为蓝本等，这些角度论者不多，给以后的学者带去很大启发。作者将清朝反封建专制主义法律思想的发展，分为三个阶段：首先，清初以王夫之、黄宗羲、顾炎武等为代表的反君主专制的法律思想；其次，以反理学为主要表现形式的反专制主义法律思想；最后，晚清反专制法律思想由理论的批判到武器的批判。从对此三阶段的论述中，我们可以见到清代知识分子与专制主义思想与势力作斗争的勇气。总的来说该书有较高的学术水平，既弥补了法制史研究的空白，也对清律研究起了开拓的作用。

关于中华人民共和国时期法制史，以前几乎无人问津。而近年来在法制史学界的努力之下先后出版了杨一凡与陈寒飒主编的《中华人民共和国法制史》①、韩延龙与徐立志主编的《中华人民共和国法制通史》②、蔡定剑的《历史与变革——新中国法制建设的历程》③、郭成伟主编的《新中国法制建设 50 年》④、蓝全普的《七十年法律要览》⑤等。由于 90 年代法史学界对中华人民共和国法制史领域的研究总体上还处于起步阶段，因此专门系统的研究著作数量并不是很多。杨一凡、陈寒飒主编的《中华人民共和国法制史》⑥是我国学者撰写的第一部研究当代中国法制史的著作，该书以实事求是的态度，审视新中国法制建设的发展历程，总结了我国社会主义

①⑥　杨一凡、陈寒飒主编：《中华人民共和国法制史》，黑龙江出版社 1996 年版。

②　韩延龙、徐立志主编：《中华人民共和国法制通史》，中共中央党校出版社 1998 年版。

③　蔡定剑：《历史与变革——新中国法制建设的历程》，中国政法大学出版社 1999 年版。

④　郭成伟主编：《新中国法制建设 50 年》，江苏人民出版社 1999 年版。

⑤　蓝全普：《七十年法律要览》，法律出版社 1997 年版。

法制建设的基本经验。该书的出版对于开展这一领域的研究起了积极的推动作用。其中张希坡编的《中华人民共和国刑法史》①中既包括新中国成立前根据地的新民主主义刑法史，也包括新中国成立后的社会主义刑法史。至于两者的关系，前者为后者积累了丰富的历史经验，奠定历史基础；后者是在继承传统的基础上，根据形势发展的新需要，不断完善与发展并逐渐趋于成熟。该书通过丰富的统计资料和各种典型案例，将刑法执行的情况清晰地展现在人们面前。该书虽然是侧重研究刑事立法史的专著，但是并没有仅仅停留在立法上，局限在法条中，而是对一些具有历史意义的重要案例如新中国成立初期处决的刘青山、张子善大贪污案，抗日根据地的黄克功枪杀刘茜案，以及“文化大革命”结束后对林彪、江青反革命集团的审判等都作了较为详细的阐述。这种把立法与执法结合起来研究的做法不仅使读者读到静态的法律条文，也看到了动态的执法情况。

（二）以论文为中心

汉、唐宋、明清这些传统热点在90年代也继续保持，同时新中国以来的法制史研究也越来越受到学界的重视。下文按时间顺序对各代研究成果加以介绍。

1. 夏商西周时期的研究成果

夏商西周时期的法的形式，尤其是习惯法，是很多人关注的焦点之一。徐进在《战国前法的形式、生成及其时代特点》一文中指出夏商西周及春秋时期的法主要是习惯法、经验法，不是成文法。形式也很多样，至少有10种：誓、诰、命、令、盟、制、常、典、则、法。这些法常常不是出于某个有权主体有目的的制定，也并非来自一个权力中心，其生成途径主要是掌权者的随机决定、几个权力体的约定及前例。并且战国前法具

① 张希坡编：《中华人民共和国刑法时》，中国人民公安大学出版社1998年版。

有明显的自然长成的特征，它仍处在前成文法时代，尚不具有成文法典的必行性效力和高出一般行为规范的特殊地位。高其才的《中国的习惯法初探》认为，在中国社会的发展中，习惯法发挥了极其重要的作用，并总结出习惯法的确立有七个条件，习惯法有七个体系等。田成有的《从法律的起源与运行方式看民族习惯法的重要作用》，从法的起源和运行方式的角度出发，认为一个国家的民族习惯或习惯法对国家法的产生、法律的实践运行影响是非常直接、重要的。在法的起源上，法是遵循着民族禁忌民族习惯——国家法律的发展轨迹演变运行的。

中国法的起源问题的研究一直是法制史学界关注的重点。马小红的《祀与戎——中国古代法律的源头》一文，对于征战、祭祀及其与中国早期法律的渊源关系进行了具有说服力的论述。田成有的《酋邦战争与中国早期国家法律的起源》一文对酋邦战争与中国法律起源的关系问题进行了分析。

其他论文还有李衡眉的《“奴隶社会不存在独立于礼的法”说质疑》、李交发的《略论周公与西周法制》、陈伟的《包山楚司法简 131～139 号考析》、马军胜的《论〈易经〉与周代法制》、梁颖的《试论西周春秋时代宗法制与分封制的结合》等。

2. 春秋战国时期的研究成果

先秦法制可以说是法史研究的难点，但值得称赞的是，90 年代中期，该领域的研究显露出新的视角，有的学者从过去常常被忽略的史料入手分析，有的对新的研究对象进行分析，从而给法制史研究带来新气象。比如李力的《东周盟书与春秋战国法制的变化》一文从“盟书”入手，先对东周以前的盟书考述，再分析东周盟书的史实和性质，进而阐述东周盟书与春秋战国法制变化间的关系，可谓突破传统、标新立异。还有朱方枫的《从〈易·讼〉看中国古代法律制度建设的初始阶段》、田有成的《民族禁忌与中国早期法律》、徐忠明的《皋陶与“法”考论》等论文，均以视角新颖、论题独特而引人注目。

立法方面主要是聚焦对《法经》的考辨。如李力的《从几条未引起人们注意的史料辨析〈法经〉》与《〈法经〉的篇目及其亡佚》、殷啸虎的《〈法经〉考辨》、何勤华的《〈法经〉新考》与《〈法经〉略考》及杜文忠的《〈法经〉新解》，这几篇论文从篇目、到真伪等几个传统角度进行了考述。

刑事方面，周学军的《〈尚书·五刑〉五过新解》一文针对历代注家未得“五过”其详的研究现状，认为“五过”不能解释为“有关过失犯罪的规定”，而是一种对犯人的处理手段。另外还有《论西国春秋时期的灭族刑》等。

民事经济方面，缪昭的《春秋时期我国婚姻制度的几个特点》一文分析了春秋时期婚姻制度中的聘娶婚、媵制和同姓不婚，并对其源流、演变作了分析。

司法方面，贾继东的《简论楚国诉讼制度的期日与期间》一文主要从史料发掘的角度对诉讼中的期间制度进行论述。

其他方面突出的论文有李衡眉与周兴的《春秋战国国际法述略》、陈乃华的《论齐国法制对汉制的影响》等。

3. 秦代的研究成果

这一时期研究成果的突出特点是对睡虎地秦墓竹简的研究成果居多。张建国的《秦令与睡虎地秦墓竹简相关问题略析》一文对日本学者大庭脩关于秦没有“令”的观点提出质疑，列举秦简律条进行分析，认为不但秦国和秦朝两个时期都有令的形式存在，而且令还是先于律出现的。其次，张建国还认为整理人员将“间令”解释为“干扰法令”是不准确的，“间令”应当是在法律空隙之中起到补充法律的作用。还有对秦简具体篇目的研究，如刘乐贤的《睡虎地秦简日书〈诘咎篇〉研究》对《诘咎篇》作了综合研究，首先对秦简整理小组未加注释的词句进行注释，然后对释文、断句和注释方面存在的不足之处进行了修订，另外还对《诘咎篇》的内容进行了全面论述。他认为《诘咎篇》讲的基本上是古代的解除之事，这是以去凶为目的的活动。还有张伯元的《〈秦简·法律答问〉与秦代法律解释》，通过对《法律答问》的研究发现其内容主要涉及明确刑罚适用、以罪名为判罪的依据和犯罪动机的认定三个方面，而解释法律的方式有问答、成例比照、比例、比较、附带说明五种。除此之外，还有对具体字词的研究，如胡平生的《云梦龙岗秦简〈禁苑律〉中的“耎”（壖）字及相关制度》一文对刘信芳、梁柱在《云梦龙岗秦简综述》中关于“耎”字的释义提出质疑，认为应读作“堧”或写作“壖”，而且是“隔离地带”的意思，此外还介绍了秦律中关于“耎”字的律条。其他有代表性的论文有张全民的《秦律的责任年龄辨析》，他认为云梦秦简的律文与传世典籍表明秦律的责任年龄是身高6尺，相当于15周岁，提出并论证了和当时学界主流观点不一致的观点。孙瑞的《从〈睡虎地秦墓竹简〉看秦国控告文书》一文对《睡虎地秦墓竹简》中记载的控告文书形成的原因、受理及处理情况进行了分析。

民事经济方面值得一提的是童光政的《简论秦代契约法》，他认为秦代的契约“无论是形式、种类、调整的内容还是法律责任都较前代有所发展和进步。”文章从睡虎地秦简的资料入手，对秦代买卖、借贷、保管、雇佣等契约种类作了论述。此外，还有齐桂笭的《略论秦法对经济生活的规范与促进》等。

值得注意的是行政方面的论文成果较之其他种类要多。关于秦简中《为田律》的论文居多，如张金光的《青川秦牍〈更修为田律〉适用范围管见》、罗开玉的《百川秦牍〈为田律〉再研究》等。

4. 汉代的研究成果

90年代关于汉代法制史共95篇论文，与其他时期相比可谓成果颇丰。关于刑事方面的论文有26篇，行政方面的论文有13篇，占总数的三分之一以上，可见刑事和行政方面是对这一时期的研究热点。

关于汉代的立法，徐世虹的《汉代的立法形式与立法语言》一文依据史料和典籍分析了汉代的立法形式与立法语言之间的关系，并认为汉代的法律构成主要是律典和会典，且律、令各有特点，语言存在异同，一定程度上反映了法家和儒家两种不同的文化源流。张建国的《叔孙通定〈傍章〉质疑——兼析张家山汉简所载律篇名》一文提出与前人之说不同的观点，认为叔孙通制定的是汉礼仪而未曾制定傍章；且《晋书·刑法志》记载有误，傍章在汉代应是写成和读作“旁章”等。蒋晓伟的《汉代经济立法初探》一文，从土地法、赋役法、商税法、手工业法、钱法、酒法六个方面对汉代经济法制进行探索性的陈述。

刑事方面较突出的有华友根的《西汉的春秋决狱及其历史地位》一文，对“春秋决狱”这一传统问题提出了自己的观点，重新认识与评价了“春秋决狱”的历史地位。宋杰的《论秦汉刑罚中的“迁”、“徙”》认为秦汉时期“迁”“徙”之刑虽然和后来的流刑属于同一种刑罚，但此时还不是国家的主刑、正刑，相关的法规也不完善。值得一提的是张建国对汉代刑事方面的研究的突出贡献，其代表性的有《秦汉弃市非斩刑辩》《西汉刑制改革新探》《汉武帝除肉刑的再评价》等。《秦汉弃市非斩刑辩》一文对沈家本与程树德有关弃市刑罚性质以及作为绞刑出现于何时的观点提出质疑。不同于前人，张建国认为弃市不是斩刑，而是绞杀，且在秦汉时就有弃市之刑的存在。《西汉刑制改革新探》一文从问题的提出到对有关《汉书·刑法志》正文和诸家注释的分析再到对刑制如何改革进行探讨，发现了与日本学者滋贺秀三所说完全不同的《汉书·刑法志》的错误之处，同时对《汉旧仪》中的刑期规定从何时开始的问题作出了合理的解释，文章论点清晰，论证内容翔实，可以说学术价值很高。《汉文帝除肉刑的再评价》一文主要对当时流行的观点——废肉刑的原因是经济原因即破坏了生产力的原因进行反思，认为看待肉刑应当从刑罚的原始意义和目的出发。肉刑具有一种终身性的卑贱身份的象征，而废除肉刑的最大意义是开辟改过自新之路，使受刑之人不被"排除出常人社会"。

民事方面文章较少，主要有刘厚琴的《儒学与汉代婚姻制度》一文，作者从汉代婚姻意义、婚姻形态、结婚礼仪、离婚制度四个方面对儒学与汉代婚姻制度的关系进行了探讨。

行政方面这一时期的研究成果约占四分之一，导致这一现象的原因是由于 1993 年年初在江苏连云港市东海县尹湾村 6 号墓出土的一批西汉时期的郡县级行政档案引起学者的广泛关注。代表性的论文有高恒的《汉代上计制度论考兼评尹湾汉墓木牍〈集簿〉》、高敏的《尹湾汉简〈考绩簿〉所载给我们的启示——读尹湾汉简札记之三》、滕昭宗的《尹湾汉墓简牍概述》、谢桂华的《尹湾汉墓简牍和西汉地方行政制度》及《尹湾汉墓新出〈集簿〉考述》等。其中高恒的论文对尹湾汉墓中一批记载有西汉后期东海郡的社会、经济概况的简牍进行研究，深入研究和探讨了汉代上计制度；滕昭宗的论文简要介绍了《考绩簿》的主要内容；高敏的论文对《考绩簿》进行了不同角度的分析；谢桂华则阐述了西汉地方行政制度和对《集簿》的研究。除了围绕尹湾汉墓简牍进行研究的论文以外还有其他的例如仝晰纲的《秦汉时期的乡里管理体制》、张鹤泉的《西汉养老制度简论》、邢义田的《从简牍看汉代的行政文书范本"式"》、李学勤的《〈奏谳书〉与秦汉铭文中的职官省称》等，这些成果的研究对象展现出既有集中又有创新的特点。

司法方面的成果较少。其中张建国的《汉简〈奏献书〉和秦汉刑事诉讼程序初探》通过对《奏谳书》原文及李学勤、彭浩二人的研究成果的分析，对秦汉刑事诉讼程序做了总括性的论述，对“奏献”的意思进行梳理，对个别案例进行了分析以及对基本程序告劾、讯、鞫、论、报进行一一阐述。罗鸿英的《汉代奏谳制度考析》对汉代奏献制度的程序、特点、流变、成因及影响等问题进行了研究。

其他方面的论文如侯欣一的《孝与汉代法制》，依据《汉书》《后汉书》等基本史料对汉代孝与法律的融合过程和特点、汉代法制中的孝及其实施状况等问题作了综合性考察，认为无论什么思想占统治地位的朝代，重孝都是中国古代法制的重要特点之一；何勤华的《秦汉律学考》与《秦汉时期的判例法研究及其特点》分别对中国古代律学的内涵、秦汉时期律学的诞生、内容、特点等问题和秦汉时期判例法研究的分期和内容进行了研究。

5. 魏晋南北朝时期的研究成果

魏晋南北朝时期因其时间短、资料少，一直是学者涉猎较少的阶段。90 年代民经方面、司法方面只有一篇，立法方面有两篇，行政和刑事方面居多。

刑事方面有张建国的《魏晋五刑制度略论》，作者在文中对魏晋五刑的源流、现状问题进行分析，对魏晋南北朝时期这一相对薄弱的部分起到了重要的补充作用。范家伟的《复肉刑议与汉魏思想之转变》和王政勋《汉魏之际关于肉刑问题的辩论》两篇文章对曹魏政权提出恢复肉刑引起思想变化及争论的研究与阐述。

行政方面有徐斌的《南北朝监察概论》与《魏晋时期监察概论》两篇论文，共同在整体上勾画出为魏晋南北朝的监察制度的整体轮廓。而陈长琦的《魏晋九品官人法再探讨》认为九品官人法制度是贯穿魏晋南朝时期的官员选拔、任用制度的总和，而九品中正制不等于九品官人法，二者存在联系与区别。

其他还有林明的《论魏晋南北朝时期儒家思想地位及其法律化表现》、贾瑞芬的《北魏前期法律制度的特征及其实质》、张建国的《魏晋律令法典比较研究》与《魏晋五刑制度略论》等论文。

6. 隋唐五代时期的研究成果

唐代一直是中国法制史研究的重点领域，90 年代又迈上了新的台阶。这个时期 149 篇论文中只有 2 篇关于隋代的文章，可见发展到 90 年代聚焦于隋代的研究成果也非常少。

而在大量的唐代研究成果中占了最大比重的仍是刑事方面。其中刘启贵的《我国唐朝流放制度初探》一文，从流放的类型、流放的对象、流放的目的、流放的执行与流放的特点五个方面对流放制度进行了探讨。李毅的《论唐代的流刑及其执行情况》一文认为唐代的流刑制度虽然规定清晰明确，但执行过程中存在有法不依的情况，反映出唐代法律制度与司法实践及政治斗争之间的关系以及封建时代以帝王意志为转移的封建法律的特征。明廷强的《唐律数罪并罚制度探析》一文则介绍了唐律对数罪并罚的规定及特点，认为有关数罪并罚的规定虽然从概念上显得比较简单，但基本观念比较完整，也是切实可行的。虽然存在带有历史和阶级的局限性，但也能为现今刑法中数罪并罚制度提供借鉴。还有明廷强的《唐律自首制度初探》、余经林的《略论唐代刑事控告及其受理制度》、刘毅然的《唐代惩治受贿罪研究》等文从不同的对象出发补充了刑法方面的成果。

仅次于此的是立法方面的成果，唐代的立法水平高且形式丰富是造成这一情况的主要原因。在立法方面的研究中，《唐六典》的性质问题一直是学界争议的焦点。宁志新在《〈唐六典〉性质当议》文中坚持了“《唐六典》是行政法典”的传统观点，而钱大群在《〈唐六典〉不是行政法典》一文中提出了相反观点，他认为《唐六典》仅仅是一般的官修典籍而非通用的行政法典。与二人均不同的是徐忠明在其《关于唐代法律体系研究的评述及其他》一文中认为《唐六典》是部“类书”，既不是刑法典也不是行政法典。除了这个问题之外，还出现了对立法方面的其他内容进行研究的成果。霍存福的《唐式性质考论》一文就对“式”进行了研究，他认为唐式的非刑事性规范可拟类为今天所说的行政法规，具体归结而言是以一种以行政法为主，间有军事法、民事法、诉讼法规范的综合法律形式。其他的还有霍存福、丁相顺的《〈唐律疏议〉“以”“准”字例析》、钱大群的《律、令、格、式与唐律的性质》、王立民的《唐律条标探析》、陈戍国的《从〈唐律疏议〉看唐礼及相关问题（续）》等。

民事经济方面，张中秋的《唐代对外贸易的法律调整述论》一文从唐代法律与经济关系，特别是以法律手段来调整经济关系的角度论述了唐代法律在对外贸易领域的重要作用。还有方亚光的《从〈唐律·户婚〉看唐代婚姻的双重性》、齐陈俊的《有关遗产继承的几件敦煌遗书》、张中秋的《唐代专卖法律研究》等文。

行政方面的成果不多。有学者关注均田令的问题，如赵云旗的《论隋代均田令的诸问题》、赵翔等的《唐代前中期土地立法述略——从唐律看唐代均田制》等文。除了均田令之外，还有其他内容的研究，譬如王毅文的《唐代官制考述》、王宏治的《唐代行政法概论》、黄毛的《唐代司法监察得失谈》等。

司法方面成果虽然不多，但出现了几篇高质量的文章。如霍存福在《〈龙筋凤髓判〉判目破译——张鷟判词问目源自真实案例、奏章、史事》一文中对张鷟判词问目进行考证，指出它是武周、中宗两朝的实录，具有极高的史料价值。汪世荣的《汉唐民事诉讼制度》和侯欣一的《唐律与明律立法技术比较研究》一个侧重于具体的民事诉讼制度，一个侧重于立法技术的比较，都为总体把握中华法制发展脉络提供了很好的分析、研究视角和方法。刘后宾的《唐代司法“三司”考析》从唐代政治史的发展分析“三司”在不同时期组成和职能上的变化，有助于从侧面了解唐代的司法规程。除了以上研究成果外，还有董念清的《从唐代的判例集看唐代对法律的适用》等文。

其他方面的文章包括蒲坚的《唐律：中国古代法律文化遗产中的瑰宝》，对唐律的主要内容和特点进行归纳，概括了唐律的重要地位。王立民的《贞观时期的廉政与法制》一文对唐初的廉政与法制的关系作了再探讨。陈宁英的《唐代律令中的贱民略论》对唐代律令中贱民在人格权、身份权、财产权等方面的状况进行了较为全面的分析论述，并从法律制度上探索了我国中古时期社会不平等的结构。

7. 宋代的研究成果

宋代的研究成果数量总数与唐代持平，但民事经济方面比较突出。

立法方面的成果主要是围绕《宋刑统》的一系列研究，如李俊的《〈宋刑统〉的变化及法史料价值探析》一文认为《宋刑统》之体例渊源不是《唐律》而是唐中后期的《大中刑律统类》，其直接摹本则是《显德刑统》。还有郭东旭的《〈宋刑统〉的制定及其变化》、戴建国《〈宋刑统〉制定后的变化——兼论北宋中期以后〈宋刑统〉的法律地位》等文。其他有陈绍方的《略论宋代立法特点》认为宋代的立法有频繁编敕、勤于编纂综合性法典的特点，体现了封建社会由盛转衰的鲜明的时代特征。郭东旭的《论宋代法律中的“例”的发展》、孔学、李乐民的《宋代全国性综合编敕纂修考》等文对例、敕进行了研究。

刑事方面，戴建国的《宋代赎刑制度述略》对两宋赎刑的实施对象、范围与具体规定作了论述。安国楼《宋代笞杖刑罚制度论略》对笞刑与杖刑的刑具与实施、演变与特点的角度对笞杖刑制度进行概述。郭旭东的《宋代编管法》对编管人的适用范围、解送和管理制度三个方面进行了介绍。郭旭东的《宋代酷刑论略》介绍了宋代于常法之外采用的十余种酷刑，并认为这反映了宋代阶级斗争尖锐而激烈的时代特征。

民事经济方面可谓成果丰硕，一个主要的原因是宋代经济开始发达起来，买卖交易制度的确立、商事活动的增加都留下了丰富的史料可供研究。郭东旭的《宋代买卖契约制度的发展》一文从动产买卖契约、田宅买卖契约到总结契约制度再到介绍印契的法律效力，对宋代买卖契约制度形成一个总括性的论述。刘春萍的《南宋田宅交易法初探》论述了田宅买卖关系状况与田宅典当、抵当法律关系。她还有另一篇《南宋继承法规初探》，针对南宋继承问题对法规中的具体规定进行了研究。余贵林、郝群的《宋代典卖制度散论》从静态、动态角度进行分析认为宋代卖制度相当保守落后，并且这也是它的最大特色。黄纯艳的《论北宋初期的茶叶贸易法令》阐明了北宋初期茶法的重要性：不仅揭示宋代茶法的发端，而且有助于解决学术界几个主要问题的争议。另外，关于妇女在婚姻中的地位有两篇文章比较突出：唐自斌的《略论南宋妇女的财产与婚姻权力问题》从《明公书判清明集》中史料的出发，对南宋妇女的财产与婚姻权利问题作了论述。刘春萍的《南宋婚姻家庭法规范中妇女地位刍议》则认为南宋婚姻家庭法规范是在南宋商品经济畸形发展的特定历史条件下产生的，带有鲜明的时代色彩。她还从离婚权、改嫁权、财产继承三个方面论证南宋妇女地位有一定的提高，展现了民主性。

行政方面有苗书梅的《宋代通判及其主要职能》对宋代通判的设置情况、设置的目的及权限等问题进行梳理。何忠礼的《宋代官吏的俸禄》一文对两宋俸禄的变化及其社会作用详有论述。此外，还有张大鹏的《朱子社仓法的基本内容及其社会保障功能》等。

司法方面，王志强的《南宋司法裁判中的价值取向——南宋书判初探》从南宋书判入手，结合社会历史背景，运用综合统计和个案分析法研究各类裁判理由的性质地位和影响，分析书判以情理为中心的价值取向，论述了其成因与影响。殷啸虎的《试论北宋的审判复核制度》从几个方面对北宋的审判复核制度论述。季怀银的《宋代司法审判中的限期督催制度》介绍了为了减少案件积压等原因对审限和审判及时给予监督的执行情况。他还有另一篇《宋代法官责任制度初探》从违法刑讯的责任、断狱稽违的责任与出入人罪的责任三个方面阐述了法官责任制度。

其他方面的成果中值得一提的是王风雷的《论元代法律中的野生动物保护条款》首次对元代自然保护方面的法律条文作了专门探讨。对元代野生动物保护条款的产生、发展、内容及其特点进行了分析。唐自斌《试论南宋封建法制的败坏及原因》对南宋法制败坏的情况作了介绍，并进行原因剖析。陈景良的《试论宋代士大夫司法活动中的人文主义批判之精神：中国传统法律文化研究之一》《试论宋代士大夫司法活动中的德行原则与审判艺术：中国传统法律文化研究之二》两篇关于中国传统法律文化研究的系列论文分别以人文主义精神和德行原则为视角对士大夫的司法活动进行探究，视角独特，在大多重视制度的众多研究成果中显得尤为突出。

8. 西夏辽金元代的研究成果

西夏辽金元历来是中国法制史研究中难度大、研究较少的领域，但90年代研究成果篇数不少，且有一些高质量的研究成果推动了这一时间段的研究的深入发展。

立法方面，《大元通制》中“断例”的性质及影响的问题性是元朝法律制度乃至元史研究中的一个争议较多的问题。殷啸虎的《论〈大元通制“断例”〉的性质及其影响——兼与黄时鉴先生商榷》一文认为《大元通制》的“断例”就其性质与内容而言，是在吸收、借鉴传统立法经验与成果的基础上将那些在长期的司法实践中形成的典型判例和事例以及通则性的规定，按照旧律的体例进行汇编整理而成的；从法律形式与内容来看，是成文法与判例法的结合。而舒炳麟的《试析〈元典章〉的特色》着重分析了元代之民刑分诉与诉状问题。

刑事方面的成果较少，具有代表性的有郭晓航与姚大力的《金〈泰和律〉徒刑附加决杖考——附论元初的刑政》，此文通过对金元法律文献的考察，指出元人王元亮所谓“决杖”实指泰和律所沿袭的其来已久的做法，即把决杖作为附加刑并施于徒刑犯，在此基础上进一步讨论了金元之际刑法体系转换过程中一些重要的历史细节。还有冯修青的《元朝的流放刑》等文。

民事经济方面的成果相对较多。例如霍存福的《论元代不动产买卖程序》论述了元代法律关于特殊主体的购买优先权、产权确认和卖方保证等程序的内容以及呈报、过户程序，表明不动产买卖的国家干预性。他的《元代借贷法律简论》认为元代借贷法律无论在立法上、实践上还是学理上，都是中国法制历史中承前启后的重要一环。李淑娥、魂簇的《论蒙元时代的收嫂婚与其法例》一文首先对收嫂婚条例的确立进行阐述，继而论述了条例的影响与对收嫂婚的限制。

司法方面，赵文坦、孙成状的《元代司法制度的特点》一文较为详尽地分析了元代司法制度的内容与特征。其他还有李明德的《元代司法制度述略》、杨德华的《元代“约会”制度初探》、赵文坦的《元代司法制度的特点》、曾代伟的《金朝诉讼审判制度论略》等论文。

行政方面，刘晓的《元朝断事官考》一文对断事官在元朝各机构中的设置与职掌问题进行了比较系统的研究，并且探讨了元朝统治下蒙汉官制相结合的一些特点。其他还有史金波的《西夏的职官制度》等。

9. 明代的研究成果

90 年代关于明代的研究成果比较平均，数量上次于汉唐明宋清等时期，略高于其他时期。

立法方面，戴建国的《天一阁藏明抄本〈官品令〉考》一文对宁波天一阁所藏明抄本《官品令》进行了考证，认为此书是久已湮没的宋代法律典籍《天圣令》，并详细考证了这部残存令典的体例、篇目以及它所保存的《唐开元二十五年令》原文。这个残本的发现不仅对了解北宋的典章制度和人口等问题具有重要参考价值，而且对于唐史研究，尤其是唐令的研究和复原工作具有极为重要的意义。王侃、吕丽的《明清例辨析》一文对明清例的渊源、性质、表现形式、例律关系及作用提出了独到的见解。杨一凡的《〈大明律〉修订始末考》对洪武元年、七年、九年律与洪武十八、十九年行用律，洪武二十二年律，洪武三十年律分别加以考述。其他还有张家国、殷耀德、李红卫的《试析明代盐法变迁之轨迹》、苏钦的《唐明律“化外人”条辨析——兼论中国古代民族法律文化的冲突和融合》、郭孟良的《明代茶禁考析：明代茶法研究之一》《明代引茶制度初论：明代茶法研究之四》、商传的《〈明会典〉及其史料价值》等文。

刑事方面，周致元的《明代的宗室犯罪》从法律角度看待宗室，列举了犯罪宗室的处决情况并加以分析。还有王恩厚的《明代的廷杖与皇权》、杨雪峰的《明代化外人犯罪时适用之法律》、程丽华的《略论朱元璋的惩贪治赃》、张凤仙的《明代发女犯罪缩小收禁范围原因探析》等文。

民事经济方面，由于明清时期资本主义经济萌芽产生，商品经济有了进一步发展，因此这一时期成果较多。如童光政、龚伟玲的《明代民事法律客体论述》一文指出，明代的民事法律客体较之前的范围更广、规定更具体。物是民事活动中最普遍的对象，劳务成为重要的民事客体，官职、爵位则是特殊客体。杨松的《试论明清时期市场法的特点与功能》对明确市场法的特点与功能进行了分别论述。

行政方面，王兴亚的《明代实施老人制度的利与弊》与《明代的老年人政策》两篇论文聚焦与老年人相关的制度政策。

司法方面，有高春平的《论明代的提刑按察使司》、徐忠明的《〈金瓶梅〉“公案”与明代刑事诉讼制度初探》等文。

其他方面，高春平的《从李福达案看明中期的法制状况》一文从个案着手分析明代中期的法制状况，这一研究方法可谓别具一格。

10. 清代的研究成果

一般以 1840 年为界将清代的研究成果分为清和晚清两个阶段，合并两个阶段统计得出清代研究成果共 324 篇，为各代中成果最多的时期。清代研究作为我国法史学界研究水平较高的一个领域，在 90 年代继续保持着某种优势。民事经济方面的成果在五类当中数量较多，刑事方面次之，其他不分伯仲。值得注意的是，清末开始出现很多宪法、法制方面的法制事件与文献，因此导致这一时期的研究成果呈现出新的特点：第一，出现了关于宪法、法制等方面的成果；第二，对法制改革的探讨成果多；第三，理论构建性的成果多；第四，对事件如文字狱、戊戌变法等的研究成果多。

立法方面的成果几乎对清代主要的法律均有论及。郑秦的《康熙〈现行则例〉：从判例法到法典法的回归》一文在立意上很有新意，认为康熙《现行则例》是一部独具特色的“法典”化的判例法。郑秦的另一篇《顺治三年律考》一文对顺治律的版本、律名、律文小注、律文条目等问题进行考证，并结合案例进行实证对比，行文严谨厚重。刘广安的《论明清的家法族规》论证了明清封建统治者大力支持家法族规的强化措施，并就明清家法族规中有关刑事和民事法律方面的内容进行了归纳和概括。经君健的《清代关于民间经济的立法》分析了清政府在调整民间经济关系方面采用的原则，由此制定的律例，并试图找出这些律例与前朝律例的渊源。张晋藩的《清代律学及其转型》对中国传统律学的特点、基本精神、形成原因及其近现代的转型作了很好的分析，并且做到了阐明传统律学学术史的意义和价值。其他还有陈绍方的《清末教育立法的缘起、立法指导思想及其运作机制》、徐晓光的《蒙古立法在清代法律体系中的地位》、吕丽的《论〈大清律例〉“以例辅律”的体例原则》、王敏的《论清末修律的方法与意义》、张晋藩的《中国传统法观念的转变与晚清修律》、陈绍安的《论清末教育立法》等文章。

刑事方面，李贵连的《晚清就地正法考》一文运用丰富史料论述了“就地正法有效地延续了末代王朝”，“就地正法削弱了专制皇权”，“就地正法存废之争”以及“久争不行之原因”等问题，是一篇颇有分量的学术论文。还有陈勇勤的《晚清清流整顿吏治清议述论》、李国荣的《雍正严禁赌博》等文。

民事经济方面的成果也相对丰富，这与清代商品经济的进一步发展，民事活动相对也增多的关系密切。刘广安的《传统习惯对清末民事立法的影响》认为习惯在民法中有着重要地位，而传统习惯对清末民事立法的思想、活动、内容及传承也有着深刻的影响，这种影响反映了中国民事法律从传统走向现代化初期的特点。马敏的《商事裁判与商会：论晚清苏州商事纠纷的调处》一文利用晚清苏州商会档案中大量的商会“理案”记录，分析了晚清商会商事调处的性质、特点及其运行情况。熊秋良的《论民国初年的公司法规》、宋德会的《试论中国近代公司法中的责任制》、曹成建的《试论南京国民政府 1929 年〈公司法〉的实施效果及其制约因素》和李玉、熊秋良的《论清末的公司法》等都是针对近代公司法的研究。朱英的两篇文《清末苏州商会调节商事纠纷述论》和《论清末的经济法规》都聚焦于商会调节和法律规范。张洪林的《试析清代四川井盐生产中的合伙法律关系》运用现代民法中合伙法律关系的理论，对清代井盐生产中的合伙法律关系作了深入的分析。还有江太新的《略论清代前期土地买卖中宗法关系的松弛及其社会意义》、苏亦工的《发现中国的普通法清代借贷契约的成立》、黄国信的《清代乾隆年间两广盐法改埠归纲考论》、吕鹏军的《从有关律例看清代田房典当》、王玉海的《清代热河蒙旗的地契及其所反映的租佃关系》等。

行政方面，值得一提的是郭成伟、田涛、张培田的《新发现的清末京师城市管理法规研究》一文。它首次对新发现的清末 39 种城市管理法规进行全面、中肯的分析，并对这些法规的编纂形式、性质、实际作用等问题进行了评价。此外，郑杰的《行政法文献巨篇——略谈清代五朝会典》认为五朝会典对国家社会各个领域进行广泛的干预和管理，直接作用于封建专制统治，是清代立法上的重要成就。柏桦的《从历史档案看清代对州县官吏的惩处制度》一文运用大量档案史料对清代州县官吏惩处制度进行分析，弥补了清代行政法制研究中一向多注重法典条文分析所形成的某些不足之处。关于《清会典》的性质问题，吕丽、刘杨的《是官修史书，还是行政法典——〈清会典〉性质论》与吕丽的《论〈清会典〉的根本法与行政法的合一性》两篇文章均认为《清会典》形式上具有官修典制史书的特点，实质上是一部合行政法与根本法于一体的特殊的法典。涉及其他问题的还有谢世诚的《道光时期胥吏违法》、康大寿的《明清政府对澳门的法权管理》等论文。

司法方面，王东平的《清代回疆的司法制度》一文对少有学者关注的回疆司法制度进行了考述。沈厚铎的《秋审初探》一文对秋审的渊源、发展、形成、完善及终结作了分析与探讨，并评价了秋审制度的利弊。王立民的《论清末审判方式的改革》一文对清末法制改革中对审判方式进行的改革的内容、推出改革的历史背景和改革流产的原因等作了探索。王学珍的《清末报律的实施》一文较为详细地论述报律的制定过程，在此基础上还对报律的贯彻实施情况作了考述。另外还有李贵连的《清季法律改革与领事裁判权——兼论沈家本法律救国思想》、何勤华的《〈华洋诉讼判决录〉与中国近代社会》、何敏与汪世荣的《清代刑事投诉制度研究》、师建祥的《清末巡警制度述论》、徐家力的《领事裁判权与清末律师制度的产生》等论文。

其他方面，清末改革与法制现代化是学者们的关注的焦点之一。公丕祥的《清末法制改革与中国法制现代化》分析了清末法制改革与中国法制现代化之内在联系，认为这场改革运动既开始了法律结构的创新性过程，又表现了法律精神的某种价值转型，从而构成中国法制现代化的历史发端。张晋藩的《清代律学及其转型》对以清代律学为代表的传统律学作了系统、深入的探索，推动了对传统律学演变问题的进一步研究。赵晓耕的《近代不平等条约与清末法制的变革》一文阐明了近代不平等条约与清末法制变革的关系，使我们能够从历史的角度总结过去，进而关注今天的法制变革。周少元的《二十世纪中国法制变革与法制移植》一文揭示了中国法律的近代化进程始终贯穿着法律移植，文章回顾了近代法律移植的历史，并且评价了其得失。何勤华在《中国古代法学的死亡与再生——关于中国法学近代化的一点思考》中认为，中国古代法学的大部分成分和要素消亡了，只有某些成果获得再生的，同时分析了中国与其他主要国家在法学近代化过程中不同的特征。还有李育民的《试论清末的宪政改革》、尹成的《康有为与戊戌变法》、曲三强的《被动立法的百年轮回——谈中国知识产权保护的发展历程》、徐晓光等的《清末的法制改革及其历史意义》、田涛的《晚清国际法输入述论》等论文。

11. 太平天国时期的研究成果

这一时期的研究成果数量非常少，仅有数篇论文。一个主要的原因是这一时期存在的时间短，可研究对象不多。成果包括了邱远猷的《太平天国与晚清“就地正法”之制》《洪仁玕与中国法律近代化》、肖季文的《太平天国军事法制建设》、黄剑华的《太平天国的法制问题探讨》、周新国的

《奴刑与太平天国刑罚》、翟桂范的《论太平天国的刑审立法及其局限性》等。

12. 中华民国与北洋政府时期的研究成果

立法方面，《中华民国临时约法》是学者关注的焦点。陈晓峰的《〈中华民国临时约法〉的文化透视》一文从宪法文化角度出发，认为《临时约法》的命运反映的是更广阔的文化传统对于“大典”和“朝纲”的处理法则。张希坡的《应当恢复〈中华民国临时约法〉的条文原貌》对《中华民国临时约法》进行了详细的考据，通过对照海内外《临时约法》的不同版本，对讹误之处进行核查，恢复其条文原貌，为后人继续深入研究做了不小的贡献。张国福的《关于〈中华民国临时约法〉制定的问题》考述了其制定的问题。除了以上提到的论文之外还有邹小站的《关于南京临时政府与〈临时约法〉的几个问题》、李翌的《略论南京国民政府初期的高等教育立法》等。

民事经济方面，熊秋良的《论民国初年的公司法规》一文以北洋政府颁布的以《公司条例》为核心的一系列公司法规为对象，剖析了民国初年公司法的产生、作用和局限，指出民初的公司法规是近代中国首次出现的经济方面比较完备的资产阶级法令体系，它基本上奠定了中国公司法的模式，在中国公司法制史上起到了承前启后的作用。但由于历史条件的限制，民初的公司法规也存在一定的局限性。饶东辉的《试论大革命时期南方政权的劳动立法》一文认为1924年至1927年间相继颁布实施《工会条例》等劳动法规对改善工人的劳动状况，促进工人运动的发展和国民革命高潮的到来起到重要的作用。但立法时急功近利，可行性研究明显不足，并在某种程度上诱发了工人运动中的“左”倾情绪，造成了一定的负面影响。虞和平的《民国初年经济法制建设述评》一文认为民国初年的经济法制建设在整个近代中国的资本主义经济法制建设中居于重要的地位，不仅基本奠定了近代中国资本主义经济法制体系，还对建立和维持近代中国的资本主义经济秩序，促进资本主义经济的发展有重要的意义。此外，还有石柏林的《民国时期经济法律体系及其作用初探》等论文。

行政方面，武乾的《论北洋政府的文官制度》认为在几乎没有任何制度基础的情况下，北洋政府用不到十年的时间就基本废除了中国封建职官管理制度，并且初步建立起中国近代文官法律制度的雏形，这对南京国民政府乃至于我国台湾地区现行的公务员制度都有重大影响。还有陈瑞云的《南京政府组织法变更浅议》等论文。

司法方面，徐家力的《民国律师制度得失论》《论民国初期律师制度的建立及特点》和《民国前期创设律师制度的曲折过程》三篇文章都聚焦于中国律师制度，对其发端、特点问题进行探讨。夏锦文的《民国时期司法独立的矛盾分析》一文对民国时期司法独立原则进行分析，认为有名无实。还有武乾的《论北洋政府的行政诉讼制度》、乔从启的《北洋政府大理院及其判例》、张生民的《民国初期的大理院：最高司法机关兼行民事立法职能》、郭兴莲的《论民国初期的选举诉讼》、张玉法的《民国初年山东省的司法变革》等论文。

其他方面，廖大伟的《袁世凯与预备立宪》分析了袁世凯对立宪态度转变的原因。此外还有陶广峰的《清末明初中国比较法学的产生》、杨丹伟的《论南京国民政府的合法性》等论文。

13. 革命根据地时期的研究成果

这一时期的研究成果尽管在数量上偏少，但是特点比较明显：多篇文章以人权问题和妇女运动为研究对象。

立法方面，很多学者聚焦人权法的研究。如王立民的《试论抗日根据地的人权法》一文在前人已有成果的基础上，进一步拓宽了探索的领域，为现实的法制建设提供了宝贵的经验。肖周录的《延安时期边区的人权与法律保障》认为边区的法规是马克思主义人权理论的运用和发展。还有杨永华的《陕甘宁边区人权立法》、喻权域的《中国共产党早期的人权立法》、韩松等的《陕甘宁边区的破产立法》、张希坡的《陕甘宁边区征粮法规及有关史实考辨》、华友根的《新民主主义革命时期的刑事法规简介》、赵胜的《陕甘宁边区禁毒评介》、韩延龙与常兆儒的《中国红色区域劳动立法史料简析》、方秋苇的《抗战时期的〈兵役法〉和兵役署》、许有恒等的《从新民主主义的立法看妇女运动的特点》等论文。

刑事方面的研究成果少，具有代表性的有唐滔默的《革命根据地如何惩治贪污》等论文。

民事经济方面，有傅建成的《论华北抗日根据地对传统婚姻制度的改造》、谭双泉与李招忠的《根据地婚姻立法与人权保护》等文。

行政方面的研究成果也偏少，有张希坡的《毛泽东同志与苏维埃组织法的制定和宣传》等。

司法方面，于树斌的《新民主主义革命时期根据地预审制度的建立与发展（一）》和《新民主主义革命时期根据地预审制度的建立与发展（二）》详细考述了预审制度的建立与发展。

14. 新中国的研究成果

综合来看，90年代关于新中国以来的法制的研究成果有以下特点：第一，以“法治”为论题；第二，因为临近世纪之交的缘故，回顾性与前瞻性的论文增多。第三，系列类的论文如新中国成立以来法学界重大事件研究呈现出规模化且水平较高的特点。

具体来说，立法方面有赵映林的《对我党立法的历史回顾与展望》、郑淑娜的《立法：走过二十年》等论文。

刑事方面，刘丽的《论我国刑法典中死刑立法的演变及控制》详细分析了新中国成立后，为贯彻“不废除死刑，但要少杀”的死刑政策，我国刑法典中对死刑立法的演变以及存在的问题。谢望原的《世纪之交的中国刑法学研究》对 1997 年刑法修订以来的研究特点进行阐述，并对此寄予了世纪展望。还有康树华的《新中国成立以来的犯罪发展变化及其理性思考》等论文。

民事经济方面，梁慧星的《中国合同法起草过程中的争论点》一文概括了合同法起草过程中五个方面的主要争论点。此外还有傅强的《中国市场的形成和中国合同法的统一》，李大文、马忆南的《新中国婚姻家庭法学的发展及我们的思考》等论文。

行政方面，有赖钦显的《新中国行政法发展的历史考察》、秦祖仪等合著的《接管旧警察机构和建立人民公安机关》等论文。

司法方面，应松年的《行政诉讼十年回顾——行政诉讼的成就、价值、问题与完善》探讨了 1989 年《行政诉讼法》颁布以来 10 年间行政诉讼的成就等问题。陈岚的《近半个世纪我国刑事诉讼法学的回顾与前瞻》从刑事诉讼法的历史回顾、两次落败、三次勃兴说起，对走过近半个世纪的刑事诉讼法学进行肯定并且给予了期待。还有江伟的《走向二十一世纪的中国民事诉讼法学》，刘海渤的《简述我国民事诉讼法的沿革及其特点》，铁犁、陆锦碧的《一场有缺陷的司法改革——建国以来法学界重大事件研究（十三）》、杜清森的《论中国的司法改革（二）》等论文。

其他方面综述类的论文居多，且论文的学术水平和价值较高，有很大的借鉴意义。比如张晋藩的《从崎岖走向辉煌的中国法制五十年》、蔡定剑的《中国法制建设五十年回顾》、徐付群的《五十年代末法制建设滑坡原因新探》、刘翰与李林的《我国法制建设 20 年成就与展望》、刘作翔的《世纪之交中国法学研究问题前瞻》、杨建广的《法治系统工程 20 年（上）》、戴小明的《新中国民族法制建设——世纪之交的回顾与前瞻》、苏晓宏与郝铁川的《中国法制现代化历程的特点》、蔡定剑的《对新中国摧毁旧法制的历史反思——建国以来法学界重大事件研究（五）》与《阶级斗争与新中国法制建设——建国以来法学界重大事件研究（十一）》，另外还有徐崇德的《社会主义宪政的不平凡历史：新中国第一部宪法颁布40周年纪念》等论文。

三、地方法制史研究成果

在法史学界，地方法制史是个相对不大引人注意的领域，它不像中央法制史那样容易被想起被熟知。但地方法制史有其重要的地位和作用。中国法制史应该包括中央法制史和地方法制史两个部分，缺少了地方法制史，中国法制史就不完整，也就名不副实了。并且地方法制本是中央法制的地方化和具体化，它是对中央法制的最好补充和说明，其作用是十分重要的。虽然 80 年代就有学者涉及但也只是蜻蜓点水，而且以论文居多，从 90 年代开始有更多学者将目光投向这一相对冷僻的领域，且不仅论文成果相较于前代丰富了，专著类作品也有相对蓬勃发展的势头。

以行政区划来看，90 年代最为突出的就是王立民的《上海法制史》①。上海从近代起逐步发展成为我国的重要城市，随着改革开放的开展，我国的建设和对外开放的不断深入，上海的战略地位也越来越重要。因其特殊的地理条件与发展历史，上海拥有比较鲜明的地方特色与个性，因此上海地方法制史的研究对于了解并帮助本地法制发展有着不可忽视的作用。在这之前的中国法制史研究主要是注重中央法制史或个别民族法制史研究，极少有以省级地域为研究对象的作品，而以此为对象的专著类成果更是未

① 王立民：《上海法制史》，上海人民出版社 1998 年版。

曾有，可以说该书的出版填补了地方法制史专著类的空白。全书以时间为线索，详细论述了上海自从作为一个独立的地方行政区域以来直至解放初期的法制发展的主要情况，涵盖政治、经济、文化及社会管理等诸多方面，并对这些方面作了详细、具体的分析与论述，而且以专章的形式介绍了各个时期的审判与律师制度，比较全面地描绘出上海法制发展历程的概貌。该书在史料的收集、选择以及运用上尤其具有特色。作者为全面且真实地反映旧上海法制发展的基本情况，以及充分和有力地论述有关问题，采用了大量的中外资料尤其是档案资料，有许多都是第一次被引用的资料。该书还援用辛亥革命后上海各个时期以及历届政府的公报中刊载的各种法规，从极为丰富的资料中挑选出这些零散的史料实属不易，它不仅为后来的研究者提供了资料与线索，也为这些资料的推广与充分利用提供了便利。法制史是具有多层次结构的，地方法制史就是其中的一个层面。如果缺少了这一层面，整个法制史体系就不完整，地方法制史不仅可以反映和补充国家法制史还可以使其更加充实。因此，《上海法制史》不仅具有创新性，其学术价值也是非常显著的。

四、少数民族法制史研究成果

学界曾经对中原地区正统法律制度的研究比较重视，但是对于不同时期、不同范围以及不同形式的少数民族法律研究却不够，甚至认为少数民族法律简单、零散、落后故而不能作为研究的对象，以至于历史上的少数民族政权法律制度没有被挖掘、整理出来。于是中国法制史成了中央王朝的法制史。而今，少数民族法制史的研究已成为可能和必要，这对于丰富民族法律文化研究成果，深入挖掘民族法律文化遗产，繁荣民族法学，都具有十分重要的意义。

少数民族法制史研究自 20 世纪 80 年代起开始被学术界重视，至 90 年代其发展更加引人注目。少数民族法制史的研究基本包含两个大方面：一是各民族在和汉民族不断地融合过程中，其自身带有一定少数民族特色的法制发展史及其对中华民族法制的贡献和影响；二是在历史发展过程中各时期中央政权为调整民族关系和管理民族事务针对少数民族地区专门制定的法律规范。致力于这方面研究的既有法史学界的学者，也有民族学学界的学者，尽管视角可能存在一定的差异，但正是因为他们的共同努力才不断地推动中国少数民族法制史研究的发展。

民族法的概念首次出现于《家庭、私有制和国家的起源》①一书，民族法制学与民族法学的概念在我国的出现最早是由史筠提出的②。就“民族法”的具体定义而言，存在广义与狭义之分，比较统一的观点是“民族法是调整民族关系的法律”。有学者认为：“民族法包括不同国家、不同民族历史上曾经存在过的调整民族关系的国家法律、法规和民族习惯法以及现今多民族国家调整民族关系的法律、法规和民族习惯法两大方面。”③而史筠则认为，“民族法制学是研究多民族国家如何用法律手段调整民族关系的学科，是多民族国家法学体系中的一个部门”。④至于民族法学的研究内容，学界已经基本形成共识，即“民族法学是研究各民族法律的学问”。此外，民族法是不是独立的部门法，民族法学是不是独立的学科一直存在争议，但有许多学者认为应将其看作独立的。例如吴宗金率先提出将民族

① 《马克思恩格斯选集》（第 4 卷），人民出版社 1995 年版。

② 方慧、朱琼芳：《九十年代以来我国民族法学研究回顾与展望》，《宁夏社会科学》1997 年第 1 期。

③ 张向前：《民族法、国家法、民族习惯法——论民族法的外延、内涵与层次》，《思想战线》1994 年第 6 期。

④ 史筠：《民族区域自治法在我国社会主义法制建设中的地位》，《中国法学》1984 年第 3 期。

法学作为一门独立学科的观点；田成有在《关于民族法学作为独立部门法的思考》①一文中也认为从民族法的调整方法及其在历史上有独特的发展轨迹来看，民族法学是要作为独立的法律部门存在的；郑冬渝在《论民族法是独立的部门法》②中指出，从马克思主义民族理论以及历史带来的深刻启示、民族法调整特定范围的社会关系、法律的民族性这个三个方面提出民族法是独立的部门法，民族法学是独立的学科。

下面仍以著作和论文两个中心对少数民族法制史的研究成果进行分析。

（一）以著作为中心

这一时期的著作有范宏贵的《少数民族习惯法》③、刘广安的《清代民族立法研究》④等。刘广安的《清代民族立法研究》是中国法律史学界较早进行民族法制史研究的具有一定标志性意义的成果。正如张晋藩先生在该书的出版序言中所说的那样，它"系统地阐述了清代民族立法的主要内容和特点，深入分析了清代民族立法的发展趋势和特殊作用，认真总结了清代民族立法与实施的经验，特别是在民族法规性质的认定，民族立法内地化等问题上，发表了独到的见解"。⑤该书首先从历史的纵向角度梳理和分析了清代民族立法的发展过程，并将其划分为三个重要的历史时期，即满清政权入关前对民族立法的探索和奠基时期、入关以后民族立法的发展和制度化时期以及清末的历史转变时期。之后从横向角度对整个清代民族立法成果进行系统的梳理、考证和评价，成果主要包括民族立法的代表作

① 田成有：《关于民族法学作为独立部门法的思考》，《现代法学》1995年第1期。

② 郑冬渝：《论民族法是独立的部门法》，《思想战线》1998年第3期。

③ 范宏贵：《少数民族习惯法》，吉林教育出版社1990年版。

④ 刘广安：《清代民族立法研究》，中国政法大学出版社1993年版。

⑤ 同上书，序言。

《理藩院则例》、清代对西藏制定的六部重要章程、适用于维吾尔族的专门法规、适用于青海地区少数民族的三部特别法规、适用于苗族地区的诸种法规等。一个国家的民族状况、各个地区的地理环境、境内各民族的宗教状况等都会对该国的立法产生重大影响，清代的民族立法实践充分证明了这一点，这也是深化我们对法学理论认识的一个生动事例。研究清代的民族立法不仅对拓宽了专门法史具有显著意义，而且对拓宽部门法史的研领域也有不可忽视的意义。就研究清代民族立法的历史而言，作者着重从提供治理多民族国家的法制经验方面谈了两点：首先，为少数民族地区社会制度的发展起了促进作用；其次，为治理多民族国家提供了丰富的历史经验。总的来说，该书首次将目光投向民族法制领域，大大拓展了中国法制史研究的视野，对专门法史的研究有着重要意义，并为深入研究中华法系诸问题提供了一个新的视角。

以具体少数民族为标准分类来看，这一时期对少数民族法制史的研究主要集中于蒙古族、藏族的立法。如前所述，刘广安在《清代民族立法研究》①中已经进行一些开拓性的研究工作，而徐晓光的《清代蒙藏地区法制研究》②对清朝政府在蒙古和藏族地区的民族立法进行了更加细致的整理和研究。该书以上下两篇分别对清代在蒙古和西藏地区的立法进行了系统的探讨，两篇结构相似，便于读者就两地的法制进行细致的比较。要而言之，《清代蒙藏地区法制研究》一书在全面吸收刘广安的《清代民族立法研究》的成果的基础上进一步深入研究了蒙古族和藏族这两个最为重要的少数民族的立法。

（二）以论文为中心

90 年代关于少数民族的法制史研究成果有总论 27 篇，分论 86 篇，共

① 刘广安：《清代民族立法研究》，中国政法大学出版社 1993 年版。

② 徐晓光：《清代蒙藏地区法制研究》，四川民族出版社 1996 年版。

计113篇。论文主要针对各民族习惯法的研究，这一点从很多论文的篇名中就可以看出。

总论部分的论文数量较少，具有代表性的有邹渊的《习惯法与少数民族习惯法》、杨选第的《从〈理藩院则例〉与〈卫拉特法典〉的比较看其民族法规的继承性》、田成有的《从法律的起源与运行方式看民族习惯法的重要作用》、史金波的《要重视和加强少数民族法制史研究》等论文。

而分论部分即按民族为标准进行分类，关于藏族法制史的论文为22篇，蒙古族法制史的论文为11篇，关于瑶族、傣族法制史的论文分别为7篇，关于彝族法制史的论文为6篇，关于羌族、纳西族、苗族法制史的论文分别为4篇，关于其他各十几个少数民族如侗族、满族、壮族、回族、黎族、独龙族等基本是1至3篇。可见相对受到重视的是藏族、蒙古族、瑶族、彝族、傣族这五个少数民族的法制史研究。

若用五类研究对象的方法进行划分，立法方面有陈光国的《试论藏区部落习惯法中的刑法规范》、赵音的《略论清朝中央政府辖治西藏的法律——〈钦定西藏章程〉》、陈光国的《论清朝对藏区法制的立法思想和立法原则》、华热·多杰的《伊斯兰法对青海穆斯林社会的影响》等论文。刑事方面有武玉环的《辽代刑法制度考述》，此文对辽代的刑法制度进行了全貌式的论证。此外，还有《凉山彝族习惯法对伤害五官的处罚及其特点》等论文。民事经济方面有星全成的《藏族继承制度的内涵及特征试析》、韩小忙的《〈天盛律令〉与西夏婚姻制度》等论文。行政方面有徐晓光的《明清之际蒙古地方政权法制概述》等对蒙古族的法律法学进行了研究、整理。司法方面有曾代伟的《金朝诉讼审判制度论略》，他对金朝诉讼审判制度进行了探讨，认为其表现出明显的多元特色——将唐、辽、宋旧制和女真族传统的司法习惯糅杂于一体，这一司法制度对元朝司法制度也具有深远影响。其他方面有韩肇明等的《试论广西大瑶山瑶族的习惯法》、杨选第的《古代蒙古族法律与法医学》、华热·多杰的《关于藏族古代法的几个问题》、俞荣根的《习惯法与羌族习惯法》、张晓辉的《南诏国法律制度研究》、吴海航的《“约孙”论——蒙古法渊源考之一》、苏钦的《“苗例”考析》、吴浩等的《侗族“约法款”对现实生活的影响》、周勇的《侗寨村落法初探》、王明东与颜绍梅的《云南彝族水利山林习惯法及其功能》、马伟与马芙蓉的《撒拉族习惯法及其特征》等论文。

五、90 年代法制史专题研究成果

90 年代的中国法制史研究，有一些比较集中关注的问题，以下简述之。

（一）关于中华法系的研究成果

“中华法系”自被提出以来就一直是法史学界的重要议题。在 90 年代，马小红的《中华法系特征的再探讨》及李昕的《中华法系的封闭性及其成因》对这一老问题提出新见解。值得一提的是于 1999 年中华法系再次成为热门研究主题，《南京大学法律评论》（春季号）还特意为此辟出专栏加以研讨。其中张晋藩的《重塑中华法系的几点思考——三论中华法系》一文就认为中华法系不是一种历史现象，就总体而言它并没有消亡，而是处于艰难的蜕变、转型、更新与重塑之中，其基础是法律义务与亲情义务的统一。张中秋的《回顾与思考：中华法系研究散论》一文则通过对近百年来中华法系研究的历史回顾，梳理出中华法系研究的简要历程及其现状，并就中华法系研究的继承与出新提出自己的初步意见。徐忠明的《中华法系研究的再思》回顾中华法系的研究现状，指出这些研究存在的问题，提出作为中华法系的“祖宗”的中国古代法律，其根本特征就是“礼法文化”与“天人合一”。李昕的《中华法系的封闭性及其成因》从中华法系的封闭性入手，分析这种特点形成的原因。其他还有南玉泉的《先秦思想文化与中华法系之源流》，李罡的《中华法系的解体与中国现代法律制度的初步形成》，王绍棠的《法系、中国法系再议论》，范忠信的《中华法系法家化驳议——〈中华法系研究〉之商榷》与《中华法系的亲伦精神——以西方法系的市民精神为参照系来认识》，彭凤莲的《论中华法系"重礼轻法"特征的形成》，杨振洪的《论中华法系的形成和发展条件》，侯文富、张立波与贾国发的《简论中华法系的特色与价值》等论文都对中华法系进行了多方面的探讨与研究。

（二）中国法制史的研究对象、方法等基本问题的研究成果

探讨中国法制史的基本问题包括研究对象、研究范围和研究方法，是研究者们应该一直关注的问题，不过在90年代学界对此关注较少。研究对象问题，在1979年以后，法律史学界曾有过广泛的讨论，并就其中一些主要理论问题基本上形成了比较一致的看法。①但随着研究的进一步加深，新的观点也逐渐出现。例如钱大群在1993年发表的《中国法制史研究对象新论》一文就对中国法制史的研究对象、研究范围提出了新的看法。他认为，在法律史学界，关于"法律制度史"中的"法律制度"，在认识上是不确定、不明确的。"法制史"应有"本义上的"和"广义上的"区别。他主张，法制史研究应从"法律制度"的历史逐渐转变为"法制"的历史。而且"研究法制的历史"应优于"研究法律制度的历史"。这一观点的提出对进一步明确法制史研究对象贡献很大。同时，王志强的《二十世纪的中国法律思想史学——以研究对象和方法为线索》一文虽然是对法律思想史的思考，但对法制史的基本问题的解决也有一定的帮助。研究

① 1979年中国法制史学会成立时集中讨论了法制史研究对象问题，后一致认为"中国法制史的研究对象就是中国法律制度的产生及其发展过程中的实质、特点、作用和规律"。参见韩延龙、刘海年：《关于法制史的研究对象和方法问题》，载《法律史论处》（一），中国社会科学出版社1981年版，第2—5页。

方法问题，主要有胡旭晟的《描述性的法史学和解释性的法史学——我国法史研究的新格局评析》，可以说是 90 年代关于研究方法问题有代表性的一文。此文对之前出现的新的解释性的学派与传统的研究方法进行比较和分析，认为两者各有千秋，而学科的进步应当取二者之精华。另外还有侯欣一的《法制史研究要有科学的定位和方法——钱大群教授〈唐律与唐代法律体系研究〉一书读后》也以学者间交流的形式对研究的方法问题进行了探讨，对法史研究有很大的推动作用。

第三节　20 世纪 90 年代中国法制史学的思考

为了更好地反思 90 年代中国法制史学是怎样的发展状况，以 80 年代与台湾地区法制史学的发展状况为例进行纵向、横向的比较。

一、与 80 年代中国法制史学的比较

80 年代，中国法制史的研究即学科建设开始步入正轨，从“文革”学术冻结的状况中走出来，呈现一种“复兴”似的井喷状态。90 年代在科研条件提高、学科建设良性发展、社会环境促动法学研究等诸多因素的影响下，研究成果进一步增加。

（一）以著作为中心

1. 研究对象的比较

“一门科学的对象，是以它所研究的现象以及具有的矛盾特殊性为根据的。只有如此，才能表现出一门科学的价值以及与相关科学的区别和联系。”①关于

① 张晋藩：《中国法制史》第 1 卷，中国政法大学出版社 1981 年版。

中国法制史研究对象的范围，不少学者提出了自己的看法。陈顾远《中国法制史》一书中认为："中国法制史之范围，不仅限于法律一端，举凡典章文物刑政教化，莫不为其对象"。①新中国成立以后，尤其是从 20 世纪 80 年代至今，对于中国法制史的研究对象范围如何确定的问题，依然是众说纷纭。有的学者认为："中国法制史就是以研究历史上的法律制度为中心，以阐明各种类型的法律制度的产生、变化、消亡为主线，以揭示其发展规律为目的"，"一般不涉及政治制度"。②有的学者认为，"中国法制史研究的是中国历史上的法律制度、法律文化"。③有的学者认为，"法制史的研究对象就是法律治理国家的历史，这要求研究法制史应该以法律实践活动，而不是法律制度为基础来研究法制史"。④"例如，民间的契约，或者历史上的一些事件，这些材料在先前似乎都不被认为是'法律史'的材料。"⑤法律史学界对法制史的研究对象范围的定义之所以存在如此大的分歧，是因为学者们已经认识到当时法制史的研究范围已经不足以反映中国法制史的全貌。要想对法制史达到科学的认识，就不能局限于对法律的制度化成果的考察，还需要深入到法律制度的形成以及运行的思想基础与文化背景之中，这样才能使人们对中国法制史形成全面、深入的认识。因此，法制史的研究不能满足于对法律制度的简单描述，而是应当通过对政治、经济、伦理等多个领域的研究去追寻法律制度表象的深层次根源。由此将研究对

① 王强：《"两张皮"危机与历史转折》，载《法史思辨——2002 年中国法史年会论文集》，法律出版社 2004 年版。

② 张晋藩：《中国法制史》，群众出版社 1982 版。

③ 曾宪义：《中国法制史》，北京大学出版社 2000 年版。

④ 占茂华：《法制史：法律治理国家的历史》，载《法史思辨——2002 年中国法史年会论文集》，法律出版社 2004 年版。

⑤ 苏力：《关于中国法律史研究——〈美国学者论中国法律传统〉读后》，《法学研究》1995 年第 3 期。

象划分为法律、非法律形式的社会规范及其运作方式、法律教育、政治四部分进行分析，虽然这四部分的划分涵盖的范围已经比较大，但是仍有一些分类没有被包括在内。

表 3-2　80 年代成果分类　（单位：部）

	法律制度及运作方式	非法律形式的社会规范及运作方式	法律教育	政治制度	其他
通史	73	1		6	8
先秦	1				
秦汉	5				
三国两晋南北朝					
隋唐五代	9			1	
宋					
西夏辽金元					
明清	8	1			1
近代	3				
根据地	5				
新中国	3				1
总计	107	2		7	10

表 3-3　90 年代成果分类　（单位：部）

	法律制度及其运作方式	非法律形式的社会规范及其运作方式	法律教育	政治制度	其他
通史	92	10	9	4	22
先秦	3				
秦汉	6				
三国两晋南北朝	1			1	
隋唐五代	9				

续表

	法律制度及其运作方式	非法律形式的社会规范及其运作方式	法律教育	政治制度	其他
宋	4				
西夏辽金元	1				
明清	22			5	1
近代	6			2	1
根据地	6				
新中国	10			2	6
总计	160	10	9	14	30

比较表3-2与表3-3能够清楚地看到，虽然研究成果所涉及的范围很广，但还是集中在法律制度及其运作这一部分，因此有必要将这一部分再做细化分类，表格是表现的最好方式，于是将表3-2、表3-3所涉及的成果单拿出来再做一些分类得出表3-4、表3-5。

表3-4　80年代“法律制度及运作方式”下细分类　　（单位：部）

	通代	司法监察制度	地方	民族	部门法	成文法	案例
通史	33	12	1	2	16	5	4
先秦	1						
秦汉	4					1	
三国两晋南北朝							
隋唐五代	6	1				2	
宋							
西夏辽金元							
明清	1	3				3	1
近代	2				1		
根据地	4						1
新中国	3						
总计	54	16	1	2	17	11	6

表 3-5　90 年代“法律制度及运作方式”下细分类　（单位：部）

	通代	司法监察制度	地方	民族	部门法	法典、法条	案例
通史	41	12	1	2	18		18
先秦	2			1			
秦汉	4	1			1		
三国两晋南北朝	1						
隋唐五代	5	2			1	1	
宋	1	2				1	
西夏辽金元						1	
明清	4	2		1	2	1	12
近代	1	3			2		
根据地	6						
新中国	6				4		
总计	71	22	1	4	28	4	30

伴随着中国法制近代化的进程，中国法制史学科的创立得以展开并逐步完成，成为一门具有独立学术品格的法学基础学科。80 年代，法学的研究处于“恢复”和“起步”阶段，就总体状况而言，其任务在于重温学理以及基础知识。对于现实问题的发现与研究，对于理论课题的设立与探究，则处于初期描述阶段。90 年代的研究对象则是在 80 年代的研究对象基础上，涉及的方面更加细致，研究更加深入。对比之后发现：无论是在通史还是在断代史方面，90 年代相比 80 年代在数量上都有所增加，且无论在 80 年代还是 90 年代教材所占的比例都很高，绝大部分是高校编写的教程，少部分针对自学考试；断代史不仅在原有的研究对象上有所发展，而且在前人未涉及的部分有新的涉及。司法监察制度方面，80 年代的研究几乎都集中在历代监察制度的整体性研究方面，对于某一个朝代的司法监察制度的研究明显不足，而这不足在 90 年代的研究中得到填补；同时对

历代监察制度的整体性研究也并没有消沉下去，从作品数量来看与 80 年代保持了一致。在地方法制史的研究方面，80 年代涉及的相当少，几乎是空白，90 年代在这方面的研究上有所突破，主要有王立民的《上海法制史》[①]；民族法制史在 80 年代几乎被人忽视，作品也非常少，也只有史筠的《民族法制研究》[②]和杨怀英、赵勇山的《滇西南边疆少数民族婚姻家庭制度与法的研究》[③]，到 90 年代开始受学者关注并有多部著作问世。民族法制史的研究，90 年代的成果比较多。不仅仅有通论性的古代民族法制中的因俗而治的探讨，还有分论性的关于蒙古的“大扎撒”“约孙”、围猎中的野生动物保护条款、古代蒙古法律与法医学、元代不动产买卖等的研究；对辽代、金代法律研究有个别成果，而对西夏《天盛律令》的研究，成果最丰。同时，对我国西南地区习惯法的研究，也有文章出现。但这些成果多数以论文的形式发表出来，成书的并不多。到 21 世纪前 10 年，研究的广度不但有增无减，深度也随之增加，成果也不断增多，作品以著作的形式出现的概率也就随之增大，从表格的比较中可以清楚地看到民族法制史成果的数量有相当大的进步。

部门法这一研究对象在 90 年代的发展情况与司法监察制度的发展情况略相似，都是在断代研究方面有更多地涉及，同时通代的研究也没有被忽视。案例的研究则比其他任何对象的研究发展都要迅猛，不仅通代的作品增加，断代的作品也多了起来，且主要集中在明清时期；原因主要有，首先进入新时期的研究广度需要扩大，案例作为反映一个时期法律制度最好的载体自然吸引了学者的目光，其次市场经济的发展以及民商事案件的

① 王立民：《上海法制史》，上海人民出版社 1998 年版。

② 史筠：《民族法制研究》，北京大学出版社 1986 年版。

③ 杨怀英、赵勇山：《滇西南边疆少数民族婚姻家庭制度与法的研究》，法律出版社 1988 年版。

增多，促使学者从案件中寻找可借鉴的机制以及发现可避免的疏漏，使得传统法制案件在新时期得以继续发挥作用。而教育制度与政治制度涉及的都比较少，教育制度也只限于当代的法学教育，政治制度则多涉及官职的研究与近代政治民主的论述。

总的来看，90 年代法制史的研究还是集中于法律制度及其运作方式这一部分，在传统对象上研究更加深入、细致，并且在新的、较不受人注意的对象的研究方面逐渐增多扩展，越来越多的学者将目光投向这些领域，在 80 年代的基础上不断发展、扩展。

2. 研究方法的比较

“法学的研究方法，同时也是法理学的研究方法、任何一门科学的发展，都和它的研究方法是否正确有密切的关系。”[①]法制史是一门法律与历史的交叉学科，所以历史学的研究方法与法学的研究方法都会被用到。研究方法的变化也会依据外部条件而变化，其中包括指导思想的因素以及研究对象和史料的因素。80 年代的主要研究方法包括传统历史学的研究方法以及法学研究方法，在历史学研究方法中，包括处理历史资料的方法以及对历史资料进行分析归纳的方法，在法学研究方法中主要是实证分析法。

处理历史资料的方法，就是尽可能详尽、全面、逼真地体现出古代法制的状况以及当时的人们对于法律的认识，如考订、训诂、校勘、资料的搜集、整理等。学者们对“真”的执着，使其对史料、古籍以及探究历史本来面目有着浓厚的兴趣，最大限度地借助那些已经发掘、考订的史料等成果作为基础进行研究，某种程度上，几乎所有的法制史著作都会涉及历史资料的处理，因为毕竟是历史的一部分，这是研究的基础。90 年代继承了这一研究方法，这对于法制史来说，不如说是无法抛弃，非但不能抛

① 李步云：《法理学》，经济科学出版社 2000 年版。

弃，还要更好地运用下去。对历史资料进行归纳分析的研究方法中最典型的就是阶级分析法了，这种方法称“以辩证唯物主义和历史唯物主义为指导，强调用阶级的观点去分析问题、解决问题”。这种分析方法会被广泛运用，是由于新中国成立以来一直起支配地位的理念影响，就是“法是阶级矛盾不可调和的产物，是阶级压迫和阶级剥削的工具，法的本质是阶级意志性”，强调以阶级斗争为纲与阶级分析的研究方法。虽然 80 年代已经处于思想解放的时期，但这种阐释依然或多或少地产生着影响，并且这种影响一直延续到 90 年代初，之后才从主流分析法中退下来。

法学本身的研究方法主要是实证分析法，以感觉经验为基础，以可操作的逻辑形式来检验或推导出概念和命题，解决“法律是什么”和“法律在实际上是怎样的”的问题。80 年代逐渐脱离了依附于史学的研究旧习，慢慢倾向于依靠法学理论以及法学的学术训练和思维，侧重从法的角度进行研究，但是这种程度远远不够。进入 90 年代后，随着西方法学理论的进入，研究视角逐渐多样化，那种就制度论制度的方式逐渐退出舞台，研究的方法不断地多样起来。如宏观把握与微观分析相结合的研究方法；宏观把握是对法制史进行全方位整体性的研究，以此来把握法制发展的样貌，描绘出其发展历程的基本线索，阐明其特征与本学科的重大问题。宏观把握的方法可以起到提纲挈领的作用，帮助我们在头脑中构筑起一个基本的知识体系，为进一步进行各个朝代法制史研究以及为专题研究奠定良好的基础。微观分析则是对中国法制历史上不同时期的法制和法律人物、事件以及典型案例等进行深入且具体的研究，探索历史上各个历史时期法制发展的状况，并且弄清法律渊源、法律形式、法典编纂和各部门法的内容、特色和作用。微观分析的研究方法强调准确入微、详细深入。将宏观把握与微观分析两种方法相结合，可以使我们具备把握全局、重点明确、博精兼备的研究能力。又如全面考察与比较研究相结合的方法。每一种法律制度都是在一定的条件下产生的并且都是处于不断进步完善的过程。由于在古代社会里，君主不受法律的约束，并且各代吏治情况有好有坏，法律的制定与实施之间总是存在一定的距离。想要科学地勾画古代法制的状况，应当采取全面考察的研究方法。这就要求我们在研究的过程中，把律典和各种形式的法律结合起来，全面地阐述各朝代的立法状况；把立法与司法结合起来，揭示法律实施的真相；把法律制度史和法律思想史结合起来，揭示两者的关系；把法律思想、法律制度的形成和当时社会的政治、经济、文化等历史背景结合起来，揭示法律产生的深层次原因及其发展规律。所谓比较研究的方法，就是把中国法制和域外法制以及中国历史上不同时代的法制进行比较分析的研究方法，用这种方法研究可以从多层面多角度认识与把握中国法制史的全貌及其发展进程。

3. 研究主体的比较

研究主体主要是指专门进行中国法制史研究的个人和群体。他们是中国法制史研究主体的重要组成力量，是推动学术研究发展与进化的推动力。通观 80 年代与 90 年代以至于到 21 世纪前 10 年，研究主体的分类及构成基本没有太大变化。

个体性研究主体分为高校专业教育者、专业研究机构的学者；群体性研究主体的构成则十分多样：（1）学术研究组织。中国法律史学会是全国法律史学工作者自愿结成的以研究法律史和法文化为宗旨的全国性学术团体，是中国改革开放法学界成立最早的民间学术团体，召开全国性和法律性学术会议，组织力量研究法律史和法文化的重大课题，展开与各国、各地区的学术交流与合作。（2）学术研究团队。对着法制史研究的发展，中国法制史研究的形式逐渐从以个体研究逐渐转变为群体性研究。学术研究团队拥有一个统一的学术研究对象，能够集合团队内成员的专业研究能力，最大限度地整合和开发个体成员的学术思维和学术潜能。当前中国法制史研究团队的形式主要包括：①师徒式团队。师徒式的团队主要是指高校法制史专业的导师与他的博士或硕士研究生的组合。这种团队以导师为学术研究核心，导师通过给学生分配学术任务等方式组织研究，普遍来说导师分配给学生的任务大多是与导师研究方向相关的研究或者导师近来从事的学术研究课题，这种师徒式的方式一方面能够使导师的项目研究集思广益，激发群体性思维进行创新研究，另一方面导师对学生的研究能力以及研究兴趣有所了解，能够有的放矢地给学生提供适当的学术任务。②同事式团队。同事式团队通常与组成人员所在的高校教研室等内部机构有关系，一般是研究方向一致的同事容易成为某一共同体组织的成员。③课题式团队。课题式的学术团队形式主要是指学术研究主体由于学术课题研究而组成的临时性的学术研究团队。目前法制史研究课题依据课题来源的不同层次则可以分为国家级、省级、校级课题。课题式的研究团队期限一般以课题的研究期限为准，课题在筹备阶段便形成，而直至课题研究结束团队才会解散。(3) 临时性学术研究团队。这种团队是因为临时性的学术研究活动而聚集在一起展开学术研究的群体，其主要形式有学术会议、学术论坛等。这类学术研究团体往往讨论的都是法制史领域的热点和宏观性的问题，由于参与讨论的专业学者比较多，一般来说比较容易得出具有较高价值的成果。

80 年代群体性研究主体中同事式团队比较突出，尤其是在教科书的编写上，比如北京政法学院法制史教研室、华东政法学院法制史教研室、西南政法学院法制史教研室、中国人民大学国家与法律制度史教研室、中国社会科学院研究所法制史研究室等，这其中个体的研究者都是同属一个高校教研室、为了教材编写才聚集在一起进行研究的。而到了 90 年代，以高校教研室的名义进行教科书编写的情况已基本不存在，取而代之的是以学科带头人或者以本校本学科的领头人为主编，只有为数不多的自学考试编写者是以集体形式出现的，如全国高等教育自学考试办公室自学指导服务中心组等。从个体性主体来看，80 年代有作品出版的有 90 多人，到 90 年代则增长到了 120 多人，其中有近一半的在 80 年代出版作品数量比较多的作者在 90 年代继续保持了高产。进入 90 年代，年轻一批的学者经过一段时间的学习与研究，成果也逐渐增多，这样也为作品的出版提供了条件、提高了概率。这些年轻的研究者，在继承老一辈的学术思想、研究方法的过程中又将新的观点、思维加入自己的作品中来。

（二）以论文为中心

表 3-6　80 年代中国法制史研究对象统计①　（单位：篇）

	总数	立法	刑事	民事经济	行政	监察	司法
夏商西周	21	13	4	2			2
先秦	19	14	4			1	
秦汉	64	21	20	7	8	1	7
魏晋南北朝	11	9			1	1	
隋唐	67	29	10	5	8	2	13
五代宋金元	33	15	2	6	2	6	2
明清	82	40	11	6	6	1	18
中华民国	22	12	1		3	2	4
革命根据地	32	10	4	3	1	1	13
通代	197	70	53	15	18	12	29
总论	8						

首先，从研究对象上看，有些可谓重者恒重，很多 80 年代有争议的问题延续到了 90 年代，更多学者对争议问题发表新的看法，百花齐放、博采众长。而同时，研究对象的范围进一步扩散，很多新的论题出现。

① 此表见于陈艳：《20 世纪 80 年代中国法制史学的发展与反思——以大陆地区论文为中心》，华东政法大学 2011 年硕士论文。

其次，从研究方法上看，总的来看，80年代尤其是80年代初期的论文，能够明显地看出是在马克思主义的阶级斗争历史观的指导下，对中国古代法律进行研究，方法论总体上说比较单一。90年代，方法论上改变以往的单一性，研究更持客观中立态度。其次，具体地看，传统研究方法主要是叙述评论的方法、考证注释的方法和古今比较的方法以及中西比较的方法、社会学角度的方法等，在此基础上90年代更多了计量法、综合法（例如，法史学与法理学结合的方法、法历史学方法与法社会学方法结合的方法、静态描述法与动态描述法结合的方法、法律文化类型式考察方法与比较分析方法结合）、分析法等方法。①

最后，从研究主体上看，80年代初出茅庐的，90年代已经成长起来，有了自己的学术系统，很多更是已为人师，在学术天地里挥洒豪情。同时90年代中新加入法制史研究领域的新人们，数量上更是大大的增多，不乏硕士博士等大批人才。

总的来说，90年代法制史学研究较80年代有了长足的进步，虽然法制史研究也曾一度遇到困难，对法制史研究缺乏更深入细致的研究，出现了“复述”的情况②，但是90年代仍是法制史研究的起步和发展阶段，学术积累和更深入研究需要时间和条件。

二、与90年代台湾地区中国法制史学的比较

20世纪台湾地区的中国法制史研究可谓一波三折。从台湾法律史学者

① 中国政法大学法律史学研究院编著：《中国法律史学三十年（1978—2008）》，《法制与社会发展》2009年第1期。

② 参见李力：《危机、挑战、出路：“边缘化”困境下的中国法制史学——以大陆地区为主要对象》，“中国法制史学会”编：《法制史研究》2006年第8期。

说起的话，不能不提到这样一位影响深远的学术泰斗戴炎辉教授。戴炎辉不但个人学术研究成就非凡，更为台湾法制史研究开创了一片广阔天地，因此也有学者认为，1949年至20世纪80年代这40年是台湾地区法律史研究的奠基与初步发展时期，以戴炎辉为代表的一批学者把台湾的法律史研究带入了现代学术的佳境，开创了法律史作为台湾法学界研究之显学的时代。[①]之后台湾地区法律史研究进入一个“衰落”期，20世纪90年代，又开始发生变化，台湾地区法制史研究摆脱困境，重新展现出蓬勃发展的态势。黄源盛教授也将1993—2002年称作台湾地区法史研究的转型期。[②]由此可以看出，90年代台湾地区中国法制史学的研究状况整体还是良好的。

（一）以著作为中心

在中国法制史研究中，儒家思想和法家思想经常被作为中国传统法思想提及，把这样的传统法思想和在这种法思想下产生的法制度，与现行法中的西欧近代法上的概念和制度进行研究比较的成果有不少，并且以论文形式为主，著作形式的则相对偏少。其中《个人在中国传统与现代法律上之地位》[③]一书在论述儒家有关个人地位的基础之上，阐述应当如何理解在现代法制度里确立个人地位。研究里主要论述的是传统的中国法思想特征与西欧近代法特征，包括的问题有：相较于西欧近代法而言传统中国法中欠缺了什么？如何引入？另一方面，在比较并论述传统中国法特征和西欧

---

① 参见尤陈俊、范忠信：《中国法律史研究在台湾：一个学术史的述评》，《中西法律传统》2008年第1期。

② 黄源盛：《从黄昏到黎明——台湾法律学学术对法史教育的观感评析》，《法制史研究》2003年第4期。

③ 马汉宝：《个人在中国传统与现代法律上之地位》，初刊于1992年，后收入马汉宝的《法律与中国社会之变迁》，台湾大学法学丛书1999年印。

近代法特征的时候，出现了从不同视角进行论述的研究成果。这是从对现代社会的新秩序寄予希望的初衷出发，尝试重新构建传统法律思想。就像之前所指出的那样，由于现在台湾正处于急剧的社会变化之中，所以用以维持过去社会秩序的精神基础正在逐渐崩溃。处于这种状况中的研究者，就从传统法的立场对于此问题发表自己的见解。

20 世纪 80 年代以前，虽然由历史学者所进行的近代史研究不乏宪法制定问题研究、行政制度研究等，但是在宪法学者所进行的宪法史研究中，除论及中华民国初期外，研究中华民国法制的作品非常少，研究有关台湾法制的更是罕见。①

自进入 20 世纪 90 年代，相继出现以以上两者为研究对象的法制史学者。前面提到的黄源盛，在 80 年代其研究的中心是古代法律思想史，到 90 年代则主要进行有关清末的官僚以及法思想家沈家本的研究。之后黄源盛一直致力于中华民国初期法制的研究，同时对清朝统治下的以及日本占领时期的台湾法制也有所研究。

在 90 年代从事中国法制史研究的学者之中，那思陆可以说是最为活跃的。他相继发表了许多有关明清时代司法制度的论著，其中《清代中央司法审判制度》②一书论述了清代中央的审判机关及其审判程序。至于有关民国初期的法制研究，除了黄源盛以外几乎不见有其他学者。而关于《马关条约》签订以后的台湾法制研究的成果及研究者大为增加。核心人物是

① 可见到若干成果，如：作为中华民国初期之法制研究，则有张溯崇：《国民政府时期中央行政组织法概述》，《华冈法科学报》1979 年第 2 期；关于清代之台湾法制，有柯方枝：《清代台湾蹼佃契约对业主及佃人之效力》，《台大法学论丛》1984 年第 13 卷第 2 期等。关于台湾法制史研究者 20 世纪 90 年代的研究业绩，详见黄源盛：《台湾的中国法制史教育及其问题点》，第一章第四节，收入 1993 年《中国法制史课程教学研讨会文集》。

② 那思陆：《清代中央司法审判制度》，台湾文史哲出版社 1992 年版。

王泰升，他对《马关条约》签订之后台湾法制的研究主要以三个视角进行：首先弄清楚当时的法制度，其次考察当时台湾的习惯，再次探究殖民统治下的台湾法制的意义。从其专著《台湾法律史之建立》①中可知他或是从这三个角度论述，或是将这三方面融合后进行论述。王泰升的著作还有《台湾日治时期的法律改革》②，此书以其博士论文为基础再次修订和补充而成，涉及的题材也较为广泛。关于台湾习惯的研究，则有陈井星《台湾祭祀工业新论》③，该书对台湾的习惯即祭祀公业进行了论述。

（二）以论文为中心

根据尤陈俊的《近十五年来台湾学界中国法律史论著目录（1990—2005）》一文中所列资料统计，90 年代中国法制史的论文共计 218 篇，其中，先秦时期 13 篇，秦汉时期 12 篇，隋唐时期 27 篇，宋元时期 9 篇，明代 12 篇，清代 53 篇，民国时期 10 篇，中华人民共和国时期无成果，台湾本土研究 59 篇，其他 23 篇。④这里需要解释的是，文章把“台湾本土研究”单独列出，是为了“能如实更直观地展示就台湾这一特定地区所作的法律史研究之概况，而不考虑其中可能隐含的意识形态立场之差异”⑤，将这一部分内容单立出来易于分析，并且有些论文确实不适宜生硬地放在断代的某一时期。另外文章中的“其他”一类是包括无法用断代区分的论著。参考其他关于台湾法制史研究成果的资料，均不及此篇论文的数量多，其他学者的文中也表示，“这已经是迄今为止、由大陆学人所汇整的最为详尽的目录”，⑥因此作者下面的分析将以上述数据为依据。

---

① 王泰升：《台湾法律史之建立》，台湾大学法学丛书 1997 年印。

② 王泰升：《台湾日治时期的法律改革》，台湾联经出版事业股份有限公司 1999 年版。

③ 陈井星：《台湾祭祀公业新论》，台湾文笙书局 1997 年版。

④⑤ 尤陈俊：《近十五年来台湾学界中国法律史论著目录（1990—2005）》，《中西法律传统》2008 年第 1 期。

⑥ 参见尤陈俊、范忠信：《中国法律史研究在台湾：一个学术史的述评》，《中西法律传统》2008 年第 1 期。

首先，从发展环境上看，90 年代台湾地区法制史研究处于弱势变强势的转型期，也可以说是上升期；90 年代大陆法制史研究继续了 80 年代蓬勃发展的势头，虽然没有了政策性的支持，但也可以说是上升期。

其次，从研究对象上看，上述统计数据中体现出在台湾地区各断代研究成果数量均不多的情况下，清代和台湾本土的研究成果居多，也即清代和台湾本土为主要的研究对象。这与大陆 90 年代的研究对象既有相同之处也有不同之处。相同之处是，大陆的研究对象中清代在断代中也是成果最多的时期；不同之处在于，台湾地区有台湾的本土法制史，这是大陆法制史研究中所缺少的对象。

第三，从研究方法上看，虽然台湾地区对 1949 年以前法律史传统有一种延续，即“台湾学者在基本沿袭了中国法制史学创建知识的主流研究方法”①，但不同于大陆的是，有更多本土性的痕迹，例如戴炎辉在台湾地区学界首创的将法律、社会、经济融于一体的，近乎瞿同祖的“法律社会史”的研究范式②。另外，90 年代大陆的研究方法，仍未能全面脱胎于 80 年代受意识形态影响的研究方法，而台湾地区的这一痕迹则已经少之又少了。

最后，从研究主体上看，这个无需多言，这个时期的研究主体的流动性非常之弱，也正是这种“封闭式”的原因，基本上两个地区的研究主体在各自的地区钻研着、成长着。台湾地区有代表性的研究人员有：黄源盛、王泰生、陈惠馨、张伟仁等。代表性的研究机构有：台湾大学、政治大学等。

---

① 刘海年、马小红：《五十年来的中国法制史研究》，载《法律史论集》第 3 卷，法律出版社 2001 年版，第 37 页。

② 台湾地区学者普遍受日本的影响比较大，如戴炎辉师从日本学者中田熏先生，加之戴炎辉任教数十年，门生弟子众多，而这其中很多人都成为了台湾地区法律史研究的中坚力量，因此台湾地区的研究方法某种程度上与日本学者的研究方法有很大关联。

三、对 21 世纪前 10 年中国法制史学的影响

（一）以著作为中心

经过 20 世纪 90 年代的充分准备，21 世纪前 10 年的新发展主要有：第一，研究视角的转换。发掘中华民族法律传统的历史底蕴固然重要，但探究传统法制的现代价值以期为法制建设服务，是一个重要且新颖的着眼点。对历史上曾经存在阻碍民主与法制的消极方面，进行实事求是的剖析与批判，是研究中必不可少的一个方面。而对于传统法文化中优秀的成分进行挖掘与传播，则是一个更主要的变化。第二，研究方法的更新。学者更自觉地综合运用各个学科的知识如法学、历史学、社会学的方法加入法制史的研究。既进行考证、归纳，也进行分析、演绎；既有实例，也有理论；既注重文献，也注重调查，这些变化都是研究的新气象。

1. 研究对象的比较

21 世纪前 10 年在 20 世纪 90 年代在研究对象发展的基础上进一步深入和扩展，在方法论上也逐渐丰富，出现专门研究习惯法基本理论的著作①、专门研究少数民族习惯法的著作、专门研究民间法基本理论的著作②以及刊物。还有学者根据对古代案例的分析把古代的法律渊源扩展到国家法以外的规则，如情、理、习惯等③。类似 80 年代与 90 年代研究对象的划分，对 21 世纪前 10 年也进行了分类。

---

① 李可：《习惯法——一个正在发生的制度性事实》，中南大学出版社 2005 年版。

② 于语和：《民间法》，复旦大学出版社 2008 年版。

③ 何勤华：《清代法律渊源考》，中国社会科学出版社 2001 年版。

表 3-7　21 世纪前 10 年成果分类　（单位：部）

	法律制度及运作方式	非法律形式的社会规范及运作方式	法律教育	政治制度	其他
通史	208	3	18	8	28
先秦	7				
秦汉	9			2	
三国两晋南北朝	5				
隋唐五代	13				1
宋	15	1		1	1
西夏辽金元	1				
明清	48	1		12	8
近代	19		1	2	6
根据地	6			1	
新中国	5			1	3
总计	336	5	19	27	47

表 3-8　21 世纪前 10 年“法律制度及运作方式”细分类　（单位：部）

	通代	司法监察制度	地方	民族	部门法	法典、法条	案例
通史	141	16	1	13	22		15
先秦	5	1			1		
秦汉	4	1				3	1
三国两晋南北朝	3	1			1		
隋唐五代	7	1			4	1	
宋	6	2			5	1	1
西夏辽金元	1						
明清	5	13	1	5	10	2	12
近代	3	3		1	5	1	6
根据地	1	3		1	1		
新中国	1	2			2		
总计	177	43	2	20	51	8	35

比较可得，通史方面作品数量可以用突飞猛进来形容并且是整体上的提

高，与前十年相同的情况是：教学用书占据相当的比例，这与十年中法学学科在高校受到重视，在众多高校中设立并日趋成熟密切相关。在司法监察制度一部分中，明清时期更加吸引学者进行研究，与 90 年代的成果数量形成鲜明的对比。究其原因，有两点：首先帝制时期的司法监察制度在明清时期得到近乎最大限度的发展，各项制度都发展的比较完善，这为研究提供了丰富的对象；其次从现实的需要来看，可以从对司法监察制度最为发达时期的研究中得到经验与启发，从过去得到对现代实现法制史的现实价值。民族与部门法制史都是 90 年代初步发展起来的，在 90 年代的基础上得到更高的重视，也有更多学者将目光投向这两部分，民族法制史多集中于西南、西北少数民族法制研究，部门法则集中于民、刑法等主要部门法的研究。地方法制史虽然没有以迅猛的势头发展，但是已经得到关注，虽然著作数量并不客观，但是随着研究的深入，经验的积累必然会有作品相继问世。

90 年代的研究对象虽然有新的发展但是在研究时也有不足。通论性的研究尚提出了一些问题，即使是概括特征，毕竟也是新思考。但是在断代法制史方面，研究的选题大多与以往的相同或近似，这就难以出现新意，难以突破。研究者只将“资料”理解为已发表文章或已出版的著述，论题也以已有的成果为范围，故新资料的挖掘和使用，始终是一个问题。应当提倡利用他人未使用的资料，或他人使用不当的资料、新发现的资料等进行选题和研究，这样才能发现新的研究视角，使用新的研究方法，进而真正拓宽研究领域、提高研究深度。

2. 研究方法的比较

90 年代中国法制史研究在以往的基础上也形成了不少有效的方法，例如从史料分析与考据入手的法历史学方法；以及从法律制度的社会运行与社会效果角度分析的法社会学方法；还有以田野调查形式研究民族习惯法与民间法的法人类学方法；更有从横向与纵向对比相关法律制度与法律思想的比较研究方法。这些方法在现代中国法制史研究中已经形成传统，并积极有效地运用在研究中。

与此同时，在法制史的研究中一直明显存在着重考据、轻义理的倾向。纵然发掘史料非常重要，但是如果认为这是法制史研究的不二法门则实为谬误。史料的搜集与整理只是法制史研究的基础，或者说是手段，其本身不应成为研究的最终目标。历史学的研究的目的应当是提高人们对自我以及人性、社会的认知能力；法学的研究目的应该是为法制文明的进步提供借鉴。缺乏理论分析的史料罗列不仅不能激发读者的思考与兴趣，反而会使他们昏昏欲睡。再者史料的搜集与整理只有在相关理论的指导下才能体现出深层次的意义。一个值得深思的现象是：同样是对中国法制的研究，国外学者的著作往往更能启发读者的思考和兴趣。究其原因，研究方法的差异是重要原因。如美国学者孔飞力在《叫魂：1768 年中国妖术大恐慌》[1]中，从档案资料所记载的一个特定事例入手，生动并且详细地再现了制度的实际运作状态和社会众生相，既有丰富的档案史料，又具有思想性与可读性。人们对历史的把握能力是从理论到史料，再从史料到理论的循环中一步步提升的，理论是居于核心地位的。一方面，理论认识是历史研究的前提，年鉴学派的创始人布洛赫曾经提出："任何历史学家，除非他是瞎子，都是从问题出发来观察现象的。"[2]理论认识的不同，对史料的取舍以及从中得出的结论可能有很大的差距。另一方面，理论认识是研究的最终目标，史料的搜集与整理只是为了帮助理论认识的提高以及突破。研究方法的扩展与进步对法制史的研究有着显而易见的促进作用，因此方法论的更新是一个学科发展的必由之路。正如学者指出的那样："一味地因

---

① ［美］孔飞力：《叫魂：1768 年中国妖术大恐慌》，陈兼、刘昶译，上海三联书店 1999 年版。

② 刘昶：《人心中的历史：当代西方历史理论述评》，四川人民出版社 1987 年版。

循守旧，抱残守缺，没有一点方法论上探索的勇气和冒险精神，要想在中国法制史研究方面有很大的突破，也是不可能的”。[①]在 21 世纪前 10 年过程中新的方法被广泛运用，如法发生学方法与法人类学方法。发人类学的基本方法就是要抛弃国家法中心主义、法典中心主义以及部门法划分等观念，按照每个民族固有的社会规范样式来研究其法律问题。具体到中国而言，对“礼、制、理、情、俗、誓、盟、约、道、德、天命、民心”等一系列范畴和规则的研究就是十分必要的。虽然法人类学早在 20 世纪初传入中国并且出版《乡土中国》《生育制度》等著作，但新中国成立后就几乎没有什么发展。从 20 世纪 80 年代开始，法人类学方法的研究得到恢复，由于关注的学者少、研究经费不足，该领域的研究成果并不是很多。但是有一些来自少数民族聚集区的高校或研究机构的学者克服各种困难，深入民族地区进行艰苦的田野调查，取得一系列高水平的研究成果，[②]但是这些成果仅限于对少数民族地区习惯法的研究。此时，学术界还没有广泛地将法人类学方法运用于对中国法制史的研究。瞿同祖和梁治平的著作是法制史和法人类学结合的典范，是运用法人类学方法研究中国法制史的尝试，其作品对中国法制史研究的借鉴意义较大。

法发生学经过 90 年代的复苏到 21 世纪前 10 年的逐渐发展，已经进入法制史学主流的研究方法范围之中。相对于法人类学，发生学方法在法学研究领域只是个“新人”，虽然还没有运用在法制史的研究当中，但是作为“新人”引入是很有必要的。

---

① 刘广安：《二十世纪中国法制史学论纲》，《中外法学》1997 年第 3 期。

② 这些作品主要是对少数民族地区习惯法调查结果的总结和研究，代表性著作有：钱宗范、梁颖等：《广西民族宗法制度研究》，广西师范大学出版社 1997 年版；徐晓光：《藏族法制史研究》，法律出版社 2001 年版；张晓辉：《彝族法律文化研究》，民族出版社 2005 年版；陈金全：《西南少数民族习惯法研究》，法律出版社 2008 年版，等等。

关于“法发生学”并没有统一的定义，但是依据其他学科的知识可对其作如下认识：法发生学是一种研究法律现象发生的前提与发生过程的方法，研究思路是由完整形态的法律现象向起点进行回溯，这样就避免了在对历史发展过程的旁枝错节上纠缠不清，从而可以直接对对象产生的必要条件与前提进行直接的研究，但是对研究结果进行叙述的时候依旧是按照从前至后的顺序进行。以邓析代理诉讼为例，不能只停留在对事件的阐述上，而是要回溯到子产公布成文法，并发现二者之间的必然联系。

虽然法发生学作为独立的研究方法还没有被明确提出来，但在实际中已经在运用了，也有必要对其进行深入研究。《法和法学发生学》①《社会变迁的法律解释》②等这些学术作品的出现说明学术界已经自发且零散地出现了运用法发生学方法进行研究的情况，更大范围的引入是今后必然的趋势。

3. 研究主体的比较

研究主体的基本分类没有太大的变化，在 21 世纪前 10 年里，以集体署名的出版物并不多，其中也并没有教材类的成果，主要是成果集的出版。

表 3-9　20 世纪 90 年代与 21 世纪前 10 年作者与作品数比较　　（单位：部）

20 世纪 90 年代		21 世纪前 10 年			
作　者	数量	作　者	数量	作　者	数量
张晋藩	18	王立民	9	李贵连	5
蒲　坚	6	张晋藩	9	武树臣	5
张希坡	6	蒲　坚	7	韩延龙	4
钱大群	5	赵晓耕	7	杨一凡	4
郭成伟	4	苏亦工	6	柏　桦	3
杨和钰	4	曾宪义	5	范忠信	3
曾宪义	3	郭成伟	5	韩秀桃	3

① 古棣、周英：《法和法学发生学》，中国人民大学出版社 1990 年版。

② 尹伊君：《社会变迁的法律解释》，商务印书馆 2003 年版。

续表

20 世纪 90 年代		21 世纪前 10 年			
作　者	数量	作　者	数量	作　者	数量
韩延龙	3	林　乾	3	马建兴	2
怀效锋	3	刘笃才	3	钱大群	2
薛梅卿	3	邱远猷	3	王　菲	2
杨一凡	3	田　涛	3	王　健	2
叶孝信	3	汪汉卿	3	王振亚	2
郑　秦	3	王志强	3	萧伯符	2
孔庆明	2	尤韶华	3	徐祥民	2
李用兵	2	张　生	3	叶孝信	2
刘笃才	2	张中秋	3	张传新	2
刘久玚	2	朱　勇	3	张洪林	2
刘俊文	2	曹旅宁	2	张仁善	2
刘晓纯	2	郭　建	2	张树兴	2
邱永明	2	郭学德	2	赵昆坡	2
邱远猷	2	韩大元	2	郑　秦	2
汪世荣	2	郝铁川	2	徐晓光	2
王立民	2	李　力	2		
王永祥	2	李希昆	2		
赵昆坡	2	林　明	2		
卓　帆	2	刘立宪	2		

对个体性的研究主体，20 世纪 90 年代与 21 世纪前 10 年的不同首先表现在个体数量上，21 世纪前 10 年的数量是 20 世纪 90 年代的两倍。作为 90 年代中坚力量的学者在 21 世纪前 10 年里出版的作品数量都有一定的增加，更多的年轻学者在此时也有了成果。

表 3-10　20 世纪 80 年代、90 年代、21 世纪前 10 年研究主体比较

20 世纪 80 年代		20 世纪 90 年代		21 世纪前 10 年			
作　者	数量	作　者	数量	作　者	数量	作　者	数量
张晋藩	5	张晋藩	18	王立民	9	郭学德	2
曾宪义	4	蒲　坚	6	张晋藩	9	韩大元	2
李光灿	4	张希坡	6	蒲　坚	7	郝铁川	2
钱大群	4	钱大群	5	赵晓耕	7	李　力	2
李甲孚	3	郭成伟	4	苏亦工	6	李希昆	2
栗　劲	3	杨和钰	4	曾宪义	5	林　明	2
蒲　坚	3	曾宪义	3	郭成伟	5	刘立宪	2
乔　伟	3	韩延龙	3	李贵连	5	马建兴	2
范明辛	2	怀效锋	3	武树臣	5	钱大群	2
冯卓慧	2	薛梅卿	3	韩延龙	4	王　菲	2
胡留元	2	杨一凡	3	杨一凡	4	王　健	2
吴传太	2	叶孝信	3	柏　桦	3	王振亚	2
薛梅卿	2	郑　秦	3	范忠信	3	萧伯符	2
杨一凡	2	孔庆明	2	韩秀桃	3	徐祥民	2
杨永华	2	李用兵	2	林　乾	3	叶孝信	2
于晓光	2	刘笃才	2	刘笃才	3	张传新	2
张希坡	2	刘久玚	2	邱远猷	3	张洪林	2
		刘俊文	2	田　涛	3	张仁善	2
		刘晓纯	2	汪汉卿	3	张树兴	2
		邱永明	2	王志强	3	赵昆坡	2
		邱远猷	2	尤韶华	3	郑　秦	2
		汪世荣	2	张　生	3	徐晓光	2
		王立民	2	张中秋	3		
		王永祥	2	朱　勇	3		
		赵昆坡	2	曹旅宁	2		
		卓　帆	2	郭　建	2		

通过对三个年代的比较，发现张晋藩、蒲坚、钱大群等老一辈的学者

出版作品的数量一直是居于前列的，偶有后来者居上的情况。可以看出，这些学者从年轻学者开始成长为学术骨干，然后成为学术界有分量的老一辈学者，而 90 年代又有年轻的学者开始成长，很显然的是，法制史领域十分需要有更多的具备学术修养、有思想和自己独到见解的年轻学者。当下如何保持做学问的态度，如何吸引更多的年轻人投身法制史研究行列，这是要面对的现实问题。

（二）以论文为中心

鉴于《百年回眸——法律史研究在中国》只收录了 2006 年之前的，其他著作也没有完整收录 2000 年至 2009 年十年间关于中国法制史学的论文，在中国学术期刊网上限定条件搜索，查找出 6 207 篇论文，共计 3 967 位作者。20 世纪 90 年代对 21 世纪前 10 年的影响表现在以下几个方面：

首先，研究对象上，传承与扩大。正如 20 世纪 90 年代的法制史学对 80 年代的法制史学的继承一样，任何时候的学术都不是孤立的。那些在 90 年代有了统一观点的研究领域在 21 世纪被自然应用，是为传承；而那些在 90 年代既无定论也无人论及的研究领域在 21 世纪被继续开拓，是为扩大。

表 3-11　20 世纪 90 年代与 21 世纪前十年发表论文前 31 位

序号	20 世纪 90 年代		21 世纪前 10 年	
	姓　名	数量	姓　名	数量
1	张晋藩	28	何　进	27
2	王立民	20	侯　强	22
3	巩富文	19	何勤华	22
4	张建国	19	胡兴东	17
5	徐晓光	18	蒋铁初	16

续表

序号	20 世纪 90 年代		21 世纪前 10 年	
	姓　名	数量	姓　名	数量
6	霍存福	14	闫晓军	16
7	钱大群	13	侯欣一	15
8	徐忠明	12	王立民	15
9	殷啸虎	12	张仁善	15
10	邱远猷	11	曹旅宁	14
11	华友根	10	郭世东	14
12	李贵连	10	郑显文	14
13	苏　钦	10	范忠信	13
14	李　力	9	马小红	13
15	武树臣	9	戴建国	12
16	郑　秦	9	邓建鹏	12
17	戴建国	8	霍存福	12
18	邓奕琦	8	吕　丽	12
19	范忠信	8	田振洪	12
20	何勤华	8	佚　名	12
21	张中秋	8	陈柳裕	11
22	马作武	7	方　潇	11
23	薛梅卿	7	胡　谦	11
24	俞荣根	7	胡仁智	11
25	张希坡	7	刘笃才	11
26	刘笃才	6	田东奎	11
27	沈厚泽	6	张晋藩	11
28	王立中	6	张中秋	11
29	徐世虹	6	郭东旭	10
30	杨选第	6	吕兴志	10
31	杨一凡	6	万安中	10

其次，在研究主体上，延续与增多。对 3 967 位发表过中国法制史方

面论文的作者，发表数量超过3篇的共227人，超过6篇的共计85人。为了对比性更强，截取20世纪90年代与21世纪前10年两个时间段的前31位进行比较（见表3-11）。

从表3-11可知：（1）有8位学者无论是在20世纪90年代还是在21世纪前10年发表数量在众多学者中都是数量居多的，分别是张晋藩、何勤华、王立民、范忠信、霍存福、刘笃才、戴建国、张中秋。①这说明这几位学者，非但对法制史的热情没有减少，而且仍然有新的作品不断发表，精神上还是学术上都是值得肯定的。（2）上述8位学者的20年间的研究领域几乎没有很大改变，基本上都是在原来的研究成果上深化，略对新的领域有所拓展。（3）21世纪前10年部分可以看出，一个是发表论文数量多的研究主体增多了，如90年代发表10篇以上可以看出，一个是发表论文数量多的研究主体增多了，如90年代发表10篇以上的有13人，而21世纪前10年有33人。再者，可以不夸张地说，潜心研究②法制史的学者增多了，以3篇为界限，90年代发表超过3篇的共计94人，而21世纪前10年共计227人。（4）部分学者在90年代还是学生，经过了10年的成长，也成为了教授、高校教师，继续教书育人，培养一批又一批的新生力量，例如21世纪前10年列表中出现了很多90年代发表数量很少或者没有发表的学者，例如何进、侯强、闫晓君、胡兴东、蒋铁初等人，几乎都是新的面孔，在新世纪贡献自己新的学术力量。

总的来说，在研究主体上，21世纪前10年较之20世纪90年代，一

① 这8位学者仅仅是笔者在这样小的范围里硬性筛选出来的，如果将20世纪90年代发表论文在6篇以上与21世纪前10年发表论文在6篇以上的学者对比，还有徐晓光、殷啸虎、武树臣、杨一凡4人在列。

② 笔者所谓“潜心研究”只是从发表论文数量来看，当然也不排除近年来有些快餐式写作，发表数量多却内容陈旧重复的可能。

些法史领域的学术大家不仅还在法史的舞台上贡献力量，还出现了更多的新一代学者投身这块学术，寄情于这片领域。

第三，研究方法上看，推陈与出新。进入21世纪，越来越多的学者关注新的研究方法。中国法律史学会1999年、2000年年会都以法史研究的“新思维、新方法”为中心议题展开了讨论。2002年2月1日出版的《社会科学报》，开辟“中国法律史研究反拨”专栏，发表了4位学者的文章，就法史传统研究模式的缺陷、误区和转折时期的使命等发表了新的见解。在此之后几年，学界又陆续有杨一凡的《法史学科体系探讨之我见——兼谈与此相关的几个理论问题》与《中华法系研究中的一个重大误区——“诸法合体、民刑不分说”质疑》、艾永明的《中华法系“以刑为主”特点质疑》等论文，从总体到具体都认为应当正视法史研究模式的缺陷，变更研究思维和研究方法，就必须摒弃急功近利、主观臆断；必须克服轻史料、“以论代史”的倾向，应当坚持“论丛史出”、“史论结合”的研究方法；必须正确理解“古为今用”的方针，等等。①就这样，21世纪前10年，学者在广泛探讨研究方法应当推陈出新的基础上，逐渐改变了旧的研究方法，试图用新的、更加客观的方法对待史料，正确认识中国古代法律体系，正确阐释古代法制和律学的发展，也正确评价历史的作用。值得欣喜的是，新一代法史学人成功蜕变，有了不小的进步。

总的来说，学术的研究是连续而相互影响的。有了20世纪90年代繁荣发展，才更有21世纪的更大进步，有了21世纪新的思维与方法，才更加清晰地肯定20世纪90年代的成就，看到20世纪90年代的不足。

① 中国社会科学院法学研究所法制史研究室编：《中国法律史学的新发展》，中国社会科学出版社2008年版。

第四章　21世纪初20年的中国法制史学

21世纪初的20年中国法制史研究成果层出，相较20世纪末20年的研究状况，无论是新史料的出现和整理、研究方法的反思，还是学术论著的数与质，皆是之前难以匹敌的，前后辈的学术提携、传承，学术的争论与交流，均促使中国法制史研究向更纵深发展。因这一时期成果非常丰富，涉及面之广之深，难以对中国法制史论著逐一进行分析，即使是选择有特色、有分量的论著予以述评，也定会挂一漏万。本章仅从几个方面对这一时期的研究作一综述式分析，包括史料的整理出版、这一时期中国法制史研究成果及相关争论等，并希以此文抛砖引玉，有待以后对此的深入分析和阐述。

第一节　法律史料的整理与出版

学术研究基于可靠的史料。近年来随着考古的发展，大量出土文物的挖掘和整理，以及传世文献的整理出版，对中国法制史研究起着非常大的促进作用。尤其是秦汉简牍、明清契约、清至民国司法档案的搜寻、整理、出版，为法学研究和学者们带来福音，也对研究方法和研究深度提出更高要求。现就这20年整理出版的主要史料、档案等予以简述。

一、秦汉简牍的整理、校释与出版

里耶秦简，2002 年 6 月发现于湖南省湘西土家族苗族自治州龙山县里耶镇里耶古城 1 号井，共 36 000 多枚。主要是秦洞庭郡迁陵县的档案。内容相当丰富，涵括了户口、土地、田租赋税、劳役、兵甲物资、刑徒管理等行政管理和刑事诉讼文档，对于研究秦代社会包括法律方面具有非常重大的史学价值，被学术界认为是近百年来秦代考古最重大发现之一。2012 年《里耶秦简（壹）》由文物出版社出版，收录 1 号井第五、六、八三个地层共 2 627 枚简牍，附有释文。同年，《里耶秦简牍校释》（第 1 卷）①出版，吸收学界研究成果，对《里耶秦简（壹）》释文进行补释、改释等。2017 年 12 月文物出版社推出《里耶秦简（贰）》，刊载里耶 1 号井第九层出土的简牍图版和释文。

岳麓书院藏秦简（简称岳麓简），是湖南大学岳麓书院于 2007 年 12 月从香港古董市场购藏的秦代简牍，共 2 098 枚，其后，2008 年 8 月，由香港一收藏家捐赠 76 枚，先后共收 2 174 枚。岳麓简内容分《质日》《为吏治官及黔首》《占梦书》《数书》《奏谳文书》《秦律杂抄》和《秦令杂抄》七大类，其中后三类是研究秦朝法律司法及律令的重要史料。《奏谳文书》共 150 枚秦简，原无篇题，内容为上奏的谳书，由各地守丞，对有关刑事案例奏谳、审议和裁决进行的记录。之后连续由上海辞书出版社出版《岳麓书院藏秦简》五本，包括 2010 年 12 月出版的《岳麓书院秦简（壹）》②，一年后出版的《岳麓书院藏秦简（贰）》，2013 年 6 月出版的《岳麓书院藏秦

① 陈伟主编：《里耶秦简牍校释》第 1 卷，武汉大学出版社 2012 年版。

② 朱汉民、陈松长主编：《岳麓书院藏秦简（壹）》，上海辞书出版社 2010 年版。

简（叁）》，2016年出版的《岳麓书院藏秦简（肆）》，以及2017年12月出版的《岳麓书院藏秦简（伍）》。2014年陈松长等完成《岳麓书院藏秦简的整理与研究》一书[①]，分两编，上编“岳麓秦简的整理报告”，主要收录岳麓书院藏秦简壹、贰的释文和简注，下编是“岳麓秦简的专题研究”，包括综述、《质日》研究、《为吏治官及黔首》研究、《占梦书》研究、《奏谳文书》研究以及律令文书研究等。

长沙五一广场东汉简牍，2010年6月22日在长沙2号线五一广场站东南侧的一口窨井底部出土一批东汉中期的简牍，共6 862枚，绝大部分是官方文书，内容相当丰富，涉及当时政治、经济、法律等诸多领域，成为研究汉朝法律史的重要资料之一。2018年12月《长沙五一广场东汉简牍》由长沙文物考古研究所、清华大学出土文献与保护中心、中国文化遗产研究院及湖南大学岳麓书院四家合作编辑整理，由中西书局出版。五一广场东汉简牍主要反映底层百姓和底层官员的生存情况。有大量司法案件的详细记录，包括案件的起因、涉案人员、使用武器、受伤程度及所判刑罚等，反映当时的司法情况、官员办案等。

先秦、秦汉时期简牍的出土与发现，对于这一历史时期的立法及司法的研究起着非常大的作用，促使这一时期法律史研究具有一手可靠的史料支撑。除了秦汉简牍的出土、整理与出版，还有其他领域资料的挖掘、整理和出版也是对学术界研究的极大促进，包括契约、案牍及档案的整理。

二、契约、案牍、档案的整理与出版

契约文书的整理，其历史渊源有二，一是19世纪末日本为统治需要在

① 陈松长等：《岳麓书院藏秦简的整理与研究》，中西书局2014年版。

台湾进行的习惯调查，二是20世纪50年代大陆兴起的土地改革运动。20世纪80年代后，随着研究视角的地方民间转向，契约文书的价值日益被学者重视，一些地方的契约文书被整理出版，为学术界研究创造很好的史料基础。

徽州文书，早在八九十年代就已有整理，如1985年张海鹏、王廷元主编的《明清徽商资料选编》（黄山书社），1991年王玉欣、周绍泉主编的《徽州千年契约文书》（花山文艺出版社），1996年张传玺主编的《中国历代契约汇编考释》（北京大学出版社）等。之后继续出版了契约文书，包括2001年的《田藏契约文书粹编》，《徽州文书》（第1—5辑），《安徽师范大学馆藏徽州文书》《安徽师范大学馆藏千年徽州契约文书集萃》《清至民国婺源县村落契约文书辑录》①等。福建契约文书，虽然其规模没能与徽州契约相比，但开始整理时间比较早，20世纪30年代有史学家傅衣凌的关注，50年代后开始有规模搜集和整理，80、90年代出版。21世纪初主要有陈娟英等编的《厦门典藏契约文书》（福建美术出版社2006年），及陈支平主编的《福建民间文书》（广西师范大学出版社2007年）。浙江契约文书，则当推曹树基等主编的《石仓契约》②，采用"归户"方式整理，被认为是近年来契约文书整理的成功典范。贵州清水江契约文书，2001—2003年，出版《贵州苗族林业契约文书汇编（1736—1950年）》（1—3卷）③，

① 田涛等主编：《田藏契约文书粹编》，中华书局2001年版；刘伯山主编：《徽州文书》（第1—5辑），广西师范大学出版社，2005年、2006年、2009年、2011年、2015年；周向华编：《安徽师范大学馆藏徽州文书》，安徽人民出版社2009年版；李琳琦主编：《安徽师范大学馆藏千年契约文书集萃》，安徽师范大学出版社2014年版；黄志繁、邵鸿、彭志军编：《清至民国婺源县村落契约文书辑录》，商务印书馆2014年版。

② 曹树基等主编：《石仓契约》（第1—4辑），浙江大学出版社出版，2011年、2012年、2014年、2015年。

③ 唐立、杨有庚、武内房司主编：《贵州苗族林业契约文书汇编（1736—1950）》（3卷本），日本东京外国语大学国立亚非语言文化研究所，2001年、2002年、2003年。

2007 年、2009 年、2011 年出版《清水江文书》（第 1—3 辑）①，2007 年陈金全、杜万华主编的《贵州文斗寨苗族契约法律文书汇编——姜元泽家藏契约文书》（人民出版社）等。据学者估计，清水江文书遗存数量可达 30 万件至 50 万件。②此外，还有华北地区、四川地区、上海天津等近代通商口岸，等等，都有非常丰富的契约文书的存世，也不断地被搜集、整理和出版，这是学者们研究视角的转向，也是日益关注地方民间社会的结果。

古代珍稀法律典籍的整理与出版，当属杨一凡教授整理和主持整理的一系列法律古籍文献。继 1996 年出版《中国珍稀法律典籍集成》14 册后，继续出版《中国珍稀法律典籍续编》10 册（2004 年）、《古代珍稀法律典籍新编》30 册（2018 年）；《中国律学文献》19 册，《中国古代地方法律文献》40 册（2006 年），《历代珍稀司法文献》15 册，《古代乡约与乡治法律文献》，《古代榜文告示汇存》10 册（2006 年），还有案牍的整理出版，有《历代判例判牍》12 册（2005 年），《古代判牍案例新编》20 册（2012 年），等等。这些法律文献的整理出版，可谓对中国法律史的研究功德无量，既免去个人搜集资料的不易，也为广泛法律史研究学者提供了非常便利的资料条件。如《中国珍稀法律典籍集成》收录散失于我国和日本、美国、俄罗斯和韩国等海内外各地稀见的中国法律古籍近 60 种，其中 5 册是对文物、历史档案中法律资料的挖掘整理、注释性成果，8 册是古籍校勘成果，1 册是西夏《天盛律令》的译著成果，其价值可想而知。还有整理出版的司法文献、案牍，同样对法律史学者研究提供非常重要的史料，能够改变以往研究的多注重静态，为司法运作和实证考察提供了非常有用的资料支撑。

---

① 张应强、王宗勋主编：《清水江文书》（3 卷本），广西师范大学出版社出版，2007 年、2009 年、2011 年。

② 张新民：《走进清水江文书与清水江文明的世界》，《贵州大学学报》（社会科学版）2012 年第 1 期。

档案的整理出版，更是法律史研究中尤为重要的第一手史料，前述的契约文书，有的是个人、家族中所收藏保存，有的是档案中所分析整理出来。尤其是近代法律史料中档案的整理出版，是 21 世纪初学术界非常重视的一个领域，也为研究者带来极大的便利。

三、近代法律史料的整理与出版

对史料的整理和出版日趋重视，不仅仅是中国古代史料的搜集整理，对清末民国时期的近代史料和法规的整理成果也甚为丰富，或点校或整理出版。

何勤华等多人点校、商务印书馆出版的《大清新法令》（1901—1911 年）[①]，将清末出版的《大清光绪新法令》和《大清宣统新法令》合并为《大清新法令》一书，重新点校出版，共 11 卷。全方位展示了清末 10 年新政改革与变法修律的法制成果，广泛收集民主政治、官制、外交、民政、财政、教育、司法、实业、交通等各个领域的法律法规。第 1 卷包含清末光绪年间生效法令 170 余项，分谕旨、宪政、司法、法律草案四大类，其中司法类 41 件；民刑事诉讼法，刑法总则、分则，及厘定官制法律草案 11 件。

怀效锋主编的《清末法制变革史料》[②]，包括宪法、行政法、诉讼法编、刑法、民商法编。其上卷“宪法　行政法　诉讼法”编，是围绕清末新式司法机构成立、诉讼审判制度的运行等选取相关资料，包括《刑民事诉讼法》《大清刑事诉讼律草案》《大清民事诉讼律草案》《法院编制法》《各级审判厅试办章程》，以及相关上谕、奏呈等文献。

殷梦霞、邓咏秋选编的《民国司法史料汇编》[③]（全 50 册），收录民国

① 上海商务印书馆编译所：《大清新法令》（点校本，11 卷本），商务印书馆 2011 年版。
② 怀效锋主编：《清末法制变革史料》，李俊等点校，中国政法大学出版社 2010 年版。
③ 殷梦霞、邓咏秋选编：《民国司法史料汇编》，国家图书馆出版社 2011 年版。

时期各类司法史料，包括大理院、最高法院、司法院的判例，大理院和司法院的解释例，均完整无缺。还收录民国各时期出版的司法法规，司法考察记，司法院职员录等。是研究民国时期司法制度的基础文献。内有郭卫编辑的有关大理院判决例与解释例。①民初以至民国16年（1927年）大理院的判决，经选录编作判决先例者，就达3 000余件。大理院应各行政、审判等官厅的呈请，作出2 000余件的解释。这对于了解大理院的判决例以及解释例，大理院作为司法机构兼具立法职能、近代诉讼制度的实际运作等均具重要参考价值。

此外，还有对民国时期的法学著作或讲义进行整理出版。如何勤华主编的《清末民国法律史料丛刊》，包含京师法律学堂笔记、朝阳大学讲义等清末民国时期的“法律讲义”，以及“法律辞书”“汉译六法”三大系列。已出版的“京师法律学堂笔记”中有《民事诉讼法》《刑事诉讼法》《法院编制法》等②。吴宏耀、种松志主编的《刑诉法学典存丛书》，第一辑5部法典，第二辑5部讲义、笔记及著作，均已出版。

而对司法判决、档案的整理出版亦是近年来法史研究的重大发展。按大理院、地方司法判决档案两个层次予以简述。

黄源盛纂辑的《大理院判例辑存》系列丛书的出版，搜录大理院时期1912年至1928年判决全文原卷，现已出版《大理院民事判例辑存》（总则编）、《大理院民事判例辑存》（承继编上下）、《大理院民事判例辑存》（亲属编上下）、《大理院民事判例辑存》（婚姻编上下），均于2012年由台湾

① 郭卫：《大理院判决例全书》，会文堂新记书局1932年版；《大理院解释例全文》，会文堂新记书局1931年版。

② ［日］冈田朝太郎口述，熊元襄编：《刑事诉讼法》，李凤鸣点校，上海人民出版社2013年版；［日］松冈义正口述，熊元襄编：《民事诉讼法》，上海人民出版社2013年版；［日］冈田朝太郎口述，熊元襄编：《法院编制法》，张进德点校，上海人民出版社2013年版。

元照出版公司出版，可以说这是海内外最完整、翔实的珍贵资料，对研究大理院的司法审判有着非常重要的意义。

点校出版清末民国时期的判决录，较早的是1997年出版的《华洋诉讼判决录》①，汇编了1914年至1919年直隶高等审判厅受理判决的案件，为研究清末民初司法制度的实际运作提供第一手素材，而且为研究领事裁判权下的司法实践及其存废提供了很重要的材料。2007年，李贵连主编的《近代司法判决丛编》第一批出版，包括《各省审判厅判牍》《塔景亭案牍》《民刑事裁判大全》三部地方司法判决汇编。《各省审判厅判牍》是有关晚清地方司法改革的重要资料汇编，包括各级审检厅、审判厅的判词和各种规则，是研究清末民初地方司法改革的第一手材料。②《塔景亭案牍》是江苏句容县县令许文濬所作，包括呈文、指令、通告、庭判，是研究清末民初县知事审判案牍的重要资料。③《民刑事裁判大全》收录1926年至1931年江苏省的共352件裁决及判决书，基本展示了南京国民政府前期的司法审判记录，是了解这一时期司法审判实务的第一手资料。④

2013年出版的《民国时期江苏高等法院（审判厅）裁判文书实录》（10卷本），其中刑事卷4册，民事卷6册。⑤是从江苏省档案馆典藏的1912—1949年民国时期江苏省高等法院（审判厅）3.6万件、20多万页裁判文书中，按照《中华民国刑法》和《中华民国民法》的结构体例，精选编排收录刑事裁判文书600件、民事裁判文书900件典型案例，并原版影

① 直隶高等审判厅编：《华洋诉讼判决录》，何勤华点校，中国政法大学出版社1997年版。

② 汪庆祺编：《各省审判厅判牍》，李启成点校，北京大学出版社2007年版。

③ 许文濬：《塔景亭案牍》，俞江点校，北京大学出版社2007年版。

④ 谢森、陈士杰、殷吉墀编：《民刑事裁判大全》，卢静仪点校，北京大学出版社2007年版。

⑤《民国时期江苏高等法院（审判厅）裁判文书实录》，法律出版社2013年版。

印出版。是了解民国时期江苏省各地区（除南京外）民刑事审判、司法运作的第一手资料。随着这些史料和档案的整理出版，相信对清末至民国时期诉讼审判的研究有着质的飞跃，不再局限于立法，更关注司法实践和法律的实效问题。

四川省南部县县衙保存下来一批档案文书，时间跨度从顺治十三年（1656 年）至宣统三年（1911 年），没有断代，按原始形态分类保存，吏、户、礼、兵、刑、工、盐七房档案完整，共 18 186 卷、84 010 件，内容涉及清代的政治、经济、司法、教育等各领域，具有极高的文献、历史和社会价值。南充市档案馆与西南师范大学合作，2009 年出版了档案目录。① 也有相关的学术专著出版。②《清代南部县衙档案》收录的资料从 1656 年到 1911 年，因此为清末司法状况的研究提供重要的第一手资料，而且这一档案持续时间跨越整个清朝，没有中断，研究从传统社会转向近代社会的内地司法实际运作无疑有学术参考价值。

浙江省龙泉市档案馆藏民国地方法院档案，是目前所知民国时期保存最完整、数量最大的地方司法档案，其史料价值主要体现在司法史、社会史、法律社会史三个层面，为研究中国司法从传统到近代的演变提供极为丰富的第一手资料。2012 年出版《龙泉司法档案》第一辑，③其中晚清诉讼档案，集中于光绪末年至宣统三年间，部分案件延续至民国初年。这一时期正值清末新政、辛亥革命之际，传统社会向近代社会的嬗变，传统政治制度与法律体系的巨变，在当时的司法档案中亦有诸多反映，包括诉状

① 南充市档案馆、西华师范大学编：《清代南部县衙档案目录》，中华书局 2009 年版。

② 蔡东洲等：《清代南部县衙档案研究》，中华书局 2012 年版。

③ 龙泉司法档案自清朝咸丰八年（1858 年）至新中国成立（1949）止，计 17 333 卷，是目前所知民国时期保存最完整、数量最大的地方司法档案。2012 年《龙泉司法档案》第 1 辑（晚清时期）出版。

格式的变革、妇女抱告制度的变化、诉讼因时事而拖延、诉讼当事人因朝代更迭而要求重审等。亦是观察该时期的司法实践状况的另一文本视角。

本节主要涉及的秦汉简牍、案牍、档案、传世文献的整理和出版，这在中国法制史研究中处于第一手、较为可靠的史料地位。而学者们除了这些大型出版的资料汇编或辑佚外，还有大量史料散存在于各类典籍，有官私文书、族谱、碑刻、地方志、俚语谚语、小说等，这些史料的价值存在差等，不应等同齐观。正如李启成在《“差等”还是“齐一”——浅谈中国法律史研究资料之价值》一文中指出，自 20 世纪初期中国法律史作为一门独立学科产生以来，前辈学者在继承中国传统史学的基础上，借鉴西方实证史学的研究方法，形成各类研究资料存在清晰的价值差等的共识。但近年来，中国法律史研究领域出现将各类研究资料价值齐一化的倾向，可能对法律史学一贯“求真”的研究目标产生妨碍。这种现象的出现与研究者的后现代史观、单纯从问题入手找材料的问题意识以及过于求新猎奇的治学风气紧密相关。重提研究资料价值差等的“常识”，承认法律史学研究中正史、文集、回忆性文字等应低于律例典章、地方法规、司法档案、案例汇编、家法族规、乡约行规、方志、契据家谱、政书、讼师秘本、日用类书等，应高于野史笔记、文学作品等。认为青年研究者更应在此基础上，重视常见资料和实物资料，充分审视和灵活运用新资料。[①]这对学者尤其是青年学者进入学术领域面对纷繁复杂、浩如烟海的史料提出很好的建议和要求的审慎学术态度。

新史料的出现、整理和出版，为中国法制史研究提供非常重要的基石，如杨一凡所言，丰富的法律文献遗产向人们展现了古代法制的本来面

① 李启成：《“差等”还是“齐一”——浅谈中国法律史研究资料之价值》，《河南大学学报》（社会科学版）2012 年第 3 期。

貌，也证明许多长期被学界公认的结论不能成立。“利用新材料，发展新思维，重述中国法律史”,①是 21 世纪学者之求之幸。

第二节　中国法制史研究成果述评

21 世纪初 20 年的中国法制史研究，整理出版的法律文献众多，学术研究成果无论在广度还是深度上均远超以前，老中青三代学者学术传承和创新皆是有目共睹，当然，危机和机遇并存，法制史研究也面临更高的要求。现对这一时期的学术成果作一述评。因所涉面太广，学术论著也是有史以来最多的时期，难以对所有成果进行评述，必有分析不够不全的情况，有待后续继续推进研究。本节按总述、立法、法制及司法几个板块进行述评。

一、研究视角、方法的回顾与反思

21 世纪伊始，不少学者就对 20 世纪的中国法制史研究进行回顾和反思，以展望新世纪的法制史研究，尤其是对以往研究方法的不足提出思考及解决。正如有学者所指出的，法律史研究方法与范式讨论的逐步深入，以及其他社会科学领域的新成果、新方法渐次被引入法律史研究，呈现出了视野更开阔，视角更丰富，方法更多元的局面。学科内部囿于陈旧的课程设计体制而产生的法制史/法律思想史对立的研究鸿沟逐渐销蚀，而跨学科的研究及法史与人类学、社会学等学科的科际整合的特点逐渐凸显。②

① 杨一凡:《利用新材料，发展新思维，重述中国法律史》,《法学研究》2011 年第 6 期。

② 郑定、杨昂:《2003 年中国法律史学学术研究回顾》,《法学家》2004 年第 1 期。

虽然这是对 2003 年中国法制史研究的回顾与总结，但这段话应用于 21 世纪初 20 年的中国法制史研究总体情况，依然适用。当然，在研究的广度、深度，史料的挖掘，研究方法的推陈出新及反思等各方面，21 世纪初的后十几年变化尤为显著。以下仅就这方面的研究予以简要述评。

2001 年，倪正茂在其《中国法律史研究创新刍议》一文中指出，传统观点是把法律史当作阶级压迫史来看待，掩盖了法律史的真正本质，从而应重新认识中华法系的地位及作用，破除西方中心主义的偏见。这是对传统研究方法提出的反思。

夏锦文的《21 世纪中国法律史学研究的基本思路》认为，21 世纪的中国法律史学研究面临新的问题和极富时代性的挑战，作为学者应审视中国法律史学研究所处的全球化背景，转变研究思路，关注法制现代化、全球化乃至后现代化思潮对法律史学研究的影响；深入拓展研究对象——从单一化走向复合化，以实现制度与思想、通史与部门法史的结合，历史与现实、纸上的法与实践中的法的贯通；不断更新研究方法——从简单化走向多样化，在历史学方法的基础上，广泛采用法理学、法社会学的研究方法，并注重对法律史进行动态考察和比较分析，以提升中国法律史学的研究水平，赋予法律史学新的时代意义和现实价值。①这是关注研究方向和方法论的一篇论文。

徐忠明的《关于中国法律史研究的几点省思》认为，近些年来，尽管学界对中国法律史研究有了长足的进步，但是，对于中国法律史研究的方法问题，依然缺乏必要的、自觉的省思。据此，从中国法律史研究的现状出发，对于中国法律史研究的方法问题进行一番检讨。②这是一篇对中国法制史研究方法提出反思的论文，对法律史研究视角和方法的关注较一

① 夏锦文：《21 世纪中国法律史学研究的基本思路》，《学习与探索》2001 年第 1 期。

② 徐忠明：《关于中国法律史研究的几点省思》，《现代法学》2001 年第 1 期。

般学者视野更广。他的另一篇文章则试图去探讨历史与文学关系，以古代判牍为范围，对正史、档案与文学三者之间的关联意义进行独到的分析和解释。①

张仁善的《中国法律社会史的理论视野》同样认为，新世纪中国法律史研究正面临着研究方法的创新和研究领域的拓宽双重挑战。提出加强中国法律社会史研究，是应付挑战的对策之一。该文对中国法律史研究对象、社会史中的"长时段"概念与中国法律社会史研究、社会结构与中国法律社会史研究、社会阶层与中国法律社会史研究、社会生活与中国法律社会史研究以及中国法律社会史研究方法等问题作了阐述，试图构建中国法律社会史研究的理论框架。②这也是学者探讨法制史研究的方法的一篇学术论文，关注法律社会学的视野。

王志强的《中国法律史研究取向的回顾与前瞻》在已有研究的基础上，试图从研究取向发展大势的角度，对百年来中国、日本和欧美等海内外学者有关中国法律史的著述进行简要梳理，并对研究取向与时代背景的联系及其未来走向略陈管见。③

韩秀桃的《中国法律史学史——一个学科史问题的透视》④，回顾 20 世纪的中国法律史学发展，提出建立中国法律史学史的学术构想，通过对学科本身的史学回顾，旨在促使中国法律史学在研究主体、研究视角、研究方法、研究对象和学科创新等方面寻找新的突破。

---

① 徐忠明：《制作中国法律史：正史、档案与文学——关于历史哲学与方法的思考》，《学术研究》2001 年第 6 期。

② 张仁善：《中国法律社会史的理论视野》，《南京大学法律评论》2001 年春季期。

③ 王志强：《中国法律史研究取向的回顾与前瞻》，《中西法律传统》2002 年 00 期。

④ 韩秀桃：《中国法律史学史——一个学科史问题的透视》，《法制与社会发展》2003 年第 6 期。

2005年召开的一次法律史学科发展国际学术研讨会上，学者们讨论学科未来发展，对法史学基础问题进行反思①，提出中国法律史研究的突破路径②，指出法律史学科的宏观进展与微观深化③，这是一次比较综合代表性的集中讨论学科研究发展的会议及成果。更有学者借问邓正来的《中国法学向何处去》而提出“中国法制史向何处去?”并借题发挥④，认为中国法制史已进入转型期，即1979年以来以教学和编写教材为主的复苏任务已完成，开始步入以专题性研究为主的新时期。因此必须明确今后的发展方向。

还有，一些学者对法律断代史的研究提出反思和推进。戴建国的《20世纪宋代法律制度史研究的回顾与反思》指出，宋代法律制度史的研究起步较，20世纪上半叶成果不多，80年代以后才快速发展，在综合研究、立法研究、刑法研究、民事法研究、司法制度研究和法律文献的整理研究方面都取得了丰硕成果。然而在学术规范方面还存在问题，此后宋代法律制度史的研究要多精力在实证研究，应借鉴史学、社会学、政治学等学科的理论和方法来充实和拓宽宋代法律制度的研究领域，注重法律制度发展的历史阶段性和法的动态及功能研究。⑤贾文龙、韩金满的《中国法律史方法论百年回顾思潮中法学与史学的学术分野——以宋代法律史研究为中心

---

① 刘广安：《中国法史学基础问题反思》，《法律史学科发展国际学术研讨会文集》2005年，此后发表在《政法论坛》2006年第1期。

② 林乾：《学科体系、研究方法与文献利用——中国法律史研究突破路径之浅见》，载《法律史学科发展国际学术研讨会文集》2005年。

③ 张明新：《法律史学科的宏观进展与微观深化——“法律史学科发展国际学术研讨会”综述》，《法律史学科发展国际学术研讨会文集》2005年，此后发表在《政法论坛》2006年第1期。

④ 李力：《借题发挥：中国法制史向何处去?》，《政法论坛》2006年第6期。

⑤ 戴建国：《20世纪宋代法律制度史研究的回顾与反思》，《史学月刊》2002年第8期。

的反思》(《宋史研究论坛》2007 年第 8 辑),对宋法史研究进行反思。王立民的《新中国法制史:21 世纪一个亟待开拓的中法史研究领域》,认为学界对新中国法制关注非常不够,其原因有主客观两方面,应加强对这一新领域的研究。①

此外,对历史法制评价问题也有反思,如黄凯的《价值标准的普遍性与特殊性——对历史法制得失评价标准的反思》认为,如何对历史上的法制的得失进行价值评价是中国法制史研究中所必须认真对待并精准回答的问题。为了建立正确的法制史评价系统,既要明确自身的价值评价标准,又切忌脱离历史在真空中进行评价。中国法制史研究中的价值标准的迷惘,在某种程度上类似于人类学的困境。如何处理研究主体与对象的价值意义错位,是突破西方标准与中国标准的关键。②

亦有学者对中国法制史研究的基本方法提出自己观点,如王申的《中国法制史研究中的"史实"与"史识"》,其主要观点是,中国传统伦理法思想是研究中国法制史的基础理论,它准确描述了中国古代社会自身对法的认识、所处的法制环境、准确的行为标准,以及对中国传统法的理念追求。中国法制史研究如果缺乏伦理法的方法指导,它就没有活力,就会成为一具无灵魂的躯壳或僵尸,就会逐渐失去存在的价值。即使我们将中国古代的法律按照现代西方法律的分类标准分得再细,如民法、刑法、诉讼法、经济法等,对我们今天的法制技术来说也不过形同玩物而没有法学价值,并可能最终导致中国法制史学的衰微。当"史实"和"史识"被混淆时,面对那些用西方法学的结构与概念来对中国法制史"雕刻"时,我

① 王立民:《新中国法制史:21 世纪一个亟待开拓的中法史研究领域》,《法学》2001 年第 2 期。

② 黄凯:《价值标准的普遍性与特殊性——对历史法制得失评价标准的反思》,《法学评论》2008 年第 1 期。

们如果仍然无动于衷，那么我们就会被“史识”掩盖了“史实”。在“史实”和“史识”之间，我们需要的是用现代的思维方式来看待传统的法律文化，而不是用现代的模式来改造中国传统的法律文化。①这是方法论的反思，尤其是近代以来，我国法律改革是在移植法基础上进行的，站在现代法律思维上评价中国传统法律已是司空见惯之事，但该文对此提出要谨慎。

也有具体方法论的提出，如王海军的《发生学方法与中国法制史的研究》认为，发生学成为人文科学领域内重要的研究方法是一个客观现象和必然趋势。中国法制史是人文科学领域重要的学科方向，而发生学方法的运用并没有在其中体现出来。因此主张将发生学理论作为研究方法引入中国法制史研究是很有必要的，对中国法制史的研究方法、视角和思维方式以及研究范围都具有重要意义。②

深入探讨研究方法而不流于宏观的阐述，也是这一时期学者的学术态度。王志强的《中国法律史叙事中的“判例”》一文，则以中外学者关注的“判例”典型问题为着墨点，认为中国法律史叙事中以西方概念体系为基本框架的填充式方法，值得深入反思。指出“判例”这一近代概念很可能来自日文汉字，用以迻译西文。回顾英、法两国的历史和现实，判例作为以个案方式凝聚法律群体共识、指引未来案件裁决的形式，始终具有重要作用。这一功能与中国古代法中的相关制度有部分共通之处，可以成为构建普适理论体系的基础之一；同时，中国的相关制度具有特定的体制背景和功能。将普适功能与特定功能相结合，“双向功能主义”可能可以避

① 王申：《中国法制史研究中的“史实”与“史识”》，《南京大学法律评论》2009年第2期。

② 王海军：《发生学方法与中国法制史的研究》，《中南大学学报》2010年第6期。

免西方中心和概念纠结，转向功能性问题的探讨和解释，以逐步构建中国法律史叙事的新框架。①无论是在研究视角还是论述观点上均给人以耳目一新之感，尤其是以判例概念、判例的适用等探讨法律史叙事问题，要避免西方中心主义范式存在的缺陷。这与之前的关注点相比更为深耕细作。

以上所述，可以看出在 21 世纪初始学者们就较为重视对中国法制史研究的回顾、学术史的梳理及研究方法的反思，以展望并对未来的法制史研究提出新方向。

二、立法研究

法制基于立法，除却史料爬梳、视角方法外，法制史研究首要是对立法的研究。对立法的研究，大致可分为对律典的研究以及对古代各种法律形式或法律渊源的探讨。

先秦立法的研究，是传统学界就较为重视的领域，当代学者更趋于对传统观点提出新的看法，并立足于新史料的出现。如王沛的《刑鼎源于何时》，以 2005 年公布的曾伯陭钺的“铭文”为例，认为属于古书中所说的“刑器”，该铭文表明此钺是配合刑鼎使用的刑器，可知刑鼎至少在西周已经存在，远早于春秋末的范宣子铸刑书。上古铸刑书不一定必在鼎上，与鼎类似的其他礼器，都有镌刻刑书的可能，其性质和刑鼎是一样的，兮甲盘即为其例。《左传》所载叔向、孔子反对铸刑书，攻击其是不符合礼制而滥造刑鼎的行为，而这种行为是刑鼎制度衰微后的产物。②

铸刑书于鼎，是古代立法的重要事件，而商鞅的“改法为律”亦是学

① 王志强：《中国法律史叙事中的“判例”》，《中国社会科学》2010 年第 5 期。

② 王沛：《刑鼎源于何时》，《法学》2012 年第 10 期。

界传统关注对象。武树臣的《秦“改法为律”原因考》在对秦国商鞅“改法为律”的真实性提出肯定性意见的同时，从社会文化特别是法律样式的角度，对秦“改法为律”的原因进行新的探讨。认为从三代的“以刑统例”到战国的“以法统令”，再到秦国的“以律统刑”，反映了先秦法律历史发展的三个阶段。秦律为中国古代成文法的确立奠定了基础，后世的法律样式均可以从秦律那里找到最初的模型。①

从律令的法律体系到律例的法律体系转变发展，是中国法制立法史上一个重要问题，对令、例法律形式的研究也是学术界出成果较多的领域。首先是秦汉令的学术史梳理和反思，当推徐世虹的《百年回顾：出土法律文献与秦汉令研究》，回顾了百年对秦汉令的研究状况，令作为中国古代法律重要的法源形式之一，自中国法制史研究之始即为学者关注。以沈家本、程树德为代表的早期辑佚复原、考证研究，开启了秦汉令的研究领域，为秦汉律令体系的构建奠定了基础。此后中田薰又将汉令研究推向一个新阶段。百年来简牍的不断出土，丰富了秦汉令的资料来源，人们对汉令的形式、结构、性质及令的分化、律令转化、令的立法程序予以全面探讨，成果迭见，秦汉令研究呈现一个新局面。但由于对出土文献的认识及基本概念的解析各不相同，有关秦汉时有无令典，挈令的形态究竟如何，干支令、挈令、事项令的关系如何，令分甲乙丙的标准为何，对秦汉令的法律地位应当如何判断，如何定位它在中国法律史发展过程的作用，仍有待新资料的披露及研究的进一步深入。②该文条分缕析地阐述近代以来对秦汉令研究成果，指出仍有待新资料的出现及更为深入的研究。

---

① 武树臣的《秦“改法为律”原因考》，《法学家》2011年第2期。

② 徐世虹：《百年回顾：出土法律文献与秦汉令研究》，《上海师范大学学报》（哲学社会科学版）2011年第5期。

令作为皇帝命令的法律形式到西晋时期发生重大改变，成为“令以存事制”，而《大明令》是中国法制史上最后一部以“令”命名的典章制度汇编之法律形式，清代有律、有例而无令，清例沿用明令，数量虽然不大，但揭示了明代令制的去向。霍存福、张靖翊、冯学伟的《以〈大明令〉为枢纽看中国古代律令制体系》，比较晋唐宋令、元条格与明令、清例的沿袭关系，认为对中国古代法律部门的初始分化、法典分工及编纂等问题的理解和把握，具有重要理论意义。①宋代《天圣令》的发现纯属偶然，戴建国教授为研究宋代职官制度，1998 年到浙江宁波天一阁博物馆找到明代的抄本《官品令》10 卷，但抄写研究后发现实为北宋天圣年间制定的令。这一发现和研究颇具意义。2006 年中国社会科学院历史研究所完成了对《天圣令》的整理，②从而让这部珍贵资料得以呈现于世，必然会推动对唐宋时期令这一法律形式的新研究。如黄正建的《〈天圣令〉与唐宋制度研究》（中国社会科学出版社 2011 年版），对《天圣令》文本及所附唐令等进行研究，从文本与制度阐述《天圣令》所蕴含的巨大史料价值。台湾地区学者同样深感兴趣，主编了《天圣令论集》上下两册。③还有赵晶的《〈天圣令〉与唐宋法制考论》同样立足于《天圣令》残卷，从令篇构造、条文源流、法律术语、唐令复原及规范意涵等切入唐宋令，并以此探究唐宋法制。④吕志兴则是对宋令进行探讨，宋令基本沿用唐令的内容和形式，

① 霍存福、张靖翊、冯学伟：《以〈大明令〉为枢纽看中国古代律令制体系》，《法制与社会发展》2011 年第 5 期。

② 天一阁博物馆、中国社会科学院历史研究所天圣令整理课题组校订：《天一阁藏明钞本天圣令校证：附唐令复原研究》，中华书局 2006 年版。

③ 台湾师范大学历史系、“中国法制史学会”、唐律研读会主编：《〈天圣令〉论集》（上、下），台湾元照出版有限公司 2011 年版。

④ 赵晶：《〈天圣令〉与唐宋法制考论》，上海古籍出版社 2014 年版。

神宗元丰立法改革，令的修订活动频繁，其立法模式、编纂体例及其在法律体系中的地位均发生变化，宋令不再编订为独立的法典，而是与（编）敕、格、式统一编订为“敕令格式”的法律汇编，而宋令的编纂进一步完善，分类较唐令更细，宋令真正成为其法律体系的主干。作者指出宋令的变化使得宋代法律体系更加完善，并使律令法体系臻于完备。①

另外，学界对律令整理和研究的著作颇多，有断代考察，如中国社会科学院简帛研究中心编的《张家山汉简〈二年律令〉研究文集》（广西师范大学出版社 2007 年版），朱红林的《张家山汉简〈二年律令〉研究》（黑龙江人民出版社 2008 年版），赖亮郡的《唐宋律令法制考释——法令实施与制度变迁》（台湾元照出版有限公司 2010 年版），杨建的《西汉初期关津制度研究：附〈关津令〉简释》（上海古籍出版社 2010 年版），张忠炜编的《秦汉律令法系研究初编》（社会科学文献出版社 2012 年版），杜建录、伊莉娜·波波娃主编的《〈天盛律令〉研究》（上海古籍出版社 2015 年版）②；也有通史的整理与研究，如邢春如、李穆南、竭宝峰、刘心莲主编的《历代律令》（辽海出版社 2007 年版），郑显文的《律令时代中国的法律与社会》（知识产权出版社 2007 年版），高明士的《律令法与天下法》（元照出版有限公司 2013 年版）等。有值得一提的是杨一凡、朱腾主编的《历代令考》，这是近百年来首次出版的系统考证中国古代令的力作，是中国、日本学者研究古代令代表性成果的汇集，分 29 个专题，对令探讨中的诸多疑义和新问题进行扎实考证，新见迭出，颇有学术价值。③

而汉代科是律令的诠释、细化，也有弥补律令规定不周之用意；科通

① 吕志兴：《宋令的变化与律令法体系的完备》，《当代法学》2012 年第 2 期。

② 《天盛律令》研究状况可参看孙效武、杨蕤：《近二十年来〈天盛律令〉研究综述》，《西夏研究》2016 年第 4 期。

③ 杨一凡、朱腾主编：《历代令考》（上下），社会科学文献出版社 2017 年版。

常由官吏奏请、皇帝批准并颁行，经由官府逐级下达而布告基层民众，专制一方的统治者亦可制定、颁行科。作为法律载体，科具有灵活性、针对性和孳殖性，故在汉末三国特殊的政治格局下，为各方统治集团所利用，成为法规汇编或编纂的代称，实现从如律令到如科令之历史转变。这是张忠炜在其《汉科研究：以购赏科为中心》一文中的主要观点。[①]霍存福编著的《唐式辑佚》（社会科学文献出版社 2009 年版），唐律研究专家钱大群教授则为此去信一封，赞该书的意义“几可与仁井田氏之《唐令拾遗》相匹”[②]，可见其对学界研究的价值所在。此外，元代的立法形式研究，当推吴海航的《中国传统法制的嬗递：元代条画与断例》（知识产权出版社 2009 年版），对元代条画进行研究，认为元代忽视成文编纂，但重视条画的颁行，并大量运用司法断例，体现了元代法制运行的独特性。

从律令到律例，对“例”的探究自 20 世纪 90 年代以来就是比较重视的研究对象之一。马凤春的《传统中国法“例”说》（《河北法学》2011 年第 2 期），对研究“例”的意义及作用进行一般性解说，认为研究传统中国法各种“例”，有助于认识传统中国法“诸法并存”的事实，也有助于理解当今中国法存在的问题。而韩秀桃对例的探讨是以个案出发，更具实证性。[③]郑定、闵冬芳的《论清代对明朝条例的继承与发展》（《法学家》2000 年第 6 期），则是从清代对明代条例继承角度进行分析。对例的研究，很有影响的著作当为杨一凡、刘笃才的《历代例考》[④]，对历史上各类例的

① 张忠炜：《汉科研究：以购赏科为中心》，《南都学坛》2012 年第 3 期。

② 《钱大群就〈唐式辑佚〉致霍存福信》，载《法律文化论丛》第 2 辑，法律出版社 2014 年版，第 119—121 页。

③ 韩秀桃：《清代例的制定与实施——雍正五年“开豁世仆”谕旨在徽州、宁国实施情况的个案分析》，《法制与社会发展》2000 年第 4 期。

④ 杨一凡、刘笃才：《历代例考》，社会科学文献出版社 2012 年版。

起源、内容、演变及其在各代法律体系中的地方及功能作了翔实的系统考证，认为不了解例就无法真正懂得中国古代法制，这一学术成果在很大程度上推动了对“例”这一立法形式的研究进展。

何勤华的《清代法律渊源考》是在研读《刑案汇览》《驳案新编》《汝东判语》《吴中判牍》《樊山判牍》《徐雨峰中丞勘语》等一批有代表性的清代判例汇编的基础上，对清代司法实践中适用的法律渊源进行了系统考察。该文认为在清代不仅《大清律例》等国家正式法典在法院审判活动中是得到严格遵守的，而且成案、习惯法、情理、律学著作等也是司法官判案的重要依据。清代法律渊源的表现形式尽管是多元的，但在适用时，多元的法律渊源又被锤炼成一元的规则体系，以维护统一的社会秩序。清代各级审判机关在审理案件时都比较认真仔细，这是清代司法运作的主流；草率马虎、滥杀无辜的现象确实存在，但它不代表法律适用的整体状况。①这是一篇对清代法律渊源进行考察的力作，在学术界产生了较大影响。

张晋藩继续以往对中国古代民事法制的关注，认为中国古代虽然没有严格的近代意义上的民法典，但是却不能说中国古代不存在民事法律。清代在继承前代民事法律的基础上，在民事制定法方面取得了较大进步，其突出表现是《大清律例》中《户律》例文的增加，以及《钦定户部则例》的多次编纂及颁行。②这是对例的一种——则例（户部）进行的局部研究。

无论是律令还是律例，律是基本律典，几乎各朝代都会制定大一统的律典，“律以定罪名”。对律及相关律学的研究是学术界一直以来非常关注的研究领域。如钱大群的《〈唐律疏议〉结构及书名辨析》，对《唐律疏议》“疏议”名称及结构作了探讨。张先昌的《〈开皇律〉的修订及其在中

① 何勤华：《清代法律渊源考》，《中国社会科学》2001 年第 2 期。

② 张晋藩：《〈户部则例〉与清代民事法律探源》，《比较法研究》2001 年第 1 期。

国法制史上的地位》（《法学研究》2002 年第 4 期），《开皇律》承上启下，对后世影响深远。何勤华的《唐代律学的创新及其文化价值》（《政治与法律》2000 年第 3 期），《唐律认为疏议》集中了以经各代法律解释学的成果，建立起律学体系。俞荣根的《唐律学的起源、演进与趋势》（《中西法律传统》2004 年第 00 期），论证唐律集前代立法之大成，成为后世立法之圭臬。范忠信提出，明清律的基本结构反映了中国传统文化的典型的法典编纂观念，稀少的民事规范在律典中杂附于刑法条文的存在方式反映了中国法律传统中民事问题刑事化的典型观念。①

孔学通过唐宋之际法律形式演变的考察，认为神宗“更目”后，敕均为“刑名敕”，兼唐代之律，可以单独据以断罪。不再求助于律文，律也就存在于敕之外。法律系统从唐代的律、令、格、式系统逐渐演变成神宗更目后的律、敕、令、格、式系统。《宋刑统》在修改中行之两宋。律敕关系随着编敕的不同发展阶段而变化，神宗更目后，敕具有优先适用权，律与敕的关系是新法与旧律的关系，新法主要补旧律之不足，新法周旧律之未备，新法对旧律进行修订乃至部分取代。②律敕关系，在唐宋时期比较凸显其重要，尤其是宋神宗时期有敕代律之效。

另外，在研究中国古代法律形式上，杨一凡的《中国古代法律形式研究》③，收入论文 16 篇，有的观点颇具创见。他鲜明指出要研究中国古代法制全貌，除了传统研究重点律外，还必须注重典、令、例等多种法律形式及其表述的立法成果的研究。值得一提的是，杨一凡在 2013 年出版了两本著作④，是专题式深研的成果，也是进一步阐述其对中国古代法律形

① 范忠信：《明清律结构及私法在其中的地位》，《现代法学》2000 年第 4 期。

② 孔学：《论宋代律敕关系》，《河南大学学报》（社科版）2001 年第 3 期。

③ 杨一凡：《中国古代法律形式研究》，社会科学文献出版社 2011 年版。

④ 杨一凡：《明代立法研究》中国社会科学出版社 2013 年版；杨一凡：《重新认识中国法律史》，社会科学文献出版社 2013 年版。

式观点的著作。《明代立法研究》阐述明代法律体系，集点考察洪武朝的严刑峻令、重刑禁例和法外用刑，明中期后的《问刑条例》等明代立法形式。《重新认识中国法律史》，对中国古代行政、经济、刑事、民事、军政、文化教育等方面的法律制度均予涉及，提出“利用新材料，发展新思维，重述中国法律史”，对中国古代法律体系、具体法律形式、中华法系、地方法制等进行新的探索。对法律史研究起着积极的推动作用。刘广安、沈成宝的《清代法律体系辨析》（中国政法大学出版社2017年版）则是重点考察清代《会典》的效力、适用方式与编纂意义，以及清代条例、则例等法律形式的协调适用原则等，是一部对清代法律形式研究较有深度的著作。

三、法制研究

立法更多是从法律渊源上考察，而古代法制涉及方方面面，以下仅从刑事、民事、其他、司法等四个方面来考察这一时期学术界的主要成果。2000年至2018年，所能搜集的中国法制史论文有934篇①（除去个别篇目是纪念文外），刑事法制研究的相关论文有76篇，司法研究的论文有86篇，民事论文有40余篇，涉及行政、赋税经济类的论文仍在少数。比较多的研究集中于对中国古代整体法制的探讨，对律文及立法研究也不在少数，而且近十年来对近代法制的研究日增。以下仅就几个方面对成果简要阐述，不足之处，有待后续的深入和完善。

（一）刑事法制研究

刑事法制是古代法制的重要组成部分，历代律典以刑事为主，是学界研究的主要领域。这一时期的研究成果也较多，简要述评之。龙大轩对法律史

① 数据统计源于中国知网（CNKI），或有遗漏。

学界的通说——即认为八议制度始于曹魏提出不同的看法，认为从周之八辟到汉之八议的名称变化，表明了一种新的法律制度在汉代萌生，在两汉法律遗存中能够寻找到八议的大部分内容，在汉代司法活动中，八议也已成为断案议罪必须遵循的法律准据。以此可证，八议制度的确立时间当在汉代。①此外，对定罪量刑原则研究依然继续，如徐岱的《罪刑法定与中国古代刑法》(《法制与社会发展》2000 年第 1 期)，林亚刚的《中国古代刑法中的犯罪过失概念剖析》(《武汉大学学报》(人文社科版) 2000 年第 3 期)，认为我国古代刑法中表述无犯罪意图过失的概念，主要在于“无认识过失”，强调对事实或结果“无本意”，对非故意罪过而构成犯罪的，侧重于通过伦理规范来指导人们的行为，以预防和减少犯罪。皆为以往研究的深入。

罪名与刑罚的研究，如郭东旭的《论北宋“盗贼”重法》(《河北大学学报》(哲社版) 2000 年第 5 期)。戴建国在已有成果基础上，对宋代折杖法作进一步的探讨，认为折杖法制定于建隆四年（公元 963 年）；折杖法中的小杖是对已决犯改判后余罪的执行刑具，又是用以惩治微罪的一种刑具；宋徽宗以后，折杖法总体是朝着轻刑方向发展变化的。②胡仁智立足于汉简，对汉代公职人员的职务犯罪进行探析，以期为现代社会的相关立法提供某种借鉴。吴艳红的《试论中国古代的“发罪人为兵”》(《中外法学》2001 年第 2 期)，是对“发罪人为兵”刑罚的考察。而杨鸿雁以文献典籍和考古研究成果考察中国古代长期存在的多类型耻辱刑，回顾历史对冷静观察当前世界各地耻辱刑回潮的现状，有很好的启示意义。③另外，张静从刑讯制度的产生及其沿革入手，进而探寻刑讯制度产生的原因及其在历史上的作用。④

---

① 龙大轩：《八议成制于汉论考》，《法学研究》2012 年第 2 期。

② 戴建国：《宋折杖法的再探讨》，《上海师范大学学报》(社科版) 2000 年第 6 期。

③ 杨鸿雁：《中国古代耻辱刑考略》，《法学研究》2005 年第 1 期。

④ 张静：《中国古代刑讯制度研究》，《文史月刊》2006 年第 11 期。

刑事法制的研究，历来是重中之重，后面有专章对此进行探讨，此不赘述。

（二）民事法制研究

对古代民法的综合性考察，如李显冬认为，近年来法律史研究中对正律以外的大量史料的考证足以说明，既然中国古代曾有辉煌的国际和国内贸易是不争的事实，且调整这些社会关系的大量的行为规则和裁判规则的存在亦不容置疑，那么只要转换思路，从实质意义上的民法渊源的角度来看问题，就不但可以发现中国古代固有民法的实在体系，而且能够概括出其特有的调整模式。①

陈永胜的《敦煌文献中民间借贷契约法律制度初探》（《甘肃政法学院学报》2000 年第 3 期），对敦煌文书中的民间借贷契约进行探讨。王志强的《清代的丧娶、收继及其法律实践》（《中国社会科学》2000 年第 6 期），是一篇颇见功力的论文，对清代非礼制婚俗中的丧娶和收继习惯进行考察，试图探讨其分布状况及其与国家法之间的关系，通过对案例的考察，认为国家各级权力机构及民间社会对习惯的态度以各自的实际利益和现实条件为基础，既存在阶层性的差别，同时又互为影响。

马晓莉、赵晓耕认为，自西周以降至近世民国，拾得遗失物归属原则的发展经历了三个阶段。在这一过程中，暗含着根植于本民族内部的自然变迁和来源于模仿西方的近代立法实践两条主线。通过对各朝拾得遗失物归属原则进行梳理分析，寻找一些可资于新中国民法典制定的有益参照，不失为一种好的尝试。②

① 李显冬：《试论中国古代固有民法的开放性体系》，《杭州师范学院学报》2003 年第 5 期。

② 马晓莉、赵晓耕：《拾得遗失物归属原则的中国法制史考察——由“道不拾遗”谈起》，《河南省政法管理干部学院学报》2007 年第 5 期。

明清时期房地买卖的研究是重点对象，如尤陈俊对明清时期房地买卖的契约实践中，曾存在着一类当时通常被称为“叹契”的独特契约形式进行研究，其共同的特征在于，卖主将房地绝卖于他人之后，仍可再向买主索要俗称“叹价”的经济补偿。此类体现绝卖不绝之特征的“叹契”，往往构成当时江南地区不少地方的房地买卖全过程之内在组成部分。①该文通过对新史料的挖掘与运用，对这种契约形式进行分析，提出与以往学界不同的观点。而任志强认为，明清时期虽然国家法律没有规定田宅相邻关系如何调整，但是地方官充分发挥主观能动性，依据情理对此类纠纷作出判决。这些判决所体现的处理纠纷的原则、理念竟然与当代物权法不谋而合，可见情理与法律制定的理念是相通的。②

契约的研究，是民事法制中非常重要也是研究成果颇多的领域，如前所述，原始契约的现世、整理和出版，为学术界研究提供了非常便利的条件。乜小红的《中国古代契约发展简史》③是一部研究中国古代契约发展史的学术著作，立足传世文献和出土文献，对中国古代契约的发展进行深入考察，总结其规律性。

（三）其他法制研究

其他法制，主要是指除去民事、刑事外的，范围较广，有经济法制、监察法制、家法族规等，还有少数民族法史研究。现简要述之。如黄纯艳的《论宋代的私茶法与私茶》（《云南社会科学》2000 年第 5 期），研究宋代的私茶法。胡谦的《先秦监察法制形态的功能视角分析》（《宁夏大学学报》（人文社会科学版）2007 年第 5 期），以先秦监察现象为研究对象，以

---

① 尤陈俊：《明清中国房地买卖俗例中的习惯权利》，《法学家》2012 年第 4 期。

② 任志强：《明清时期田宅相邻关系研究》，《北方法学》2012 年第 2 期。

③ 乜小红：《中国古代契约发展简史》，中华书局 2017 年版。

功能分析的方式探寻先秦社会中监察机制的基本形态。胡沧泽探讨唐代监察体制的四个方面变革：完成监察体制中御史监察系统的统一和完整，御史机构完整统一，所属有台、殿、察三院，分工明确，各司其职，制度健全，职权扩大；监察体制中言谏监察系统进一步发展，有专门的言谏机关，谏官种类增加，权力增大，除了言事谏诤权的行使外，封驳诏书权的健全，加强宰相间的相互制约和对皇帝决策的监督；地方监察制度的完备和崇重以及监察官吏行使权力的独立性和规范性为以往历代所不及。正因为这些变革，促使进一步摆脱门阀士族的羁绊，皇权不断加强，监察体制更趋合理、完善和成熟。①孙季萍的《中国古代权力监督制度评析》（《政治与法律》2001 年第 5 期）则是对中国古代权力监督制度进行较为宏观的探讨。

家法族规是学者比较关注的对象，因为中国古代长期以来实行基层宗族自治的形式，尤其是明清时期家法族规成为国家法律的部分，即使是今天有些家法族规仍然在一定范围和程度坚韧地起着作用。薛洪波对百年来家法族规的研究进行述评，认为家族法为国法所承认并由国家强制力保证其实施，国法与家族法共同调整社会关系，维护社会秩序，这是中国法律体系的重要特征之一。②这也是目前学界非常关注的研究对象。

对少数民族法的研究，也是法律史中比较重要部分。张晋藩主编的《中国少数民族法史通览》（10 卷）③，每一卷自成体系，系统介绍蒙古族、藏族、回族、维吾尔族、满族、壮族等少数民族，及西南地区、西北地区、东北地区的少数民族的法律制度、法律意识、法律习惯及法制状况，全面梳理少数民族的法文化历程，无疑推动少数民族法史的研究。

---

① 胡沧泽：《唐代监察体制的变革》，《福建师范大学学报》（哲社版）2001 年第 3 期。

② 薛洪波：《中国内地秦汉家族法研究百年综述》，《中国史研究动态》2012 年第 5 期。

③ 张晋藩：《中国少数民族法史通览》10 卷本，陕西人民出版社 2017 年版。

此外，邱澎生的《当法律遇上经济：明清中国的商业法律》①，是一本视角较为新颖的、探讨明清时期经济与法律之间的力作。系统地描述并论证明清中国经济与法律的发展历程及其历史意义，指出明清中国也有商业法律的主张。

四、司法研究

如果说立法研究是静态的，而司法则是动态研究。可以说，随着更多的司法档案、案牍资料的发现和整理，司法审判的研究进入了一个更好的时期，不仅仅学术成果纷呈繁多，研究的深耕也达到前所未有的程度。分古代与近代两部分述之。

（一）古代司法研究

对传统司法主题仍然关注，如吕志兴的《宋代司法中的分权与监督制度初探》（《中央政法管理干部学院学报》2000 年第 3 期），《“春秋决狱”新探》（《西南师范大学学报》（人文社科版）2000 年第 5 期）。而对旧问题的新视角或对新问题的探讨则是这一时期司法研究的重要特征。如对明清的司法案例等的研究，何勤华认为，案例汇编蕴含着各种经济、政治、宗教、文化及外交信息，对案例汇编的研究有助于对明清社会的探讨。②

对司法依据的探究日渐关注，王志强的以司法判决为切入点，探讨中国古代司法中国家制定法的适用方式，描述其发展和转型的历史脉络，分析其特色和成因，具有一定现实意义。秦代和汉初严格守文的司法风格在西汉中期经历了重大转变；随着法律意识形态和制度的稳固，唐代形成对

① 邱澎生：《当法律遇上经济：明清中国的商业法律》，浙江大学出版社 2017 年版。

② 何勤华：《明清案例汇编及其时代特征》，《上海社会科学院学术季刊》2000 年第 3 期。

制定法形式性尊重而工具性运用的风格，贯穿于刑事和民事的司法审判中，直至清末。这种尊重而实用的方式是唐代以后适用制定法的基本特色，直至当代依然有其影响力，足以引起诸多思考。[①]这是一篇探讨司法判决中法律适用的问题，可谓开启了 21 世纪初 20 年里中国法制史研究的一个重要主题：古代司法判决及其相关问题。

汪雄涛认为，“情法两尽”作为中国传统司法的习惯表达，在古代判牍中十分常见。但是，由于对律法的遵从仅仅来自官僚机制的脆弱约束，“情法两尽”的理想在遭遇现实的情法冲突之后，往往呈现出“以情曲法”的面貌。同时，由于情理本身的变动不居和缺乏基点，“酌情”实际上是一种模糊表达。归根结底，所谓“情法两尽”，与其说是在平衡情理与律例，还不如说是在进行利益的分配与考量。[②]这篇论文也可以说是对古代“情理法”作判问题的继续探讨。

陈炜强以判词为研究文本指出，古代中国司法官在很多案件判决中经常不直接援引法律条文，而是以“引经据典”书写判词后作出判决，彰显出古代中国判词之“引经据典”的诸多特殊功用。具体言之，“引经据典”是一种古代中国的衡平司法，是一种不同于西方的文学化司法形式主义，也是一种司法权力正当化策略，更是古代中国的法律解释方法之一。而这一切特殊功用的形成要归结于古代中国儒士共同体、行政官与司法官的三位一体制度。[③]

徐忠明的《清代中国的爱民情感与司法理念》（《现代哲学》2012 年 1 期），认为传统中国的“情”，不仅涉及私人的日常生活领域，而且涵盖国家的政治活动领域，从而成为整个文化的基础。这种“情本位”的文化类

① 王志强：《制定法在中国古代司法判决中的适用》，《法学研究》2006 年第 6 期。

② 汪雄涛的《“情法两尽”抑或是“利益平衡”?》，《法制与社会发展》2011 年第 1 期。

③ 陈炜强：《古代中国判词之“引经据典”探析》，《上海政法学院学报》（法治论丛）2012 年第 6 期。

型，也与传统中国司法官员的思维模式相吻合，并对司法裁判的风格有着直接的影响。该文以清代官员袁守定编撰的《图民录》一书为例，提出爱民情感构成了全书的核心环节，作者以古人的“嘉行”故事来作为州县牧令追慕的榜样，阐明了“为政”必须以“爱民”为基础的道理。对古代司法审判研究，除了关注“判决依据”问题外，就是对审判中体现出的理念或观念的研究，这是一个硬币的两面。

与审判依据相关的还有是对比附问题的探讨。陈新宇的《比附与类推之辨》（《政法论坛》2011 年第 2 期）指出，比附包括名分的比附、类推式的比附与特别的比附三种类型，既包括类推，亦有独特的面相。从名分的比附中，可以看到古代法中“正名”之重要性，古人的“无正条”，包含无适当名分规范之意，与近代的“法无明文规定”在理解上不能完全等同。这是一篇系统比较比附与类推并予以分析的论文。

对诉讼问题的研究也是重要部分。如李交发的《中国传统诉讼文化宽严之辨》（《法商研究》2000 年第 3 期），较为系统地论述中国传统诉讼法律文化中的宽严问题。卞利的《明代徽州的民事纠纷与民事诉讼》（《历史研究》2000 年第 1 期），则是利用大量的原始资料和地方志，论述明代徽州民间诉讼增多的原因、诉讼的基本内容、处理程序及依据标准等，无论是资料的运用还是观点上均有其可取独到之处。而马念珍的《试析中国古代诉讼中的证据制度》（《贵州教育学院学报》2000 年第 5 期），重点在于考察诉讼中的证据制度。王有粮梳理民国新繁县司法档案中家族产业案件和家族在诉讼案件中所起的实际作用，认为至少在法律实践的意义上，并未发生“理性法”取代“伦理法”的过程，相反，“家族”仍然在诉讼中起重要作用。①邓建鹏的《词讼与案件：清代的诉讼分类及其实践》（《法学

① 王有粮：《“伦理法”与“理性法”之间：民国新繁县诉讼档案中的“家族”》，《四川大学学报》（哲学社会科学版）2012 年第 3 期。

家》2012年5期）指出，清代立法与司法实践主要受皇帝和官方自我利益因素的驱动，将诉讼事件大致分为词讼（或细事）与案件（或重情）两大类。前者常指户婚、田土等州县官自理型诉讼，后者多为判处徒刑以上案件，包括人命、强盗等严重的犯罪。这种分类标准既与案情本身性质与构成要素有关，同时也包括事后判决结果及量刑轻重，而且诉讼不同分类，其告诉时间规定及裁决依据也各有不同。尤陈俊认为，受治理理念和财政因素等的制约，清代官方始终没有通过增设包括州、县官在内的常规官僚方式来积极应对当时主要由于经济社会生活日益复杂和人口渐繁而不断扩大的民间词讼规模。在这种简约型司法体制之下，一旦词讼规模超过官府理讼能力所能应对的范围，就会被纳入“健讼”之类的主观评价话语而予以谴责。①

与诉讼相关有中国古代很有特色的调解制度。对调解制度的关注，如胡旭晟与夏新华认为，调解制度是中国最具文化代表性和最富于文化韵味的司法形式，体现了传统诉讼文化的最高价值导向。②陈景良的《崔述反“息讼”思想论略》（《法商研究》2000年第5期）指出，崔述是中国古代士大夫中第一个公开著文反对“息讼”的人，其思想价值应为学界所关注，这也是为人们认识乃至重新评价中国法律传统开辟一个新视野。俞荣根、魏顺光的《中国传统“调处”的非诉讼经验》（《中国政法大学学报》2012年1期）指出，中国传统调处制度是一种“非诉讼纠纷解决机制”的古代模式。中国西周时期已经有了关于调处的制度性规定，该制度发展至明代时已经相当完备。依据“调处人”的不同身份，可以将中国古代的

① 尤陈俊：《清代简约型司法体制下的“健讼”问题研究》，《法商研究》2012年第2期。

② 胡旭晟、夏新华：《中国调解传统研究——一种文化的透视》，《河南省政法管理干部学院学报》2000年第4期。

“调处息讼”大体上分为民间调处、官府调处和官批民调三种类型。中国传统调处制度具有：适用范围的限定性；调处方式的灵活多样性；调处过程的劝谕性；调处依据的多元性等特点。

此外，还有对司法审级的研究，如于明的《司法审级中的信息、组织与治理》(《法学家》2011 年 2 期）认为，尽管从表面上看，中国传统司法审级中的“上控”与“审转”违反了“上诉审”的经济学原理，但该文的分析表明，这两种制度的出现实际上来源于古典司法复审的“政治治理”功能，并且在事实上构成了一种有效率的信息机制与“组织替代”，回应了古代社会低成本地获取地方治理信息的难题。但这些理论上合理的制度在实际的运行中也产生了许多问题，并且一直存在于当下中国的审级制度之中。

古代司法的研究更多在基层州县及其审判理念及民间诉讼、调解制度层面，而近代司法的研究更多地关注移植、近代化问题。下文简述之。

（二）清末至民国时期司法研究

从 20 世纪 80 年代开始，对这一历史时期的诉讼审判关注日多，尤其是 2008 年前后开始，有关清末、民国时期诉讼审判的研究成果纷呈，相比以前更注重探讨的细节和深入性。如 1980 年到 2006 年期间期刊发表的有关“法律史”论文有 140 篇[①]，以篇数来看，80 年代 4 篇，90 年代 25 篇，2000—2005 年就有 111 篇；以研究时间段来看，专论清末的有 48 篇，民国的有 61 篇，其余篇目基本是从清末至民国贯穿这一历史时期的诉讼

① 这一数据统计依据何勤华、王立民主编：《法律史研究》（三辑，中国方正出版社 2006 年版、2007 年版、2008 年版）所附“论文索引”，以及曾宪义主编：《百年回眸——法制史研究在中国》第四卷，“百年中国法律史学论文著作索引”，中国人民大学出版社 2009 年版。选取标准是涉及“清末”与“民国”时期，有关诉讼、审判、律师、检察等，关于租界或领事裁判权类的论文未予算在内。另外，这一数据统计并不完整，仅作分析文本。

审判研究。以论述主题来看，主要有以下几个专题：一是关注诉讼或司法“改革”或“变革”层面的论文，有30篇；二是关注司法权层面的，有12篇；三是关注审判厅、大理院或最高法院以及法官或司法官层面的有16篇，其中大理院就有6篇，法官有4篇；四是关注司法实践或运作层面的有8篇；五是关注上海、四川、宁夏、奉天、广东等地方司法，如探讨近代上海诉讼审判（不包括租界）的有2篇，其余各1篇。还有3篇是关于“县知事兼理司法”或“县司法处”问题的探讨，其余涉及律师、陪审、检察、司法考试、具体案例等内容。此外，仅有2篇关注诉讼立法①，4篇是关于诉讼法学的②，其中在学界颇具影响的是《中国近代民事诉讼法学的诞生与成长》《中国近代刑事诉讼法学的诞生与成长》两篇，对中国近代民事诉讼法学进行整体分析和主要著作的阐述，总结出近代民刑诉讼法学特点。

从2007年至2018年的有关清末至民国时期诉讼审判研究的学术论文，无论是研究广度和研究数量都远超于前期，相关研究更趋于深入和细致化。从关注主题来分，大致有以下几类：一是对诉讼、审判制度的演变进行阐述分析的宏观性研究，二是对大理院的法律适用、司法实践、权力配置等的研究，三是对清末民初基层司法转型的研究，四是对南京国民政府司法制度的设计及其实践的研究，五是对法官选任、律师及律师公会、检察制度的研究。近年来呈现出两大研究热点，一是对北洋政府时期大理院

① 徐立志：《沈家本等订民事诉讼法草案考》，载《中国法制史考证》甲编第7卷，中国社会科学出版社2003年版；吴泽勇：《清末修订〈刑事民事诉讼法〉论考——兼论法典编纂的时机策略和技术》，《现代法学》2006年第2期。

② 崔敏：《刑事诉讼法学百年回眸》，《公安学刊》1999年第6期。陈瑞华：《二十世纪之中国刑事诉讼法学》，《中外法学》1997年第6期。何勤华：《中国近代民事诉讼法学的诞生与成长》，《法律科学》2004年第2期；何勤华：《近代刑事诉讼法的诞生和成长》，《政法论坛》2004年第1期。

的研究①，包括对大理院法律适用的研究②；对大理院司法权配置问题的研究③；对大理院审判官员、办公场所、司法文书等的研究考察该审判权限、司法观念等问题④；对大理院某类案件的审理研究，这在大理院研究中比较多，也更易见其研究的细致性，如对“妾”“买卖”“寡妇立嗣”“分产”等问题的探讨⑤。不过相比之下，对大理院刑事案件的司法实践关注较少，而且对大理院法官个人及其群体的考察仍有待深入。热点之二是对清末民初基层司法的关注，包括基层司法档案的挖掘、整理，并以此为基础的学术性研究，而且因档案的地域性问题，形成学术研究的地域性特征。如以点校的判牍为文本的研究，李贵连、俞江的《清末民初的县衙审判——以江苏句容县为例》⑥，就是以句容县县令许文濬的《塔景亭案牍》

① 以“大理院”为主题词搜索，除去无甚关系的，亦有 115 篇之多。参见期刊—中国知网 http：//epub.cnki.net/kns/brief/result.aspx?dbPrefix = CJFD，2015-11-09。

② 如段彦的《〈大清现行刑律〉与民初民事法源——大理院对“现行律民事有效部分”的适用》，《法学研究》2013 年第 5 期。他认为大理院通过判例和解释例，确定“现行律民事部分”的内容范围，实现对其的创新，并成为民法近代化历程中新旧融合的节点和枢纽。

③ 如公丕祥：《司法与行政的有限分立——晚清司法改革的内在理路》，《法律科学》2013 年第 4 期；韩涛：《晚清最高司法审判权的形塑——以晚清大理院审判权限的厘定为中心》，《华东政法大学学报》2011 年第 5 期。对大理院司法权的探讨尤其是“部院之争”，是近代司法研究的热点之一，而且该问题往往与“司法独立”相联系，相关论著较多。

④ 如韩涛：《晚清中央审判中实体法的适用——以大理院司法文书为中心的考察》，《历史档案》2012 年第 3 期；《晚清大理院审判官员调配及履历考论》，《历史档案》2011 第 3 期；《司法空间的历史变奏——从晚清大理院办公场所的建筑谈起》，《北大法律评论》2008 年第 2 期。

⑤ 如徐静莉的《民初寡妇立嗣权的变化——以大理院立嗣判解为视角》，《政法论坛》2011 年第 2 期；卢静仪的《“分家析产”或“遗产继承”——以大理院民事判决为中心的考察（1912—1928）》，《私法》2010 年第 00 期；李启成的《民事权利在近代中国的生成——以大理院审理祭田案件为中心的实证考察》，《比较法研究》2010 年第 6 期，等等。

⑥ 李贵连、俞江：《清末民初的县衙审判——以江苏句容县为例》，《华东政法大学学报》2007 年第 2 期。

为例，考察清末民初这一时期基层审判所面对的转型问题。而王志强的《辛亥革命后基层审判的转型与承续——以民国元年上海地区为例》[①]，则是以民国元年上海地区审判模式改变为例，考察民国初年基层审判从传统的超能动主义向中立主义的转型，这是从基层司法转向地方审判厅、高等法院的司法实践研究。随着更多的司法档案的整理和出版，相信会有更多相关论文的发表，同时也会对相关领域的研究视野和研究深度提出更高的要求。

从以上简要分析来看，对清末至民国时期诉讼审判的研究基本是始于20世纪90年代，到2006年、2007年前后研究论文数目增长较快，研究的广度、深度和细致性都远超过90年代。可见，对该问题的研究日趋重视。而且早期的研究者更喜欢从“改革”或“变革”或“转型”的角度来探讨，着眼的角度主要是如何改革以及转型后的法制形态。比较有分量的，无论是选取史料还是研究角度均有新意的论文，在其后基本是以专著出版，该论文作者也成为目前法律史学界很有影响的学者，或在某研究领域占一席之位。[②]当然，研究的广度深度和史料的爬梳剔抉仍有很多不足之

---

① 王志强：《辛亥革命后基层审判的转型与承续——以民国元年上海地区为例》，《中国社会科学》2012年第5期。

② 除上述提到的何勤华两篇论文外，比较代表性的有：李贵连：《专家与当家——清末刑部一份未公开的奏疏》，《政法丛刊》1988年第5期；黄源盛：《民初大理院关于民事习惯判例之研究》，台湾《政大法学评论》2000年（63）；王立民：《清末审判方式的改革》，《法制与社会发展》，1999年第4期；徐忠明：《〈活地狱〉与晚清州县司法研究》，《比较法研究》1995年第3期；俞江：《清末奉天各级审判厅考论》，《华东政法学院学报》2006年第1期；张生：《民国时期的大理院：最高司法机关兼行民事立法职能》，《政法论坛》1998年第6期；李启成：《晚清各级审判厅的诉讼程序研究》，《法学纪元》2004年第1期；韩秀桃：《民国时期兼理司法制度的内涵及其价值分析》，《安徽大学学报》2003年第5期。还有，张仁善在2002—2003年间就民国时期的司法腐败、司法不良、社会失控及其防治机制等问题发表了5篇论文。

处。其后的近十年发表出版的论著，成果纷呈，不仅在数量上远超这一时期，研究更是向纵深发展。

此外，台湾地区对该问题的研究论文主要有 15 篇①，其中涉及清末民国时期司法改革、司法现代化、法制改革的 6 篇，有 5 篇是关于大理院档案以及相关论文，皆为黄源盛所著。②其余 5 篇是孙慧敏对近代上海律师制度的研究。

除论文外，对这一时期司法研究的专著也是相较 90 年代有很大发展。在 2000 年之前的相关专著甚少，基本是教材类的，以专节分述清末、民国时期的诉讼审判制度，比较翔实和代表性的当推十卷本的《中国法制通史》③，此不赘述。台湾地区相对研究较早，廖与人的《中华民国现行司法制度》，对近代司法制度的进程简要阐述。④90 年代出版了一些专著，涉及这一时期的内容，如张晋藩的《中国民事诉讼制度史》，对晚清时期的民事诉讼制度中的司法机关、诉讼程序及民事诉讼进行较详阐述。⑤夏锦文的《社会变迁与法律发展》，以法制现代化模式作为分析法律制度的工具，对中西诉讼法的冲突、传统诉讼法在近代社会的嬗变进行分析。⑥成果纷呈、多层面地深入探讨则是 2000 年以后，尤其是近年来成果更是显著。现以全景式的"司法诉讼史"研究、阶段式的"诉讼审判制度"研究、"专题式"

① 该数据不包括硕博士学位论文，参见尤陈俊：《近十五年来台湾界中国法律史论著目录（1990—2005）》，载中南财经政法大学法律文化研究院编：《中西法律传统》第 6 卷，北京大学出版社 2008 年版，

② 收入黄源盛：《民初法律变迁与裁判》，台湾政治大学法学丛书，2000 年第 47 期。

③ 张晋藩总主编，本卷朱勇主编：《中国法制通史》（第 9 卷 · 清末中华民国），法律出版社 1999 年版，第 291—326 页。

④ 廖与人：《中华民国现行司法制度》，台湾黎明文化事业公司 1982 年版。

⑤ 张晋藩：《中国民事诉讼制度史》，巴蜀书社 1999 年版，第 229—277 页。

⑥ 夏锦文：《社会变迁与法律发展》，南京师范大学出版社 1997 年版。

的诉讼审判研究三个主题予以分类，对近20年来的主要专著进行简要述评。

全景式的“诉讼审判史”研究。国内最早诉讼法制度史专著应是徐朝阳的《中国诉讼法溯源》①，被认为是诉讼制度史的经典之作。有学者认为该著作在方法论上存在两大问题，一是以西方的解释系统来重构中国历史，二是叙述“制度中的历史”。其实，该著被认为经典，其缘由是国内最早系统阐述诉讼法制度史的著作，历经多少年，20世纪90年代才出现如张晋藩的《中国民事诉讼制度史》之类专门史著作。徐著是以西方法律角度来看传统诉讼法，也没有关注司法实践，自有其特定历史背景和研究方法局限。而2002年李交发的《中国诉讼法史》，虽然题为“中国诉讼法史”，但实际上是对传统诉讼从制度和理论两个层面予以阐述。②在诉讼法史或司法制度史著作中涉及近代诉讼制度的阐述，如张晋藩的《中国司法制度史》，对清末至民国时期的司法机构、诉讼制度、律师制度、领事裁判权等问题皆翔实阐述。③2014年出版的《近代中国的司法发展》依然是运用法制现代化基本理论，以1840年至1949年间的司法发展及演变为研究对象，深入考察中国近代以来的司法进程及其主要脉络，深刻揭示司法制度从传统向现代转型的内在机制及其特点。④资料翔实，尽可能全面地论述近代司法制度，包括辛亥革命时期的司法革命以及广州武汉国民政府时期的司法发展。

对近代司法审判机制或制度进行专门探讨，如张培田、李胜渝的《中国近代诉讼审判机制转型初期的折中变通》⑤，张培田、张华的《近现代中国审判检察制度的演变》⑥，主要是对1902年以来至1999年间中国近现代

① 徐朝阳：《中国诉讼法溯源》，商务印书馆1934年版。

② 李交发：《中国诉讼法史》，中国检察出版社2002年版。

③ 张晋藩：《中国司法制度史》，人民法院出版社2004年版。

④ 公丕祥主编：《近代中国的司法发展》，法律出版社2014年版。

⑤ 张培田、李胜渝：《中国近代诉讼审判机制转型初期的折中变通》，商务印书馆2002年版。

⑥ 张培田、张华：《近现代中国审判检察制度的演变》，中国政法大学出版社2004年版。

司法审判和检察制度的演进史实进行探索，对清末诉讼法草案、北洋政府时期的县知事兼理司法等均有阐述。不过，这两本著作仍是对近现代这一较长历史时期的诉讼审判制度的进程分析，清末至民国时期是作为一个组成部分，与诉讼法史的专著研究仍存在很大的相似性，缺乏更细致和深入的探究。

此外，还有陈刚主编的《中国民事诉讼法制百年进程》（清末时期）三卷本①，这是理论与资料并立的专著，这对于当时尚缺乏近代民事诉讼资料的学者来说，颇有助力。因此出版之初对学术界的研究产生影响。

“历史阶段”探究式的诉讼审判研究。如果说上述的是从整体上对司法诉讼制度的研究，那么以下著作就是对清末、北洋政府时期或南京国民政府时期的刑事诉讼或民事诉讼制度的研究。如尤志安的《清末刑事司法改革研究——以中国刑事诉讼制度近代化为视角》与《晚清刑事司法改革整体性探究》②，对晚清刑事审判机构、刑事诉讼法的制定、行刑制度的改革等。郭成伟的《清末民初刑诉法典化研究》③，主要分析北洋政府对清末刑事诉讼法的探讨与推进以及南京国民政府完成刑诉法典化的历程与社会效果。李春雷的《中国近代刑事诉讼制度变革研究（1895—1928）》④，则是选取 1895 年至 1928 年这一历史阶段，对近代刑事诉讼制度的变革进行“远景化”“立体式”的勾勒。

桂万先的《北洋政府时期审判制度研究》⑤重点探讨北洋政府时期的司

① 陈刚主编：《中国民事诉讼法制百年进程》（3 卷），中国法制出版社 2004 年版（第 1、2 卷）、2009 年版（第 3 卷）。

② 尤志安：《清末刑事司法改革研究——以中国刑事诉讼制度近代化为视角》，中国人民公安大学出版社 2004 年版；尤志安：《晚清刑事司法改革整体性探究》，中国政法大学出版社 2013 年版。

③ 郭成伟：《清末民初刑诉法典化研究》，中国人民公安大学出版社 2006 年版。

④ 李春雷：《中国近代刑事诉讼制度变革研究（1895—1928）》，北京大学出版社 2004 年版。

⑤ 桂万先：《北洋政府时期审判制度研究》，中国政法大学出版社 2010 年版。

法审判制度的成就及其不足，尤其分析北洋时期新式法院的建设、县知事兼理司法问题以及大理院判例解释例效力等，应是一种对某历史时期的制度“全景”式俯瞰和探究的研究方法。而另一种研究方法则更关注细微，研究自然更显精致。①

相比对清末的关注度，南京国民政府时期的相关研究是比较滞后的，近年来开始关注这一时期的诉讼审判研究。如赵金康的《南京国民政府法制理论设计及其运作》②，将法律理论设计与南京国民政府法制运作相结合，全面探讨南京国民政府时期的立法体制与司法实践。谢冬慧的《民事审判制度现代化研究——以南京国民政府为背景的考察》与《中国刑事审判制度的近代嬗变：基于南京国民政府时期的考察》，前者是新中国成立后法学界的第一部系统研究南京国民政府时期民事诉讼审判法律的专著，后者是对南京国民政府时期的刑事审判制度进行系统的研究。相较前面几部著作，内容丰富和研究细致上要胜之一筹。

“专题”深论式的诉讼审判研究。从全景式到阶段式的诉讼审判研究，虽然各呈其态、各具特色，但基本上是从制度层面对近代诉讼审判进行全景式或阶段性的阐述和分析，采取的研究方法或从“法制现代化”“法制转型”或“嬗变”视角出发，进行或系统或深入的研究。与此相比，近年来出现的以司法机构、基层司法运作等专题的研究，无论是史料的选取、爬梳剔抉还是研究的视角均呈现出新意与探索。

对司法机构的研究比较集中于清末至北洋政府时期的大理院。如张从容的《部院之争：晚清司法改革的交叉路口》③，是以晚清司法改革中的法部与大理院之间的权力之争为研究对象，试图探讨两者权力之争背后问题

① 唐仕春：《北洋时期的基层司法》，社会科学文献出版社2013年版。

② 赵金康：《南京国民政府法制理论设计及其运作》，人民出版社2006年版。

③ 张从容：《部院之争：晚清司法改革的交叉路口》，北京大学出版社2007年版。

所在，一方企图由司法行政机关对司法审判机关的制约从而达到实现集权，一方企望将司法改革推进到审判独立，司法行政权和司法审判独立之间矛盾尖锐而深刻。李启成的《晚清各级审判厅研究》则依据大量第一手资料，再现晚清各级审判厅成立和运作情况，并多角度地分析各级审判厅在运作过程中的面临诸多困境。这是首次对各级审判厅的实际运作、法官考试、审判厅判决等予以翔实考证与论述之作。台湾地区的相关研究更大程度是基于黄源盛对大理院司法档案的整理及其研究。①

以近代中国司法改革的核心主题和追求目标为研究对象的论文不少，著作方面韩秀桃的《司法独立与近代中国》②，以近代中国对司法独立的追求为主线，探讨清末至民国各个历史时期的司法改革、司法发展，认为百年的司法独立改革昭示了法治的向往远远比不上对法治的实在分析和法治实践的艰难探索。李超的《清末民初的审判独立研究》③与李鼎楚的《事实与逻辑：清末司法独立解读》④，前者着眼于清末司法独立的进程，分思想、制度和实效三个层面进行文化、政治和社会全景式的考察，后者解读基于事实和逻辑推演，认为清末司法独立体现的是一种"刀把子"而非"圆盾"的倾向不利于人民权利的保障。

利用档案资料关注清末至民国时期的基层司法，是近年来学者们在著述中日益所看重的。唐仕春的《北洋时期的基层司法》⑤是一本基于非常丰富而翔实的档案资料、文献史料，充分利用量化分析法，对北洋政府时期

① 参看黄源盛：《民初大理院司法档案的典藏整理与研究》，载《政大法学评论》，1998年第59期；《民国初年近代刑事诉讼的生成与开展》，载《政大法学评论》1999年第61期。《民初大理院与裁判》，台湾元照出版公司2011年版。另外对1912—1928年民初大理院司法档案进行整理，现已出版部分。

② 韩秀桃：《司法独立与近代中国》，清华大学出版社2003年版。

③ 李超：《清末民初的审判独立研究》，法律出版社2009年版。

④ 李鼎楚：《事实与逻辑：清末司法独立解读》，法律出版社2010年版。

⑤ 唐仕春：《北洋时期的基层司法》，社会文献出版社2013年版。

的县知事兼理司法、新式法院的规模、基层诉讼规模、结案率等问题进行细致而深入的分析与探讨。这是一本无论是研究资料还是研究方法均具新意和深度的专著。

第三节　21 世纪初 20 年中国法制史研究争论及主要特点

如前所述，21 世纪初 20 年的中国法制史研究，无论是在广度还是深度上方面，皆是之前研究所不能比拟的。不仅如此，学界在与海外学者的交流和互动，对中国法制史研究根本趋向与未来的考量等，也是展现出时代特征。本节即对此作简要述评。

如果说之前的研究从阶级斗争、意识形态的重视转向更多视角的研究，而 21 世纪初的 20 年，学者不再满足于对历史制度甚而细节的探讨，更重视于方法的探究，更重视于中国法制史研究的走向和未来。而学者之间的交流与争论更是引起学界的震荡与余波，从而促进研究的更为深入，也不再局限于法史界，而是与史学界、考古学界、社会学界交流更为频繁。

一、“卡迪”审判命题

韦伯强调，中国传统社会非专业化的行政官与法官（州县官身兼两者），具有明显的“实质的—不理性的”特质，重视具体案例的实质的公道与正义，忽略实定法的形式理性与拘束性，容易流于“卡迪审判”式的自由裁量。在韦伯看来，中国古代法律与司法的运作，不是“不考虑涉案者为何人”，而是建立在“考虑涉案者为何人”原则之上，像所罗门审判一样，用伦理道德式的智慧与公正感即典型的“卡迪审判”，考虑具体个人实况，而不是根据概括的、形式的法条来判案。[①]韦伯的这一对中国传统法律及司法运作的解释，引起学者长时间的争论与探讨，也是中国法制史研究在很长时间里出现对传统司法审判研究热度的重要原因。

对中国传统司法运作的考察，具有代表性的是美国学者黄宗智和日本学者滋贺秀三的两派观点，黄宗智以 3 个清代司法州县档案（四川巴县、直隶宝坻县与台湾淡水新竹）为主要依据，考察清代民事审判的客观实践，他从这 3 个档案 628 宗民事案件中，归纳出 221 宗最后是由衙门正式审判（“堂断”），其余 400 多件是在诉状已呈之后、庭审之前解决的（“和息”）。他得出结论是，清代司法实践，法官非常重视律例，即使是针对当事人、法庭宣读而撰写的堂谕判词并不适宜具体引用律例，但仔细研读之下亦是可以发现，其法律依据无可怀疑。“在 221 件经过庭审的案子中，有 170 件（占 77%）皆经由知县依据大清律例，对当事双方中的一方或另一方作出明确的胜负判决。”[②]而滋贺秀三以同样的档案资料为据，但是基于现代欧洲法官依法裁判的确定力的概念前提，认为中国清代州县官堂谕是依照情理，而非律例。这是一种“教谕的调停”。寺田浩明更倾向于其师滋贺秀三的意见，对黄宗智的“审判”说多持批评之论。

林端在阐述黄宗智与滋贺秀三的分歧和问题后，认为黄宗智读韦伯的误解，却带来了对清代法律与政治的正解。他所强调的清代法律与政治制度既矛盾又结合的多重方面（儒与法、人治与法治、道德与法律、表达与

① 林端对此有专文论述，参见其《中国传统法律文化：“卡迪审判”或“第三领域”?》，载《中西法律传统》第 6 卷，北京大学出版社 2008 年版，第 425—453 页。

② 黄宗智：《清代的法律、社会与文化：民法的表达与实践》，上海书店出版社 2001 年版，第 77 页。

实践、调解与审判等)，如果换一个角度来加以诠释，其实便是“中国传统法律文化的多值逻辑（既此且彼）的体现”，认为“中国法律文化解决法律纷争与冲突的多元机制，情、理、法等法源是多元的，官方审判与民间调解等法律程序也是多元的，它们彼此间既矛盾、又并存”。①

关于中国古代法律是否确定或不确定性，学界们又再一次激烈探讨中国古代司法问题。为此学界专门召开学术研讨会。2006年11月，清华大学召开“中国传统法制与法律文化”的研讨会，张伟仁、高鸿钧、林端、范忠信、张中秋、陈景良等学界知名法史学齐聚一堂，对传统法律进行探讨。2008年4月10日华东政法大学法律史研究中心召开“中国古代法律的确定性”学术研讨会，李贵连、杨一凡、苏亦工、马小红、赵晓耕、刘广安、俞荣根、张仁善、王志强、俞江、寺田浩明、黄源盛等参与研讨。马小红在其论文中明确对以“确定性”“依法判决”来评判中国传统法律提出质疑，认为“以确定性评判中国古代法律本身就是一个历史的错位”。②有学者更是认为“作为一种颇具特色的法律文明，中国古代司法并不以‘确定性’为最高的追求”。③与此命题相关的对中国传统法律文化尤其是司法的探讨，成为学界很长时间的讨论专题，甚至延续卡迪式司法和确定性与否这一思路，学界进一步争论和探索。寺田浩明在其老师滋贺秀三的研究路径上继续推进和深化，提出清代中国属于“非规则型”的法律与司法。2018年，王志强发表论文，对此作了进一步的追问和思考，认为“非规则型法”概念固然存在以西方为标准参照、“非此即彼”的两分局限，但仍展示了在多元立场下重新认知非西方法律传统的积极努力和探索

① 林端：《中国传统法律文化：“卡迪审判”或“第三领域”?》，载《中西法律传统》第6卷，北京大学出版社2008年版，第452—453页。

② 马小红：《“确定性”与中国古代法》，《政法论坛》2009年第1期。

③ 胡永恒：《从清代视角看中国传统司法的“不确定性”》，《法治论丛》2008年第6期。

方向。“非规则型法理论对中国法的重新阐释，正是产生于这一宏大学术史场景中，是在非西方社会中重新自我认知、重构文明类型和重塑制度信心的积极努力。”①2019 年，徐忠明发表《清代中国司法类型的再思与重构——以韦伯“卡迪司法”为进路》②，再次对这一论题提出思考，从“卡迪司法”的问题背景及研究方法入手，考察“卡迪司法”原型，认为中国法律史学者在讨论清代的“卡迪司法”时，多着眼于清代官员裁判有无法律依据，以及裁判结果是否具有“拘束力”或“确定性”两个层面，而这并不符合韦伯“卡迪司法”的类型构想，从“理想类型”研究方法上看，韦伯的“卡迪司法”的论断大致是可接受的。而且，“韦伯以来的西方学者，是为了彰显现代欧洲法律的发生学机制与独特性，而将中国作为对比类型。这种研究进路，无疑是把传统中国作为‘照亮’司法特质的一面镜子”，一旦回到中国的历史现场，用“内在视角”观察，我们又该如何？如此一来，滋贺秀三的自我反思就很有启发价值与示范意义。在肯定双方对清代司法类型特征的努力基础上，徐忠明对清代司法进行深度考察后，提出：“我们不能因为情理不具有规则性和实定性，而去否定律例的规则性和实定性；也不能由于司法裁判追求‘情法两尽’的效果，而去否定律例本身的规则性和实定性。”并提出以“情法两尽”重构清代的司法类型，应是可以接受的判断。如上可以看出，对中国传统司法尤其是清代司法实践的探讨成为法律史界非常重要的主题，也是海内外学者们共同探讨的问题。

综上所述，21 世纪初的 20 年里，对中国传统司法的研究无论是质还

① 王志强：《“非规则型法”：贡献、反思与追问》，《华东政法大学学报》2018 年第 2 期。

② 徐忠明：《清代中国司法类型的再思与重构——以韦伯“卡迪司法”为进路》，《政法论坛》2019 年第 2 期。

是量，均达成一个较高水平，探讨的深度也是之前所不能比拟的。目前学界的研究也不再满足于宏观定性式的探讨，“确定性”与否、“依法裁判”存在与否，学界探讨的层面更为丰富和深入，更多地依据于可靠的司法档案，对传统诉讼审判进行“庖丁解牛”式的深入研究，也不再满足于基于西方理论对中国传统法律特质的追究，而是从问题本源出发，尽量中立客观地对传统中国法律进行条分缕析，基于法律本身——规则与社会互动的探究。学者们的争论和探讨无疑推动了中国法律史研究前进的方向。

二、“新法律史”的可能

21世纪初的20年，不仅仅是对中国传统法律文化尤其是司法的特别关注，也是中国与其他国家地区的学者进行广泛交流的时期，亦是学者关注法律史自身发展及其未来的时代，有交流才有比较，有比较才有思考，而中国法制史学科的边缘性也使之在经济发展、法学部门突飞猛进的今天更显得“捉襟见肘”或不合时宜。对学科发展的担忧，对研究未来的期待，更使得学者对法律史研究方法论意义上的思考和追问。

首先，与中国大陆之外的学者交流变得更为频繁，探讨问题的深度也在互为交流中加强。松田惠美子、李力的《台湾地区的法制史学界之动向（1990—2000年）》指出，中国台湾地区学术界也发生了很大的变化，法制史研究领域出现新趋势。并有学者专门对台湾地区的中国法律史论著进行整理及评述①。而在2001年《美国历史学评论》刊登的一篇书评中，戴蒙德（Nell J.Diamant）认为，过去的十年，“一场智识上的地震在中国法

① 尤陈俊、范忠信：《中国法律史研究在台湾：一个学术史的述评》；尤陈俊：《近十五年来台湾学界中国法律史论著目录（1990—2005）》，《中西法律传统》2008年第00期。

律史领域隆然发生”，也就是说加利福尼亚大学洛杉矶校区历史系的一群学者和博士，以黄宗智为代表，成功地从基础上动摇了数十年来关于中国——尤其是清代（1644—1911 年）——法律的公认看法。学者以此为引子，深入地分析海外学者对中国传统法律研究所获得的诸多成果，认为他们的研究，除了能够为中国学者提供更为丰富的学术资源选择，从而在学术竞争中对先前的一些偏颇结论加以修正外，更为重要的是，这一学术共同体体现的学术取向，对当今亟须居安思危的中国法律史学界来说有着十分重要的启示。明确提出目前学界的研究仍存在短板，基于诉讼档案的研究仍远远不足，传统的主流范式之下倾向于简单的经验主义，对中国法律史学界有影响的概念和理论极度贫乏。①可谓切中时弊，居安思危，未来的中国法制史研究才更具潜力和前行能力。

与海内外学者的交流与学习中，了解另外视域中的“法律史研究”，这必然有助于学术的良性互动与发展。因此，对法律史研究方法的反思，也是 21 世纪初 20 年研究比较有特点之处。“我们为什么要研习法律史？”这是首要之问，针对法律史学科的发展未来，王志强回到历史的语境中，结合中国的法律无机移植与欧洲的实证法学等理论深入分析中西法律史学科式威的现象，指出自然法学和法律多元的立场有利于中国法律史学回归法学，并结合规范分析、社科法学视角、价值归纳等方法考察法律史研究的意义。②追问法律史学对法学究竟有何贡献，而这种贡献才是法律史学——无论是否以独立学科的方式出现和存续——可以作为法学主流的根本立足点。邓建鹏指出，目前法律史研究存在一些不尽如人意之处，受高

① 尤陈俊：《“新法律史”如何可能——美国的中国法律史研究新动向及其启示》，载黄宗智、尤陈俊主编：《从诉讼档案出发：中国的法律、社会与文化》，法律出版社 2009 年版。

② 王志强：《我们为什么研习法律史？》，《清华法学》2015 年第 6 期。

校考核机制及研究者个人主观意愿等影响，法律史作品日益出现短平快现象，研究缺乏广度和深度，虽然研究成果非常之多，看似热闹非凡，繁华盛景，但转而落花流水。[①]赵立行对法律史学科的边缘化进行反思，提出“法律史与现行法的结合不是放弃对历史上法律的研究，而是将历史上法律的研究建基于现行法之上”，“重新确立法律史视角的独特话语权，从而有机会走出边缘的角色”。[②]这是有意义的现实思考，法律史的研究究竟往何处去？可见，不仅仅老一辈学者有对未来研究的反思与期许，而且在与海内外学术交流、国内现实社会的冲击中，中青年学者也对中国法制史研究存在警醒与反思，也是这些年来比较可喜的现象，有助于中国法制史研究的良性发展。

---

① 邓建鹏：《我们需要什么样的法律史研究——读〈法律、资源与时空建构：1644—1945 年的中国〉》，《清华法治论衡》2016 年第 00 期。

② 赵立行：《法律史的反思：法律的历史维度》，《复旦学报》（社会科学版）2019 年第 1 期。

下　　编

第五章　楚简法律文献研究 70 年

第一节　楚简法律文献的研究价值

先秦战国法制史，因史料所限，历代多只能作概括性的介绍。近 40 年来，战国秦汉时期法律文献的不断出土，先秦秦汉法律史研究成为学术研究的前沿热点。出土法律文献最为大宗者可分为秦系与楚系。秦系法律文献从 1975 年睡虎地秦简出土以来，持续不断，其数量与内容均占最大份额。楚系法律文献则相对较少，主要以 1986 年出土的包山楚司法文书简为主，零散出土的单件公文书如江陵砖瓦厂楚简等为辅。需要注意的是，2014 年湖南湘乡三眼桥 1 号井出土了楚国县衙文书简册 700 多枚，虽整理公布尚需时日，但已可预见，此批文献的出现对战国司法制度的研究必将起到巨大推动作用。①包山楚司法简出土为战国法史尤其是楚国法制史研究迎来了新契机。但出土战国简册的文字艰深，解读不易，应用于法史学的时候需要研究者具有一定的古文字和简帛学的功底，故而法史学界以上述新材料进行司法史研究的成果不多。从以往主要研究成果看（见下文

① 楚简法律文献相关情况介绍见下文“楚简司法文书述略”部分，在此不赘。

研究综述部分），经过学界多年的努力，对楚简司法文书的基本面貌有了大体认识和掌握，基本解决了文字释读、简册编联等基础工作，文献内容研究方面则也已有多部专著面世。由于楚系法律文献所显现的楚法制多是碎片化的，今后研究将需要在以往研究的基础上，深入阐释战国楚法制的整体面貌，并以此重述中国法律史的早期发源。

概括说来，楚简文献的研究价值有以下几个方面：

其一，探明中国传统法制发源时期司法制度的楚系源流。从中国法律史的长时段看，战国时期是变革夏商周以礼制为中心的规范体系、开创秦汉律令规范体系的重要发源期。秦系法制为传统法的最重要源头，它不是孤立发展的，自商鞅变法以降，秦法受东方六国尤其是三晋的影响最多，三晋经当时新兴的法家流派涤荡，传统周制已无多留存。楚系法制虽经吴起变法，但更多保留了周制。在战国中期以后，一统天下的竞争在制度层面而言，实是以秦楚为代表的郡县集权与封建分权的制度竞争，制度的竞争集中体现在法制方面。故而就学术研究而言，楚法制的比较研究价值就凸显出来。因此，对战国时期楚司法制度基本构造及运作进行深入研究，并讨论其对后世司法制度的影响，直接关系到我们如何认识中国司法传统的形成。

其二，楚简法律文献是进行先秦法律史重述的基础。从目前来看，根据出土法律文献进行法律史重述已经逐渐受到学界的重视，成为学科研究前沿，不过因出土战国简牍以楚简为主，研究门槛较高，以往法史界参与相对较少。从学术研究趋势而言，新材料带来新学问，我们需要有“预流”的自觉意识，法史学界必须有人进行专业攻坚，并需要结合西周时期司法研究成果，以及大量出土的其他秦汉法律文献，从法律的制定与适用、法条适用的冲突、刑罚的裁量、地方各级司法官员的权力范围等方面全面剖析，突出运用法学方法，并借鉴社会学、历史学、考古学、文字学等学科的研究方法，尽可能还原战国时期司法的基本构造与运作规律，争取获得“前人所不及就”的成果。再者，在当代法制转型时期的背景下进行同为转型期的战国司法史研究，也具有古今镜照之意义。

第二节　楚简法律文献的国内外研究状况

近 70 年来楚简牍的发现、整理与研究，是中国学术史上的重要事件之一，已深刻改变战国时期的文献状况和历史认知，这些数千年来从未面世的原始珍贵史料，为我们了解中国早期的政府运行实况及其背后的“帝国新制”提供了难得的时代机遇。从“古史新探”再到“重建古史”已成为中外学界的基本共识。楚秦简牍研究作为国际性的学术前沿领域之一，日益繁盛。简牍研究高度依赖资料加之中国学人的努力，楚简牍研究的重心还是在中国，日韩欧美汉学界的研究具有方法论、问题意识、视角等方面的特点，颇值关注和参考。本节以楚简册研究为主梳理学术史并阐述国内外研究状况。

迄今为止发现的楚简册，有 30 余批次，10 余万字。楚简册内容极为丰富，大致可以分为典籍与文书两大宗。典籍以郭店楚墓竹简、上海博物馆藏楚竹书、清华大学藏战国竹简、安徽大学藏楚简等为代表，多为先秦时期的经、史类典籍以及诸子学派遗篇，为我们了解先秦历史提供了新材料，也是“重述古史”的重要史料依据。文书除了私人性质的卜筮祭祷简和遣册赗书等丧葬记录以外，主要是司法行政简册，均是前所未见的新材料，内容丰富，对填补战国司法史料空白极为重要。楚系司法行政简册，主要以反映中央与地方互动的包山楚简，以及反映地方司法行政运行的湘乡楚简（近年即将出版）为主，以零散出土的单件公文书如江陵砖瓦厂楚简等为辅。另外，益阳兔子山遗址 9 号井出土的简牍，楚简与秦简并见，是益阳县廷从战国楚时期到秦统一全国以后的相关司法行政事务记载，兔子山楚、秦简册，正是研究战国至秦时期地方司法行政运行的绝佳范例。

从以往研究成果看，我们已对楚简法律文献的基本面貌有了大体认识和掌握，基本解决了文字释读、简册编联等基础工作。综合性的再整理和研究著作《楚地出土战国简册（十四种）》、《楚地出土战国简册合集》《包山楚墓研究综述》等的陆续出版，在总结既往研究、提供更佳图版方面均有贡献，为今后的研究提供有力的资料支持。司法简册研究有《包山楚简新探》《包山楚简案例举隅》《包山楚司法简考论》等专著面世。但是，就法律史而言，由于楚系简册显现的楚法制多呈碎片化，需要在以往研究的基础上，深入阐释战国楚司法机制的构造与运行，并以此重述早期中国司法史。

在包山楚司法简以外，目前披露的楚系法律文献还有未正式公布的 1992 年江陵砖瓦厂出土的一份楚国诉状残本，以及楚怀王时期的通关免税特许文书——鄂君启节。尚未公布的则有 2013 年年中出土的益阳兔子山遗址的地方官府司法文书，以及 2014 年年底湘乡三眼井遗址出土的楚国县衙档案。

以往楚简司法文书的研究，主要以 1986 年末出土的包山楚简中的司法文书简为主，零散出土的单件公文书江陵砖瓦厂 370 号墓楚简、鄂君启节、铜龙符节等为辅，这些出土材料可以与传世文献相互印证战国中晚期楚国的制度运行实况。还需提及的是，近来出土的如里耶秦简、岳麓秦简，甚至 2013 年 6 月才挖掘出土的湖南益阳兔子山战国至汉代地方官府文书，因为这些公文书所在地均是故楚地，且文书年代多有跨越楚秦以及汉代，其内容自然呈现出楚地文化的影响，所以也成为研究楚系司法文书不可缺少的参照史料。

下面简要评述楚简法律文献的研究成果，其他方面限于主题暂不涉及。

总体来看，研究可以分为三阶段（三阶段在时间上是交替进行的，而不是截然分开的）：

第一阶段以文字释读为主。学界通过对史籍未载的司法术语“阱门有败”“受旮”“视日”“疋狱”等进行讨论，以此探明楚司法制度的具体细节，主要研究者是古文字学者。代表性论文有裘锡圭的《释战国楚简中的“旮”字》，李学勤的《包山楚简中的土地买卖》、李零的《包山楚简研究（文书类）》、刘信芳的《包山楚简司法术语考释》等。

第二阶段是专题研究阶段。以陈伟的《包山楚简初探》一书出版为标志，研究开始进入专题研究阶段，专题研究包括了地理、职官、姓氏、司法制度等方面。司法制度的专题研究成果主要在文本释读的基础上就司法的某一方面制度进行研究。如南玉泉《楚国司法制度探微》、李守奎的《包山楚简 120—123 号简补释》《包山司法简致命文书的特点与 138—139 号简文书内容的性质》、史杰鹏的《关于包山楚简司法文书的几个问题》、于成龙的《包山楚简中若干制度问题的探讨》等，张伯元先生近著《出土法律文献丛考》《包山楚简案例举隅》也多以楚系司法文书简为材料。在境外也有较为深入的专项成果，主要有台湾地区周凤五的《畬睪〈命案文书〉笺释——包山楚简司法文书研究之一》、李佳兴的《〈包山楚简〉司法文书简研究——以诉讼事件为例》。日本有广濑熏雄的《包山楚简所见战国时代的诉讼》《包山楚簡に見ぇゐ證據制度につぃて》等。韩国有朴俸柱的《战国时代楚国统治体制研究》等。美国有 Susan Weld（罗凤鸣）的“*Guodian and Baoshan: Legal Theories and Practices*”等。

第三阶段是综合整理与研究阶段。代表性著述如 2003 年刘信芳在台湾地区出版的《包山楚简解诂》对包山楚简进行了逐简释读。2009 年陈伟等著《楚地出土战国简册（十四种）》的包山楚简部分综合了学界的既有研究成果，对简文进行疏通。相似的整理成果还有 2013 年朱晓雪的《包山楚墓综述》等。

从上列主要研究成果看，以楚简法律文献为基础材料，学界对楚国的诉讼、证据、司法程序等进行的专项研究均有收获，经过学界多年的努力，对包山楚司法简为主的楚简公文书的基本面貌有了大体认识和掌握。

但以往的研究重点还在于简文的文本通读，尚未对文本背后体现的司法制度进行综合阐释，从整体上系统讨论楚国司法构造与运作规律的深层次问题的专著，至今未见出版。就此而言，利用楚简进行楚司法史研究已经进入相对停滞阶段。其原因主要在于以包山楚司法简为材料研究楚国司法的基本构造与运作，需要跨学科的知识背景。研究者要具备古文字学、简帛学的一定功底才能具有研究的基本能力，还需要具有法学的专业背景，才能深入系统阐释简牍材料记载的司法制度内容。下文即对包山楚司法简的出土及研究状况作专门阐述。

第三节　包山楚司法简的出土与研究

至今为止，出土并公布的楚简法律文献以包山楚司法简最为重要，不仅数量大，而且内容丰富，是新中国出土的第一批成规模的战国文书简，是近 70 年来出土楚简中唯一的以司法档案为主的简牍，是研究楚司法史不可替代的一手史料。鉴于先秦战国时期法律史史料的匮乏，包山楚司法简对研究战国时期楚国司法制度具有的填补史料空白之价值更显重要。自包山楚简公布以来，学界为包山楚简的文字和独特的内容所吸引，对其进行了全面深入的研究，创获蔚然可观。纵观历年来的研究成果，在基础研究方面多着力于简牍编联、文字释读等方面，在简文内容研究方面多集中于地理、姓氏、职官、丧祭制度等方面。学界对其中占主体部分的司法制度研究的成果却相对比较零散，因为从总体来看，楚国的司法制度还是研究中的难点，故而研究成果较为单薄，远不能与司法简在包山楚简中的应有地位相匹配。为研究的深入起见，相关领域的学术史回顾是非常必要的。就包山楚简研究学术史回顾方面而言，虽然早在包山楚简公布之初即有学者进行了研究评述，但因该文问世时间较早，只能反映包山楚简研究的最初阶段的成果，且当时学界的研究还未深入对包山司法简的专业研究方面。在其后 20 多年的研究中，包山楚简的研究成果在数量和质量上均已大大超过最初阶段的研究，尤其在依据包山楚司法简为材料研究楚国司法史方面，取得很大进展。为了让相关领域的研究者能够了解包山楚司法简研究在 20 多年中的发展状况，并考虑到让更多的现在的和潜在的先秦法制史研究者参与包山楚司法简研究之需，现在有必要对包山楚司法简的研究再次进行学术史的回顾总结。鉴于以上考虑，本节从包山楚简的出土概况和研究阶段、包山楚司法简研究成果、包山楚司法简研究中主要问题等进行专门评述，并在最后阐述包山楚司法简对法律史学研究的意义及今后研究展望。

从内容来看，包山楚简包含当时楚国司法机构运行时出现的各种文书，从中可以看到战国时期楚国中央司法机构的运行实况，是目前发现的中国最早的司法机关档案，真实再现了两千多年前的司法审判实况，是极为珍贵的法制史料。

从司法档案的视角看，包山楚司法简的分类可以分为诉状、立案登记、案由记录、庭审通知、拘捕命令、调查命令、案情报告等。本节就以此角度对包山楚司法简的文书进行整理研究。

一、包山楚司法简出土概况

包山楚简于 1987 年 1 月在湖北省荆门市因修建铁路进行抢救性发掘包山楚墓时出土于 2 号墓，共有竹简 448 枚，其中有字简 278 枚，总字数 12 472 个。有字简按内容分为司法文书、卜筮祷祠记录（占卜和祷祠）和丧葬记录（遣策和赗书）三类，分别是：东室 8 枚有字简（遣策）；南室 13 枚有字简（遣策，并该室马甲中有 1 枚竹牍为赗书）；西室共 7 枚有字简，北端6枚，南端1枚；北室有两束简，有字简共250枚，一束54枚简为卜筮祷祠记录，另一束196枚简为司法文书；另有原系于竹简、竹笥、陶罐、衣物上的30枚签牌。①

卜筮祷祠记录简共54枚（简号编为197—250），共26组，可分为卜筮和祭祷两类，系墓主邵旎贞问吉凶祸福，请求鬼神与先人赐福、保佑的记载。丧葬记录简共27枚（简251—277），共4组，为随葬物品记载。

包山楚简中最多数量的是司法简，达196枚，②系墓主邵旎担任左尹时（楚怀王前期）的司法档案，该类简均有绝对年代可考，是难得的原始史料。从外在分篇看，司法简包括：

第一，集箸（13枚，简1—13）：名籍案件的调查记录。

第二，集箸言（5枚，简14—18）：诉状等文书。

第三，受期（61枚，简19—79）：出庭通知，拘捕命令等司法文书登记底簿。

第四，疋狱（23枚，简80—102）：立案文书登记底簿。

第五，贷金（17枚，简103—119）：贷金类案件的调查记录。

第六，案卷（42枚，简120—161），诉状、调查报告、内部指示等。

第七，所誼（35枚，简162—196）：司法机构内部分案记录，疑为左尹所记。

以上的竹简出土时上有竹签牌一枚，整理者编号为440-1，竹签牌上书“廷箬（志）”二字，经过多年研究，学界较为一致的意见是认为“廷

① 参见湖北省荆沙铁路考古队：《包山楚简》，文物出版社1991年版，第1、2页，整理者将西室总简数计为134枚，根据同书所列《竹简出土情况登记表》数量应为135枚；陈伟主编：《楚地出土战国简册（十四种）》，经济科学出版社2009年版，第1、2页，陈伟等认为如果将丧葬记录中可能不当缀合的第260、264号简析开，有字简实有280枚。

② 若将西室南端唯一有字的278号简计入文书简，则文书简共有197枚。

志”是所有司法文书的总标题。① “廷志”的标题表明此批文书是属于当时楚国的中央司法机构左尹官署的案卷档案文件。

从包山楚简的内容看，其研究价值主要在于：第一，史料价值。司法简为墓主邵𠙶担任楚国左尹时的政事档案，是楚怀王时期官府处理政务的实际记录，且该类简均有绝对年代可考，是难得的原始史料。因此，司法简记载的司法、职官、地理、人名、姓氏、经济等资料均可补楚国史料之不足，这也是包山楚简最有价值之处。卜筮祷祠记录简记载了完整的卜筮和祷祠，提供了墓主的祖先信息；丧葬记录简的遣策和赗书提供的丧葬名物等均能与实物对应。因此，卜筮祷祠简和丧葬简是楚国文化研究领域的可信文物。第二，文字研究价值，包山楚简保存基本完好的总字数达 12 472 字，量大且相对清晰，对楚文字研究颇具标本价值。

如前所述，在历来出土的楚简中，包山楚简最为突出的是司法简。②因秦统一天下时收六国书和秦末的战火，传世典籍中关于楚国制度、司法的记载零散不成体系，一手史料更是匮乏，历代以来虽屡有学者搜罗汇集，但客观条件所限，大致只能在传世典籍的范围内整理并阐释。包山司法简的出土为我们提供了难得的源文件史料，使得现在我们可以从一手史料出发，通过释读包山楚司法简，归纳战国时期楚国的法律运作实践情况，进而推求战国时期楚国的法制面貌，更进一步，我们可以在探研中国传统法

① 关于“廷志”的研究，主要参见周凤五：《包山楚简〈集箸〉〈集箸言〉析论》，《中国文字》新 21 期，台湾艺文印书馆 1996 年版，第 23—49 页；刘国胜：《包山楚墓签牌文字补释》，网址：http：//www.bsm.org.cn/show _ article.php?id = 55，2015-02-01；李家浩：《谈包山楚简“归邓人之金”一案及其相关问题》，载《出土文献与古文字研究》第 1 辑，复旦大学出版社 2006 年版，第 16—32 页；陈伟：《包山楚简“廷志”与九号简》，载《中国出土资料研究》第 11 号（日本）2007 年，第 1—5 页。

② 文字研究、丧葬卜筮简的研究等一直以来都是包山楚简研究的重要方面，限于本节的主题，下文将只在叙述司法文书简研究状况时必须提及的情况予以简要说明。

起源的层面上比较研究出土秦简和包山司法简二者所反映的战国秦楚法制的异同、楚法制对中国传统律令法体制的贡献等宏观问题。在此意义上，包山楚司法简的出土是绝佳的弥补以往战国史研究缺憾的机遇。有鉴于此，本节追踪包山楚司法简出土以来的研究状况，归纳检讨以往研究者关注的问题及研究成果，研究成果的积累及今后研究的需要，使得现在有可能性和必要性对包山楚简研究领域进行学术史回顾，以此达致阐明主要研究进展，展望未来研究之目的。①

二、包山楚司法简的研究各阶段

包山楚简出土近30年来的研究阶段大致是开始阶段主要涉及简牍文字语义、简牍编联等基础问题，进而是对包山楚简反映的楚国地理、职官、文化等领域研究及综合性的深入研究阶段。两个阶段并不能截然以某一时间点划分，而是齐头并进，只是在不同阶段的重点不同而已。

（一）研究开始阶段（1991年）

包山楚简的出土整理工作于1987年2月下旬开始，至1989年2月底结束，历时两年。不过，学界对包山楚简的研究是以整理者将其整理报告出版为开始的标志，在此之前只有整理者的介绍性文章发表，包山楚简的具体内容并不为学界所知。1991年10月《包山楚墓》出版，公布了包括司法简在内所有包山楚墓出土文物的照片，还包括整理者的挖掘报告、简牍释文、字表等，附录中主要为由参加整理的学者撰写的多篇论文，论及

① 在1991年包山楚简公布后，一时成为学界关注热点，仅一年之后就有两篇分别介绍包山楚墓和包山楚简的研究综述发表，即王建苏的《包山楚墓研究述评》（《华夏考古》1992年第4期）和《包山楚简研究述评》（《江汉论坛》1992年第11期）。至今已近30年，无论从时间段还是研究内容进展的考虑，均有必要再次进行学术史的回顾研究。

包山楚简涉及的楚历、司法制度等问题（详见下文评述）。另外，《包山楚简》也同时出版，是包山简牍资料的单行本，不过没有收入34枚带文字的签牌图片。①至此包山楚简的全部内容终于为学界所知。在开始阶段，包山楚简的及时整理出版对学界的研究是非常有帮助的，且此二书也是包山楚简开始阶段的主要研究成果。

（二）研究高潮阶段（1992—2000年）

在包山楚简的出土报告出版后，包山楚简旋即成为学界研究热点。1992年在南京举行的中国古文字研究会第九届年会和1993年在香港举行的"第二届国际中国古文字研讨会"上，包山楚简都是大会的主要议题。中国古文字研究会第九届年会上关于包山楚简的论文有10余篇，如黄盛彰《〈包山楚简〉辩证、决疑与发覆》、李天虹《〈包山楚简〉释文补正》、汤余惠《包山楚简读后记》、刘钊《包山楚简文字考释》、黄锡全《〈包山楚简〉释文校释》等，在香港中文大学举办的第二届国际中国古文字研讨会上关于包山楚简的文章有曾宪通《包山卜筮简考释》（7篇）、李家浩《〈包山楚简〉研究》（5篇）、袁国华《〈包山楚简〉文字考释》、陈松长《〈包山楚简〉遣策释文订补》等。直至1997年的第三届国际中国古文字

① 湖北省荆沙铁路考古队：《包山楚简》、《包山楚墓》（上、下），均由文物出版社1991年出版。需要提及的是在两书出版前，仅有新闻报告性和介绍性文章发表，如在1987年有：楚文：《荆门十里铺包山大冢出土一批战国中晚期珍贵文物》，《荆州师专学报》1987年第1期。方彦浩：《荆门包山大冢喜丰收》，《江汉考古》1987年第1期。方彦浩：《包山大冢清理出500件珍奇文物》，《荆州师专学报》1987年第3期。荆沙铁路考古队：《荆门市包山大冢出土一批重要文物》，《江汉考古》1987年第2期。以上文章均未涉及简牍的具体内容，并且有关竹简数量的数据与实际情况不符。在1988年有：湖北省荆沙铁路考古队包山楚墓整理小组：《荆门市包山楚墓发掘简报》，《文物》1988年第5期。吴顺清、徐梦林、王红星：《荆门包山2号墓部分遗物的清理与复原》，《文物》1988年第5期。包山墓地竹简整理小组：《包山2号墓竹简概述》，《文物》1988年第5期。以上文章对简牍的内容有所介绍。

研讨会上，有关包山楚简的研究也占有相当的比重，如胡平生《说包山楚简中的“諜”》、李家浩《包山楚简“蔽”字及相关之字》等。在 1992 年和 1996 年两部基础文字释读的文字编先后出版，以包山楚简文字编为题的硕士论文也出现。①综合研究的专著和博硕士论文也陆续出现。②从研究

① 参见袁国华、张光裕：《包山楚简文字编》，台湾艺文印书馆 1992 年版。张守中：《包山楚简文字编》，文物出版社 1996 年版。白于蓝，《包山楚简文字编》，吉林大学 1994 年硕士学位论文。

② 专著：以包山楚简为主题的有：陈伟：《包山楚简初探》，武汉大学出版社 1996 年版。刘信芳：《包山楚简解诂》，台湾艺文印书馆 2003 年版。以包山楚简为主要研究对象的专著有：刘钊：《出土简帛文字丛考》，台湾古籍出版有限公司 2004 年版。CONSTANCE A.COOK，DEATH IN ANCIENT CHINA—The Tale of One Man's Journey，In CHINA STUDIES，VOL8，published for the Institute for Chinese Studies University of Oxford，BRILL LEIDEN · BOSTON 2006。陈伟主编：《楚地出土战国简册（十四种）》，经济科学出版社 2009 年版。陈伟：《新出楚简研读》，武汉大学出版社 2010 年版。吴良宝：《战国楚简地名辑证》，武汉大学出版社 2010 年版。

博硕士论文：中国大陆：白于蓝：《包山楚简文字编》，吉林大学 1994 年硕士学位论文。史杰鹏：《关于包山楚简司法文书的几个问题》，北京大学 1997 年硕士学位论文。许全胜：《包山楚简姓氏谱》，北京大学 1997 年硕士学位论文。于成龙：《包山楚简中若干制度问题的探讨》，北京大学 1997 年硕士学位论文。谭步云：《先秦古楚语词汇研究》，中山大学 1998 年博士学位论文。日高：《包山楚简所反映的楚县和楚郡》，北京大学 1998 年硕士学位论文。刘畅：《包山楚简字用研究》，北京师范大学 2001 年硕士学位论文。刘国胜：《楚丧葬简牍集释》，武汉大学 2003 年博士学位论文，后于 2005 年有修订本。王颖：《包山楚简词汇研究》，厦门大学 2004 年博士论文，厦门大学出版社 2008 年出版。刘波：《包山楚简语言研究》，北京师范大学 2005 年硕士学位论文。胡莺：《包山二号墓漆奁的出行图像与相关问题研究》，湖北美术学院 2007 年硕士学位论文。中国台湾：黄人二：《战国包山卜筮祝祷简研究》，台湾大学硕士学位论文，1996 年出版，1995 年毕业。王仲翊：《包山楚简文字研究》，台湾中山大学硕士学位论文，1996 年出版，1995 年毕业。巫雪如：《包山楚简姓氏研究》，台湾大学硕士学位论文，1996 年出版，1995 年毕业。颜世铉：《包山楚简地名研究》，台湾大学硕士学位论文，1997 年出版，1996 年毕业。文炳淳：《包山楚简所见楚官制研究》，台湾大学硕士学位论文，1997 年出版，1997 年毕业。中国香港：袁国华：《包山楚简研究》，香港中文大学博士学位论文，1994 年 12 月。韩国：朴俸柱：《战国时代楚国统治体制研究》，首尔大学博士学位论文，2000 年 8 月。日本：广濑熏雄：《包山楚简所见战国时代的诉讼》，东京大学硕士学位论文，2001 年 2 月。

者的分布地域看、包括了中国内地、香港、台湾地区和日本、韩国，可见包山楚简的研究是国际性的。可以说在包山楚简整理出版后，学界一直对包山楚简保持相当的关注，并持续有研究力量投入其中。

（三）研究沉寂阶段（2001 年至今）

2000 年以后至今是相对沉寂期，因为随着前期基础文字释读工作的展开，今后需要的是综合、深入的专业研究，尤其是司法文书简还需要法学理论的阐释，研究难度也就自然而然提高了；另一方面，随着郭店简、上博简等新简的出土公布，简帛学界注意力也自然随之转移，因此，包山楚简进入了相对的沉寂期，2000 年以后的出版专著多是研究者以前论文的总结。如刘信芳的《包山楚简解诂》虽是 2003 年出版，但其收入文章却是多年来已发表的研究包山楚简文章。2009 年出版的《楚地出土战国简册（十四种）》（下文有评述）系对包山楚简研究的总结，该书所引述的包山楚简的重要研究成果多是出现在 2000 年前后。2010 年陈伟的《新出楚简研读》（武汉大学出版社出版）的包山楚简部分的研究也是其在 1996 年的《包山楚简初探》出版后所发表的论文的合集。

三、包山楚司法简主要研究成果述评

近 30 年来，对包山楚简所反映的战国时期楚文字、文化、地理、职官、姓氏、司法等方面的研究均有成果。至 2011 年 1 月为止，相关论文共 250 余篇，专著 6 部（另有综合性楚简著述多部，参见注文所列部分书目），研究包山楚简或以包山楚简为主要资料的博士论文 5 篇，硕士论文 16 篇。研究者以中国大陆学者为主，中国台湾地区、中国香港地区、日本、韩国等也有学者研究成果不断问世。[①]国内外学界的研究主要在以下方面进行：其一，

① 统计资料截至 2011 年 1 月 10 日，因收集范围所限，难免遗珠之憾，尚祈见谅。

简牍文本方面，包括对司法简的简序编联和文字考释，至今仍时有新成果出现，尤其是郭店楚简、上博楚简、清华楚简等楚简不间断问世的情形下，综合各种楚简进行的综合研究成果颇多；其二，对包山楚司法简所载地名、人名、时间、职官、文物典章制度等进行综合考辨研究；其三，以包山司法简为基础材料，对楚国的诉讼、证据、司法程序等进行专项研究。

（一）简牍文本研究成果评述

简牍文本的研究主要包括了简牍编联和文字释读。出土简牍研究最重要的是出土整理报告，这是一切研究的起点。包山楚简的整理者湖北省荆沙铁路考古队于 1991 年由文物出版社出版的《包山楚墓》（上、下）和《包山楚简》二书就是颇具质量的整理报告。从内容看，《包山楚墓》（上下）系出土报告、释文、研究论文等的集合，同时整理者又将简的照片、释文、字表等以《包山楚简》为名单独出版。二书给学界对包山楚简进行研究提供了基础资料，为今后的包山楚简研究奠定了基础。《包山楚墓》（上册）附录的论文，有的先前已公开发表，如吴顺青、徐梦林、王红星的《荆门包山 2 号墓部分遗物的清理与复原》，胡雅丽的《包山 2 号墓漆画考》，彭浩的《包山二号楚墓卜筮和祭祷竹简的初步研究》，①其他均是整理者的初次发表成果，②附录的论文对包山楚简所反映的楚国文字、司法、

① 上述文章发表情况详见本章相应注释。

② 包山楚墓上所附首次发表的论文：杨定爱：《包山二号楚墓人甲的清理与复原》。胡雅丽：《包山二号楚墓所见葬制葬俗考》。王红星、胡雅丽：《由包山二号楚墓看楚系高级贵族墓的用鼎制度——兼论周代鼎制的发展》。王红星：《包山二号楚墓漆器群研究》。冯少龙：《包山二号楚墓“龙首杖”试析——兼谈先秦时期的几种杖》。胡雅丽：《包山二号楚墓遣策初步研究》。王红星：《包山简牍所反映的楚国历法问题——兼论楚历沿革》。刘彬徽：《从包山楚简纪时材料论及楚国纪年与楚历》。彭浩：《包山楚简反映的楚国法律与司法制度》。彭浩：《包山二号楚墓卜筮和祭祷竹简的初步研究》。刘彬徽、何浩：《论包山楚简中的几处楚郢地名》。刘彬徽、何浩：《包山楚简“封君”释地》。彭浩、刘彬徽、胡雅丽、刘祖信：《包山楚简文字的几个特点》。

历法、卜筮、丧葬文化等方面的研究成果，为后来研究者时常引用。

简牍研究基础是文字考释，在读通简牍的基础上才能对其所反映的史实从各种角度进行研究。《包山楚墓》一书附录的整理者刘彬徽、彭浩、胡雅丽、刘祖信等人所作的释文及注释，为学界进一步研究奠定了良好的基础。但因为当时的研究属起步阶段，为客观条件所限，释文中的误释字和未释字很多。因此，学界后来陆续有纠正文章发表，这使得包山楚司法简中很多摹写原字形的字、仅作隶定的字和释读错误的字得到正确释读。随着后出的郭店楚简、新蔡楚简、上博楚简、清华楚简等的公布，提高了包山楚简的文字释读水平，很多学者的说法得到了证实，很多不识之字也得到解决，如下文介绍的“受昍”的“昍”的释读即是显明之例（详见下文）。另外，研究者要经常利用的就是文字编，目前以《包山楚简文字编》为名的就有三种（张光裕主编、袁国华合编，台湾艺文印书馆1992年版；白于蓝编，吉林大学1994年硕士论文；张守中编，文物出版社1996年版），其中，张光裕主编、袁国华合编的《包山楚简文字编》出版最快，也最为详尽，编排颇具特色，且文字均取自竹简照片，后附竹简照片清晰，最为便于研究者，后出的文字编均各有特色，可以综合利用。

包山司法简文的内容属于当时楚国的实际司法档案，与郭店楚简、上博楚简等古书的性质不同，后者可以与传世典籍对读，且可根据上下文例推敲字义，前者则往往无所凭依，释读困难加倍。因此，学界对包山司法简中的难字、怪字提出的释读意见往往无法统一。例如“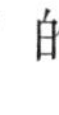”字，有释为“笉”，读为“引”；①有认为从“孑”声，疑即简札之“札”的本字；②有认

① 湖北省荆沙铁路考古队：《包山楚简》，文物出版社1991年版，第45页。另见何琳仪：《战国古文字典》，中华书局1998年版，第1130页。

② 汤余惠：《包山楚简读后记》，《考古与文物》1993年第2期。

为字从孓声，义为信物，其实物与后世的“节”相类；①有认为“筭”应该读为“契”；②有认为应隶作“笆”，读为“记”。③几种意见孰者可从，目前尚未有定论，需要提及的是，以往的论者往往将“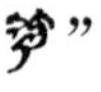”字和另一个形近的“”字混为一谈，但是从简文中二者的用例来考虑，二者并非同一个字的不同写法，而是不同的两个字，二者在楚国应系所指不同的文书④。因此对于疑难字，我们只能期待将来研究的推进来解决。

（二）综合研究成果评述

包山楚简的综合研究成果必须要重视两部著作：陈伟的《包山楚简初探》、陈伟主编《楚地出土战国简册（十四种）》中包山楚简部分。《包山楚简初探》一书 1996 年出版，系作者历年研究包山楚简主要成果的集合，该书对包山楚简的内涵作了系统贯通的考察，全书分为 7 章，章名分别为：岁首与简书年代、文书制度、地域政治系统、名籍与身份、司法制度、卜筮祷词、丧葬制度等，每章分小节，共 27 小节。书后附参考文献和包山楚简释文。该书首先是对整理者的简文的连接和分篇进行分析辩证，以求恢复简牍原貌，读懂简文，进而发掘简牍间的内在联系和规律性。该书的出版是包山楚简综合研究的阶段性标志性成果，出版后在学界引起较大反响，有多位学者撰文推荐。⑤迄今为止，综合性的研究集大成的

① 刘信芳：《楚文字考释五则》，《于省吾教授百年诞辰纪念文集》，吉林大学出版社 1996 年版，第 186—189 页。

② 史杰鹏：《读包山司法文书简札记三则》，载《简帛研究二〇〇一》，广西师范大学出版社 2001 年版，第 19—24 页。

③ 赵平安：《试释包山楚简中的“笆”》，载《简帛研究二〇〇二、二〇〇三》，广西师范大学出版社 2005 年版，第 1—5 页。

④ 关于此点，可以参见王捷：《包山楚简 120—123 号司法术语汇释》一文，该文系中国法律史学会 2010 年学术年会论文。

⑤ 参见郭德维：《〈包山楚简初探〉评介》，《江汉考古》1997 年第 1 期。刘钊：《值得推荐的一本好书——〈包山楚简初探〉读后》，《史学集刊》1998 年第 1 期。

要属陈伟主持的中国教育部哲学社会科学研究重大课题攻关项目“楚简综合整理与研究”的成果《楚地出土战国简册（十四种）》，该书的包山楚简部分研究在简文图像上具有优势——2004 年利用日本早稻田大学提供的新型红外成像系统对包山楚简重拍了红外和数码照片，取得现有条件下最好的图像。该书在简文释读方面也是集大成，研究者对国内外研究成果进行系统梳理和整合，以便择优而从或新立观点。该书还注意到包山司法简和秦汉时期法律简之间比较研究。该书的出版对今后包山楚简的深入研究将起到不可替代的导向作用。2000 年以后的学者论文集值得参考的还有：其一，刘信芳的《包山楚简解诂》也是值得参考的著述，该书主要是作者历年来研究包山楚简成果和学界以往研究成果的整合，从文字、司法术语出发进行阐释，吸收新出文献以及学术界研究成果，对包山楚简校订释文，详加考释，该书还附有全部原简图版，颇为便利。其二，陈伟的《新出楚简研读》，该书的第一部分收集了近年来作者发表的关于包山楚简研究的重要文章，其中论证的问题如“溺典”一词的含义、“廷志”签牌和 9 号简、“宛郡”地名、简 131—139 的舒庆杀人案等，很是精详，值得关注。

（三）专项研究成果概述

包山司法文书简研究依据内容可分为文字、地理、职官、司法等专项，下面仅予以概述。

立足于文献学和文字学的文字研究，始终是简牍研究的基础工作，包山楚简研究成果中文字研究成果占多数。包山楚简开始阶段的主要成果就是文字考释，且文字研究成果从单纯包山楚简的字词释读到结合已出土的其他楚简进行综合研究，还有运用现代语言学理论进行的研究等均有大量成果，研究也呈现出日益深入且广泛的趋势。限于篇幅，文字研究部分的成果在此不一一列举。

司法文书简所载的地名、职官等不少是传世典籍所不载或有疑问的，对楚国地理、职官的历史研究价值重大。地理方面主要有：颜世铉的硕士论文《包山楚简地理研究》属佳作之一，吴良宝所著《战国楚简地名辑证》则进一步根据已经出土的楚简册进行研究，是目前为止的最新研究成果，该书以包山楚简的地名资料为主要材料之一，讨论了楚国“以事纪年”、都郢地名、封君及其地望，楚县名等问题，是较为全面结合包山楚简研究楚国历史地理的著作。该书就多有参考颜世铉的硕士学位论文。职官方面研究有专门的学位论文和相关的论文，如文炳淳的《包山楚简所见楚官制研究》、刘信芳的《〈包山楚简〉职官与官府通考》（上、下）等。

司法文书简属于司法档案，以司法文书简出发进行楚国司法研究是包山楚简的最重要价值所在。目前的研究主要在司法术语、个案分析、文书制度等方面展开，研究者有从字词术语出发进行研究的，也有用现代法学概念剖析的，其中存在的最大问题是法律史学和简帛学界的跨学科沟通不够充分，以至于在以同样的包山司法简为材料进行研究楚国司法制度时各说各话。①总体而言，本部分的研究和其他部分的研究相比较较为薄弱，考

① 以包山楚司法简为主要材料根据研究楚国法律史的历年成果主要有：黄盛璋：《包山楚简中若干重要制度发复与争论未决诸关键词解难、决疑》，《湖南考古辑刊》第 6 辑，1994 年。夏渌：《读包山楚简偶记——“受贿”、“国帑”、“茅门不败”等字词新义》，《江汉考古》1993 年第 2 期。陈伟：《关于包山“受期”简的读解》，《江汉考古》1993 年第 1 期。曹锦炎：《包山楚简中的受期》，《江汉考古》1993 年第 1 期。葛英会：《包山楚简治狱文书研究》，《南方文物》1996 年第 2 期。贾继东：《〈包山楚简〉中〈受期〉简别解》，《东南文化》1996 年第 1 期。贾继东：《浅议包山楚简对楚国法制研究的意义》，《中国文物报》，1995 年 11 月 5 日。刘信芳：《包山楚简司法术语考释》，《简帛研究》第 2 辑，法律出版社 1996 年版，第 12—34 页。周凤五：《包山楚简〈集箸〉、〈集箸言〉析论》，《中国文字》新 21 期，台湾艺文印书馆 1996 年版，第 23—49 页。陈恩林、张全民：《包山“受期”简析疑》，《江汉考古》1998 年第 2 期。董莲池：《也说包山楚简中的“受期”》，《古籍整理研究学刊》1999 年第 4 期。南玉泉：《楚国司法制度探微》，《政法论坛》2000 年第 4 期。苏杰：《释包山楚简中的“阩门有败”——兼解“司败”》，《中国文字研究》第 3 辑，广西教育出版社 2002 年版，第 218—222 页。苏杰：《释包山楚简的“受期”》，《中国文字研究》第 4 辑，广西教育出版社 2003 年版，第 151—155 页。刘玉堂、贾济东：《楚秦审判制度比较研究》，《江汉论坛》2003 年第 3 期。刘玉堂、贾济东：《楚秦起诉制度比较研究》，《中南民族大学学报》2004 年第 2 期。刘玉堂、贾济东：《楚秦刑事诉讼证据比较研究》，《湖北大学学报》2004 年第 2 期。李家浩：《谈包山楚简“归邓人之金”一案及其相关问题》，载《出土文献与古文字研究》第 1 辑，复旦大学出版社 2006 年版，第 16—32 页。［日］广濑熏雄：《包山楚简〈受期〉“阩门又败”再探》，武汉大学简帛研究中心，《简帛》第 2 辑，上海古籍出版社 2007 年版，第 53—62 页。陈绍辉：《从包山楚简看楚国的诉讼制度》，《江汉论坛》2008 年第 5 期。

证翔实、论证严密的成果尚为少见，这也和文书简的内容解读需要一定的法学素养和法律史学认识有关系，在今后是需要相关专业学者的加入，以利于司法简和楚司法制度研究的深入。

四、包山楚司法简研究中的主要问题

从研究成果看司法简研究中主要问题领域包括：简牍编联与文义解读、司法文书术语与个案、职官与行政运作、简牍年代与楚历、地理、人名、姓氏等问题。

（一）简牍编联与文义解读中的问题

简牍编联是理解简牍整体结构、性质等所必需的，是简牍研究的起点，由于包山楚司法简是当时的司法档案，因此司法简的编联问题除了考虑出土情况和内容的连续之外，还需要考虑到司法档案的法律专业属性。从以往的研究看，主要集中于简的分类结构、篇题、具体简的归属等。目前为止分七类，有篇题的四类：集箸、集箸言、受邑、疋狱，无篇题依据内容归纳的有：贷金、案卷、所謴。①个别简的归属、编序、性质有争议，如简 278 的归属，简 131—139 的编序，简 9、148 是否属于篇题等。分篇结构、篇题和签牌之间关系等也有学者进行研究。②由于以往主要的研究力

---

① 各部分简编号和主要内容参考本章开头处。

② 参见陈伟：《包山楚简初探》，武汉大学出版社 1996 年版，第 28—60 页。该书第二章之第二节至第五节探讨了司法文书简的编次和集箸、集箸言、受邑、疋狱四类有篇题简的分篇问题。另外研究此类问题的文章可以参见以下三篇文章：周凤五：《包山楚简〈集箸〉〈集箸言〉析论》，《中国文字》新 21 期，台湾艺文印书馆 1996 年版，第 23 页。李家浩：《包山祭祷简研究》，载《简帛研究二〇〇一》，广西师范大学出版社 2001 年版，第 34 页。李家浩：《谈包山楚简“归邓人之金”一案及其相关问题》，载《出土文献与古文字研究》第 1 辑，复旦大学出版社 2006 年版，第 30—32 页。

量不是法律史学背景的研究者，也因法律史学者缺乏直接研究简牍的专业能力而较少在此问题上发表意见，故而对于编联问题的研究有时候较少考虑到法律文书本身的特性，这是很令人遗憾的。因此今后的研究中，需要法律史学者和简帛学者的跨专业沟通，从法律文书的专业属性出发，注意各篇简之间关系及司法文书简整体构架的探讨，以期解决简牍编联中以往未能解决和忽略的问题。

简牍文义解读的目标是读懂、读通简文，这是迄今为止司法文书简研究成果最多的领域。研究方式多从简牍关键词、疑难字的隶定、释读切入，而后展开讨论简文含义，很多研究者并以此为基础探研具体制度。从研究趋势看，前期多是就司法文书简的文字进行解释，随后就开始有集合性质的文字释读，如文字编、词汇研究、语言研究、语用研究等。限于篇幅这里不予列举研究成果，请参见本章注释的相关部分。因出土的楚简日益丰富，现在的趋势则是研究包山简的文字时必须联系其他出土楚简，或将包山简的文字研究置于楚简文字研究的一部分来进行。

(二) 司法文书术语与个案研究中的问题

1. 司法文书术语问题

包山司法简属于古文书简，其中所用语言文字是当时官府日用文字，包含大量的术语，考察术语的含义和使用情况对我们了解楚国法律的实践，并归纳推求楚国法律的一般规定均有意义。学界在这方面的研究对象主要是简帛，古文字学界字词释读的研究成果居多，学者对于何为司法术语或者法律术语的准确内涵并不在意，只要是在包山司法简中经常出现的词汇就归为司法术语或法律术语，某些术语也可能与司法并不直接相关，仅属于文书专用词汇——如“集箸”“溺典”。这方面问题需要今后法律史学专业研究者的深入探讨。为避免归类不确，本章将此类研究称为司法文书术语研究。目前，重要的司法文书术语如“受旮”“集箸”“溺典”“疋狱”“阩门有败”“所諟”“视日”等均有研究成果，且就术语的含义、使用情形等探讨较多，如“受旮”一词就一直有学者撰文研究，各家观点差距很大。“旮”，最初整理者释为“期”，从几从日，与《说文》古文期字从丌从日不尽相同，应是期字异体，此后尽管多数学者从音韵、字形等方面提出疑义，但结论上还是偏向于该字与“期”字同义。当然也有学者释“期”为“晦”，假借为“贿”，就读为“受贿”。裘锡圭先生在2006年指出此字应该释读为训作“期”的“几”，“期”与“几”都是见母字。“几”字上古音属脂部，“几”字属微部。二部之音至近。“旮”字从“日”、“几”声，应该是为训“期”的“几”而造的专字。“受旮”的含义，整理者认为是各地送报的告诉记录摘要，后有认为应读“旮”为“稽”，是讼案稽审，有认为是左尹官署向被告责任人或其本人下达指令的记录。有认为系讲由于何种原因，无法审理。有认为就是授以期日，即限定听讼治狱的日期。有认为就是接受诉讼的期约。有认为就是左尹官署向下级官吏人等下达的要求在限定时日为特定行为的指令。①

因此今后的司法文书术语研究，首先要对现有的研究成果以集释方式予

① 关于受旮简的研究近三十年来没有间断，文章主要有：陈恩林、张全民：《包山“受期”简析疑》，《江汉考古》1998年第2期。陈伟：《关于包山“受期”简的读解》，《江汉考古》1993年第1期，后收入氏著《包山楚简初探》相关部分。曹锦炎：《包山楚简中的受期》，《江汉考古》1993年第1期。夏渌：《读包山楚简偶记——“受贿”、“国帑”、“茅门有败”等字词新义》，《江汉考古》1993年第2期。黄盛璋：《包山楚简中若干重要制度发复与争论未决诸关键词解难、决疑》，《湖南考古辑刊》第6辑，1994年。李零：《包山楚简研究（文书类）》，收入南开大学历史系先秦史研究室编：《王玉哲先生八十寿辰纪念文集》，南开大学出版社1994年版。葛英会：《包山楚简治狱文书研究》，《南方文物》1996年第2期。刘信芳：《包山楚简司法术语考释》，《简帛研究》第2辑，法律出版社1996年版。裘锡圭：《释战国楚简中的“旮”字》，中国古文字研究会、华南师范大学文学院编，《古文字研究》第26辑，中华书局2006年版。［日］广濑熏雄：《包山楚简〈受期〉“阩门又败”再探》，武汉大学简帛研究中心，《简帛》第2辑，上海古籍出版社2007年版。

以总结，其次要注意结合后出楚简进行研究，如学界对“视日”一词的研究进展就是以往研究中值得借鉴的例子。[①]在司法文书术语整体的层面去深入考察司法文书术语的作用、其反映的楚国法制、对后世秦汉法律术语的影响。

2. 个案研究中的问题

从文书所载看包山司法简的疋狱、受期、所諨、无篇题的案卷简等均属楚国官府对于具体个案的处理记录，因此司法文书简的研究不能脱离具体个案，个案是楚法制研究中难得的实证材料。一些特别的案件有研究者专门研究，如李家浩对受期类简 44、45 的“归邓人之金”一案的研究（见上文所引李家浩文章）、陈伟对简 131—139 的舒庆杀人案等也有多篇论文的持续研究[②]。但从整体上对这些案件进行归类汇总，总结案件处理的内

① “视日”，“视”原被误释为“见”，含义有“楚王”“左尹”“司法官（或廷官、主审官）”等说法。郭店楚简公布后，裘锡圭先生根据其中的《老子》篇中的“视”与“见”写法不同，将“视”与“见”区别开来，并指出包山楚简所谓“见日”其实应该释为“视日”。“视日”的含义的确定在上博简公布后得以解决，上博四《昭王毁室》3 号简亦有“视日”，辞例为“命（令）尹陈眚为视日”。由此来看，“视日”既非指楚王也非指左尹，而是将“告”上呈楚王的人，在诉状上呈楚王的关键环节，可能也有避免直言君王的意味。参见裘锡圭，《甲骨文中的见与视》，《甲骨文发现一百周年学术讨论会论文集》，文史哲出版社 1998 年版，第 2—5 页。范常喜，《战国楚简“视日”补议》，简帛研究网，2005 年 3 月 6 日。陈伟：《关于楚简“视日”的新推测》，简帛网，2005 年 3 月 6 日。

② 简 131—139 的舒庆杀人案共包括 9 枚竹简、8 份档案，陈伟先生认为是该墓出土官府文书中篇幅最长、结构最为繁复、对揭示楚国司法制度最为重要的一组。先后已五次撰文解读该案：《包山楚司法简 131～139 号考析》，《江汉考古》1994 年第 4 期；《包山楚简初探》第二章第二节，武汉大学出版社 1996 年版，第 31—33 页；《楚国第二批司法简刍议》，中国社会科学院简帛研究中心主编，《简帛研究》第 3 辑，广西教育出版社 1998 年版。该文将江陵砖瓦厂 370 号楚墓所出简书复原为两件诉状，证实了对于 132—135 号简性质的判断；《包山竹简所见楚国的宛郡》，《武汉大学学报》1998 年第 6 期，该文将 131—139 号简所见的“郘公”读为“宛公”，将“悁”字读为“怨”，从而使原先讼狱处置中有郡级官员参与的推测具体化；《包山楚司法简 131—139 号补释》，陈伟：《新出楚简研读》，武汉大学出版社 2010 年版。另外，李佳兴的《关于〈包山楚简〉简 131—139 中的“人证”》是属于个案研究的文章，该文系参加 2000 年 6 月我国台湾地区主办“第一届出土文献学术研讨会”论文。

在规律等研究尚未见到，这方面的研究应该是今后研究的方向之一。

（三）其他：简牍年代与楚历、职官与行政运作、地理、人名、姓氏等问题

包山司法文书简是有年代可考的真实史料，其事件记载有纪年、纪月、纪日等，因此对文书记载的年代及楚历法问题进行研究是必要的。在此领域，以往的焦点主要集中在楚历月序、岁首、建正及楚历沿革等问题上，目前学界对如“寅正荆夷岁首”等已经趋向一致。今后应该在此基础上集中于利用司法文书简的时间确定特点对楚、秦在同一历史时段的法律史史实进行比较研究等方面。

包山司法文书简中还出现了诸多的职官、官府、地名、人名、姓氏等，这类信息对我们了解当时楚国地方与中央的关系、楚国地理、楚国社会等均是可信凭的一手史料，尤其对于传世典籍的互相印证，更是可以填补楚国史研究领域的空白。近 30 年来的研究成果，我们从前文所列的专著和博硕士论文就可以看出今后的研究，应是集中于以往没有深入的部分，如职官官府部分的研究是一个尚待深入的领域，而这部分的研究需要政治制度史、法律制度史的专业背景知识。

包山楚简出土至今已有 30 多年历史，简文公布也有 20 多年，研究进展已如上文阐述。展望将来，包山楚简研究的重点和难点何在？该往何处方面努力？包山楚简以司法文书简为主，依其内容来看，研究重点应在于楚国法制史，难点亦在于此。但回顾以往研究，研究力量和成果主要出自简帛学界，因此就利用包山楚司法简研究楚国法制史的成果在量和质方面均无突出之处，法律史学界对包山楚司法简的研究更是薄弱。造成这种现状的原因在于：其一，楚文字的辨识难度远超周秦文字，使得法律史学界研究不能深入进行。由于楚文字系统和周秦文字系统不一、楚国相关的传世文献缺乏、楚文化相对于周秦文化的独立性，释读楚简比周代金文和秦汉简牍要困难得多。20 多年来的考释工作仍不能全面解决包山楚文书简文字辨形、辨义问题；其二，楚国法制资料的匮乏。楚国历史悠久，因其与中原各国不类，其传统礼制、法制均保有自己鲜明特色，很多时候不能用周制予以解说。而在传世典籍中关于楚法制的史料不成体系，也多有抵牾之处，故而以传世典籍来构造楚国法制无疑难度颇大。在包山简中即可见到此情形，包山简中所见的楚国实际制度及其所表现出的司法文书，我们就很难找到传世典籍予以一一对照，只能从其内容去归纳推求。

要深入解决上述问题并对楚国法律史乃至于战国法律史的研究有所突破，显然今后需要关注以下的方面：首先，法律史学界要注重楚文字考释方面的成果，致力于对包山楚司法简的字、句、段、章、篇逐步推进的整体集释。其次，楚国法律史的研究对于探究中国传统法制的战国时期多元渊源和楚法制对秦汉以后的律令法体系的影响均有重大价值，法律史研究者应利用自身专业知识优势，考虑简牍和传世古籍所载楚司法制度可相互参证处，阐释其在法律史上的意义。具体而言，楚法制在战国时期的各国中颇具自身特色，其制度有周制渊源，也有楚人自创，与秦国法制相映相异。今后的研究需要结合西周法律类金文资料研究成果和秦汉魏晋的出土文献中关于法律制度和法律思想的研究成果，从司法审判依据的法源，司法机构和司法官在国家体系中的位置和权力范围，司法审判的程序，诉讼当事人在司法审判中的地位和作用等诸方面考察其源流、运作及消亡的历程，并对后世律令法体系下司法审判的影响进行分析，尽可能做到从历史情境中理解楚国司法的实态及其发展的规律性，突破以往包山司法简研究主要以古文字学研究为主体的状况，回归包山司法简作为法律史史料的本色，发挥其在战国法律史研究中的重要作用。

第六章　中国唐律研究 70 年

新中国成立 70 年来，特别是改革开放以来，中国的唐律研究队伍逐渐壮大，成果颇丰，影响不小，超过对中国古代任何其他法典的研究。本章对唐律研究的主要学术成果作一回眸，以期总结其经验，探求其不足，寻找打开研究新局面的方向。

第一节　唐律研究成果的三大类别

70 年来，中国公开出版、刊发了不少专门研究唐律的学术成果，包括著作 19 部、论文 755 篇。①如果加上其他著作中论及唐律的内容，数量就更多。这些成果，分别从不同视角、深度对唐律进行了梳理、解读和论述，大致可分为以下三大类。

① 2018 年 7 月 4 日在“中国知网”数据库，以“唐律”为篇名关键词进行搜索，在这 70 年中的期刊上公开发表的唐律研究论文已达 755 篇。

一、对唐律条文的注释

这类成果以专著为主，以注释唐律条文中的相关字、词、句为己任，作现代汉语的解读，使大家能够正确理解唐律的原意。没有这种研究，许多人或许看不懂唐律的原意，或产生歧义。这些著作又可分为三种：第一，对唐律中律条的解释，只涉及唐律的律条，不涉及唐律的“疏议”，如《唐律译注》。[①]第二，对唐律中“疏议”的解释，只针对唐律中的“疏议”，而不针对唐律中的律条，如《唐律疏议译注》[②]和《唐律疏议笺解》。[③]第三，对唐律中的律条和“疏议”都作解释，对唐律作全面解释，唐律中的律条和“疏议”都在解释之列，如《唐律疏义新注》。[④]这三种著作都注重对唐律本身内容的注释，其中《唐律译注》《唐律疏议译注》和《唐律疏义新注》除了对相关的字、词和句子作解释外，还有对照原文的现代汉语译文，《唐律疏议笺解》则没有这种译文。另外，《唐律译注》和《唐律疏议译注》更侧重对唐律原文的注释，扩展的内容很少，《唐律疏议笺解》和《唐律疏义新注》则有不少扩展的内容。《唐律疏议笺解》的“内容有四：分析律意；考订渊源；叙述演变；补充案例。前一项内容为主”，[⑤]后三项都有扩展的性质。《唐律疏义新注》则对一些存有争议的内容，提出了自己供商榷的看法，如对《唐律疏议·擅兴》“乏军兴及不扰军事”条中“随身七事”的理解。[⑥]尽管如此，对唐律原意的解释仍是这类

① 钱大群：《唐律译注》，江苏古籍出版社 1988 年版。
② 曹漫之主编：《唐律疏议译注》，吉林人民出版社 1989 年版。
③ 刘俊文：《唐律疏议笺解》，中华书局 1996 年版。
④ 钱大群：《唐律疏义新注》，南京师范大学出版社 2007 年版。
⑤ 刘俊文：《唐律疏议笺解》，中华书局 1996 年版，第 1 页。
⑥ 钱大群：《唐律疏义新注》，南京师范大学出版社 2007 年版，第 524 页。

著作的主要内容，也是它们的共同点。

二、对唐律整体内容的系统阐述

这类成果对唐律的整体内容按照作者自己归纳的标准，重新编排唐律的律条及其“疏议”，较为系统地阐述唐律的内容。这些内容经过作者的消化，着重用现代汉语进行表达，律文与“疏议”大多作为资料引用。这类成果中的著作把唐律的内容作了较为系统的阐述，使读者能较为全面地了解唐律的基本内容。如《唐律研究》（钱版）“引言”所言：“要让他们即使手头没有《唐律疏议》，通过阅读这本书，对唐律的内容也能有个较完整的印象。”①《唐律研究》（乔版）②、《唐律论析》③也均是这类著作。但是，这三部著作的内容编排并不相同。《唐律研究》（乔版）在《唐律概说》④的基础上，把唐律的内容分为上、下两编。上编是“总论”，包括唐律的产生与形成、五刑、十恶、八议和各项原则，大量的内容属于刑法总则的内容。下编则分述了 8 种犯罪和民事规范、诉讼程序，大量内容属于刑法分则的内容。《唐律论析》共 11 章，前三章分别阐述初唐的经济政治制度和统治者的法律思想、唐律的制定与篇章结构、唐律中的刑法原则与刑法制度，最后一章是关于唐律对中国及亚洲国家封建法制的影响，中间的七章内容均为唐律所维护的各种客体或对象。《唐律研究》（钱版）则分

① 钱大群：《唐律研究》，法律出版社 2000 年版，第 8 页。乔伟、钱大群和杨廷福均撰写、出版过以《唐律研究》为名的著作。为了区别，本章将之分为《唐律研究》（乔版）、《唐律研究》（钱版）和《唐律研究》（杨版）。

② 乔伟：《唐律研究》，山东人民出版社 1985 年版。

③ 钱大群、钱元凯：《唐律论析》，南京大学出版社 1989 年版。

④ 乔伟：《唐律概说》，吉林大学出版社 1982 年版。

为 4 编，分别是立法研究、刑罚及刑罚运用研究、犯罪研究、刑律的任务与特点研究篇。另外，这类成果中还有少量论文，用有限的文字精练地综论了唐律中的一些内容，如《试论〈唐律疏议〉》[1]。此文从巩固地主阶级专政、维护父权和夫权为中心的封建伦理关系、庇护等级特权制度、保护封建剥削的经济基础等六个方面，对唐律进行综论。

三、对唐律相关问题的专题研究

这类成果以专门研究唐律中的一些问题为其主要内容，尽管不是面面俱到，但论述更有深度。《唐律与中国现行刑法比较论》[2]《唐律新探》[3]《唐律与唐代吏治》[4]《法典之王——〈唐律疏议〉与中国文化》[5]《唐律七杀研究》[6]《古代法律词汇语义系统研究：以〈唐律疏议〉为例》[7]《古今之评：唐律与当代刑法》[8]及《唐律与唐代法制考辨》[9]等都属于此类著作。

不过，从研究专题的角度来看，它们又可以分为两小类：一是论述集

---

① 叶孝信：《试论〈唐律疏议〉》，载中国法制史学会《法律史论丛》编委会：《法律史论丛》（一），中国社会科学出版社 1981 年版，第 179—203 页。

② 钱大群、夏锦文：《唐律与中国现行刑法比较论》，江苏人民出版社 1991 年版。

③ 王立民所著《唐律新探》共出版过 5 版，其中上海社会科学院出版社于 1993 年和 2001 年分别出版了第 1、2 版，北京大学出版社于 2007 年、2010 年和 2016 年分别出版了第 3、4、5 版。

④ 钱大群、郭成伟：《唐律与唐代吏治》，中国政法大学出版社 1994 年版。

⑤ 徐永康、吉霁光、郑取：《法典之王——〈唐律疏议〉与中国文化》，河南大学出版社 2005 年版。

⑥ 刘晓林：《唐律七杀研究》，商务印书馆 2012 年版。

⑦ 王东海：《古代法律词汇语义系统研究：以〈唐律疏议〉为例》，中国社会科学院出版社 2007 年版。

⑧ 赵晓耕主编：《古今之评：唐律与当代刑法》，社会科学文献出版社 2012 年版。

⑨ 钱大群：《唐律与唐代法制考辨》，社会科学文献出版社 2013 年版。

中在一个专题上，如《唐律与中国现行刑法比较论》《唐律与唐代吏治》《法典之王——〈唐律疏议〉与中国文化》《唐律七杀研究》及《古代法律词汇语义系统研究：以〈唐律疏议〉为例》等。此类研究涉及的专题一般比较大。《唐律与中国现行刑法比较论》集中论述唐律与中国现行刑法的比较，《唐律与唐代吏治》集中论述唐律与唐代吏治，《法典之王——〈唐律疏议〉与中国文化》集中论述唐律与中国文化，《唐律七杀研究》集中论述唐律中的“七杀”，《古代法律词汇语义系统研究：以〈唐律疏议〉为例》则集中论述唐律中法律词汇的语义系统。二是一本著作的论述分散在多个专题上，如《唐律新探》和《唐律与唐代法制考辨》。《唐律新探》论述的每一章即一个专题，随着版次的增加，专题也随之增加，一本著作中容纳了 25 个专题。《唐律与唐代法制考辨》涉及专题更多，达到 31 个。

再从论文来看，许多研究唐律的论文都属于这一类，依据其内容而论，可分为三个小类：其一，阐述一个专题，聚集于一个较小专题，作较为深入的论述。如《试论唐律是中国封建社会的标准法典》[①]《唐律的阶级实质》[②]《〈唐律〉对亚洲古代各国封建法典的影响》[③]《唐律与礼的关系试析》[④]《唐律债法初探》[⑤]《〈唐律疏议〉与中国古代法律文化》[⑥]《试论唐律对唐前期寺院经济的制约》[⑦]《略论唐律中的服制原则与亲属相犯》[⑧]《唐

① 戴克光：《试论唐律是中国封建社会的标准法典》，《政法教学》1958 年第 1 期。

② 刘海年：《唐律的阶级实质》，《历史教学》1966 年第 3 期。

③ 杨廷福：《〈唐律〉对亚洲各国古代封建法典的影响》，《社会科学战线》1978 年创刊号。

④ 刘俊文：《唐律与礼的关系试析》，《北京大学学报》1983 年第 5 期。

⑤ 何勤华：《唐律债法初探》，《江海学刊》1984 年第 6 期。

⑥ 高绍先：《〈唐律疏议〉与中国古代法律文化》，《现代法学》1997 年第 2 期。

⑦ 郑显文、于鹏翔：《试论唐律对唐前期寺院经济的制约》，《中国经济史研究》1999 年第 3 期。

⑧ 郑定、马建兴：《略论唐律中的服制原则与亲属相犯》，《法学家》2003 年第 5 期。

律所体现的古代立法经验》①《〈唐律〉别籍异财之禁探析》②《论唐律的补充条款》③《唐律误杀考》④《为什么说〈唐律疏议〉是一部优秀的法典》⑤《论〈唐律〉“不应得为”条》⑥《唐律涉外犯罪之研究》⑦《唐律中的“余条准此”考辩》⑧《国学法律经典中的现代价值——以〈唐律疏议〉为例》⑨等。其二，对某个方面进行专题比较，内容既有唐律与中国其他朝代法律的比较，也有唐律与外国法律的比较。如《唐律与明律立法技术的比较研究》⑩《汉唐律中反映的和谐理念——以汉简〈二年律令〉与〈唐律〉为例》⑪等属于前者，《〈唐律疏议〉与〈法国民法典〉》⑫《唐律与日耳曼法刑讯制度比较研究》⑬等则属于后者。其三，与以往观点商榷，包括质疑、辨正等。如《唐律内容疏而不漏的质疑》⑭《唐律“一准乎礼”辨正》⑮等。

---

① 马小红：《唐律所体现的古代立法经验》，《南京大学法律评论》2008 年春秋合卷。

② 艾永明、郭寅枫：《〈唐律〉别籍异财之禁探析》，《法学研究》2010 年第 5 期。

③ 王立民：《论唐律的补充条款》，《现代法学》2011 年第 1 期。

④ 刘晓林：《唐律误杀考》，《法学研究》2012 年第 5 期。

⑤ 张中秋：《为什么说〈唐律疏议〉是一部优秀的法典》，《政法论坛》2013 年第 4 期。

⑥ 岳纯之：《论〈唐律〉“不应得为”条》，《北京联合大学学报》（社会科学版）2015 年第 4 期。

⑦ 王立民：《唐律涉外犯罪之研究》，《政治与法律》2016 年第 3 期。

⑧ 刘晓林：《唐律中的“余条准此”考辩》，《法学研究》2017 年第 3 期。

⑨ 宋伟哲：《国学法律经典中的现代价值——以〈唐律疏议〉为例》，《重庆三峡学院学报》2018 年第 2 期。

⑩ 侯欣一：《唐律与明律立法技术的比较研究》，《法律科学》1996 年第 2 期。

⑪ 崔永东：《汉唐律中反映的和谐理念——以汉简〈二年律令〉与〈唐律〉为例》，《政法论坛》2009 年第 1 期。

⑫ 王立民：《〈唐律疏议〉与〈法国民法典〉》，《世界法学》1989 年第 1 期。

⑬ 蒋铁初：《唐律与日耳曼法刑讯制度比较研究》，《西南科技大学学报》（哲学社会科学版）2008 年第 5 期。

⑭ 王立民：《唐律内容疏而不漏的质疑》，《南京大学法律评论》1998 年秋季号。

⑮ 苏亦工：《唐律“一准乎礼”辨正》，《政法论坛》2006 年第 3 期。

这类成果除照顾到唐律研究内容的广度，更注重它的深度，也有其特色。

专题研究类的成果中还包括一些论文集，综合了作者的各篇论文。如《唐律初探》、《唐律研究》（杨版）、《唐律与唐代法律体系研究》和《古今之平：唐律与当代刑法》等。[①]由于每篇论文各有体系，内容独立性较强。有的论文在出版著作前已公开发表，有的论文则是在著作中第一次发表。如《唐律初探》一书，“把有关《唐律》初步探索的六篇拙文和《我国古代法制建设的一些借鉴》汇为一集”，“其中四篇已分别在国内学术性期刊发表过”。[②]《唐律研究》（杨版）在《唐律初探》中 7 篇论文的基础上，又增加了 1 篇《〈唐律〉的特色》。《唐律与唐代法律体系研究》也是一本研究唐律的论文集，[③]其中共有 10 篇论文，4 篇论文已公开发表过。

论文集中的论文相对独立性较强，但并不影响其整体性。《唐律初探》的论文“虽各自成篇，但每篇又互有联系，形成一个较系统的整体，大致反映了《唐律》的基本面貌”。[④]《唐律研究》（杨版）也是如此。《唐律与唐代法律体系研究》的 10 篇论文则组合成“几个意义板块”，[⑤]通过这些板块的组合来体现它的整体联系。《古今之平：唐律与当代刑法》则是由 19 篇独立的论文组合而成，重点反映唐律与当代刑法的比较与关联。

以上三大类成果只是通过其论述结构而作的基本分类。它们的内容也有互相渗透和联系，不能绝对切割。有的系统阐述类著作中，也以论文为铺垫，以前期成果为依托，如《唐律研究》（钱版）；有的专题研究类著作中的内容，也以公开发表的论文为基础，只是在编入著作时作了调整编

① 杨廷福：《唐律初探》，天津人民出版社 1982 年版；杨廷福：《唐律研究》，上海古籍出版社 2012 年版；钱大群：《唐律与唐代法律体系研究》，南京大学出版社 1996 年版；赵晓耕主编：《古今之平：唐律与当代刑法》，社会科学文献出版社 2012 年版。

②④ 杨廷福：《唐律初探》，天津人民出版社 1982 年版，第 1 页。

③⑤ 钱大群：《唐律与唐代法律体系研究》，南京大学出版社 1996 年版。

排，如《唐律新探》。总体而言，中国已出版、发表研究唐律的专著、论文数量颇丰，唐律研究已经取得可观的成绩。

第二节 唐律研究涉及的内容

回眸唐律研究的成果，不仅数量很多，而且涉及的领域也有了一定的广度和深度，其中以下内容成果尤丰，最值得关注。

一、《唐律疏议》制作年代之争

20 世纪初，日本学者首先对《唐律疏议》的制作年代提出异议。佐藤诚实的《律令考》通过对《唐律疏议》中避讳内容的考证，对《唐律疏议》是《永徽疏议》提出异议。其后，仁井田陞与牧野巽合著长达 14 万字的《故〈唐律疏议〉制作年代考》，通过更为详细的考证，根据 7 项主要论据，提出《唐律疏议》就是唐玄宗开元二十五年（公元 737 年）颁行的《开元疏议》。[①]这在当时国际的史学界、法律史学界都引起轰动。由于中国学术界没有及时应对这一结论并提出有说服力的辨正，以致《唐律疏议》制作于开元年间似乎成了定论。1979 年以后，这一问题引起了中国法律史学界的关注，杨廷福的《〈唐律疏议〉制作年代考》[②]和蒲坚《试论〈唐律疏议〉的制作年代问题》[③]两文首先从不同角度，对《唐律疏议》制

① 仁井田陞、牧野巽合撰：《故〈唐律疏议〉制作年代考》（中译本），程维荣等译，杨一凡总主编：《中国法制史考证》丙编第 2 卷，中国社会科学出版社 2003 年版。

② 杨廷福：《〈唐律疏议〉制作年代考》，《文史》1979 年第 5 期。

③ 蒲坚：《试论〈唐律疏议〉的制作年代问题》，中国法律史学会《法律史论丛》编委会：《法律史论丛》（二），中国社会科学出版社 1982 年版。

作的年代进行了研究，并对日本学者提出的结论进行了辨正。他们研究的角度不完全一样。杨廷福较注重唐律本身内容的考证，蒲坚则更重视唐律内容与社会经济、政治制度间的关系。两者不仅论证有力，而且殊途同归，都认为现传《唐律疏议》的制作年代就是《永徽疏议》制作的年代。近年来，郑显文和岳纯之从不同角度又对《唐律疏议》的制作年代进行研究，阐明各自的观点。①郑显文的基本观点是：《唐律疏议》就是《永徽疏议》。岳纯之的观点则相反，认为《唐律疏议》是《开元疏议》。他们的争论、商榷有很强的学术性，值得进一步深入探索。

二、关于唐律法律性质的讨论

关于唐律法律性质问题的一种传统说法是：唐律是一部“以刑为主，诸法合体”的综合性的封建法典。②可是，随着唐律研究的深入进行，唐律是一部刑法典的观点被更多人所接受。张中秋、钱大群等人持有这一观点，认为唐律不是诸法合体的法典，而是一部刑法典。王立民从唐律的刑罚、其他制裁方式和实施情况等方面进行研究，论证了唐律是一部刑法典而不是诸法合体的法典。③张中秋则从中国刑律的发展、《大唐六典》对律的定位、陈寅恪的相关论述等方面，论证唐律是一部刑法典。④钱大群是从

① 郑显文：《唐开元二十五年〈律〉为日本〈养老律〉蓝本之新证——以敦煌吐鲁番发现的唐律、律疏残卷为中心》，中南财经政法大学法律文化研究院编：《中西法律传统》第 7 卷，北京大学出版社 2009 年版；郑显文：《现存的〈唐律疏议〉为〈永徽疏议〉之新证——以敦煌吐鲁番出土的唐律、律疏残卷为中心》，《华东政法大学学报》2009 年第 6 期；岳纯之：《所谓现存〈唐律疏议〉为〈永徽疏议〉的新证——与郑显文先生商榷》，《敦煌研究》2011 年第 4 期。

② 肖永清主编：《中国法制史教程》，法律出版社 1987 年版，第 185 页。

③ 王立民：《论唐律令格式都是刑法》，《法学研究》1989 年第 4 期。

④ 张中秋：《中西法律文化比较研究》，南京大学出版社 1991 年版，第 82—83 页。

篇目结构、法律条款制定的形式、罪名、罪状以及法定刑等多视角进行论述，同样认为唐律是一部刑法典。[①]三人都认为唐律是一部刑法典，只是论述的角度不尽相同。

三、关于唐律的制定背景、特点、影响和历史地位的研究

唐律的制定背景、特点、影响和历史地位，也是近三十年来许多法律史学者所研究的内容。

关于唐律制定的背景。乔伟重点聚焦在初唐的政治、经济、立法指导思想和总结唐以前立法等一些方面。[②]比如，关于政治背景，他认为，唐代是在隋末农民大起义以后窃取了农民大起义胜利果实而建立起来的一个封建朝代。唐初的统治者认真地总结并吸取了隋亡的历史教训，提出了“安人宁国”的方针。唐律的制定就是这一方针的体现。

唐律的特点也得到了研究。杨廷福认为唐律的特色有四项：为伦常立法的礼教法律观，其核心则是尊尊、亲亲、贵贵，即尊君、孝亲、崇官；维护唐朝的经济制度；具有一般预防主义和罪行主义倾向；法官责任制度和伤害罪的保辜等。[③]他分别对其进行了阐述。

唐律的影响很大，也吸引了法律史学界的注目，而且都从两个方面进行研究：一是对唐朝以后中国封建立法的影响，二是对当时一些东亚国家的影响。钱大群在《唐律译注》的“前言”中，用精练的语言概括了唐律的影响。他认为，唐律上承战国秦汉，下启宋元明清，同时给东亚诸国封建刑律以决定性的影响，成为中华法系的代表性法典。[④]这是广大研究唐律学者的

① 钱大群：《唐律与唐代法律体系研究》，南京大学出版社 1996 年版，第 102—104 页。

② 乔伟：《唐律研究》，山东人民出版社 1985 年版，第 26 页。

③ 杨廷福：《唐律研究》，上海古籍出版社 2012 年版，第 217—232 页。

④ 钱大群：《唐律译注》，江苏古籍出版社 1988 年版，第 1 页。

共同观点。唐律的历史地位也是许多学者论述的内容。李光灿从世界法制史的角度，将《唐律疏议》同罗马法、拿破仑法典作了比较分析，认为它们浓缩了人类社会发展的三个私有制的历史时代的精华。在发达的简单商品经济基础上产生的罗马法，代表了西欧奴隶私有制高度发展的时代；在发达的自然经济基础上产生的《唐律疏议》，代表了中国封建私有制高度发展的时代；在发达的资本主义商品经济基础上产生的拿破仑法典，代表了西欧资本主义私有制高度发展的时代。①他把唐律作为世界法制史上三大代表性法典之一，与罗马法与拿破仑法典相提并论，论证了其在世界法制史上的重要地位。

四、关于唐律法律思想和唐律体例的研究

唐律中的法律思想和唐律的结构都是唐律的组成部分，也都是被研究的对象。王立民在《唐律新探》一书中，从整体上对唐律的法律思想作了研究。这一法律思想主要包括这样一些方面：以礼为本的思想；礼法并用的思想；法律内容须统一、稳定和简约的思想；严格治吏的思想；依法断狱的思想；慎重行刑的思想等。该文还指出，唐律中的法律思想有四点特别突出：完整性、现实性、伦理性和一致性。②

还有一些学者研究了唐律中某个方面的法律思想，如任映艳关于《唐律疏议》中孝亲思想的研究③、俞荣根和王祖志关于《唐律疏议》中司法伦理法思想的研究④等。

---

① 曹漫之主编：《唐律疏议译注》，吉林人民出版社 1989 年版，第 7 页。

② 王立民：《唐律新探》，北京大学出版社 2016 年版，第 119—134 页。

③ 任映艳：《从〈唐律疏议〉看中国古代的孝亲思想》，《兰州交通大学学报》（社会科学版）2007 年第 2 期。

④ 俞荣根、王祖志：《试论〈唐律疏议〉的伦理法思想》，《现代法学》1986 年第 4 期。

唐律的体例也是唐律的重要组成部分，引起一些学者的重视。钱大群和钱元凯在研究了《唐律疏议》的体例后认为，唐律篇目设置、体例安排基本仿照《开皇律》，把类似于现代刑法总则的名例律置于律首；把类似于现代刑法分则的有关具体犯罪及其惩罚的其他 11 篇律置于其后。这 12 篇体例中的内容分工十分明确。①此外，关于唐律的体例还有其他一些研究成果。杨廷福研究了现存《唐律疏议》为 502 条，而与古籍记载的 500 条略有差异，他认为，"可能是传抄或刊版时把一条误歧为二条"。这两条是职制律中的"大祀在散斋吊丧"条和斗讼律中的"殴兄姊妹"条。②霍存福认为，唐律的体例中还有"义疏"，其"法律功能"主要存在四方面：义疏贯通相关律文，使松散的律文之间形成了严密的网络；义疏参引令、格、式去疏解律文，沟通了不同法律形式之间的联系，在多种法律形式并存的情况下，方便了法律的适用；义疏援礼入律，礼与法得到融汇，充分表现了律对于礼的依赖性；义疏比类相附，限定扩张，拾遗补阙，并设置问答，互相辩语，解释疑难等。③

五、关于唐律规定的原则和制度的研究

唐律中的原则和制度都是唐律内容的核心部分，非常重要。要正确认识唐律的内容，必须准确掌握其中的原则和制度。不少学者对其进行了研究。

乔伟第一次在中国大陆出版的唐律研究著作中全面梳理和研究了唐律

① 钱大群、钱元凯：《唐律论析》，南京大学出版社 1989 年版，第 40 页。

② 杨廷福：《唐律初探》，天津人民出版社 1982 年版，第 30 页。

③ 霍存福：《论〈唐律〉"义疏"的法律功能》，《吉林大学社会科学学报》1987 年第 4 期。

的原则。他在《唐律研究》的第五章中，逐一对这些原则进行了论述，包括刑事责任年龄、区分故意与过失、划分公罪与私罪、共同犯罪、同居相隐不为罪、再犯与累犯、并合论罪、自首减免刑罚、类推和涉外案件的处理 10 项原则。①乔伟的这一研究有相当的深度和广度，为以后的进一步研究创造了条件。

钱大群对唐律的刑罚制度研究以后认为，唐律中的主刑就是律中明文规定的五刑，即笞、杖、徒、流、死。其中，流刑中又有加役流。此五刑互相衔接，共有 20 等。在论述了五刑加减的计算规则以后，还专门论及了五刑的附加刑。其中包括附加行政处罚、没收财产、经济处罚、某些权利限制等。然后，还论述了五刑的替代和交易。五刑替代刑的形式主要有以赎刑来赎五刑和以官当的处罚来替代徒、流刑两种。五刑的交易刑包括：流和徒刑判决的改换、流徒刑执行期中改易赎刑、征赃或赎金执行的交易和反坐罪刑罚执行中的交易等。②

六、关于唐律规定的犯罪的研究

唐律中的大量内容都与相关的犯罪有关，这是唐律研究中不可忽略的组成部分。乔伟在其《唐律研究》一书中，第一次在中国大陆以唐律研究专著的形式对唐律所规定的犯罪作了较为全面、系统地梳理。他把唐律中规定的犯罪分为 8 大类：反对和侵犯皇帝罪、危害人身安全罪、侵犯官私财产罪、危害公共安全罪、妨害管理秩序罪、职务上的犯罪、军事上的犯罪和审判上的犯罪。每大类下面还分小类，如在侵犯官私财产犯罪下，分

① 乔伟：《唐律研究》，山东人民出版社 1985 年版，第 120—149 页。

② 钱大群：《唐律研究》，法律出版社 2000 年版，第 113—130 页。

强盗和窃盗、毁损财务、勒索财物、诈骗财物、侵害官私田、侵占财物等 6 小类。8 大类犯罪中，总计 38 小类。每小类之下再有具体犯罪，总计 189 种具体犯罪。①

还有些学者用考证与论述的形式研究唐律中的犯罪，如刘俊文。他专门研究了十恶犯罪，认为十恶之名定于隋朝的《开皇律》，最初尝试则是北齐律的“重罪十条”；隋唐以后的各代律典都在《名例律》的律首即开列十恶之目。同时，他对十恶中的每项罪名都作了考证，内容涉及起源、发展、唐律的规定等几方面内容。②更多的学者论述了唐律中的犯罪。钱大群和郭成伟的《唐律与唐代吏治》一书，以专章论述了唐律处置官吏犯罪的司法特点。③此外，还有些论文也属于此类研究。如徐显明的《唐律中官吏犯罪初探》④、袁继勇的《唐律规定的官吏失职行为的种类及其惩罚的原则与特点》⑤等，对唐律中的一些犯罪作了专题研究，也取得了可喜的成果。

七、关于其他一些问题的研究

还有不少成果是对唐律其他一些问题的研究，主要涉及唐律所体现的中国古代的立法经验、唐律的实施、从出土竹简视角的研究、与其他律的比较、与中国古代法律文化的关系等。如马小红的《唐律所体现的古代立

① 乔伟：《唐律研究》，山东人民出版社 1985 年版，第 155—367 页。

② 刘俊文：《唐律疏议笺解》，中华书局 1996 年版，第 56—65 页。

③ 钱大群、郭成伟：《唐律与唐代吏治》，中国政法大学出版社 1994 年版，第 269—351 页。

④ 徐显明：《唐律中官吏犯罪初探》，《东岳论丛》1985 年第 1 期。

⑤ 袁继勇：《唐律规定的官吏失职行为的种类及其惩罚的原则与特点》，《中南政法学院学报》1991 年第 5 期。

法经验》一文专门对唐律所反映出来的立法经验进行了研究。她从修律的指导思想、律的历史沿革和律典的体例条文分析等方面，集中阐述了唐律所体现的立法经验。[①]王立民的《唐律实施问题探究》一文对唐律的实施情况作了专题论述。这一论述从以格断狱、以制敕断狱和唐律允许不依律中罪名断狱等方面作了详细论述，反映出唐律实施中的一些较为重要的侧面。[②]闫晓君的《竹简秦汉律与唐律》是一篇从出土竹简视角来研究唐律的成果。他把出土的《睡虎地秦墓竹简》和《张家山汉墓竹简》中显示的秦、汉律与唐律作了比较。[③]侯欣一的《唐律与明律立法技术比较研究》一文则是从比较的角度来研究唐律，主题是立法技术。他认为只要将唐律与明律稍加对比，就可以发现尽管两者渊源关系极为明显，但又有许多不同。他从总体风格、文字、篇章结构、法条等方面来论述这些不同。[④]高绍先的《〈唐律疏议〉与中国古代法律文化》一文，聚焦于唐律与中国古代法律文化的关系，从唐律的制订人、文字和美学价值、儒家思想、语言风格等一些角度，重点研究唐律中蕴含的法律文化。[⑤]另外，《古代法律词汇语义系统研究：以〈唐律疏议〉为例》一书从训诂学原理出发，结合现代的结构语义学、认知语义学理论，对《唐律疏议》中的法律词汇语义系统进行了系统研究，分析了其中的种类、方法等一系列问题。

相对而言，唐律的比较研究和联系文化的研究成果很少，研究深度有限，是个可以进一步开发的领域。如唐律与日本、朝鲜、越南等地同期或

---

① 马小红：《唐律所体现的古代立法经验》，《南京大学法律评论》2008 年春秋合卷。

② 王立民：《唐律实施问题探究》，《法学》1990 年第 10 期。

③ 闫晓君：《竹简秦汉律与唐律》，《学术月刊》2005 年第 9 期。

④ 侯欣一：《唐律与明律立法技术比较研究》，《法律科学》1996 年第 2 期。

⑤ 高绍先：《〈唐律疏议〉与中国古代法律文化》，《现代法学》1997 年第 2 期。

稍后律典的关系，目前的研究尚未超过杨鸿烈《中国法律对东亚诸国之影响》一书的水平，①唐律与佛教关系的研究，比较有代表性的是张海峰的《唐代法律与佛教》②，立足于唐律，讨论佛教与法律之间的互动关系。当然，这个主题仍有待进一步深入。

第三节　改革开放 40 年来唐律研究取得的主要成就及其原因

70 年来，特别是近 40 年来，中国唐律研究取得相当丰硕的成果，研究队伍也不断壮大，成果的影响也逐渐凸显。在取得这些成就的背后，存在一定的原因。

一、主要成就

中国唐律研究主要取得以下三大成就。第一，研究成果丰硕。近 40 年中，唐律研究的成果大大超过新中国成立后前 30 年的成果。那时，没有公开出版过唐律研究的著作，相关论文也数量很少，只有戴克光、刘海年等学者撰写的几篇文章。③与此相比，近 40 年来中国唐律研究的学术成果明显具有优势。首先，全面梳理了唐律的内容。唐律是唐朝前期制定的

① 杨鸿烈：《中国法律对东亚诸国之影响》，中国政法大学 1999 年版。

② 张海峰：《唐代法律与佛教》，上海人民出版社 2014 年版。

③ 戴克光：《试论唐律是中国封建社会的标准法典》，《政法教学》1958 年第 1 期；戴克光：《论唐律与中国封建社会的“四种权力”的问题》，《政法研究》1963 年第 1 期；刘海年：《唐律的阶级实质》，《历史教学》1966 年第 3 期。

一部刑法典，其体例结构与内容安排都与现代刑法典有很大差异，再加上古汉语的文字，使今天的读者阅读、学习有不少困难。为了便于大家阅读、学习唐律，掌握唐律的内容，为今后的进一步研究打下基础，大量唐律研究成果对唐律的内容作了全面梳理。其次，针对相关问题展开学术争鸣。争鸣是学术的生命，唐律研究也是如此。这一研究的争鸣主要体现在对前人、同行的观点提出辨正、商榷。例如，苏亦工的《唐律“一准乎礼”辨正》对前人提出的唐律“一准乎礼”的观点进行了辨正，认为祝总斌、瞿同祖、陈寅恪等虽都提出唐律一准乎礼，但仍可“加以辨正地认识”，唐律所融入的礼确切而言是“唐礼”。①王立民的《唐律“化外人相犯”条属于国际私法的质疑——兼论唐律的唐朝刑法典性质》一文，对国际私法界把唐律“化外人相犯”条纳入国际私法范畴，提出质疑，认为它是唐律中的一个刑法原则，与国际私法无关，更不能混为一谈。②此外，还出现了一些扩展性的成果，把唐律与相关方面联系起来研究。有把唐律与中国古代的立法经验联系起来研究的《唐律所体现古代立法经验》，有把唐律与出土竹简联系起来研究的《竹简秦汉律与唐律》等。这些研究拓展了唐律研究的领域，丰富了唐律研究的学术园地。

第二，研究队伍壮大。近 40 年来，唐律研究的队伍逐渐壮大。从著作作者看，前 10 年中，仅有杨廷福、乔伟和钱大群 3 位作者。后 30 年中，作者大量增加，超过 20 位。《唐律论析》中钱大群、钱元凯、夏锦文等 6 位作者共同撰写；③《唐律疏议译注》则由曹漫之、王召棠、辛子牛等 9 位作者共同参与。④再从论文作者看，前 10 年中，仅有李光灿、杨廷福、刘

---

① 苏亦工：《唐律“一准乎礼”辨正》，《政法论坛》2006 年第 3 期。

② 王立民：《唐律“化外人相犯”条属于国际私法的质疑——兼论唐律的唐朝刑法典性质》，《法学》2017 年第 8 期。

③ 钱大群、钱元凯：《唐律论析》，南京大学出版社 1989 年版。

④ 曹漫之主编：《唐律疏议译注》，吉林人民出版社 1989 年版。

俊文、何勤华、徐显明、马长林、蒲坚、俞荣根、霍存福及王立民等近 40 人。后 30 年中，研究队伍迅速增大，涌现出许多新人，撰写、发表过唐律研究论文的作者达 300 余人，①而且不断有新鲜血液输入，形成了一个由老、中、青结合的研究队伍，其中不乏执着研究唐律、成果不断的专家。钱大群是其中的代表者。他的研究成果不断问世，仅唐律研究的著作就有 8 本之多，2013 年还出版了《唐律与唐代法制考辨》一书，并发表了《唐律的使用及〈律疏〉体制内外“法例”的运作》一文。②他把唐律研究作为自己的事业，学术生命中的一个最重要的组成部分。③这支研究队伍的壮大，为唐律研究成果的产生和质量的提高奠定了基础，是改革开放以来取得成就的重要因素。

第三，研究影响凸显。在国内，这种影响表现在教学、学术交流等方面。唐律研究成果转化在教学中，使更多在校学生分享到唐律研究的成果。《唐律研究》（乔版）一书是乔伟把自己研究唐律的成果奉献给本科生的一本著作，正如他在此书“自序”中所说：“这部《唐律研究》是作者在学习和研究《唐律疏议》的基础上，根据大学法律系的教学计划及初学法制史者的需要编写而成的。”④《唐律论析》也是一本对学生产生影响的著作，作者在研究唐律的基础上，把研究成果以选修课的形式传授给在校的学生。⑤也有学者以自己的研究成果在学术会议上进行交流，与同学们切磋。特别是在中国法律史学界，唐律研究成果通过学术研讨会得以交流，

① 本项数据以“中国知网”数据库收录以唐律为主题论文的作者数量为主要依据。

② 钱大群：《唐律的使用及〈律疏〉体制内外“法例”的运作》，《北方法学》2013 年第 1 期。

③ 何勤华主编：《中国法学家访谈录》第 1 卷，北京大学出版社 2010 年版，第 298 页。

④ 乔伟：《唐律研究》，山东人民出版社 1985 年版，第 2 页。

⑤ 钱大群、钱元凯：《唐律论析》，南京大学出版社 1989 年版，第 375 页。

并汇编于论文集。1998 年由中国法律史学会召开的以“中国历史上的法制变革”为主题的年会论文集中，有周东平的《关于中国古代赃罪的若干问题——以唐律为中心》一文；①2000 年由中国法律史学会召开的以“中国法律史学的世纪回顾与展望”的年会论文集中，有周少元的《〈唐律疏议〉的律学成就》一文；②2001 年由中国法律史学会和儒学与法文化研究会联合召开的以“走向廿一世纪的中国法文化”为主题的年会上，有王立民的《唐律与唐朝身份等级关系》一文；③2007 年由中国法律史学会召开的以“理性与智慧：中国法律传统再探讨”为主题的年会论文集中，有南玉泉的《论汉唐律的罪数与处罚》一文；④2010 年由中国法律史学会召开的以“吏治与传统法文化”为主题的年会论文集中，有张珊珊的《唐律契约之债的类型化分析》一文⑤等。另外，中国 30 余年来的唐律研究还对国外产生了影响，包括与外国的学术交流。一些著作的部分内容被翻译成外文在国外发表，也有著作全文被翻译成外文在国外出版，与国外同行进行交流。《唐律初探》由 7 篇论文合成，“其中 4 篇已分别在国内学术性期刊发表过，有的日本学者已译成日文，在国外刊行”。⑥《唐律新探》的全文已

① 徐显明、徐祥民主编：《中国历史上的法制变革与改革家的法律思想》，山东大学出版社 1999 年版，第 183—198 页。

② 汪汉卿、王源扩、王继忠主编：《中国法律史学的回顾与展望》，法律出版社 2001 年版，第 430—439 页。

③ 陈鹏生、王立民、丁凌华主编：《走向二十一世纪的中国法文化》，上海社会科学院出版社 2002 年版，第 253—265 页。

④ 张中秋：《礼法与智慧：中国法律传统再探讨》，中国政法大学出版社 2008 年版，第 234—244 页。

⑤ 汪世荣、闫晓君、陈涛主编：《吏治与中国传统法文化》，法律出版社 2011 年版，第 501—511 页。

⑥ 杨廷福：《唐律初探》，天津人民出版社 1982 年版，第 1 页。

被翻译成韩文，在韩国出版，成为研究生教材。这些成果从不同角度、不同程度地在国外产生了影响。

二、主要原因

在唐律研究的 70 年中，近 40 年是个高潮期，大量研究人员、研究成果与较大影响力都出现在这时期。近 40 年唐律研究取得可观成就的原因主要有以下三方面。

首先，唐律在唐朝、中国古代、东亚、世界法制史上均具有十分重要的地位。关于这一点，中国古代的学者已有一些论述。[①]40 年来，中国的法律史学者、专家也有深刻的体会，并达成一些共识。如张晋藩认为，唐律在中国与世界法制史中都具有重要价值，“反映唐代法制所达到的水平的则莫如唐律。唐律上揽秦汉魏晋法律已有大成，下开宋元明清法律之先河。的确是承先启后，继往开来，鸿纤备举，义疏精审，在中国法制史与法律文化史上具有极为重要的价值”。[②]“唐律的影响还超出中华大地，成为相邻的东亚国家制定封建刑律的依据。以至治中国法制史的外国学者，或以唐律为主攻对象，或将唐律与罗马法相提并论进行比较研究，论著纷呈，蔚为大观。”[③]

其次，法学教育的大发展，是唐律研究队伍壮大的直接原因之一。40 年来，中国的法学教育有了前所未有的大发展，中国法制史是法学本科教育的核心课程之一，是每个法学专业本科生必须学习的课程。法学专业的学生越多，从事中国法制史教学与研究的教师就越多。1979 年时，法学专业的在校学生数为 3 008 人；1998 年时，这一数字上升为 85 565 人。[④]21 世纪以后，随着高等学校的扩招，法学专业的在校大学生人数有进一步

① 王立民：《唐律新探》，北京大学出版社 2007 年版，第 1 页。

②③ 钱大群、钱元凯：《唐律论析》，南京大学出版社 1989 年版，第 1 页。

④ 霍宪丹：《中国法学教育的发展与转型》，法律出版社 2004 年版，第 326 页。

的增加，2001年为236 551人，2005年为449 295人。[①]至2018年，全国的法学院、系超过630所，在校学生仍超过40万人。这些学生中的本科生都要学中国法制史，法学院、系也需要聘用中国法律史的教师，加上史学队伍中教学和研究中国法律史的人员，总数可至数百人。同时，中国法制史方向的研究生也有成倍增长。如华东政法大学，1982年仅招收中国法制史方向的硕士研究生2名，2012年招收硕、博士研究生超过20名。从事中国法律史教学与研究的教师、研究生队伍的扩大，为唐律研究队伍的壮大奠定了人才基础。

最后，唐律研究的可观成就得益于思想的解放和学术环境的宽松。近40年，既是改革开放的40年，也是民主法治建设的40年。在这一大背景下，中国学术研究的严冬过去了，学术环境比较宽松，学者的思想得到了解放，有利于形成学术研究大发展和百家争鸣的局面。如学者所言："思想解放使法学工作者勇于打破禁区，全方位地开展法学研究；思想解放也使法学工作者能够以科学的态度面对现实和理论研究中存在的问题，理性地思考解决问题的方法。思想解放更为广大法学工作者营造了一个从事法学研究的宽松环境，而这正是中国法学能够顺利发展的养分所在。"[②]宽松的学术环境同样给唐律研究带来了生机，相关研究著作、论文不断出版、发表，数量史无前例。有的著作多版印行，如《唐律新探》已印行5版。没有这种宽松的学术环境，不可能产生这么多唐律研究的成果。

唐律研究的辉煌改变了世界唐律研究的格局，唐律研究中心又回到了中国大陆。早在古代，学人已重视对唐律的研究，出现了《唐明律合编》等优秀成果，唐律研究中心在中国大陆。进入近代以后，由于各种原因，

① 朱景文主编：《中国法律发展报告》，中国人民大学出版社2007年版，第523页。

② 同上书，第595页。

唐律研究的中心逐渐从大陆外移，中国台湾地区和日本出现了不少研究成果，在数量和质量上均超过了中国大陆。近 40 年来，中国台湾地区的唐律研究成果明显减少。以著作为例，除了林咏荣的《唐清律的比较及其发展》①、戴炎辉的《唐律各论》②、刘燕俪的《唐律中的夫妻关系》③，成果主要是由高明士、黄源盛主编的论文集，包括：《唐律与国家社会研究》④《唐代身份法则研究——以唐律名例律为中心》⑤《唐律诸问题》⑥和《唐律与传统文化》⑦等。从公开发表的论文来看，数量很少，而且后劲不足，硕、博士论文以唐律研究为主题的也不到 10 篇。⑧日本在这一时期唐律研究也不景气。据统计，至 2002 年，日本公开出版的唐律研究著作为 2 本，公开发表唐律研究的论文 30 篇。⑨后来此类成果更少。在中国大陆，唐律研究的情况则是另一番景象，可以说，世界唐律研究的中心又回到了中国大陆，这是一件值得庆幸之事。

---

① 林咏荣：《唐清律的比较及其发展》，台湾“国立编译馆”1982 年版。

② 戴炎辉：《唐律各论》，台湾成文出版社有限公司 1988 年版。

③ 刘燕俪：《唐律中的夫妻关系》，台湾五南图书出版股份有限公司 2007 年版。

④ 高明士主编：《唐律与国家社会研究》，台湾五南图书出版股份有限公司 1999 年版。

⑤ 高明士主编：《唐代身份法则研究——以唐律名例律为中心》，台湾五南图书出版股份有限公司 2003 年版。

⑥ 高明士主编：《唐律诸问题》，台湾大学出版中心 2005 年版。

⑦ 黄源盛主编：《唐律与传统法律文化》，台湾元照出版有限公司 2011 年版。

⑧ 黄源盛、黄琴唐、江存幸：《新传五十年——台湾法学院法史学硕博士论文》，载黄源盛主编：《法制史研究》第 14 期，台湾元照出版社 2008 年版；高明士：《台湾近五十年来大学文学院法史学研究趋势》，载高明士主编：《法制史研究》第 17 期，台湾元照出版社 2010 年版。

⑨ 俞荣根、胡攀、俞江：《中国法制史研究在日本》，重庆出版社 2002 年版，第 308—408 页。

第四节　唐律研究中存在的主要问题和解决途径

当然，在 70 年的唐律研究中，还存在一些问题。这些问题的解决将有利于推进唐律研究，提高研究的水准。

一、进一步加强唐律文本的研究

对唐律文本的研究十分欠缺，这是唐律研究存在的突出问题。唐律文本的研究是唐律研究的基础。对唐律体例、内容等的研究都以唐律的文本为依据。只有文本正确了，唐律研究的成果才会正确；文本错误了，唐律研究的成果难免不出错。1985 年以前，刘俊文曾对敦煌、吐鲁番发现的唐律文本残卷进行了卓有成效的研究，其中涉及贞观律、永徽律、垂拱律及开元律等的一些残片。他通过简介、考证、校补的方法，“以录文展示其全貌，以简介叙述其外观，以考证鉴定其性质，以校补修正其缺讹，以笺释辨析其内容和探讨其价值”。①此后已难觅唐律文本研究的成果，这一研究明显滞后。值得注意的是，1985 年以后，唐律文本仍有新发现。在海外，有英、法等国学者在 20 世纪初从敦煌掠走的古代文书陆续面世。在国内，20 世纪 70 年代中期吐鲁番出土的唐朝法律文书也陆续被整理出版。这些文书中，记载有唐律条文，有进一步挖掘的价值。新发现的唐律文本都有进一步研究的价值，其研究成果也会有利于对现有唐律文本的认识，弥补其不足。期望有学者能重视这一研究，下功夫钻研各种唐律文本，产

① 刘俊文：《敦煌吐鲁番唐代法制文书考释》，中华书局 1989 年版，第 2 页。

出新成果。

二、进一步加强唐律的比较研究

唐律研究中的比较研究明显不足。虽然有一些唐律比较研究的成果面世，如《唐律与中国现行刑法比较论》一书，以及《唐律与日耳曼法刑讯制度比较研究》等论文。然而从总体上看，唐律比较研究的范围还欠宽，成果不多，深度不足。从法律文明传播的角度来看，唐律的比较研究有重要的学术意义，不仅可进一步认识唐律的特点，加深对唐律的理解，还可以开阔视野，认识比较对象及其相关情况。包括比较对象所处的时代、国家的法制、社会的经济和文化状况等。这种比较虽然从体例、内容等开始，但往往会不同程度地涉及它们的背景，拓展至一些深层次问题。这是唐律研究引向深入的一条通道。这种比较研究可以包括国内与国外两个方面。国内方面，进一步加强唐律与国内不同朝代、时期法典的比较研究，包括宋刑统、大明律、大清律例等法典的多方位比较研究。也可关注与一些新发现的法典的比较研究，如与晋律中部分律的比较研究。①国外方面，进一步加强唐律与国外的不同朝代、时期法典的比较研究，可以是东方国家，也可以是西方国家等，比较的角度也可以多元化。如唐律与德国中古著名习惯法汇编《萨克森法典》和以后制定的《加洛林纳法典》的比较研究等。通过比较研究来进一步拓展唐律研究的视野，进一步推动唐律研究。

---

① 据报道，中国甘肃省的考古研究所已于2002年在玉门市花海乡毕家滩葬墓群的考古发掘中，发现了晋律中的诸侯律、捕亡律和系讯律，共5 000余字，其中既有律文也有注释。参见周明、罗成荣：《玉门葬墓考古发现〈晋律〉》，《法制日报》2002年9月1日。

三、进一步加强唐律联系文化的研究

唐律与文化史研究严重不足。这一研究十分必要，任何法典、法律都是一定社会的产物。它们都植根于社会，不会是无根之木。唐律制定于唐朝前期，是包括唐朝前期文化在内的社会培育了唐律，使它成为一部闻名遐迩的法典。唐律与当时的文化有着千丝万缕的联系。这里的文化既包括物质文化，也包括精神文化，与唐律关系比较大的是精神文化，其中又有思想、观念、理论、宗教、伦理、习惯等。此外，唐律作为唐朝法制的重要组成部分，还对当时的文化进行了规制，也对其产生过影响。把唐律与文化史联系起来研究，可以开辟出唐律研究的更大天地。70 年的唐律研究成果中，已有过少量的这类成果，《法典之王——〈唐律疏议〉与中国文化》一书和《〈唐律疏议〉与中国古代法律文化》等论文都是如此。从整体来看，这类成果不多，涉及的领域不宽，研究的深度有限。解决这一问题的途径可以从两方面切入：一方面，深入研究唐前期文化对唐律的影响。唐朝是中国帝制社会的全盛时期，文化充分发展，唐律又是礼法结合过程完成的结晶，新儒学对其影响不小。史学界有观点把先秦时期的儒学称为原始儒学，把先秦以后的儒学则称为新儒学。[①]新儒学相对原始儒学而言，是一种既主张提倡儒学，又不拘泥于儒学的经义训诂，而强调依据国家社会的需要，利用、改造和发展原始儒学的儒家学说。从这种观点出发，唐前期的儒学已属于新儒学的范畴，新儒学对唐律的影响，这一主题有研究的空间。另一方面，深入研究唐律对唐朝文化的影响。唐律内容丰

① 宇培峰：《新儒家新儒学及其政治法律思想研究》，中国政法大学出版社 2006 年版，第 1 页。

富，规制的范围很大，涉及社会生活的各个领域，其中亦包含有文化。唐律对文化规范的手段、范围、特点等都可归入研究之列。另外，唐律对唐朝后的封建朝代立法产生过较大影响，对这些朝代的文化也有一定影响，这也是一个可以关注的命题。把唐律与文化进一步联系起来研究，唐律研究会豁然开朗，展现出全新的空间。

四、进一步加强唐律的实证研究

实证研究是唐律研究中的弱项。对唐律也需进行实证研究，特别是有关唐律与其他法律形式的关系、唐律适用情况等的研究。通过这一研究，可以较为客观、深刻地反映唐律的地位、作用以及对社会生活的实际影响，以便对唐律有更为科学的认识。唐朝的法律形式除唐律以外，还有令、格、式和制敕等，其中的制敕是单行法规，与唐律是法典与单行法规的关系。这是法律形式中非常重要的一对关系。从制敕的角度来考量，有多少制敕是补律，多少制敕是破律，补律、破律的领域和程度等，都可作实证研究，在此基础上再作进一步的探研，以清晰反映出唐律与制敕各自的地位和作用。另外，唐律所规定的制度的适用情况也可作实证研究，比如“五刑”“十恶”“八议”“上请”“官当”等许多制度的适用情况。经过这一研究，可以对唐律的适用情况有较全面、真实的掌握，折射出其对社会生活的实际影响。要作这样的实证研究，需全面掌握相关资料。①这一研究应建立在正确把握史实的基础上，尽量避免疏漏。当然，在进行这一研

① 其中主要有：综合类的《旧唐书》《新唐书》《贞观政要》《大唐新语》《全唐文》等；典制类的《大唐六典》《唐会要》等；法令类的《唐大诏令集》等；狱政类的《折狱龟鉴》《龙筋凤髓判》《疑狱集》等。

究中还必须熟练掌握和使用实证的方法，这样才能使这一研究顺利开展，取得新的研究成果，开辟唐律研究的新天地。

五、进一步加强唐律实施的研究

制定法律是为了使其在现实社会中发挥作用，体现其应有的价值。这就与法律的实施联系在一起。唐律也是如此。唐朝的立法者制定唐律是为使它在当时得到实施，发挥其应有的作用，体现其存在价值。这就包括稳定社会、巩固统治、发展经济、繁荣文化、开展对外交流及防御外来入侵等。从此意义上讲，唐律的实施比其制定更为重要，也更有意义。中国的有些学者已经注意到唐律的实施问题，作过一些有益的尝试，间有成果问世，如《唐律实施问题探究》等论文。但是，有关专门研究唐律实施问题的成果实在太少，与唐律内容的研究相比，呈不对称状态。而且，其研究的面太窄，研究的深度太有限，留下可以研究的空间很大。对唐律实施研究的不足，也是当前唐律研究中的缺憾，有必要及时加以弥补。因此，进一步加强对唐律实施的研究也是当前深入研究唐律的途径之一。

在今后的这一研究中，可以关注以下的一些研究领域。首先，唐律实施的阶段性研究。唐律自武德七年（公元 624 年）颁行《武德律》始，以后又颁布过《贞观律》《永徽律》及其《律疏》等，而且其在唐朝长期被实施。在这一实施历程中肯定存在着若干不同阶段。每个阶段都有一定的时间区间和时间节点、实施的基本情况与特点、存在问题与解决途径、可以总结的经验与教训等。通过这种阶段性的研究可以大致反映出唐律实施的整体情况，掌握唐律实施的演变走向，甚至可以从中摸索出唐律实施的一些规律。

其次，中央与地方实施唐律情况的研究。唐朝的司法机构也分层次，有中央司法机构，也有地方司法机构。大理寺、刑部、御史台都是中央司法机构。地方的州、县也设有自己的司法机构。它们都被赋予实施唐律的职责。但是，中央、地方司法机构中的司法官对唐律的理解、实施方法等都会有区别。中央司法官可能会对唐律的理解更全面、深刻一些，审判违反唐律的重大案件多一些，审判过程中面对皇帝与中央官吏对案件审理的干预度也会大一些。地方司法官则有所不同，除了对唐律要了然于心外，还需要知晓当地其他的一些通用规范。比如，风俗习惯、乡约民规，甚至是少数民族内部的特殊规则等。它们也可能会成为审判中的依据。还有，地方司法官在判决中可以适用的刑罚都属于较轻的，以笞、杖、徒为多；审判违反唐律的一般犯罪案件多一些；审判中受到地方绅士、官僚的影响会较大一些，等等。这些都可以在唐律实施研究中予以关注。

第三，唐律实施中与礼、理、制、敕等其他规范的关系的研究。在唐朝，唐律固然是一部重要法典，可是在唐朝还有其他一些行为规范，它们同样会成为司法中的依据，并对唐律的实施发生影响。礼、理、制、敕都是如此。比如，唐朝制定过唐礼，违礼不违律的行为有可能受到制裁。①唐朝的理是一种情理，违理不违律的行为也会因违理行为的严重程度不同而受到不同的处罚。②唐朝的制、敕都是皇帝发布的单行规范，其法律效力往往会高于律，甚至破律。这些问题都可在研究者的关注视野中。

最后，唐律实施后对唐朝社会影响的研究。唐律的实施会对唐朝社会产生影响，而且这种影响往往是动态的、丰富多彩的。涉及的领域也比较

① 《唐律疏议·名例》“老小及疾有犯”条。

② 《唐律疏议·杂律》“不应得为”条。

广泛，经济、政治、文化等都在其中。为了使这一研究有深度，可以分类进行，各个击破，推出成果。这一研究与法社会学的关系较大，研究者要学习法社会学的专业知识，作为前期的技术铺垫。当然，值得关注的问题还远远不止这些，这里只是为说明问题进行举例而已。

六、进一步加强唐律的史学史研究

唐律的史学史研究是唐律研究中的软肋，其成果极为匮乏。唐律研究是中国法律史学史中的一项重要组成部分，应该有其自己的史学史，包括唐律研究产生、变化、发展的历史。其内容可以包括：唐律研究的过程、阶段及其表现、特点；研究人员与研究成果的联系、特色；唐律研究中的重大事件及其原有、结果、影响；唐律研究与社会各个方面的相互关系、唐律研究所呈现的规律等。研究中还会涉及许多问题，如唐律研究中形成的学派及其主要观点和特点；直接或间接影响唐律研究的历史现象、思想及思潮；唐律研究与其他领域的关系等。从史学史的角度研究唐律，有利于回顾和反思唐律研究的队伍与成就，总结唐律研究的成功经验和不足，前瞻唐律研究的方向和目标。目前，已有一些中国法律史学史的成果。如张晋藩主编的《中华法系的回顾与前瞻》①、韩秀桃的《中国法律史学史——一个学科史问题的透视》②等。但对唐律研究史学史的全面、系统成果却鲜见。应在思想上重视这一史学史的研究，培养研究人员的史学史研究素质，拓宽研究视野，产出高质量的研究成果。

---

① 张晋藩主编：《中华法系的回顾与前瞻》，中国政法大学出版社2007年版。

② 倪正茂主编：《法史思辨——2002年中国法史年会论文集》，法律出版社2004年版，第160—173页。

七、进一步加强海外唐律研究

中国的海外唐律研究成果较少，是中国唐律研究中存在的主要问题之一。唐律是世界法律史上的一部著名法典，海外学者对其的关注和研究亦在情理之中。海外也确实有唐律研究的成果，除了日本学者有此类成果外，英、美等国的学者也有一些此类成果。仅以近 40 年来由中国学者翻译的相关论文为例。英国学者崔瑞德（Denis C.Twichtt）曾发表过《初唐法律论》一文，他在文中对唐律的刑法性质、法律的实施等一些内容作了论述。①美国学者马伯良（Brian E.Mcknight）发表过《〈唐律〉与后世的律：连续性的规范》一文。他在文中对唐律规定的犯罪、唐律对中国后世封建朝代的影响、唐律在地方的实施情况等一系列内容，都作了论述。②他们在唐律研究中都有些自己的特色，研究方法与角度等都与中国学者的研究不尽一致。对这些海外唐律研究成果的吸收，应成为中国唐律研究的组成部分。这可以帮助中国学者更全面、深刻地了解和认识世界上唐律研究的状况，并发现海外唐律研究的领域、角度、方法和成就，从中寻找其长处，取长补短，避免重复研究。海外学者接受的教育和文化背景，都与中国学者有所不同，研究思路与方法也会不尽相同，这会导致研究成果的多样性。这种多样性正好又反映出世界唐律研究成果的丰富性。当然，要解决海外唐律研究的问题，先需具备专业外语知识，这样才能研究他们的成果，掌握他们的研究情况和趋势。通晓一门外语还往往不够，要根据不同国家的研究成果，运用不同国家的语言，因此组织一个精通多种语言的研

① 张中秋：《中国法律形象的另一面——外国人眼中的中国法》，法律出版社 2002 年版，第 188—208 页。

② 高道蕴等：《美国学者论中国法律传统》，清华大学出版社 2004 年版，第 287—309 页。

究团队，不失为一种好方法。这一任务虽然艰巨，但不能忽视，它是唐律研究中不可缺少的组成部分。

这七方面研究，虽相对独立，但也会有交叉，把它们结合起来进行研究更好，即将两方面以上的研究聚焦于同一个领域内存在的问题。比如，在唐律比较研究中，可以结合使用联系文化、实证的研究。在对海外唐律研究成果的研究中，也可以同时进行实证、比较、联系文化的研究。用双管、多管齐下的方式，去解决唐律研究中存在的问题，将会收到更好的效果，产出更高质量的成果，唐律研究便会向纵深发展。

唐律是一部值得深入研究的中国古代法典，这由其在唐朝、中国古代、东亚乃至在世界法制史中的地位和作用所决定。在唐朝的律、令、格、式等法律形式中，律处于中心地位，违反令、格、式都要一断于律，律不可或缺。在中国古代，唐律起到了承前启后的作用，上承唐朝以前立法，集前代之大成；下启唐以后朝代的立法，成为它们的楷模，是中国古代立法的巅峰。唐律在东亚地区占有极其重要的地位，对朝鲜、日本、琉球、越南等东亚国家的立法均产生过重大影响，以至于成为中华法系的代表作。在世界法制史上，唐律同样占有重要席位，与罗马法、拿破仑法典齐名，成为世界封建时期立法史上的高峰之作。唐律研究有利于弘扬中华优秀传统法律文化，有利于向今天的法治建设提供借鉴。近 70 年来，中国唐律研究逐渐繁荣，大量的成果出版、发表，成果质量亦逐步提高。近 40 年来，中国的法治建设不断推进，法学教育迅速跟进，唐律研究队伍日益壮大，思想解放和学术研究环境宽松等，为唐律研究营造了良好的氛围，推动唐律研究的不断进步。为使中国唐律研究可以持续、健康地发展，有必要找准存在的问题，找到解决问题的办法。时下，在唐律的文本研究、比较研究、文化研究、实证研究、实施研究、史学史研究及对海外唐律研究成果的研究等方面，都不同程度地存在不足，有较大的拓展空间。

第七章　革命根据地时期法制研究70年

1921年中国共产党成立以后，开始领导中国人民进行反对帝国主义、封建主义和官僚资本主义的新民主主义革命。经过20多年革命斗争，至1949年中华人民共和国成立，改变了中国半殖民地半封建社会的形态，成为一个独立的新民主主义的国家，并逐步过渡到社会主义革命时期。中国共产党在这20多年的革命实践中，进行了许多法制建设，为新中国成立后的法制建设奠定了基础也积累了宝贵的经验。“我国社会主义的政治法律制度，都是自中国共产党成立以来，在革命根据地进行政权建设和法制建设的长期实践经验的总结。”①革命根据地时期法制建设，直接影响了今天中国的法制，许多重要的基本制度、路线和法律原则，至今仍为我国法律制度所继承和发扬。因此，对中国共产党进行的法制建设作源头上的考察、过程上的梳理及经验教训方面的总结，对于今天法治中国的建设意义重大。

通常将中国共产党成立至新中国成立的这段时间分为四个阶段，即1921—1927年的第一次国内革命战争时期；1927—1937年的第二次国内

① 张希坡主编：《中国法制通史·第十卷·新民主主义政权》，法律出版社1997年版，第2页。

革命战争时期；1937—1945 年的全面抗日战争时期；1946—1949 年的解放战争时期。本章主要关注 1927 年至 1949 年间中国共产党领导的革命根据地政权的法制建设。

第一节　革命根据地时期法制研究综述

从总结前人的研究成果入手，统计新中国成立以来，国内出版的与革命根据地法制研究相关的著作①、公开发表的与此相关的学术论文及以该时期法制为主题的硕士、博士论文②的数量、发表时间、作者等数据，以这些统计作为基础，梳理革命根据地时期法制的研究概况。

当然，在进行统计时，尽量做到全面、准确，但难度很大，肯定有资料遗漏，重复或不准确之处。本节的梳理是比较完整的，反映了新中国成立以来学界对革命根据地法制研究的总体状况，小的遗漏，将随着研究的进一步深入而不断完善。

对革命根据地时期法制研究成果的梳理，从著作及论文两方面着手，从成果数量、发表时间、作者及所研究的问题等几方面着手，进行统计与分析。

一、著作类成果情况

据初步统计，可查到的以革命根据地时期的法制为研究主题的学术著

① 以华东政法大学图书馆及上海图书馆的藏书进行统计，此方面的著作共有 41 部，同一著作再版的以 1 部计。

② 以中国知网上可以查到的论文为基础，共收集到与此主题相关的论文约 300 篇。

作有 45 部①。表 7-1 反映了研究革命根据地时期法制的著作情况。

表 7-1 研究革命根据地时期法制的著作情况 （单位：部）

时　　期	总数量	对该时期总体法制进行研究的数量	对该时期某一法律问题进行研究的数量
整个革命根据地时期	14	7	7
第二次国内革命战争时期	12	3	9
全面抗日战争时期	16	2	14
解放战争时期	3	0	3
合　　计	45	12	33

（一）著作的数量

按著作所涉及的历史时期划分，可分为四种类别，其一，对整个革命根据地时期的法制进行研究的著作有 14 部；其二，对第二次国内革命战争时期的法制进行研究的著作有 12 部；其三，对全面抗日战争时期的法制进行研究的著作有 16 部，其四，对解放战争时期的法制进行研究的著作有 3 部。根据研究内容所涉及领域，这四类著作每类均可再细分为两种，一种是对某一时期法制内容进行总体性研究的，另一种是仅对某一时期的某方面法律问题进行研究的，前者共有 12 部，后者有 33 部。

可见，著作类成果中，不管是对整个革命根据地时期还是对这一时期的某一特定阶段，均是对具体法制问题进行研究的成果多于对该时期总体法制进行研究的成果，且关注全面抗日战争时期的某一具体法律问题的研究成果最多。这应该是由于中国共产党经过前期的革命实践，逐步成熟起来，面对日本全面入侵的新情况，灵活采取一些有效措施，与国民党政权

① 未把资料性的研究成果计入。新中国成立以后，还有许多关于革命根据地时期法制的资料汇编，主要有三大类，第一类是法律文件的汇编；第二类是法与制定法律相关的文献选编；第三类是案例汇编。这些成果以资料汇总为主。

进行合作，终于取得抗日战争的胜利。这一时期的法制实践，是灵活有效的。同时新情况下催生的许多新的做法，具有较高的研究价值。解放战争时期的研究成果最少，且没有对整个解放战争时期的法制进行研究的成果。这应该与这一阶段时间较短，并且在 1946 年 6 月全面内战爆发以前，各解放区基本上沿用抗日根据地的法律制度有关。

（二）著作出版的时间

这 45 部著作出版的时间见图 7-1：

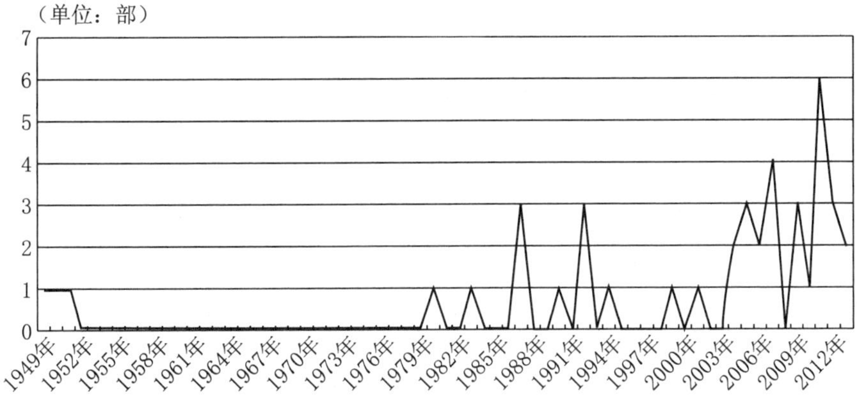

图 7-1　著作出版时间

由图 7-1 可见，新中国成立至 1951 年，每年各有一部著作出版；1951 年之后，便没有新的研究成果出现；1966 年起至 1979 年，社会动荡，法学研究完全停止，法学研究成果的数量在这 10 多年间为零；从 1980 年起，研究成果重新出现，第一个 10 年即 1980 年至 1989 年共有 5 部著作出版；1990 年至 1999 年也是 5 部著作出版；2000 年起，出版著作数量明显增多，至 2009 年共有 15 部著作出版，其中 2007 年就有 4 部相关著作出版；2010 年至 2013 年的四年间，已有 16 部著作出版；2014 年至 2018 年的五年间，有 4 本相关著作陆续出版。

法学研究与社会环境息息相关，新中国成立初期，法制建设全面展开，总结革命根据地时期的经验与教训为新中国法制所借鉴十分必要，因此新中国成立的前三年，有相关的著作出版。但随着社会环境发生了变化，各类社会运动展开，以至“文革”前后及“文革”期间整个法学研究停止，不仅关于革命根据地的法制研究成果为零，这时期的整个法学研究全部停止。改革开放后，法学研究恢复，起初关注法制史的学者不是很多，研究成果有限。进入 21 世纪以后，研究成果明显增多。

（三）著作的作者

按出版著作数量来看，数量最多的是张希坡教授。对整个革命根据地时期法制进行研究的 5 部著作的作者均为张希坡，其中《革命根据地法制史》① 《革命根据地法制史研究与“史源学”举隅》②为个人专著，另两部《中国法制通史》第 10 卷《新民主主义政权》③及《中国革命法制史》④为主编，《中国革命法制史》为张希坡与韩延龙共同主编，原为上下两册，上册出版于 1987 年，下册出版于 1992 年⑤，2007 年再版时，将上下两册合并为一册，并作了认真校订。张希坡在 1983 年还出版了著作《马锡五审判方式》⑥，在此基础上，2013 年张希坡又增补了近三分之二的内容，新出版了《马锡五与马锡五审判方式》⑦。2017 年张希坡主编《革命根据

① 张希坡：《革命根据地法制史》，法律出版社 1994 年版。

② 张希坡：《革命根据地法制史研究与“史源学”举隅》，中国人民大学出版社 2011 年版。

③ 张希坡主编：《中国法制通史》第 10 卷《新民主主义政权》，法律出版社 1999 年版。

④ 张希坡、韩延龙主编：《中国革命法制史》，中国社会科学出版社 1987 年版、1992 年版，2007 年再版。

⑤ 上下两册在统计数据时以一册计，并以下册出版时间 1992 年为最终出版时间。

⑥ 张希坡著：《马锡五审判方式》，法律出版社 1983 年版。

⑦ 张希坡著：《马锡五与马锡五审判方式》，法律出版社 2013 年版。

地法律文献选辑》。毫无疑问，张希坡是这一研究领域的开创者，也是革命根据地法制史研究最重要的代表人物。

除张希坡之外，杨永华致力于陕甘宁边区法制史的研究，1987 年与方克勤合著出版《陕甘宁边区法制史稿（诉讼狱政篇）》[①]，1992 年独立出版《陕甘宁边区法制史稿（宪法政权组织法篇）》[②]。杨永华基于档案史料的革命法制史研究，还原革命法制兼具革命性与实践理性的本来面目，揭示陕甘宁边区法制体系的结构和主要成就，指出陕甘宁边区的司法制度对人民政权司法制度建设的巨大贡献，引领并推动其他革命根据地相关研究的展开，是陕甘宁边区法制史领域的开拓者和主要奠基人。

同样出版有两本著作的还有四位作者。一是林海，于 2001 年主编《中央苏区检察史》[③]，2011 年又主编《人民检察制度在中央苏区的初创和发展》[④]；二是刘建国，于 2011 年主编两部关于检察制度方面的著作，一部为《鄂豫皖革命根据地的人民检察制度》[⑤]，另一部为《人民检察制度在鄂豫皖革命根据地的发展》[⑥]。三是张军，于 2005 年编著《鄂豫边区政权建设史》[⑦]，2006 年与张肇俊合著《鄂豫边区政权建设史》[⑧]；四是何友良，在 2009 年与张玉龙合著《中央苏区政权形态与苏区社会变迁》[⑨]，该书旨

① 杨永华、方克勤：《陕甘宁边区法制史稿·诉讼狱政篇》，法律出版社 1987 年版。

② 杨永华：《陕甘宁边区法制史稿：宪法、政权组织法篇》，陕西人民出版社 1992 年版。

③ 林海主编：《中央苏区检察史》，中国检察出版社 2001 年版。

④ 林海主编：《人民检察制度在中央苏区的初创和发展》，中国检察出版社 2011 年版。

⑤ 刘建国主编：《鄂豫皖革命根据地的人民检察制度》，中国检察出版社 2011 年版。

⑥ 刘建国主编：《人民检察制度在鄂豫皖革命根据地的发展》，中国检察出版社 2011 年版。

⑦ 张军编著：《鄂豫边区政权建设史》，湖北人民出版社 2005 年版。

⑧ 张肇俊、张军编著：《鄂豫边区政权建设史》，湖北人民出版社 2006 年版。

⑨ 张玉龙、何友良：《中央苏区政权形态与苏区社会变迁》，中国社会科学出版社 2009 年版。

在考察中央苏区政权形态的特点及其与赣西南闽西区域经济、社会发展的关系，探讨中央苏区的经济建设与发展、社会改造与社会重建、精神文明建设与民众物质生活等问题。将中央苏区政权形态与赣西南闽西区域社会变迁结合起来研究，不仅可以全方位多层面地透视苏维埃革命的意义，还有助于深化对政权形态与社会变迁关系的认识，具有借鉴意义。2012年何友良独著《苏区制度、社会和民众研究》①，是“国家哲学社会科学成果文库”中的一本。全书共分为七章，内容包括苏维埃制度在中国的源起、中国苏维埃制度的建立及形态、苏区社会的革命与再造、基层政权与苏区社会、革命、政权、社会中的民众、苏维埃制度的取消等，深入浅出、由浅入深。这四位作者较少有相关的研究论文，影响力较有限。

而另外几位学者，如侯欣一、汪世荣，各有一部著作，侯欣一于2007年出版《从司法为民到人民司法：边区大众化司法制度研究》②，汪世荣于2011年出版与他人合著的《新中国司法制度的基石——陕甘宁边区高等法院（1937—1949）》③，他们在较长时间里均关注革命根据地法制问题的研究，在主要的学术期刊上，如《法学研究》《中国法学》等发表较多的论文，因此较有影响力。可以说，张希坡、杨永华、侯欣一、汪世荣是研究革命根据地法制史较有代表性的学者，其中杨永华、汪世荣同为西北政法大学教授，可见，坐拥地理优势，西北政法大学在革命根据地法制史研究上有其优势。

（四）著作关注的内容

在考察了著作的出版数量、出版时间情况及作者情况之后，笔者将对

① 何友良：《苏区制度、社会和民众研究》，社会科学文献出版社2012年版。

② 侯欣一：《从司法为民到人民司法：陕甘宁边区大众化司法制度研究》，中国政法大学出版社2007年版。

③ 汪世荣等：《新中国司法制度的基石——陕甘宁边区高等法院（1937—1949）》，商务印书馆2011年版。

这 45 部著作所研究的问题进行进一步梳理，从而了解这些著作的研究领域。这 45 部著作所研究的问题分析见表 7-2：

表 7-2　著作所研究问题的分类

	革命根据地总体法制	第二次国内革命战争时期	全面抗日战争时期	解放战争时期	合计
总体问题	8	3	1	0	12
宪法问题	2	1	5	0	8
土地问题	1	0	1	3	5
婚姻制度问题	1	0	0	0	1
行政及廉政问题	0	3	1	0	4
社会保障制度问题	0	1	0	0	1
司法制度问题	3	3	8	0	14
合　　计	16	11	15	3	45

由表 7-2 可见，对革命根据地时期司法制度问题的研究成果最多，有 14 部，占全部著作数量的近 31%。这 14 部著作涉及以下几方面内容：

第一，涉及革命根据地司法制度总体问题的成果有三部，为刘建国在 2011 年的两本著作《鄂豫皖革命根据地的人民检察制度》及《人民检察制度在鄂豫皖革命根据地的发展》，2011 年薛梅卿与黄新明合著《中国革命根据地狱制史》，[①]该书为薛梅卿在狱史方面的封笔之作，它研究了根据地民主政权监所的建制和管理系统、指导思想、方针政策、法规法令以及制度等的发展变化，是现有关于中国革命根据地狱政建设的唯一一部著作。

第二，关注第二次国内革命战争时期的司法制度的有三部著作，为林海在 2001 年和 2011 年主编的《中央苏区检察史》及《人民检察制度在中央苏

① 薛梅卿、黄新明：《中国革命根据地狱制史》，法律出版社 2011 年版。

区的初创和发展》，另一本为 2004 年曾维东、曾维才主编出版的《中华苏维埃共和国审判史》①，该书全面总结、介绍中华苏维埃共和国审判的历史。

第三，关注全面抗日战争时期司法制度问题的 8 部著作所研究的问题可分为四大类：一类是对当时司法制度的总体性研究，如杨永华、方克勤著《陕甘宁边区法制史稿·诉讼狱政篇》及侯欣一于 2007 年出版的《从司法为民到人民司法：陕甘宁边区大众化司法制度研究》；第二类是研究边区高等法院的，如张世斌 2004 年主编出版的《陕甘宁边区高等法院史迹》②及汪世荣等于 2011 年出版的《新中国司法制度的基石——陕甘宁边区高等法院（1937—1949）》；第三类是研究民事诉讼制度的，如胡永恒 2012 年出版的《陕甘宁边区的民事法源》③及李喜莲 2012 年出版的《陕甘宁边区司法便民理念与民事诉讼制度研究》④；最后一类是张希坡于 1983 年出版的《马锡五审判方式》及 2013 年出版的《马锡五与马锡五审判方式》，该书可以称得上是研究马锡五及马锡五审判方式最重要的成果。

除司法制度之外，对各阶段总体性法律问题的研究成果数量居其次。除去由张希坡教授出版的对整个革命根据地时期法制进行研究的 8 部著作之外，对第二次国内革命战争时期的法制进行研究的著作有 3 部，分别为卓帆的《中华苏维埃法制史》⑤、张玉龙、何友良的《中央苏区政权形态与苏区社会变迁》⑥及何友良 2012 年出版的《苏区制度、社会和民众研究》⑦。卓

① 曾维东、曾维才主编：《中华苏维埃共和国审判史》，人民法院出版社 2004 年版。
② 张世斌主编：《陕甘宁边区高等法院史迹》，陕西人民出版社 2004 年版。
③ 胡永恒：《陕甘宁边区的民事法源》，社会科学文献出版社 2012 年版。
④ 李喜莲：《陕甘宁边区司法便民理念与民事诉讼制度研究》，湘潭大学出版社 2012 年版。
⑤ 卓帆：《中华苏维埃法制史》，江西高校出版社 1992 年版。
⑥ 张玉龙、何友良：《中央苏区政权形态与苏区社会变迁》，中国社会科学出版社 2009 年版。
⑦ 何友良：《苏区制度、社会和民众研究》，社会科学文献出版社 2012 年版。

帆的著作从十个方面阐述苏维埃政权 10 年间的法制建设实践，填补了这一领域研究的空白。另两部著作将中央苏区政权形态与赣西南闽西区域社会变迁结合起来研究，考察中央苏区政权形态的特点及其与赣西南闽西区域经济、社会发展的关系，探讨中央苏区的经济建设与发展、社会改造与社会重建、精神文明建设与民众物质生活等问题；关于全面抗日战争时期有一部张炜达著的《历史与现实的选择：陕甘宁边区法制创新研究》①。该书以陕甘宁边区法制创新为研究对象，对陕甘宁边区的政治民主及刑事、土地、诉讼、婚姻家庭等方面的部门法律思想、原则、制度进行考察、梳理和分析，探讨现代民主和谐社会的构建、国民政府法律的适当援用、党法关系的处理和民主政治对法制建设的基础作用等四个方面主题，揭示在马克思主义中国化背景下，陕甘宁边区法制创新对现实的启示和意义。

成果数居第三位的是对革命根据地时期的政治民主问题进行的研究。总体性的研究成果均出版于 2005 年，一个是关注政治民主问题的由韩大梅出版的《新民主主义宪政研究》②，另一个是王颖著的《新民主主义革命时期选举制度研究》③；第二次国内革命战争时期有一部 2007 年出版的《中华苏维埃共和国人权建设研究》④；全面抗日战争时期有杨永华的《陕甘宁边区法制史稿：宪法、政权组织法篇》⑤。此外还有张肇俊和张军编著的两部《鄂豫边区政权建设史》⑥及中共庆阳地委党史资料征集办公室编的

---

① 张炜达：《历史与现实的选择：陕甘宁边区法制创新研究》，中国民主法制出版社 2011 年版。

② 韩大梅：《新民主主义宪政研究》，人民出版社 2005 年版。

③ 王颖：《新民主主义革命时期选举制度研究》，中国社会科学出版社 2005 年版。

④ 罗惠兰等著：《中国苏维埃共和国人权建设研究》，湖南人民出版社 2007 年版。

⑤ 杨永华：《陕甘宁边区法制史稿：宪法，政权组织法篇》，陕西人民出版社 1992 年版。

⑥ 张肇俊、张军编著：《鄂豫边区政权建设史》，湖北人民出版社 2006 年版。

《陕甘宁边区时期陇东民主政权建设》①。这两部书以考察政权建设的视角，分别对抗战时期的鄂豫边区及陕甘宁边区的政权建设进行研究。李普于1980年出版《我们的民主传统：抗日时期解放区政治生活风貌》②，据序言所说，该书的内容原为作者从1945年2月起在重庆《新华日报》上的一系列专栏文章。10月编辑成书，1980年再次出版。民主政权的建设是革命根据地政权的重要建设内容，各时期在这一问题上均在不断地进行尝试，这些尝试逐步形成了日后中国的民主制度与政治制度，因此对该问题的研究贯穿于整个革命根据地时期。

最后，土地问题、婚姻制度问题、行政及廉政建设问题和社会保障问题这些与革命根据地政权建设息息相关的重大问题，均有学者进行关注。应该说，这些问题既是革命根据地政权区别于国民党政权的最主要方面，也是革命根据地政权之所以能取得最后成功的关键，对这些问题的研究也就十分必要。

二、论文类成果情况

（一）发表论文的时间与数量

根据中国知网检索可查到新中国成立以来，公开发表的对革命根据地法制进行研究的论文成果及硕士、博士论文数量约为313篇③。其发表情

① 中共庆阳地委党史资料征集办公室：《陕甘宁边区时期陇东民主政权建设》，甘肃人民出版社1990年版。

② 李普：《我们的民主传统：抗日时期解放区政治生活风貌》，新华出版社1980年版。

③ 这313篇的数据并不十分准确，有几方面原因：第一，有一些论文主题不是革命根据地时期的，但内容中对革命根据地时期的法制有所涉及，这类论文很难界定是否放入，涉及量较多的放入，较少的则不计入；第二，论文内容、名称相同，发表在不同刊物上，仅以1篇计入；论文内容相同，名称不同，发表在不同刊物，则论篇数计入。这284篇论文就不另外列出了，重要的论文在下文的分析中均会提及。

况如表 7-3：

表 7-3　研究革命根据地时期法制的论文发表情况　（单位：篇）

年份	1980 年	1981 年	1982 年	1983 年	1984 年	1985 年	1986 年	1987 年	1988 年	1989 年	合计
数量	1	1	1	0	1	0	1	1	2	0	8
年份	1990 年	1991 年	1992 年	1993 年	1994 年	1995 年	1996 年	1997 年	1998 年	1999 年	
数量	0	0	3	2	5	9	5	7	5	5	41
年份	2000 年	2001 年	2002 年	2003 年	2004 年	2005 年	2006 年	2007 年	2008 年	2009 年	
数量	9	12	11	10	13	3	8	23	14	25	128
年份	2010 年	2011 年	2012 年	2013 年	2014 年	2015 年	2016 年	2017 年	2018 年		
数量	27	25	27	28	4	5	10	6	4		136
合计											313

新中国成立后至 1980 年之前，对革命根据地法制进行研究的论文发表数量几乎为零，所以表 7-3 不进行统计。1980 年之后，开始有研究成果，从 1980 年至 1989 年的 10 年间，共有 8 篇论文发表，平均每年发表不到 1 篇文章。进入 20 世纪 90 年代以后，发表的论文逐渐增加，从 1990 年至 1999 年，共发表了 41 篇相关论文，平均每年有 4 篇左右的成果。2000 年至 2009 年，发表论文数量激增，共有 128 篇相关论文，基本上每年均有近 10 篇的相关论文发表。进入 2010 年后，从 2010 年至 2018 年，仅 8 年时间，就已发表论文 136 篇。可见学界对革命根据地时期法制问题的关注度日益增加。

（二）完成人的情况

前述对革命根据地时期的著作进行考察的结果，张希坡、杨永华、侯欣一、汪世荣四位学者为研究这一时期法制问题的主要代表人物，他们也是论文发表数量及质量较高的学者。在这 313 篇成果中，发表两篇以上相关论文的作者情况如表 7-4：

表 7-4 发表论文的作者及数量情况

作者	张希坡	杨永华	肖周录	侯欣一	汪世荣	孙光妍	韩延龙	侯 强
篇数	14	9	11	6	6	5	2	2

这八位学者的研究特色非常鲜明。张希坡教授的研究成果既有宏观的也有微观的，宏观的关注整个革命根据地的法制建设①，微观有关注某具体问题，如关注废除国民党的《六法全书》②，甚至小到关注一个事件等③，成果较为全面。且在张希坡教授发表的全部论文中，革命根据地时期的占绝大多数，22 篇中有 14 篇是这一时期的。杨永华主要关注陕甘宁的法制研究，共有 6 篇相关成果，主要涉及陕甘宁边区的人权保障④及司法制度⑤两方面内容。肖周录关注两个问题，一个是陕甘宁边区的民事法制⑥，

① 这方面的论文如：《中国共产党与革命根据地法制建设》，《人民论坛》2011 年第 26 期；《继承和发扬我国民主革命时期依靠群众对敌专政的革命传统》，《法学研究》1965 年第 4 期；又如《中国共产党开创了社会主义中华法系的新纪元》，《法学家》2001 年第 4 期。

② 如《废除伪“法统”就是废除以国民党〈六法全书〉为代表的一切反动法律——兼评对“中共中央废除国民党〈六法全书〉指示”的某些不实之词》，《法学杂志》2005 年第 1 期。《解放战争时期“中央法律委员会”的变迁及其工作成就——兼评对中共中央废除国民党〈六法全书〉指示的某些不实之词》，《法学家》2004 年第 6 期。

③ 《抗战时期延安雷击事件的启示》，《法学杂志》1992 年第 3 期。

④ 如《陕甘宁边区人权法律的颁布与实施》，《兰州大学学报》2003 年第 3 期；《试论抗日民主政权法律中的人权问题——为抗日战争四十周年而作》，《西北政法学院学报》1985 年第 3 期；《根据地时期法律平等原则的历史回顾》，《法律科学》（西北政法学院学报）1993 年第 6 期。

⑤ 如《抗日战争时期陕甘宁边区司法工作中贯彻统一战线政策的几个问题》，《西北政法学院学报》1984 年第 4 期；《陕甘宁边区调解工作的基本经验》，《西北政法学院学报》1984 年第 2 期；《陕甘宁边区公文制度的改革》，《甘肃政法学院学报》1996 年第 3 期；《陕甘宁边区审判方式的一个范例》，《现代法学》1980 年第 3 期。

⑥ 《陕甘宁边区民事立法及其特征》，《政法论坛》2010 年第 1 期；《陕甘宁边区民事法律的几个问题》，《法学研究》2009 年第 3 期；《陕甘宁边区民事法律创制的主要方式探析》，《法律科学》（西北政法大学学报）2010 年第 5 期。

一个是革命根据地的人权保障[①]；侯欣一教授主要关注陕甘宁边区的司法制度[②]及人民调解制度[③]。汪世荣教授也有 6 篇成果，有 4 篇关于陕甘宁边区高等法院的，[④]是陕甘宁边区高等法院研究的最重要的代表者。孙光妍对革命根据地时期的研究全部集中于解放战争时期的哈尔滨，涉及民主政治、经济法规、劳动法规等问题。[⑤]韩延龙教授尽管只有两篇相关论文，但成果非常重要，如 1986 年发表于《法学研究》第 5 期的《中国革命法制史的若干基本问题》，将革命根据地法制史的基本问题进行了阐释，明确其中容易混淆的问题。侯强有两篇论文，主要是关于抗日根据地的科技法制的，[⑥]开拓了革命根据地法制研究的新领域。

---

① 如《我国革命根据地人权立法问题研究的几点建议》，《中国人民大学学报》1998 年第 6 期；《革命根据地人权问题研究综述》，《理论导刊》1994 年第 10 期；《深化对革命根据地人权法规的研究》，《理论导刊》1999 年第 4 期；《延安时期边区的人权与法律保障》，《法律科学》（西北政法学院学报）1992 年第 2 期。

② 如《陕甘宁边区司法制度的大众化特点》，《法学研究》2007 年第 4 期；《陕甘宁边区司法制度、理念及技术的形成与确立》，《法学家》2005 年第 4 期。

③ 如《陕甘宁边区人民调解制度研究》，《中国法学》2007 年第 4 期；《对陕甘宁边区人民调解制度的几点共识——来自抗战时期陕甘宁边区的实践》，《法学杂志》2011 年第 1 期。

④ 《陕甘宁边区高等法院推行婚姻自由原则的实践与经验》，《中国法学》2007 年第 2 期；《陕甘宁边区高等法院对民事习惯的调查、甄别与适用》，《法学研究》2007 年第 3 期；《陕甘宁边区高等法院的成就》，《西南政法大学学报》2010 年第 6 期；《陕甘宁边区高等法院编制判例的实践与经验》，《法制资讯》2008 年第 9 期。

⑤ 如《哈尔滨解放区经济法规建设初探（1947—1948 年）》，《世纪桥》2012 年第 3 期；《哈尔滨解放区对外侨案件的审理》，《法学研究》2012 年第 2 期；《苏联法对哈尔滨解放区劳动法规的影响——以 1948 年〈哈尔滨特别市战时暂行劳动条例〉为例》，《学习与探索》2009 年第 2 期；《哈尔滨解放区法制建设中的苏联法影响》，《法学研究》2009 年第 2 期；《新民主主义宪政立法的有益尝试——1946 年〈哈尔滨市施政纲领〉考察》，《法学研究》2006 年第 5 期。

⑥ 《论抗日根据地科技法制的文化功能——以陕甘宁边区为中心》，《兰州学刊》2013 年第 8 期，《抗日革命根据地科技法制建设述论》，《西华大学学报》（哲学社会科学版）2009 年第 5 期。

(三) 论文所关注的问题

按论文所关注的时间看论文数量情况如表 7-5：

表 7-5 论文所关注的时期

时期	第二次国内革命战争时期	全面抗日战争时期	解放战争时期
数量	49	75	9

从表 7-5 的统计可以看出，学者对全面抗日战争时期的法制问题关注度最高，这与出版著作的情况是一致的（见表 7-6）。

表 7-6 论文所研究的具体问题情况

内容	民主政治问题	土地问题	婚姻法制	民事法制	刑事法制	劳动法制	司法制度			
							司法制度	审判制度	检察制度	调解制度
数量	37	18	26	14	10	10	23	26	10	7

由表 7-6 可见，对革命根据地时期司法制度的研究是全部研究成果中数量最多的，具体可细分为研究司法制度、审判制度、检察制度及调解制度等几方面，这与出版著作情况是一致的。在对具体法律问题的研究上，对民主政治问题的研究数量最多，达到 30 篇以上；其次是对土地问题及婚姻法制的研究，均有 30 篇左右；对劳动法制、刑事法制及民事法制的研究各有 15 篇左右。这些问题基本上反映了革命根据地时期法制较为重要的方面。

第二节 革命根据地时期法制的专题研究

前述对革命根据地时期法制研究成果进行梳理，我们了解了新中国成立以来，革命根据地法制研究的总体数量分布情况，也由这些数量分布，了解了新中国成立以来学者对该时期法制问题研究的主要关注点所在。以下通过对研究内容的分析，以明确学者对革命根据地法制问题的研究程度。下文所梳理的几方面，是针对新中国成立以来对某一问题研究成果较多且有较高质量的成果，并不涉及革命根据地法制史上全部重要法律问题的研究。

一、关于革命根据地法制史的基本问题

（一）关于这段法制史的名称

研究革命根据地法制史首先要厘清一些基本问题，首当其冲的就是这段历史的名称问题。学界存在有三种观点。第一种观点以张希坡为代表，他提出："新民主主义政权法制史，是中国共产党领导人民，在新民主主义革命时期，在革命根据地创建的人民民主法制产生发展的历史，也可称作革命根据地法制史或人民民主法制史。"①他认为"新民主主义法制史"也就是"人民民主法制史""革命根据地法制史"或"中国革命法制史"。②

第二种观点以韩延龙为代表，他认为："第一次国内革命战争时期，由于以中国共产党为领导的中国工人阶级和其他劳动群众还没有建立起自己的、与白色政权对峙的、独立的人民革命政权，在当时蓬勃发展的工农群众运动中虽然产生过规约禁令式的文件，有些文件甚至采取法律的形式，但它们大都不是由通常意义上的立法机关制定的，而是劳动群众在斗

① 张希坡主编：《中国法制通史·第十卷·新民主主义政权》，法律出版社 1997 年版，第 1 页。

② 在张希坡 2007 年出版的《中国革命法制史》一书中，也是用这一表述定义中国革命法制史的。

争中建立的、实际掌握政治权力的革命组织直接行使立法权的产物，它们的贯彻执行主要凭借工农群众的力量和革命组织的权威，而不是以革命政权为后盾。因此，就其实质而言，它们只能是在革命土壤中滋生出的新民主主义法制的最初幼芽。尽管这批幼芽十分可贵，但从严格的或完全的意义上说来，还不能认为它们就是新民主主义法制的本身，自然也不应把第一次国内革命战争时期视为中国新民主主义法制历史发展的一个独立阶段。”①

第三种观点是个别学者提出的：“新中国建立之前，革命根据地所颁布的一些带有强制执行的规范性文件到底能不能称之为法?”“在当时的情况下，尽管在革命根据地人民已当家作主，可以自由地表达自己的意志，并在中国共产党的领导下组织起人民的政权，但是从当时阶级力量的对比上看，占统治地位的还不是人民的力量，作为整个国家意志表现形式的还是半封建、半殖民的那一套法律制度，因为在一个主权国家，不可能同时存在阶级本质截然不同的两种法律制度。”因此他建议，“应更正‘我国民主革命时期革命根据地的法’这一提法改为‘我国民主革命时期革命根据地的具有某些法的特征，在一定范围内起着法的某些作用的党的政策’”。②

将中国共产党在 1921—1927 年法制建设的历史也称为革命根据地法制史不恰当，没有政权，就谈不上“法”。而自 1921 年起，对中国共产党而言，已进行了新民主主义革命，所以采用“新民主主义法制史”或“中国革命法制史”的名称不是十分准确。但也不认同第三种否定有革命根据

① 韩延龙：《中国革命法制史的若干基本问题》，《法学研究》1986 年第 5 期。

② 李煌：《怎样看待革命根据地的法——兼与孙国华先生商榷》，《贵州大学学报》（社会科学版）1997 年第 1 期。

地法制史存在的观点，因为这涉及研究的角度。自1927年至1949年，在中国的土地上出现了两种政权并存的对峙局面，当我们从当时中国的总体上看，固然中国共产党政权的种种法制尝试不具有通行全国的效力，不是“法”，但是，当我们将研究的主体放置于中国共产党政权本身来看，当时建立起革命根据地的中国共产党政权，是不承认国民党政权的，因此，从这一政权本身来看，它当然是在进行立法等各项法制建设，当然可以称为“法”。基于此，本章采用“革命根据地时期法制”这一提法。

（二）关于这段时期法制的一些特殊问题

中国革命的复杂性决定了革命根据地法制在建设的过程中，有许多特殊的问题，如法制建设同党的民主革命总任务和总路线密切相关，经历了第二次国内革命战争、抗日战争、解放战争不同阶段，法制建设在这些阶段都有不同的建设重点，如法制建设与革命战争的关系。通过革命战争，人民民主政权才得以建立，但当时的战争多为游击性的战争，根据地与敌占区之间犬牙交错，法制呈现出统一性与地方性结合、原则性与灵活性结合的特点；再如法制建设同党的政策的关系，法制建设同群众运动的关系，法制建设中民主与专政的关系等，均是这一时期非常特殊的问题。对这些问题的分析，韩延龙的《中国革命法制史的若干基本问题》有比较清晰的分析。他指出，“党史中央的政策不仅指导各革命根据地法律的制定和旅行，而且可以变更各革命根据地法律的内容，终止各革命根据地法律的执行，甚至其本身就起法律的作用”。他也强调，“随着民主革命总任务的胜利实现，具有鲜明时代特色的新民主主义法制也就完成了它所担负的历史使命，进而跨入了社会主义法制建设的崭新历史时期”。[①]厘清这些基本问题，有助于准确理解并认识革命根据地的法制问题。

---

① 韩延龙：《中国革命法制史的若干基本问题》，《法学研究》1986年第5期。

二、关于民主政治问题

对民主政治问题的研究，主要从以下四方面展开，其一，研究这时期颁布的宪法性文件；其二，研究人民民主专政制度；其三，研究政权组织形式；其四，研究人权保障制度。对革命根据地时期总体民主政治问题进行研究的有韩大梅的《新民主主义宪政研究》，这部书融合历史学、政治学和法学的理论与方法，并通过必要的纵向及横向比较研究，重点揭示了中国共产党新民主主义民主政治理论的形成和发展以及中共在各个时期、各个地区对这一理论的实践。王颖的《新民主主义革命时期选举制度研究》以中国共产党在新民主主义革命时期选举制度作为研究对象，从政治生态和制度变迁的角度论证选举制度与政治生态环境、政党领导、政权建设以及人民政治参与的互动关系。

分期研究中，罗惠兰等人撰写的《中华苏维埃共和国人权建设研究》内容包括中华苏维埃共和国人权建设成就与问题的提出、新世纪研究中华苏维埃共和国人权建设的意义、中华苏维埃共和国人权建设成就与问题发生的源头和理论、中华苏维埃共和国人权建设的伟大开端等；杨永华的《陕甘宁边区法制史稿》（宪法、政权组织法篇）阐述全面抗日战争时期，边区政府和法制的概况，然后分宪法篇、选举法篇及政权组织法篇三篇展开介绍。李普于1980年出版的《我们的民主传统：抗日时期解放区政治生活风貌》对该时期民主政治问题进行了研究，据序言所说，这本书的内容原为作者从1945年2月起在重庆《新华日报》上的一系列专栏文章。10月编辑成书，目的是向国民党统治区的读者比较系统和深入地介绍解放区的民主生活，让人们拿解放区那些活生生的事实，去对照和反对国民党史反共卖国独裁的倒行逆施，争取抗日战争的胜利。

从论文方面看，围绕《中华苏维埃共和国宪法大纲》《抗日救国十大纲领》《陕甘宁边区宪法原则》等宪法性文件，讨论人民民主专政制度的形成，讨论从全国苏维埃代表大会、“三三制”到全国人民代表大会的演变，讨论人民民主权利的保障措施等。其中具有代表性的如张希坡的《也谈革命根据地的人权保障条例问题》，①该文指出研究中对人权保障研究方面存在的问题，如革命根据地共制定过几个人权保障条例及个别人权保障条例制定的地区、时间不清晰，却没有去考证清楚等问题，于是，他将能够查到全文的10个人权保障条例按时间与地区一一进行考察说明。这篇论文成为研究该领域问题非常重要的成果。

三、关于民事法制概况问题

首先，对革命根据地时期民事法制总体状况的研究。代表性的是胡永恒2012年出版的《陕甘宁边区的民事法源》，②该书立足于陕甘宁边区高等法院档案，考察边区民事审判中的法律渊源，这些法律渊源包括国民政府六法全书、边区制定法、政策、习惯、法理和情理等。以一种法律现代化的视角，指出边区的民事法源缺乏现代民事法律体系所应具有的确定性和可预测性。其余大多为论文，代表性的论文从民事立法、民事习惯法及对国民党六法全书的援引三方面深入进行研究。

其一，关于民事立法的研究，主要是肖周录及马京平，他们有三篇相关论文关注陕甘宁边区民事立法相关问题。他们通过深入分析珍藏于陕西省档案馆内的历史文献和其他史料，对边区民事法律的指导思想、表现形

① 张希坡：《也谈革命根据地的人权保障条例问题》，《法律学习与研究》1992年第3期。
② 胡永恒：《陕甘宁边区的民事法源》，社会科学文献出版社2012年版。

式（他们研究认为包括边区的民事制定法、民事习惯法、国民政府法令在边区援引）等问题进行研究，得出民事法律始终要与保护人民群众的权益相联系，民事法律的创制要与社会发展进程紧密联系，推行法律要循序渐进及正确处理民事制定法与民事习惯法的关系等启示。①其余两篇对民事立法及立法技术等进行了研究。

其二，关于民事习惯法，代表人物是汪世荣。他对该问题的研究是从陕甘宁边区高等法院的民事习惯调整开始的，他收集了从 1942 年 5 月开始，陕甘宁边区高等法院开展的风俗习惯调查和甄别工作相关资料，统计出截至 1944 年 9 月，该院共收集到 8 个县 69 条具有权利义务内容的民事习惯，并由收集者对之进行初步的甄别。汪世荣还进一步考察该院在民事案件的审理中对这些民事习惯的适用情况，得出该院虽然对所收集到的习惯进行了简单的整理，但未能完成系统的分析，也未制定出相关的政策和规则，因此这次调查未能发挥出更大的作用。②但较翔实生动地展现了陕甘宁边区民事习惯的状况。

其三，关于国民党六法全书，代表人物是胡永恒。他的《陕甘宁边区民事审判中对六法全书的援用——基于边区高等法院档案的考察》③考察了陕甘宁边区高等法院的档案，指出边区各级法院于 1942 年至 1943 年上半年较为经常地在民事审判中援用六法全书，之后则停止了援用。所援用的法律主要是民事诉讼法和民法。援用的原因，主要是边区自身立法不足，民事审判缺乏法律依据，加上这一时期中共实行统一战线政策，营造了较

① 肖周录、马京平：《陕甘宁边区民事法制的几个问题》，《法学研究》2009 年第 3 期。

② 汪世荣：《陕甘宁边区高等法院对民事习惯的调查、甄别与适用》，《法学研究》2007 年第 3 期。

③ 胡永恒：《陕甘宁边区民事审判中对六法全书的援用——基于边区高等法院档案的考察》，《近代史研究》2012 年第 1 期。

为宽松的政治氛围。同时，一批具有专业法学知识和较高文化素质的干部走上司法岗位，为边区援用六法全书提供了技术支持。边区对六法全书的援用有一定的原则，但在不同时期有所变化。在实践中，对六法全书的援用存在与当地社会脱节的问题，并存在与中共的阶级立场相悖之处。“整风运动”过后，六法全书在边区实际上被废止。

四、关于土地问题

土地革命是中国共产党领导的新民主主义革命的重要内容之一，在不同的历史阶段，其改革方式有所不同。在第二次国内革命战争时期，中国共产党逐步摸索到土地革命的方式，其土地改革的最终成就以《中华苏维埃共和国土地法大纲》的颁布为代表；全面抗日战争时期，中国共产党灵活采取“减租减息”，合理地解决特定历史时期土地革命的开展，确保了抗战的胜利；解放战争时期，土地改革又轰轰烈烈地开展，最终制定出《中国土地法大纲》，标志着新民主主义时期中国土地改革的最高成就，确保新民主主义革命取得胜利。学者对土地问题的研究，基本是沿着这三个时期不同任务及上述这些主要措施及法律文件展开的，这其中，由于解放战争时期土地革命日益完备，研究的人数最多，成果最集中。

解放战争时期的土地改革的著作有两部，一部是董志凯的《解放战争时期的土地改革》，[①]一部是王友明的《解放区土地改革研究：1941—1948：以山东莒南县为个案》[②]。前者将经济变革与革命战争、群众性的政

① 董志凯：《解放战争时期的土地改革》，北京大学出版社 1987 年版。

② 王友明：《解放区土地改革 1941—1948：以山东莒南县为个案》，上海社会科学院出版社 2006 年版。

治运动联系起来，依据原始档案、文献资料和当年的报纸杂志等一手资料，力图如实反映解放战争时期土地革命的历史原貌。全书共九章，从介绍土改政策的由来入手，按时间顺序，考察从 1945 年 8 月至 1949 年 9 月土地改革措施，得出解放区土地改革的历史作用，使三分之一中国农民摆脱了封建剥削，使解放区政权巩固，经济发展，且支持了人民军队，解放全国。与这部重宏观叙事不同，王友明的著作则通过山东莒南县的个案入手，通过传统的土地关系，减租减息时期党的土地政策的实施及其地权的变动、贯彻中共中央“五四指示”和土改复查中的地权变动、土地政策实施中的民众动员、“反特调查”中的动员问题及对减租减息和土地改革的经济成效分析等六方面，运用人类学、社会学、学的方法，探讨土地改革的实效。

论文中，对《井冈山土地法》及《中国土地法大纲》这两个一头一尾的土地法规关注较多。但较有分量的、有突破性的成果基本没有。

五、关于婚姻制度

关于革命根据地时期的婚姻制度的研究著作，只能看到 1951 年由通俗文化出版社出版的陈榕甫的《新民主主义的婚姻制度》（小册子），其余主要成果均为论文。论文关注点在于革命根据地时期婚姻自由原则的探讨。如汪世荣的《陕甘宁边区高等法院推行婚姻自由原则的实践与经验》，[①]该文通过陕甘宁边区高等法院司法档案，考察在司法实践中，陕甘宁边区高等法院如何通过对婚约的适度保护，对离婚自由的适当限制，

① 汪世荣：《陕甘宁边区民事高等法院推行婚姻自由原则的实践与经验》，《中国法学》2007 年第 2 期。

尤其是对童养媳的坚决取缔以及对寡妇再嫁的支持和保护，使婚姻自由原则与陕甘宁边区的社会实际相互契合。以表明在司法实践中，一项具体的法律原则所包含的内容，应当与特定时期的政治、经济、文化状况保持一致，并随着社会的发展进步，灵活地予以调整。又如马京平的《陕甘宁边区婚姻家族法的现代化与本土化》[①]，阐释在边区民事法律中，婚姻家庭法具有鲜明的现代法律精神，体现了法的现代化。同时，与边区其他民事法律相比较，又最具有本土化的诸多表现。边区婚姻家庭法的现代化彰显了法的理想性，而本土化却是对现实性的回应。周成祖、池通的《1927—1945：革命根据地婚姻自由的法律表达》[②]，也是通过对结婚自由和离婚自由法律表达的分析，阐释革命与法律的互动和冲突及其现实选择。

六、关于诉讼审判制度

对于革命根据地时期的诉讼审判制度的研究可分为三大类，其一，研究革命根据地时期的诉讼与审判制度。首先，最早研究革命根据地时期诉讼审判制度的著作为杨永华、方克勤的《陕甘宁边区法制史稿·诉讼狱政篇》，[③]该书分为诉讼篇与狱政篇两大部分，诉讼篇阐述陕甘宁边区的诉讼立法、司法机关及诉讼制度等相关内容，狱政篇阐述陕甘宁边区的狱政思想、监狱的犯人自治组织、监所犯人的教育及监所管理制度；按时间区

① 马京平：《陕甘宁边区婚姻家庭法的现代化与本土化》，《西北工业大学学报》（社会科学版），2012 年第 2 期。

② 周成祖、池通：《1927—1945：革命根据地婚姻自由的法律表达》，《现代法学》2011 年第 4 期。

③ 杨永华、方克勤：《陕甘宁边区法制史稿·诉讼狱政篇》，法律出版社 1987 年版。

分，研究第二次国内革命战争时期的诉讼审判制度的著作有曾维东、曾维才主编的《中华苏维埃共和国审判史》①，该书以中华苏维埃共和国的概况为先导，从苏维埃共和国成立前的审判工作、审判工作的主要法律依据、审判机构等入手，全面总结、介绍中华苏维埃共和国审判历史；对全面抗日战争时期的诉讼审判制度的成果较多，如张世斌的《陕甘宁边区高等法院史迹》，②该书以大量的图片和文字资料记录了陕甘宁边区高等法院 13 年间审判的历程。又如汪世荣等的《新中国司法制度的基石——陕甘宁边区高等法院（1937—1949）》（2011 年出版），该书入选“国家哲学社会科学成果库”，选择陕甘宁边区高等法院断代历史，结合司法实践细致梳理，展现革命法制发展演进的历程，揭示高等法院在维护边区社会秩序，构筑稳固革命根据地中发挥重大作用以及司法在调整固有法与现实冲突、推动法律变革与构建新型社会秩序中的巨大作用，是研究陕甘宁边区高等法院最具代表性的著作之一。再如，胡永恒的《陕甘宁边区的民事法源》③，该书主要立足于陕甘宁边区高等法院档案，看出边区民事审判中的法律渊源包括国民政府六法全书、边区制定法、政策、习惯、法理和情理。以一种法律现代化的视角分析边区的民事法源缺乏现代民事法律体系所应具有的确定性和可预测性揭示边区的民事司法及其理念对新中国成立后的法制实践影响深远。在论文成果方面，王贞勤的《中共执政史上公审外国人第一案》较为生动地再现了当时中国共产党对涉外案件的审判情况。

其二，研究马锡五审判方式。马锡五审判方式是抗日战争时期形成的在当时非常具有影响力的一种审判方式，对这一审判方式进行研究的主要

① 曾维东、曾维才主编：《中华苏维埃共和国审判史》，人民法院出版社 2004 年版。

② 张世斌：《陕甘宁边区高等法院史迹》，陕西人民出版社 2004 年版。

③ 胡永恒：《陕甘宁边区的民事法源》，社会科学文献出版社 2012 年版。

是张希坡，他于 1983 年出版《马锡五审判方式》一书，后于 2013 年增补了许多内容，出版了《马锡五与马锡五审判方式》。增加的内容主要为马锡五传略，革命根据地的司法机关和诉讼制度的历史演进，马锡五审判方式产生的历史背景及其基本特点，《刘巧儿告状》指明了依法维护自身合法权益的正确道路等。这部著作是研究马锡五审判方式最重要的著作。李喜莲的《陕甘宁边区司法便民理念与民事诉讼制度研究》[①]，透视边区政府对司法便民理念的表达以及司法便民理念在民事诉讼中的实践情形，也涉及对马锡五审判方式的研究。论文方面，研究马锡五审判方式的有杨永华、方克勤的《陕甘宁边区审判方式的一个范例》[②]等，还能查到马锡五自己写的《新民主主义革命阶段中陕甘宁边区的人民司法工作》，[③]他对自己的审判工作进行回忆和总结，他从组织制度、法院的任务、审判工作的制度等方面对陕甘宁边区的人民司法工作进行总结与思考，这篇论文是最真实的马锡五审判方式及陕甘宁边区的审判活动的再现。

其三，研究人民调解制度。侯欣一的著作《从司法为民到人民司法：陕甘宁边区大众化司法制度研究》通过六章勾勒陕甘宁边区大众化司法制度形成、发展、演变过程和规律的同时，阐述了大众化司法的基本含义和内容，并从政治与法律的角度对陕甘宁边区大众化司法制度进行了评价。论文方面对人民调解制度的研究成果主要有卢少锋的《人民调解制度（1921—1949）的历史考察及其启示》，它从历史的视角考察新中国成立之前的人民调解制度，指出目前推行的一些制度改革是 1949 年前人民调解

① 李喜莲：《陕甘宁边区司法便民理念与民事诉讼制度研究》，湘潭大学出版社 2012 年版。

② 杨永华、方克勤：《陕甘宁边区审判方式的一个范例》，《现代法学》1980 年第 3 期。

③ 马锡五：《新民主主义革命阶段中陕甘宁边区的人民司法工作》，《法学研究》1955 年第 1 期。

传统的延续，将来的制度完善应当从本土历史资源中发掘更多的养料。侯欣一的《陕甘宁边区人民调解制度研究》①以陕甘宁边区高等法院档案等第一手材料为依据，从政治和法律相结合的视角对陕甘宁边区人民调解制度进行了新的解读。指出作为一种解决纠纷的手段，陕甘宁边区的尝试有着十分重要的意义，其做法以及经验和教训应引起我们的高度重视。汪世荣还有一篇《陕甘宁边区刑事调解判例判词点评》，②针对具体案例及判词评析刑事调解在更高的层面，实现了刑法的教育和保护功能，在有效教育犯罪人的同时，关注到对受害人的保护，有助于恢复遭受破坏的社会关系，维持良好的社会秩序。

七、关于检察制度

刘建国在 2011 年出版《鄂豫皖革命根据地的人民检察制度》及《人民检察制度在鄂豫皖革命根据地的发展》。通过占有大量史料，比较系统地阐述和论证了鄂豫皖革命根据地的法律制度和人民检察制度的建设情况，客观分析了人民检察权在工农监察委员会、革命法庭和政治保卫局中的地位和职能。编者通过对土地革命战争时期鄂豫皖革命根据地与其他革命根据地的人民检察制度建设情况进行比较研究，发现鄂豫皖革命根据地的人民检察制度体现三个“最早”：即具有人民检察性质的司法制度形成得最早，体现人民检察性质的司法机构建立得最早，确认人民检察权相对独立的司法地位实行得最早。尤其是发掘了在鄂豫皖革命根据地的司法机构中设立国家公诉处及国家公诉员制度。程玉阶是当时的鄂豫皖区国家公

① 侯欣一：《陕甘宁边区人民调解制度研究》，《中国法学》2007 年第 4 期。

② 汪世荣：《陕甘宁边区刑事调解判例判词点评》，《中国审判》2007 年第 4 期。

诉处处长，是人民检察制度的“第一个国家公诉人”，这在我国人民检察制度历史研究上是一个突破。林海在2001年和2011年主编的《中央苏区检察史》及《人民检察制度在中央苏区的初创和发展》的特色在于忠于历史事实，如实反映苏区检察机关的重要活动，系统地再现了苏维埃时期检察制度和检察工作的概貌，同时汇编了中华苏维埃共和国临时中央政府颁布的有关检察工作重要法律、法规和司法文书等内容。对检察制度的研究论文主要是刘建国的两篇，其内容体现在他的著作中了。

第三节 革命根据地时期法制研究评述

一、革命根据地时期法制的特点

革命根据地的法制是人民民主的法制，它不同于以往任何时期的压迫人民的封建法制，也有异于同一时期的南京国民政府的法制，而是有自己独特的地方，主要表现在以下几个方面：

其一，坚持以马列主义为指导，以中国共产党的革命纲领和政策为立法依据。马列主义是中国共产党的行动指南，毛泽东思想是中国化的马克思主义，党将马列主义的普遍真理与中国革命的具体实践相结合所制定的革命纲领和政策，是各根据地立法的依据。甚至在特定历史时期，党的纲领和政策直接发挥着法律的作用。革命根据地时期法制始终以马列主义为指导思想。

其二，坚持人民民主专政。虽然在不同历史时期，各根据地立法的侧重点有所不同，内容也有所差异，但是根据地的法制始终以实现人民民主和对敌专政为目的。例如《中华苏维埃共和国宪法大纲》第二条即规定：

中华苏维埃所建设的，是工人和农民的民主专政国家。即苏维埃政权是属于所有工人、农民、红色战士及一切劳苦大众，而对军阀、官僚、地主、豪绅、资本家、僧侣及一切剥削人的任何反革命分子实行专政。所以一方面要对反革命分子、汉奸、贪污犯等进行严厉的惩治，另一方面要保障工人、农民的权利。人民民主专政是由中国共产党的性质所决定的，对人民实行民主，对敌人实行专政，在不同历史阶段，“人民”与“敌人”的范围有所变动，但不改变革命根据地政权的基本属性。

其三，立法上，统分结合；法律内容上，不断变化；法律地位上，党的政策高于法律。由于中国共产党主要是在各根据地进行政权建设，在立法上，各根据地通常在中国共产党的纲领性文件指导下，根据各地的实际情况，制定符合当地需要的法律，具有统分结合的特点；根据地时期制定的法规数量很多，涉及的面也非常广，从行政到刑事、民事可以说是面面俱到，但由于革命形势不断变化、时局动荡，战争环境下的法制内容随着形势的不断发展变化而改变；在法律的地位上，各根据地都以根据党中央的指示，结合本地区的实际情况，制定适合本地区的法律。党史中央的政策不仅指导各革命根据地法律的制定和旅行，而且可以变更各革命根据地法律的内容，终止各革命根据地法律的执行，甚至其本身就起法律的作用，地位高于法律。

其四，司法上，始终坚持群众路线。虽然各根据地的法制在形式上较为简陋，也没有形成完整的法律体系，但是却因为大多数法律符合革命形势的需要、贴近人民生活，更重要的是民主政府的司法人员能够贯彻党的群众路线，坚持以深入群众、依靠群众、实地调查的方式来解决民间纠纷，从而使法律获得良好的实施效果，得到广大人民群众的普遍认可。

二、革命根据地时期法制的影响

中国共产党在短短 20 多年的革命斗争和法制建设中，创制出许多符合当时中国国情的法律制度，不仅对当时的革命，而且对后来新中国的法制建设也产生了深远的影响。

首先，革命根据地时期的法制实践，保证了中国新民主主义革命取得胜利。革命年代的法制从最根本上来说是服务于革命战争的，例如苏维埃政权和边区政权的建立本身就是为了更好地对全国的革命进行指导；而对反革命犯、汉奸的严厉惩罚则是为了肃清党内和政权内部以及社会上的损害革命利益的行为；历次土地法对土地制度的改革也是根据革命形势的演变对不同阶层的人采取前后有别的态度，以有利于革命的进行。在当时的条件下，对于大部分社会民众来说，革命的利益、党的利益和自身的利益是高度统一的，就算是仅涉及个人利益的民间纠纷甚至是久拖不决的纠纷，根据地的法官也能够以深入群众、调查研究的实地考察和群众大会的公开审判等方式来解决。这样，一方面人们不会再为了纠纷和争斗而耽误生产、影响正常的生活，可以把更多的精力以更大的热情投入革命中去；另一方面，后方的安定团结也是前方革命战争顺利进行的有力保障。所以，革命根据地的法制是中国新民主主义革命取得胜利的制度保障。真正解决人民纠纷，得到人民信任，这是中国共产党宝贵的资源，是以后不断发展壮大的源泉，也为后来取得全国革命的胜利奠定了基础。同时这也是中国共产党统治方式的探索，促进了中国共产党的成熟，为以后成为执政党积累了丰富的经验。

其次，革命根据地时期的法制实践为新中国的法制建设提供了宝贵经验。1949 年 2 月，中共中央发布《关于废除国民党的六法全书和确定解放区司法原则的指示》，指出："国民党全部的法律只能是保护地主与买办官僚资产阶级反动统治的工具，是镇压与束缚广大人民的武器"，因此，"在无产阶级领导下的工农联盟为主体的人民民主专政的政权下，国民党的六法全书应该废除，人民的司法工作不能再以国民党的六法全书为依据，而应该以人民的新的法律作依据"。由此可见，在否定了国民党的六法全书之后，中华人民共和国成立之后也绝不可能再用国民党的法律，而新民主主义的根据地是中国共产党领导的革命政权的初创，是与中华人民共和国一脉相承的，所以根据地的法制实践必然会成为以后新中国法制建设的宝贵经验。例如婚姻法中的婚姻自由原则、第三次国内革命战争时期创制的管制刑、不断发展的人民调解制度等都在中华人民共和国的法律中有所体现。

在充满动荡与艰辛的 20 多年革命实践中，中国共产党从幼稚走向成熟，依靠广大人民群众，牢牢把握中国社会的实际，以过人的胆识、勇气与智慧，探索中国革命根据地的法制建设之路，实践革命根据地的法制。实践证明革命根据地的法制是成功的，这套法律制度有效地保证了革命的成功，推动了新中国的成立，是中国共产党取得胜利的重要法宝。当然，革命根据地法制建设的历史并非没有遗憾，在与国民党政权进行针锋相对的斗争时，曾宣告完全抛弃国民党的六法全书；在面对几千年中国传统法律文化时，也沿袭了诸多与近代法制发展不相融的成分。正因为如此，在留给我们巨大法制财富的同时，也为日后的中国，乃至今天的中国，留下许多未尽事宜。

三、革命根据地法制研究述评

从上述梳理与分析可知，对革命根据地时期法制问题的研究，新中国成立以来学者进行了诸多努力，进入 21 世纪以来，研究成果迅速增加，尤其是 2010 年后，增长速度非常快；研究领域不断拓展，这一时期的主要法律问题基本均已被涉及并已有较多有分量的成果涌现；研究方法不断创新，越来越多的学者以原始档案为文本，综合运用社会学、人类学、统计学等方法，较为深入地研究革命根据地时期的法制问题。可以说，学者已对革命根据地时期中国共产党进行的法制尝试进行较全面的总结，作出较客观的评价，进行有益的思考，提出许多有价值的借鉴。

但是，从现有的研究成果来看，也仍有欠缺。首先，欠缺横向比较，也就是说对这一时期法制问题的研究较缺乏横向比较，缺少将革命根据地时期的法制放在 20 世纪 30 至 50 年代中国的大背景下去考察。中国共产党从其成立到最后夺取中国革命的胜利仅仅用了 28 年时间，从总体上说，这 28 年里法制实践是成功的，奠定了新中国法制的基础。但这些法制实践成功之处在哪里，不足之处又在哪里，这类的分析比较成果缺乏。新中国成立后，对国民政府时期一些有益、有效的做法没能继承或是对国民政府时期已有的教训没能加以避免。不管是中国共产党还是国民党，都是在同一块中华大地上进行法制建设的，对两种政权在法制建设上的异同点进行研究意义重大。现在研究成果的研究角度基本上单向度的，即大多没有把根据地的法律制度放在当时中国整体的大背景下去考察和分析。

其次，缺少放在中国近代社会这一更大背景下去考察与分析。继续放宽视野，实际上还应将中国共产党在革命根据地时期的法制建设放置于中国法律近代化这样一个更大的背景下去思考，将其看作中国法律近代化过程中的一种尝试和努力，是中国法律近代化发展中的一个特定阶段。当我们将视野拉长，从人类社会发展的规律与进程上去思考，对中国共产党在革命根据地时期的法制建设的措施会有更客观的评价。哪些措施是与历史发展趋势相符的，哪些是不相适应的，跳出单纯政治的框架，会有更清晰明了的见解。

第八章　中国刑罚史研究70年

新中国成立以来，我国的法学研究取得了长足进步。特别是改革开放以来，随着我国的法治建设突飞猛进，法学研究迎来了新的春天，使得中国法制史的研究也成绩喜人，研究成果汗牛充栋。因此，有必要对这些研究成果作一番学术史梳理，温故而知新。这种研究属于中国法制史学史，已取得一定成果。中国法制史学史研究在诸多领域有所涉猎，但是仍有许多不足之处需要弥补，部门法史学史就是其中之一。

在当前的中国法学研究中，部门法研究是绝对的主力军。近些年来，越来越多的法律史研究者开始重视部门法问题，从部门法的角度来进行法律史研究。因此，近年来的部门法史成果层出不穷，包括刑法史、民法史、行政法史、诉讼法史等都有不少论著问世。值得关注的是，许多部门法出身的研究者也开始重视法律史研究，他们以其专业视角进行“史”的考察，为法律史研究增添了活力。在众多法学二级学科中，刑事法学与法律史学之间的互动最为明显。而受传统中国法重刑轻民的影响，中国刑法史一直是中国法制史研究中的排头兵，研究成果最为丰硕。可是目前为止，我国尚未有人对刑法史等部门法史的成果作学术史的梳理，这就不能充分反映出这些年来我国刑法史研究的具体面貌，无法寻找其优点与不足，不利于今后的学术研究。刑罚史是刑法史研究的重中之重，欲梳理刑法史学史，须先对刑罚史的学术史作一番梳理。本章即是对新中国成立 70 年以来的刑罚史研究进行学术史梳理，以弥补这一领域的研究不足，并对未来的相关研究路径作些探索。

第一节　刑罚种类的研究

中国古代刑罚的种类很多，而且同一种刑罚在不同的历史朝代其内容也往往不同。经过几千年的历史演进，中国古代许多刑罚的面貌已经不太清晰了。因此，要想对中国古代的刑罚制度进行深入研究，就必须先将中国古代的刑罚种类认真探研。因此，中国古代刑罚的种类便成为了这 70 年中国刑罚史研究的重心。

一、生命刑研究

生命刑亦称死刑，它是人类历史上最悠久的刑罚之一，在刑罚体系中占据举足轻重的地位。在中国古代的刑罚体系中，死刑是最重要的刑罚种类，也是最受古代统治者关注的刑罚。中国古代的生命刑内容十分丰富，保留下来的资料也很可观。因此，生命刑也就成了这 70 年来中国刑罚史研究的重点内容。

（一）弃市研究

这 70 年来中国死刑史研究争鸣之激烈，莫过于弃市刑研究。传统说法认为弃市为斩刑。沈家本《历代刑法考》云："秦汉弃市为何等？刑书无明文，以汉法推之，当亦斩刑。魏、晋以下，弃市为绞刑。"①关于这一论述，程树德在《九朝律考》中就提出质疑，认为："其以绞为刑名，盖

① 沈家本：《历代刑法考·刑法分考四》，中华书局 1985 年版，第 139 页。

自北魏始。”[①]不少学者对于弃市刑作了深入探讨，如张建国《秦汉弃市非斩刑辨》一文拉开了对“弃市”刑问题争鸣的序幕。该文对沈家本、程树德的观点都持反对意见，他主要依据《后汉书・光武帝纪》《后汉书・章帝纪》中有关“殊死”的记载和《后汉书・吴祐传》的相关案例，得出了秦汉弃市是绞刑而非斩刑的论断。[②]此文发表不久，牛继清则对一观点撰文提出商榷。该文分为五部分，主要引用《史记》《战国策》《云梦秦简》《汉书》《三国志》等相关资料，以期证明秦时绞刑已经是一种单独的刑罚[③]。接着，张建国再撰文与之商榷，对牛继清论文中的五个部分逐条作了批驳，认为牛文中最大的问题在于缺乏直接证据。[④]

张建国、牛继清对于弃市刑的争鸣各有千秋，问题在于双方都是依据传统史料进行考证，难以寻觅出能够直接说服对方的证据。不久之后，曹旅宁运用 1986 年甘肃省文物考古所在天水放马滩新出土的秦简资料，发表《从天水放马滩秦简看秦代的弃市》一文，为弃市刑的争鸣提供新鲜血液。该文所引秦简记载一人名“丹”，他“因矢伤人”被“弃之于市”，后又复活。曹旅宁认为，根据这则史料，如果弃市为斩刑，则断然不会存在死人复活一说。[⑤]通过这则史料以及《法律答问》中的一些记载，可以证明弃市非斩刑，进而推测弃市为古代绞刑的遗留物。曹旅宁此文结合出土史料，论据较为充分。从论文发表的情况看，曹旅宁此文可以说暂时平息了关于“弃市”刑的

---

① 程树德：《九朝律考・晋律考》，商务印书馆 2010 年版，第 334 页。

② 参见张建国：《秦汉弃市非斩刑辨》，《北京大学学报》（哲学社会科学版）1996 年第 5 期。

③ 参见牛继清：《关于秦汉“弃市”的几个问题——兼与张建国先生商榷》，《甘肃理论学刊》1997 年第 3 期。

④ 参见张建国：《“弃市”刑有关问题的再商榷——答牛继清先生》，《甘肃理论学刊》1998 年第 1 期。

⑤ 参见曹旅宁：《从天水放马滩秦简看秦代的弃市》，《广东社会科学》2000 年第 5 期。

争鸣，此后十余年间基本没有人再以“弃市”为主题撰写论文。

不过，最近一段时间，“弃市”之争鸣再起。先是连宏发表《两汉魏晋弃市刑考辨》一文，该文依然利用传统史料进行考证，认为弃市在汉代为斩刑，魏晋、隋唐后则改为绞刑。[①]此后，宋杰发表《汉代“弃市”与“殊死”辨析》一文，质疑曹旅宁的观点，继续维护传统“弃市”斩首为刑的观点。他将此前张建国、曹旅宁等学者对“弃市”刑的观点概括为“秦汉弃市专用绞刑说”。宋杰此文对曹旅宁文之质疑集中在对放马滩秦简案例中“弃之于市”的理解上。曹旅宁认为，“弃之于市”可以理解为弃市[②]。而宋杰则通过对该则史料的一系列考据，认为这则史料更应理解为丹在自尽后被官府弃尸于闹市，并不是死后再复活。[③]总之，这段争鸣仍未有公论，通过现有材料很难考清原委，只能期待新材料的出现。

（二）就地正法研究

中国古代具有严格的死刑执行程序——死刑复核制度，这也是皇帝执掌全国最高司法权的象征。就地正法刑无需请示中央复核，直接将犯人在当地处死。这种刑罚本是古代个别特殊时期的权宜之策，而自太平天国起义爆发后，逐步沦为常刑。史载：“惟就地正法一项，始自咸丰三年。时各省军兴，地方大吏，遇土匪窃发，往往先行正法，然后奏闻……沿及国变，而就地正法之制，讫未之能革。”[④]正是由于就地正法刑与中国传统死刑复核制度相悖，故而该问题研究持续受到学界关注。这 70 年来的就地

---

① 参见连宏：《两汉魏晋弃市刑考辨》，《兰州学刊》2012 年第 9 期。

② 其实，曹旅宁也曾注意到“弃之于市”的解释问题，他在《从天水放马滩秦简看秦代的弃市》一文中也曾提到“弃之于市”解释的漏洞。他指出“当然，‘弃之于市’也可以理解为丹以矢伤人后自刺，然后被弃于市示众。如同《左传·定公十四年》所载‘赵孟尸诸市’一样。但玩味上下文意，丹‘弃之于市’也可能就是受弃市之刑。”

③ 参见宋杰：《汉代“弃市”与“殊死”辨析》，《中国史研究》2016 年第 1 期。

④ 赵尔巽等：《清史稿·刑法志二》，中华书局 1976 年版，第 4202 页。

正法刑研究主要集中在就地正法刑的产生时间上。

首先，李贵连发表《晚清“就地正法”考》一文，根据北大图书馆所藏《刑部奏案》手稿本中的咸丰帝的一道谕旨推断出就地正法在咸丰三年（1853 年）正式推广实行。①不久，邱远猷撰《太平天国与晚清“就地正法之制”》一文，依据第一历史档案馆编《清政府镇压太平天国档案史料》等资料，认为就地正法刑实行时间始于金田起义（1851 年），地点则是在广西省。②2004 年，日本学者铃木秀光发表《清末就地正法考》一文，主要依据《福建台湾道杨廷桦奏为审明淡水匪凶连杀四命焚屋烧尸支解灭迹先将首凶要犯分别就地正法折》将就地正法刑起始时间推前至清代中叶。③而王瑞成《就地正法与清代刑事审判制度——从晚清就地正法之制的争论谈起》一文则对上述观点均持反对意见。他从《大清律集解附例》《大清律例》以及康熙、乾隆、嘉庆等皇帝的谕旨中搜集大量资料，将就地正法刑之存在与适用推至清朝前期。④张本照《论清代“就地正法”之制的产生时间》则认为应区别“就地正法”与晚清“就地正法”之制。“就地正法”本为军法，秦汉时期早已广泛应用，认为就地正法刑始终伴随着战争而广泛运用，没必要刻意纠结于其起始时间。⑤

还有一些成果对就地正法刑的其他方面作了研究。比如，娜鹤雅主要研究了就地正法刑的司法程序；⑥刘彦波将晚清就地正法刑之研究缩小至特

---

① 参见李贵连：《晚清“就地正法”考》，《中南政法学院学报》1994 年第 1 期。

② 参见邱远猷：《太平天国与晚清“就地正法之制”》，《近代史研究》1998 年第 2 期。

③ 参见［日］铃木秀光：《清末就地正法考》，东京大学东亚文化研究所编：《东洋文化研究所纪要》第 145 册。

④ 参见王瑞成：《就地正法与清代刑事审判制度——从晚清就地正法之制的争论谈起》，《近代史研究》2005 年第 2 期。

⑤ 参见张本照：《论清代“就地正法”之制的产生时间》，《历史档案》2016 年第 1 期。

⑥ 参见娜鹤雅：《清末就地正法操作程序之考查》，《清史研究》2008 年第 4 期。

定范围，对晚清两湖地区州县就地正法刑之分类、适用对象、司法程序等问题作了详细论述。[①]刘伟同样考察了就地正法刑的司法程序问题。但是他的研究注意到了这一刑罚在晚清司法实践中是动态变化的，此文对这一变化作了进一步研究。[②]张世明则用较长篇幅对就地正法刑作了详细阐述，特别在就地正法刑无法取消的原因、就地正法刑的合法性解读方面提出了很有价值的观点。[③]

（三）凌迟、车裂与磔刑研究

长期以来，车裂、磔刑与凌迟刑的具体面貌和彼此间的关系含糊不清，甚至有人将其混为一谈。沈家本就曾质疑："磔有张、开二义……开义与凌迟为近，然谓磔即凌迟，恐未必然……惟《李斯传·索隐》谓'裂肢体而杀之'，大似世之凌迟，然恐非古义。杨倞以磔为车裂，不知有所本否。车裂自有轘名，似不得以磔当之。"[④]然而，沈氏并没有对此三刑的具体面貌给出明确的解释。因此，后世学者研究车裂、磔刑等问题时，无不注重辨析其与凌迟刑之间的异同。其中，谭世保所撰《车裂考》一文较早比较系统地对"车裂即五马分尸"这一民间通说作了批驳。此文指出，车裂创立于秦，是一种肢解尸体的刑罚，其对象则为敌人和囚犯。[⑤]作者同时认为明清小说实际上为"车裂乃五马分尸"一说传播的重要工具。曹旅宁对磔刑作了考释，认为磔刑源于上古之祭献刑。同时，此文也对磔刑与车裂、凌迟之间的关系作了辨析，认为车裂与斩刑相同，凌迟由磔刑发展

① 参见刘彦波：《晚清两湖地区州县"就地正法"述论》，《暨南学报》（哲学社会科学版）2012年第3期。

② 参见刘伟：《晚清州县"就地正法"司法程序之再考察》，《社会科学》2015年第7期。

③ 参见张世明：《清末就地正法制度研究》（上、下），《政法论丛》2012年第1、2期。

④ 沈家本：《历代刑法考·刑法分考二》，中华书局1985年版，第112—114页。

⑤ 参见谭世保：《车裂考》，《学术论坛》1982年第4期。

而来。[①]最近，又有学者对这一观点产生质疑，如连宏的《汉代磔刑考辨》就通过一系列资料对磔刑的具体面貌作了进一步考释，指出磔刑还包括肢解尸体后悬挂尸块的内容。[②]

与车裂、磔刑研究注重考释其具体面貌不同，凌迟刑由于一直沿用到清末，又有大量照片、文献存世，故其研究重点不在于此，而是更多是集中在凌迟刑的起源问题上。一般认为，凌迟刑始于五代十国，成法于辽，在宋代被广泛施行。[③]有学者则对此持不同意见。例如马弘波在《凌迟入律时代考》一文中指出，考虑这一问题既要关注法典中的立法规定，又要关注司法实践。[④]根据这一标准，他认为辽代既有凌迟为法定刑的记载（见《辽史·刑法志》），又有公元 921 年发生的凌迟案例（见《辽史·列传第四二》），认为凌迟刑在辽代成为法定刑。孔学则有不同意见。他在《论凌迟刑的起源及在宋代的发展》一文中指出“凌迟”即“脔割”，并通过一系列史料证明脔割之刑起源于东晋，且隋、唐时期都有适用。他还认为，契丹的凌迟之刑是从其部族习惯法演变而来，“凌迟”之名当为契丹语的译音。[⑤]然而不久，王晶波即引用敦煌文献并结合传统唐史资料，认为凌迟刑的名称在唐代中期以后正式形成，并且其运用远早于唐，从而驳斥了孔学凌迟起自契丹并源于契丹语之说。[⑥]

---

① 参见曹旅宁：《秦汉磔刑考》，《湖南大学学报》（社会科学版）2007 年第 1 期。

② 参见连宏：《汉代磔刑考辨》，《东北师范大学学报》（哲学社会科学版）2016 年第 2 期。

③ 参见张晋藩总主编，张晋藩、郭成伟主编：《中国法制通史》第 5 卷，法律出版社 1999 年版，第 512 页。

④ 参见马弘波：《凌迟入律时代考》，《晋阳学刊》2002 年第 2 期。

⑤ 参见孔学：《论凌迟刑的起源及在宋代的发展》，《史学月刊》2004 年第 6 期。

⑥ 参见王晶波：《敦煌文献所见“凌迟”、“陵迟”考——兼及“凌迟”酷刑的起源》，《敦煌学辑刊》2008 年第 1 辑。

（四）赐死研究

赐死刑是中国古代比较特殊的一种刑罚，它的适用对象一般为贵族和高级官员。瞿同祖认为这种刑罚“是最能保全贵族体面及尊严的办法，不令众庶见之”。[①]不过长期以来，学界对此类问题的研究更多的是集中在贵族官员自杀的角度来审视，罕见专论赐死制度之作。[②]直至许仲毅发表《赐死制度考论》一文，才对赐死制度之产生原因、时间、特征、影响等问题作了比较详尽的研究。特别是该文根据传统史料，推论商周时期很可能已经产生赐死制度，并认为这种制度盛行于秦汉。[③]

此后，宋杰的《汉代的秘密处决与政治暗杀——“隐诛”》一文则比较详细地考证了汉代赐死制度，认为汉代赐死有“明诏或明令赐死”“谴责以暗示赐死”“赐牛酒”“诏诣廷尉”四种，并且考据汉代史籍中常见之“忧死”，或为在居处被迫自杀。[④]赐死又称为“隐戮”，宋杰的另一篇文章《“伏剑”与“欧刀”——东周秦汉“隐戮”行刑方式的演变》就重点考据了东周秦汉“隐戮”行刑方式的演变。[⑤]刘庆《汉代赐死之法考论》一文的亮点则在于重点论述了贾谊与汉代赐死之法的联系。他认为贾生主张赐死刑对于汉代君臣关系产生了重大影响，是我国思想史上的一件大事。[⑥]陈玺发表《唐代赐死制度之演进与适用》一文则弥补了唐代赐死制度的研究空

---

① 瞿同祖：《中国法律与中国社会》，中华书局2005年版，第222页。

② 具体可参考彭卫：《论汉代的自杀现象》，《中国史研究》1995年第4期、刘蓉：《论西汉的自杀现象》，《晋阳学刊》2005年第1期、张忠炜：《汉代特权群体因罪自杀问题再研究——从唐〈狱官令〉的一条令文谈起》，《文史》2009年第3期等，本文不再多述。

③ 参见许仲毅：《赐死制度考论》，《学术月刊》2003年第7期。

④ 参加宋杰：《汉代的秘密处决与政治暗杀——“隐诛”》，《史学月刊》2013年第7期。

⑤ 参加宋杰：《“伏剑”与“欧刀”——东周秦汉“隐戮”行刑方式的演变》，《中国史研究》2013年第2期。

⑥ 参见刘庆：《汉代赐死之法考论》，《江西社会科学》2015年第8期。

白，并且其行文方式与此前宋杰、刘庆对汉代赐死之研究大为不同。陈文同样依靠传统史料，但却主要从法学的角度研究唐代赐死制度。他分别对唐代赐死刑之程序规则、实质规则、涉案罪名、制度特征等进行了详细考证，比较清晰地复原了唐代赐死刑之面貌，认为唐代赐死刑之演进与适用与唐代斩、绞刑大为不同，它深受君主权威与政治斗争等因素影响，往往与法律规定出入很大。①

二、身体刑研究

中国古代的刑罚通常被称为“五刑”，具体又可以划分为奴隶制五刑和封建制五刑。无论是前者还是后者，身体刑都在其中占据了十分重要的位置。在前者，身体刑的比例高达 80%，后者也有 40%。这 70 年的中国刑罚史对身体刑也有不少研究成果。

（一）墨刑研究

墨刑，又称黥刑。70 年来，学术界对于墨刑的研究成果比较少。傅昌泽《黥刑散考》是较早比较系统对于黥刑进行研究的成果。该文对于黥刑的历史演变、惩治对象、刻刺部位、起始年代等作了一系列考证。特别是作者根据《尚书·吕刑》《史记·五帝本纪》等资料，认为黥刑首创于蚩尤，黄帝是从蚩尤处学得黥刑，而非大禹向三苗学得。②何家弘则认为墨刑有助于识别罪犯身份，还对当今罪犯管理有着借鉴意义。③翟芳则通过对《二年律令》中有关黥刑的记载，对黥刑的适用罪名、适用对象、适用方式作了归纳和总结。④

① 参见陈玺：《唐代赐死制度之演进与适用》，《华东政法大学学报》2015 年第 4 期。

② 参见傅昌泽：《黥刑散考》，《青海民族学院学报》（社会科学版）1990 年第 3 期。

③ 参见何家弘：《对墨刑的一点新认识》，《法学杂志》1986 年第 2 期。

④ 参加翟芳：《从〈二年律令〉看黥刑在汉初的运用》，《史学月刊》2010 年第 6 期。

（二）刖刑研究

70 年来，学术界有关刖刑的研究以 20 世纪 80 年代最为突出。这些研究成果不但参考了大量文献，还紧密结合当时的考古学成果，较之于单纯依靠传世文献研究更有说服力。20 世纪 90 年代至今，学术界对于刖刑的研究成果则比较少。在这些研究中国中，麦天骥《中国古代刖刑初探》一文对中国古代的刖刑的演进作了较为系统的梳理，这一梳理并不止于汉文帝废除肉刑，还包括此后古人关于恢复肉刑的一系列争论。而其他一些成果则注重对于刖刑具体问题的考证。[①]胡留元、冯卓慧在《西周刖刑》一文中对于髌、剕、膑、趾、止等 11 种名称从字形、字音、字义三个方面进行考证，认为这些都是刖刑的别称。[②]高潮、史幼华《刖刑名实考》一文也认为刖刑、剕刑实为相同的刑罚，只是行刑的过程中，轻罪者去趾，重罪者去全足。[③]付先荣《从三峡地区出土的古尸看我国古代的刖刑》一文则根据考古发现中一具清代受过刖刑的尸骨，推断出刖刑在清代也曾偶尔使用，并且作者推断其受刑原因很可能是死者子孙参与反清斗争有关。[④]

（三）宫刑研究

宫刑是旧五刑中的一种，70 年来学术界对于宫刑的研究成果颇多。首先，是对女子宫刑问题的研究。女子宫刑在史书上被称为“幽闭”，但其具体内容则不得而知。由于史书记载十分隐晦，后人只能根据古籍的只言片语进行推测。这些年有关女子宫刑的研究基本认为幽闭有两种可能。或是幽禁于宫中，或为敲击女子腹部使其丧失生育能力。有些学者的成果提

① 参见麦天骥：《中国古代刖刑初探》，《法学评论》1985 年第 2 期。

② 参见胡留元、冯卓慧：《西周刖刑》，《西北政法学院学报》1984 年第 1 期。

③ 参见高潮、史幼华：《刖刑名实考》，《现代法学》1985 年第 2 期。

④ 参见付先荣：《从三峡地区出土的古尸看我国古代的刖刑》，《湖北三峡学院学报》1999 年第 6 期。

出了一些不同的观点。比如，艾永明、钱长源的《宫刑论二题》一文认为幽闭解释为囚禁于宫中最早见于汉人著作中，因此他们推断自汉代以后女子宫刑就逐渐演变为自由刑。①其次，是对宫刑名称的研究。根据张艳国《宫刑及其本名小考》一文的考证，中国古代宫刑共有 9 种称谓，分别为椓、宫、淫刑、阴刑、肉刑、腐刑、下蚕室、隐宫或隐、极刑等。②还有一些研究对于宫刑的废除提出了一些新观点。对于宫刑的废除时间，学界一直有争议，但一般认为最晚至隋唐宫刑已经被废除。但是，有些学者对此提出不同的看法。魏道明《清代的宫刑》一文则对清代宫刑作了研究，提出清代乾隆年间曾制定专门条例对杀一家三人以上致人绝嗣、谋反大逆、反逆律条定问拟凌迟的罪犯实施宫刑。同时，作者通过大量证据证明了这一条例的确曾被严格实施。③

（四）笞刑和杖刑研究

在这 70 年的中国刑罚史研究中，专门研究笞刑的学术成果非常少。就现有成果来看，也只是停留在对古代笞刑演变的大致梳理上。其中，张保来《“笞刑”考》一文对于中国古代各朝以及中华民国时期的笞刑作了较为简要的概述；④黄晓明《笞刑论考》一文则着重探讨笞刑在中国古代社会适用的特点和演变规律。⑤

在杖刑研究方面，这 70 年来的研究成果比较多，并且集中在对唐、宋两朝杖刑的研究上。在唐代杖刑的研究方面，戴建国在《唐代刑罚体系的演变》一文中对唐代杖刑的变化、作为徒流附加刑的杖刑等级和重杖及

① 参见艾永明、钱长源：《宫刑论二题》，《苏州大学学报》1991 年第 2 期。

② 参见张艳国：《宫刑及其本名小考》，《江汉论坛》1986 年第 1 期。

③ 参见魏道明：《清代的宫刑》，《青海社会科学》2011 年第 4 期。

④ 参加张保来：《“笞刑”考》，《天中学刊》1997 年第 1 期。

⑤ 参见黄晓明：《笞刑论考》，《安徽大学学报》（哲学社会科学版）1997 年第 2 期。

其行刑方式等问题作了详尽地考证。这一研究不仅依靠唐律中关于唐代杖刑的规定，还大量使用唐令、唐格法规，并结合当时的司法实践，使得唐代杖刑的面貌和演变进一步清晰。①

在宋代杖刑的研究方面，以折杖法研究最为突出。这些年的宋代折杖法研究主要有以下亮点。第一，关于宋代折杖法属于代用刑还是附加刑的问题上，薛梅卿在《北宋建隆“折杖法”辨析》一文中分别从《宋刑统》原文、《宋刑统》详定的有关条款以及其他史籍中的记载对于建隆折杖法的属性进行了考证，认为建隆折杖法属于代用刑而非附加刑。②第二，在关于宋代大观更定笞法和政和递减法与建隆折杖法之间的关系上，薛梅卿在前文中认为这两次“变法”与建隆折杖法的内容和性质都不吻合，不应混淆。而魏殿金在则提出了不同的意见，认为大观更定笞法与政和递减法都是建隆折杖法的修正法。③双方争议的焦点在于政和递减法对折杖法的修改仅在于折杖数目的修改，而对于折杖时的臀杖、脊杖以及笞、杖、徒刑折杖后是否释放等并没有作出规定。薛梅卿据此认为这次立法缺乏上述规定，就与建隆折杖法大相径庭。而魏殿金认为这只是省略，并不代表宋朝立法者否认了上述规定，并且《中兴小纪》《名公书判清明集》等文献的相关案例的记载，佐证了这一论点。第三，折杖法对宋代刑罚制度的影响。折杖法打乱了宋代原有的五刑二十等体系，使得宋代刑罚体系变得比较混乱。一些学者针对折杖法对宋代刑罚制度的影响作了研究。吕志兴则认为宋代折杖法造成

① 参见戴建国：《唐代刑罚体系的演变——以杖刑为中心的考察》，《史学集刊》2010 年第 4 期。

② 参见薛梅卿：《北宋建隆“折杖法”辨析》，《中国政法大学学报》1983 年第 1 期。

③ 参见魏殿金：《宋代“折杖法”考辨——兼与薛梅卿先生商榷》，《南京大学法律评论》2003 年春季号。

了刑罚体系的混乱，形成刑罚重刑化的局面。为了解决这一问题，宋代又规定和创设了配刑和编管刑。该文对这两种刑罚的适用作了详细分析。①魏殿金则重点关注了折杖法的公布与实施事实上造成《宋刑统》部分律文失效这一问题，作者对其中比较重要的 8 条法律作了详细分析。②

三、自由刑研究

中国古代的自由刑历史十分悠久。其中，徒刑和流刑是中国古代最重要的两种自由刑。特别是古代的徒刑制度，至今仍在我国的刑罚制度中留有深刻的历史烙印。这 70 年对于中国古代自由刑的研究重点对这两种自由刑作了探研。

（一）徒刑研究

徒刑是中国刑罚史上的一种重要刑罚，在传统五刑中居于中间位置。特别是古代徒刑与今天我国刑罚体系中的徒刑有许多类似之处，这就使得对于中国刑罚史上的徒刑研究更有现实意义。70 年来，学术界对于中国刑罚史上的徒刑研究十分重视，不但有大量的高水平研究成果问世，学术争鸣也十分激烈。其中，绝大部分成果都是对先秦、秦汉时期的徒刑进行研究，尤其以“隶臣妾”问题的研究最为热门。

1975 年云梦秦简出土后，披露了不少有关“隶臣妾”问题的新资料，受到学术界的极大重视。因此，20 世纪 80 年代至 90 年代初是“隶臣妾”问题研究最为兴盛的时期，仅《法学研究》杂志在这一时期便刊登了 8 篇专门研究“隶臣妾”问题的学术论文，这在 70 年的法律史研究中堪称空前绝后。这一系列探索与争鸣主要对“隶臣妾”身份的考证、“隶臣妾”

① 参见吕志兴：《〈折杖法〉对宋代刑罚重刑化的影响》，《现代法学》2007 年第 5 期。

② 参加魏殿金：《折杖法与唐宋量刑制度的变化》，《齐鲁学刊》2012 年第 6 期。

与秦代刑罚之间的关系、历史研究方法论等问题进行了深入研究。既有对刑罚制度本身的探究，也有对该刑罚与当时法制之间的关系的探究，甚至一些成果还涉及了对学术研究方法论的思考等。这些研究涉及了刑罚、法律体系、哲学等方面，研究深度可谓层层递进。从研究方法上来说，这一系列研究既用到了传统史学研究的考证方法，又充分结合当时考古发现的最新成果，也就是“二重证据法”，还运用了法学研究的方法。这种研究深度与广度在整个中国刑罚史研究中是比较罕见的。①

值得一提的是，随着 2013 年《岳麓书院藏秦简（叁）》的公布，又披露了一些关于“隶臣妾”问题的新资料。根据这些公开发表的有关“隶臣妾”的成果还不算多，比较成熟的有朱德贵《岳麓秦简所见“隶臣妾”问题新证》一文。作者根据岳麓秦简中“隶臣更”“隶臣哀”“隶臣毋智”分别有自由经商和自由行动权利的记载，认为“隶臣妾”为刑徒说不能成立。同时，作者认为“隶臣妾”应分为两种，一种是依附于官府名下的“隶臣妾”，一种为依附于私人名下的“隶臣妾”。②该文通过引用新资料，解决了不少前人悬而未决的疑惑，极大地推动了“隶臣妾”问题的研究。

除了“隶臣妾”身份认定问题，这 70 年来学界还就秦代徒刑的刑期问题进行了研究。长期以来，学术界主流观点都认为秦的徒刑是有期徒刑。然而随着云梦秦简等新资料的发现，有些学者在研究“隶臣妾”问题时，顺带提出了“秦徒刑无期论”的观点，比如高恒所著《秦律中“隶臣妾”问题的探讨》就是如此。其主要依据是秦简中大量记载了徒刑的内容，却没有关于刑期的记载③。此后，学术界就这一问题也展开了争鸣。

① 关于 20 世纪八九十年代至 21 世纪初“隶臣妾”问题争鸣的具体情况，李力所著《“隶臣妾”身份再研究》一书之第二章“‘隶臣妾’身份问题的研究回顾及其评述”已经作了非常详尽的介绍与评析，本节不再赘述。参见李力：《“隶臣妾”身份再研究》，中国法制出版社 2007 年版，第 134—217 页。

② 参见朱德贵：《岳麓秦简所见“隶臣妾”问题新证》，《社会科学》2016 年第 1 期。

③ 参见高恒：《秦律中“隶臣妾”问题的探讨》，《文物》1977 年第 7 期。

有些学者支持“无期论”，例如栗劲、霍存福的《试论秦的徒刑是无期徒刑》一文支持无期论的观点，并且认为有期徒刑起自汉文帝十三年的改制。[①]不过，有些学者如黄展岳、刘海年、高敏、李力则支持“有期论”，并且就其中个别刑罚刑期年限问题产生了一些争鸣，不过差异并不大，都在一到两年左右。[②]到目前为止，关于秦徒刑的刑期问题，“有期论”应当说稍占上风。然而，“有期论”者的研究依然停留在能够力证“有期论”成立的层面，对于秦“有期徒刑”的具体规定恐怕还需等待新资料的发现来解决。

以上是这 70 年徒刑史研究中比较热门的领域。从研究成果的数量上看，这 70 年徒刑史研究的重心无疑是在先秦、秦汉时期，而且特别注意对“隶臣妾”“徒刑刑期”等具体问题的探讨。然而，这 70 年学术界对于秦汉之后各朝的徒刑史研究较之先秦、秦汉时期显得过于寂寥，只有《论魏晋南北朝的刑徒》[③]等少数几篇文章有所论述。其实，就徒刑的适用来看，徒刑在秦汉之后长达两千年的时间里，一直是我国刑罚体系中的重要一环。特别是隋唐五刑二十等刑罚体系日渐成熟后，徒刑更是居于中间地位的刑罚。这时，整个国家法制较之秦汉时期更为进步，隋唐之后的徒刑从一定意义上讲更为接近当代刑罚体系中的徒刑。可以说，秦汉之后的徒刑研究无论就研究资料的储备上还是对当代法治问题的借鉴上，要比秦汉时期大得多，这在今后的徒刑史研究中应当得到重视。

---

① 参加栗劲、霍存福：《试论秦的徒刑是无期徒刑——兼论汉初有期徒刑的改革》，《中国政法大学学报》1984 年第 3 期。

② 相关文章参见黄展岳：《云梦秦律简论》，《考古学报》1980 年第 1 期；刘海年：《秦律刑罚考析》，《云梦秦简研究》，中华书局 1981 年版，第 186—189 页；高敏：《云梦秦简初探》(增订本)，河南人民出版社 1981 年版，第 96—99 页；李力：《秦徒刑刑期辨证》，《史学月刊》1985 年第 3 期；王敏典：《秦代徒刑刑期辨》，《深圳大学学报》(社科版) 1992 年第 1 期。

③ 刘汉东：《论魏晋南北朝的刑徒》，《中国史研究》1993 年第 3 期。

（二）流刑研究

流刑长期是中国传统法律中仅次于死刑的刑罚。70 年以来，学术界对于流刑的研究也十分重视。流刑不同于其他刑罚，它需要犯人远涉千里去服刑，刑罚内容十分复杂。各个朝代的政治、经济、文化、法律、疆域互有差异，这导致各个朝代流刑的内容也不尽相同，流刑史的研究也自然更注重断代史方面。这 70 年来流刑史研究的覆盖面比较大，上自魏晋，下讫明清，都有专门的研究成果问世。

在魏晋南北朝时期的流刑研究方面，成果并不算多。其中，薛菁的《论北朝的流刑制度》值得关注。该文分析了北朝流刑制度形成的原因和特点。作者特别指出北朝重视流刑的重要原因是补充边境兵源以应对频繁的战争局面，并且正因为此，北朝的流刑的量刑并不规范，而是取决于国家战争形势的需要。①

唐代的流刑种类繁多，而且对后世产生了重要的影响。因此，唐代是学界这 70 年来流刑研究所关注的重点。齐涛《论唐代流刑制度》②、刘启贵《我国唐朝流放制度初探》③等成果都对于唐朝流刑的类型、适用罪名、特点以及实施等情况都作了比较系统的论述。其中，前者提出唐代流刑名重实轻，多用于政治斗争中；后者在论述唐代流刑的目的时，强调了唐代边境军事力量相较于北朝时期兵源更为充裕，无需大规模派遣囚犯戍边，其流刑目的更在于惩治犯罪。不过，此后也有一些学者对上述成果的一些观点提出商榷。例如郝黎在《唐代流刑新辨》一文中通过对于以往关于唐代流刑唐代流刑是否先决杖、再枷锁传递、名重实轻、多用于政治斗争等

① 参见薛菁：《论北朝的流刑制度》，《福建师范大学学报》（哲学社会科学版）2004 年第 4 期。

② 齐涛：《论唐代流刑制度》，《人文杂志》1990 年第 3 期。

③ 刘启贵：《我国唐朝流放制度初探》，《青海社会科学》1998 年第 1 期。

一系列观点提出了质疑。由于作者从史籍中搜集了不少相关案例资料，其论证颇具说服力。①

加役流是唐代流刑中的一大特色，也是唐太宗“慎刑”思想的重要体现。不过，学界对于唐代加役流的研究成果却不是很多。其中，王立民在《唐律新探》中对于唐代加役流制度作了系统介绍，包括加役流的产生、内容、适用的犯罪、对后世的影响等。②长流也是唐代的一种重要流刑，陈玺在《唐代长流刑之演进与适用》一文中对其创制、内容、程序、实施状况及后世影响等问题都作了系统论述，填补了这一领域的学术空白。③

除了对于唐代流刑及其相关问题的考证，有些学者还从更广阔视野角度对于唐代流刑进行研究。张春海就是如此。他在《试论唐代流刑与国家政策、社会分层之关系》一文中关注到了唐代流刑的实施，并且分析了流刑政策与国家兴衰之间的关系。作者通过对史料中唐代流刑实施的记载，探索出唐代流刑政策基本上是将文化知识较低的穷困底层人民多流放至西北地区，而文化知识较高的上层官员、贵族则多被流放至岭南地区。并且指出，这一政策促进了南方地区文化的传播与发展。同时，却使得西北地区缺乏大量知识分子，从而导致西北地区在五代、宋辽之际无法对正在崛起的少数民族政权以文化、军事上的有效抵抗，间接造成宋代积弱的局面。④此外，张春海还对高丽王朝在移植唐律时根据自己国家的特点对唐代流刑的变通进行了深入研究。作者特别指出，高丽对于唐代流刑的变通是

① 参见郝黎：《唐代流刑新辨》，《厦门大学学报》（哲学社会科学版）2004年第3期。

② 参见王立民：《唐律新探》（第5版），北京大学出版社2016年版，第147—151页。

③ 参见陈玺：《唐代长流刑之演进与适用》，《华东政法大学学报》2013年第3期。

④ 参见张春海：《试论唐代流刑与国家政策、社会分层之关系》，《复旦学报》（社会科学版）2008年第2期。

出于两国地理环境、国家政策、社会结构、身份制度等一系列差异而形成的。[①]唐代法制对于周边国家产生了重要影响早已成为学界共识，但是近来关于这方面具体研究的文章却并不算多。这篇文章不但为研究唐代法制的影响又添一瓦，还有助于帮助人们从高丽王朝的视角来加深对于唐代流刑的认识，具有较大的学术价值。

宋代流刑制度较之唐代有了很大变化。北宋初年，宋太祖颁布了折杖法，宋代原有的刑罚体系被打乱。"作为五刑本刑的流罪，被折杖法替代后，就地配役，已失去了流徙的性质，仅成为量刑的一种依据。"[②]尽管流刑在宋代"名存实亡"，但是为了平衡混乱的刑罚体系，宋代政府又相继出台了一系列刑罚来重构刑罚体系，如刺配、编管等。这些刑罚与传统流刑有着很大程度上的相似性，一直受到学术界的重视。在刺配刑研究中，郭东旭曾对刺配刑种最重的"刺配沙门岛"进行了较为系统的论述，包括该刑罚的内容与实施状况等。特别是作者对于沙门岛恶劣的服刑环境和北宋政府为解决沙门岛囚犯大量死亡而采取的措施进行了详细的介绍。[③]在关于宋代流刑与刺配刑的关系问题上，学术界产生了一些争鸣。李文凯在《北宋加役流新探》一文中认为刺配刑其实渊源于加役流。[④]戴建国则对此表示质疑，他认为配和流不同，前者会被具体实施，而后者仅仅是法律上的名称。[⑤]宋代加役流与唐代加役流名同而实不同，宋代采用的是折杖代替部分刑罚，并根据犯罪情节附加配隶等刑罚来惩治犯罪。戴建国此文通过

---

① 参见张春海：《论高丽王朝对唐代流刑的变通》，《南京农业大学学报》（社会科学版）2008 年第 1 期。

② 戴建国：《宋代法制初探》，黑龙江人民出版社 2000 年版，第 142 页。

③ 参见郭东旭：《"刺配沙门岛"刍议》，《河北大学学报》1987 年第 3 期。

④ 参见李文凯：《北宋加役流新探》，《中国史研究》2001 年第 1 期。

⑤ 戴建国：《宋代加役流刑辨析》，《中国史研究》2003 年第 3 期。

引用大量文献资料，十分清晰地论述了宋代折杖法、流刑、刺配等刑罚的具体面貌，既有理论分析，也有大量案例作为支撑，十分具有说服力。此外，宋代的编管刑与流刑也十分类似，也涉及犯人迁徙的内容。关于编管刑，郭东旭在《宋代编管法》一文中对宋代编管法的适用范围、编管人的解送、编管人的管理制度等问题作了详细论述。①

元朝是少数民族建立的政权，其统治者汉化程度较低，刑罚体系较为混乱，且保留了很多蒙古传统习惯法的色彩。长期以来，人们对于元代流刑的认识大多停留在《元史·刑法志》的简单记载上，并不了解其具体面貌。这 70 年中，学界也有一些学者对元代的流刑进行了研究，使人们对于元代法制又有了一些新的认识。冯修青的《元代的流放刑》较早对于元代流刑进行了系统研究，包括其刑罚的内容、对流放地的考证、流刑实施等情况。特别值得注意的是，作者关注到了元代的出军刑，他认为元代的出军与流放在开始时是分立的两种减死一等的刑罚，后来出军则并入流刑。②吴艳红在《元代出军的两个问题》一文中也持这一论点，并且她以至元八年（1271 年）和《经世大典》的颁行为两个节点，将元代流刑分为传统流刑以折杖法替代、传统流刑废而不用、传统流刑被新流行取代三个阶段。③不过，有学者则对于“出军并入流刑”的观点提出反对意见，认为元代的流渊源于出军刑。④曾代伟《蒙元流刑考辨》一文则运用实证分析的研究方法，对元代流刑的适用对象和流放地点作了更为详细的分析和考证，

① 参见郭东旭：《宋代编管法》，《河北大学学报》1992 年第 3 期。

② 参见冯修青：《元代的流放刑》，《内蒙古大学学报》（哲学社会科学版）1991 年第 4 期。

③ 参见吴艳红：《元代出军的两个问题》，《中国史研究》1999 年第 3 期。

④ 参见武波：《元代刑法体系中的出军制度探析》，《山西师大学报》（社会科学版）2006 年第 2 期。

认为元代流刑的实施与法律规定仍存在较大差异。①

明清时期的流刑较之唐宋又有了一些新的变化，学界针对明清时期的流刑也有一些专门研究的成果问世。吴艳红在《明代流刑考》一文中对于明代的充军和口外为民等刑罚作了较为详细的论述。作者特别指出传统的流刑在明初已经名存实亡，《大明律》中的流罪大多以徒役和赎免的方式执行，而以往流刑所承担的惩罚犯罪的任务，则主要由充军刑来完成。②在清代流刑研究中，王云红的《清代流放刑罚概说》一文对于清代流刑进行了全面、细致的论述，特别是着重介绍了清代迁徙、充军、发遣等刑罚，包括它们的法律规定、实施情况等。③

四、财产刑和资格刑研究

在中国古代的五刑体系里，并不包含财产刑和资格刑。但是，这并不意味着中国古代就没有财产刑和资格刑。相反，这两种刑罚在中国古代历史悠久，有些甚至沿用至清末。不过，这 70 年的中国刑罚史对于这两种刑罚的研究同此前的刑罚相比，成果数量显得比较少，主要在以下几方面取得了一些进展。

（一）罚金与赎刑研究

罚金刑在我国历史十分悠久，但由于史料比较匮乏，对罚金刑特别是中古以前时代的罚金刑了解得并不多。70 年来，一些学者在这一领域作了不少贡献。其中，有些学者重点考察了古代的罚金刑。例如，高叶青通过对汉代史籍特别是《二年律令》中有关罚金刑的记载，对于汉代罚金刑作

① 参见曾代伟：《蒙元流刑考辨》，《内蒙古社会科学》（汉文版）2004 年第 5 期。

② 参见吴艳红：《明代流刑考》，《历史研究》2000 年第 6 期。

③ 参见王云红：《清代流放刑罚概说》，载高铭暄、赵秉志主编：《刑罚论丛》第 14 卷，法律出版社 2008 年版。

了较为详细的论述。她认为汉代罚金刑自半两至二斤分为七个等级，其适用对象既包括百姓也包括各级官吏，其适用罪名既包括一般刑事犯罪，也包括政治、经济甚至教育方面的犯罪。①针对沈家本提出的“宋无罚金之刑”②观点，高叶青也撰文表示质疑。她通过对各种史记记载的分析，认为宋代罚金刑的数额从 6 斤至 100 斤，适用于渎职、擅权、欺诈等罪名。同时，她又对宋代“罚铜”罪作了研究，认为这是广泛意义上的罚金罪，共有 18 个等级，适用于七大类型的犯罪。③有些学者则对近代罚金刑在我国的确立作了深入研究。高汉成在《罚金刑在近代刑法中的确立》一文中回顾了 1907 年《大清刑律草案》中将罚金刑列为主刑的过程。其中，他重点考察了立法过程中争论最为激烈的“主刑、单位和等差、易刑、罪行相当、罚金与赔偿金的关系”④等五个问题。还有学者就中西罚金刑的起源进行了比较，认为罚金刑在中西方各自刑罚史上地位有天壤之别，西高而中低，并分析这是由于中西古代商品经济发展程度不同以及由此决定的个人权利意识、国家刑罚观不同造成的。⑤

赎刑是这 70 年来中国刑罚史研究成果颇多的一个研究领域。其中，秦汉、宋两个时期的赎刑研究方面取得了较大的成绩。在秦汉赎刑研究中，由于《云梦秦简》《张家山汉简》等文献中提供了不少有价值的资料，使得这些年来的秦汉赎刑研究较之以往有了很大的进步。关于秦汉“赎

① 参见高叶青：《汉代的罚金和赎刑——〈二年律令〉研读札记》，《南都学坛》（人文社会科学报）2004 年第 6 期。

② 沈家本：《历代刑法考》，中华书局 1985 年版，第 328 页。

③ 参见高叶青：《“宋无罚金之刑”质疑》，《陕西师范大学学报》（哲学社会科学版）2008 年第 5 期。

④ 高汉成：《罚金刑在近代刑法中的确立——以 1907 年大清刑律草案的相关规定为视点》，《政法论坛》2007 年第 4 期。

⑤ 参见邵维国：《中西方社会罚金刑起源比较研究》，《大连海事大学学报》（社会科学版）2005 年第 2 期。

刑”的性质问题。有学者认为，秦汉赎刑不是独立的刑罚，①还有人指出它是一种替代刑。②有学者则对这种看法提出不同意见。张建国在《论西汉初期的赎》中一文认为赎刑兼具替代刑和独立刑的特征。③朱红林的观点与之类似，他在《竹简秦汉律中的“赎罪”与“赎刑”》在一文中认为秦汉赎刑兼具规定刑和和替换刑的性质。并且他对秦汉律中的“赎罪”和“赎刑”之间的关系作了分析，认为秦汉律中的“赎刑”是“赎罪”的组成部分，而汉律的“赎罪”较之秦律规定的更为全面、具体。④曹旅宁在《张家山汉律赎刑考辨》一文中则利用《二年律令》释文中的新资料详细考证了秦汉赎刑的法律规定、适用罪名、适用对象等。⑤

在宋代赎刑研究方面，戴建国《宋代赎刑研究述略》一文对于宋代赎刑的适用对象和适用范围作了详细论述。作者认为，在适用对象方面，宋代赎刑既适用于贵族官僚，也适用于平民百姓；在适用范围方面，宋代原则上除五流外都可以适用赎刑。此外，作者还对宋代的罚金、赎刑物品以及其他规定作了详细论述。⑥腾健、万川对于两宋赎刑制度的演变作了论述，特别是根据《庆元条法事类》考察了南宋赎刑的具体面貌，弥补了此前研究的不足。⑦赵旭研究的亮点则在于宋代在司法实践中对待北方少数民

① 参见张铭新：《〈秦律〉中的经济制裁——兼谈秦的赎刑》，《武汉大学学报》（社会科学版）1982 年第 4 期。

② 参见明辉：《中国古代赎刑的制度与文化思考——兼与富谷至先生商榷》，《华东政法大学学报》2010 年第 2 期。

③ 参见张建国：《论西汉初期的赎》，《政法论坛》2002 年第 5 期。

④ 参见朱红林：《竹简秦汉律中的“赎罪”与“赎刑”》，《史学月刊》2007 年第 5 期。

⑤ 参见曹旅宁：《张家山汉律赎刑考辨》，《华南师范大学学报》（社会科学版）2006 年第 1 期。

⑥ 参见戴建国：《宋代赎刑研究述略》，《法学研究》1994 年第 1 期。

⑦ 参见腾健、万川：《宋朝法定赎刑制度的演变及其特点》，《中国人民公安大学学报》（社会科学版）2009 年第 2 期。

族中的犯罪分子滥用赎刑和对待南方少数民族中的犯罪分子采用汉法的做法，并认为这与宋代长期受到北方少数民族政权军事压迫，惧怕引起战端有着密切的关系。①

还有一些成果尽管在考证方面着墨不多，却注意到了古代赎刑制度中有一些内容值得今天我国法治社会所借鉴。比如在《赎刑的废除与理性回归》②《古代中原地区与少数民族地区的赎刑制度探析》③等成果就主张将古代赎刑制度中的理念和措施与现代法治结合，从而更好地解决诸如死刑控制、弱势群体犯罪等棘手的司法问题。

（二）禁锢与除免研究

禁锢刑开始于春秋战国时期，盛行于两汉，该刑罚由于东汉“党锢之祸”而闻名于后世。然而 70 年来，学界对于禁锢刑的研究成果并不算多。《汉代“禁锢”说略》④《略论秦汉时期的禁锢》⑤等成果中对于秦汉时期禁锢的法律规定、适用对象和罪名、执行情况作了论述。在《略论两汉时期的禁锢》一文中，吕红梅又提出了禁锢刑自春秋至东汉范围不断扩大的观点，由只坐本人到牵连旁系亲属、门生故吏等。⑥《魏晋南北朝政府对官员的禁锢惩治》一文的亮点则在于运用实证分析的方法对正史中魏晋南北朝时期禁锢案件作了详细梳理并且列有表格，包括涉案官员姓名、禁锢时间、解禁方式和原因、史料出处等。此外，作者还对“终身禁锢”“有期禁锢”等问题作了论述。通过这些分析，作者揭示出魏晋南北朝时期的禁

① 参见赵旭：《宋代赎刑制度考述》，《辽宁大学学报》（社会科学版）2008 年第 1 期。

② 张兆凯：《赎刑的废除与理性回归》，《北方法学》2008 年第 6 期。

③ 刘蕊：《古代中原地区与少数民族地区的赎刑制度探析》，《北方法学》2016 年第 4 期。

④ 陈松青：《汉代“禁锢”说略》，《历史教学》2003 年第 12 期。

⑤ 吕红梅：《略论秦汉时期的禁锢》，《求索》2006 年第 9 期。

⑥ 参见吕红梅：《略论两汉时期的禁锢》，《首都师范大学学报》（社科版）2006 年第 6 期。

锢刑的三大特点：较少用于皇族、刑罚残酷、刑期不定。①

除免是我国古代资格刑的一种，又称为“除名”“免官”“免所居官”等。除免在我国古代各朝都有大量施行，是十分常见的一种专门处罚官员的刑罚。但是 70 年来，学界关于除免刑的研究成果并不算多，主要是对魏晋南北朝和隋唐两个时期的除免制度作了深入研究。在魏晋南北朝时期的除免刑研究方面，夏志刚在《北朝除名制度管窥》一文中，他对正史中关于北朝除名犯罪的案例作了梳理与分析，指出北朝除名刑主要适用于侵犯皇权、职务犯罪、军事犯罪、连坐、妨害社会管理秩序五类犯罪，但在司法实践中，具有一定随意性。②在隋唐时期的除免刑研究方面，《隋朝除名制度探析》③《唐代官员除名制度探析》④《唐律“除免比徒”性质考》⑤等论文对于隋唐时期除免刑的法律规定、适用对象与罪名、实施情况作了概述。值得注意的是，有学者对于魏晋南北朝时期和隋唐时期的除免刑作了比较研究，取得了不错的效果。顾江龙的《两晋南北朝与隋唐官僚特权之比较——从赃罪、除免官当的视角》就是如此。他先是对南朝和北朝赃罪、除免刑作了比较研究，认为在立法上北朝较南朝更为宽松，但在司法实践中，北朝却比南朝更为严格。通过论证分析，作者认为北朝士族更多是追求通过法律来维护自身权益，这是一条良性轨道，并为此后隋唐所继承，为官僚政治的理性发展作出了贡献。⑥

---

① 参见付开镜：《魏晋南北朝政府对官员的禁锢惩治》，《克拉玛依学刊》2014 年第 1 期。

② 参见夏志刚：《北朝除名制度管窥》，《贵州社会科学》2007 年第 8 期。

③ 孔祥军、李传成：《隋朝除名制度探析》，《大庆师范学院学报》2010 年第 2 期。

④ 王伟歌、张剑光：《唐代官员除名制度探析》，《江苏技术师范学院学报》2010 年第 5 期。

⑤ 胡谦：《唐律“除免比徒”性质考》，《广西社会科学》2003 年第 8 期。

⑥ 参见顾江龙：《两晋南北朝与隋唐官僚特权之比较——从赃罪、除免官当的视角》，《史学月刊》2007 年第 12 期。

与除免相类似的有不齿刑。沈家本《历代刑法考》云："不齿者，终身屏弃，不复见录。此虽无禁锢之名而即禁锢，勿令仕。"①但是，长期以来学界对其研究却很少，只有吴平在《略论我国历史上的资格刑》②、高绍先《中国刑法史精要》③等论著中有简单的论述。赵天宝的《中国古代"不齿"刑考论》，详细论述了不齿刑制度，弥补了这一领域的空白。作者首先在二十五史和《资治通鉴》中搜集了31件适用不齿刑的案例和29件有关不齿刑的奏疏、诏令，肯定了不齿刑的存在。其次，作者还区分了不齿刑和传统的禁锢刑，认为它们在产生时间、立法形式、刑期上有着较大区别。最后，作者对不齿刑的适用对象、刑期内容等作了详细论述。④

第二节 刑罚的裁量、执行、消灭及相关问题研究

中国刑罚史研究不仅包括对中国古代刑罚种类的研究，还包括对刑罚裁量、执行、消灭的研究。前者关注的重点在立法环节，后者关注的重点在司法环节。同时，刑罚的程序、思想的等相关问题也对刑罚制度的演变产生了重要影响，值得学界关注。70年来，中国刑罚史研究在以上这些领域都取得了一些成就。

一、刑罚的裁量研究

在刑罚的裁量研究中，有关累犯和自首的成果最值得关注。这些成果

① 沈家本：《历代刑法考》，中华书局1985年版，第491—492页。

② 吴平：《略论我国历史上的资格刑》，《甘肃政法学院学报》1996年第1期。

③ 高绍先：《中国刑法史精要》，法律出版社2001年版，第424页。

④ 参见赵天宝：《中国古代"不齿"刑考论》，《政法论坛》2016年第5期。

的数量不多，但是意义却很大。

（一）累犯研究

累犯是现代刑法学概念，关于中国古代是否存在累犯的法律规定学术界长期存在争议。70 年来，有一些学者对中国刑罚史上的累犯问题作了一些研究，这些研究绝大部分以唐律中的相关规定为研究对象。其中，有些学者认为唐律中有累犯的规定。支持这一观点的有邹涛、朱作鑫等人。邹涛在《唐律中的“累犯”》一文中认为唐律中的再犯就是现代刑法学中累犯的前身，并且对此作了较为详细的考证。[①]朱作鑫《论〈唐律疏议〉中的累犯制度》则对《唐律疏议》中累犯的种类、构成要件、处罚原则、对后世的影响等作了详细论述。[②]有些学者则对中国古代存在累犯制度表示质疑。刘志坚《唐律累犯质疑》一文认为，唐律中“诸盗经断后三犯”的规定是持肯定唐律累犯制度者的重要依据，但唐律也有“诸本条别有制，与例不同者，依本条”的规定，因此这只是对更犯（再犯）的特殊规定，不能将之强行套上现代累犯的概念。并且，作者还认为如果这样理解，就会使得累犯加重处刑的规定自相矛盾。[③]

（二）自首研究

自首制度在我国有着悠久的历史并且沿用至今，已有学者指出我国、日本、韩国现行刑法中的自首制度，均滥觞于我国古代的自首制度。[④]就目前现存的史料来看，有关我国古代和近代自首制度的资料可谓浩如烟海。然而，这 70 年来学界对于自首制度的研究却有些不温不火。在已公开发表的成果中，以唐律自首制度为主题的论文最多。例如《唐律自首制度初探》[⑤]

---

① 参见邹涛：《唐律中的“累犯”》，《社会科学》1985 年第 4 期。

② 参见朱作鑫：《论〈唐律疏议〉中的累犯制度》，《西安文理学院学报》（社会科学版）2005 年第 1 期。

③ 参见刘志坚：《唐律累犯质疑》，《政治与法律》1987 年第 3 期。

④ 参见林山田：《刑法通论》下册，北京大学出版社 2012 年版，第 340 页。

⑤ 明廷强、张玉珍：《唐律自首制度初探》，《齐鲁学刊》1990 年第 5 期。

《论〈唐律疏议〉中的自首制度》[①]《〈唐律疏议〉自首制度立法探析》[②]《试析唐律自首制度》[③]等都是这类成果。这些成果的特点是几乎都对《唐律疏议》有关自首制度的规定作了论述，有些甚至还探讨了这一立法的原因及其相关的法理问题。在其余研究自首制度的文章当中，学者的关注点非常零散。有些学者从整体上对我国历史上的自首制度进行论述，如《中国古代自首制度简论》[④]；有些学者则关注到了其他朝代的自首制度，如《秦汉简牍"自告"、"自出"再辨析》[⑤]《从"阿云之狱"看宋代刑法中的自首制度》[⑥]《清代律例中的犯罪自首问题》[⑦]等。遗憾的是，这些成果对于自首制度实施情况的研究还有些不足，特别是缺乏案例研究，很大程度上影响了研究深度。

不过，在最近的一些研究成果当中，已经有一些学者注意到了这一问题。赵旭对于唐宋律中"自首者，原其罪"的规定作了研究。他通过对唐宋时期相关案例的分析，认为唐宋时期在适用该条款时并非僵化，而是非常灵活的。[⑧]而谢晶则充分利用了清宫档案资料，对其中大量的司法实践材料作了深入研究。作者认为，清代对于自首罪犯的惩罚较之当时各国更为

① 陆江宁、陆超楠：《论〈唐律疏议〉中的自首制度》，《辽宁警专学报》2007 年第 2 期。

② 李中和：《〈唐律疏议〉自首制度立法探析——以上官兴醉酒杀人自首案为例》，《新疆大学学报》（哲学社会科学版）2010 年第 5 期。

③ 文哲：《试析唐律自首制度》，《时代法学》2016 年第 2 期。

④ 安斌、韩俊雯：《中国古代自首制度简论》，《中国人民公安大学学报》2004 年第 4 期。

⑤ 万荣：《秦汉简牍"自告"、"自出"再辨析——兼论"自诣"、"自首"》，《江汉论坛》2013 年第 8 期。

⑥ 苗苗、赵晓耕：《从"阿云之狱"看宋代刑法中的自首制度》，《河南省政法管理干部学院学报》2005 年第 3 期。

⑦ 罗平：《清代律例中的犯罪自首问题》，《法学杂志》1987 年第 6 期。

⑧ 参见赵旭：《"自首者，原其罪"之诠释及其刑事司法的实践》，《辽宁大学学报》2010 年第 1 期。

宽容，并且指出清代自首制度在许多地方看似“不合逻辑”，却非常符合中国人特有的价值观，认为这是一种超越并高于逻辑的独特法律理性，值得今天深思借鉴。①

二、刑罚的执行与消灭研究

刑罚的执行与消灭内容十分丰富，然而这些年关于这一领域的刑罚史成果却非常少，而且从整体看，研究深度也有待加强。不过，在减刑、假释、赦免等问题上，还是有一些成果值得关注。

（一）减刑与假释研究

关于刑罚史上的减刑问题研究，这些年的成果很少。鲁家亮通过对张家山汉简的考证，认为“爵位”“年龄”“女性”“自告”（“自出”）这四个因素对“减刑”均有影响。②清末法制改革以后，例如“假释”等西方近代法制被引入中国。关于这一问题，这些年也有研究成果问世。王素芬对于假释制度在近代中国的建立和发展作了详细论述，包括清末立法时礼教派反对建立假释制度的三种意见及法理派的与之的论战、清末假释制度与当时各国假释制度之比较、近代假释制度的司法实践等。通过对近代假释制度的考察，认为这一制度与中国民众传统以报复惩戒为主的刑罚观背道而驰，在司法实践上难度较大，应当慎重考虑。③而柳岳武则重点对南京国

① 参见谢晶：《逻辑之外的“理”——古今比较下的清代“盗贼自首”研究》，《现代法学》2015 年第 6 期。

② 参见鲁家亮：《张家山汉简〈具律〉中所见影响“减刑”的几个因素》，《社会科学》2008 年第 3 期。

③ 参见王素芬：《教育刑理念的彰显与背离：近代中国假释制度考论》，《法制与社会发展》2007 年第 6 期。

民政府的假释制度作了考证，包括其立法过程、大力推行假释的原因分析、司法实践等。通过分析，认为南京国民政府的假释制度对改善中国民众的以报复惩戒为主的刑罚观以及推动中国法制近代化上有着积极作用。但是，在具体司法实践上，南京国民政府的假释制度却存在着推行不力、监督不够、弄虚作假等问题。①

（二）赦免研究

赦免制度在中国已经有数千年的历史，从上古沿用至今。古代典籍如《通典》《文献通考》等和清末、民国时期的沈家本撰《历代刑法考》、徐式圭撰《中国大赦考》等著作都对中国古代的赦免制度作了一定研究，民国时期的法学期刊也刊载了一些赦免制度的论著。特别是徐式圭的《中国大赦考》，更是近代以来第一部研究中国古代赦免制度的学术专著。不过，由于受到时代局限的影响，这些论著在资料收集、写作方式、认识程度等方面还有不少有待提高之处，这就为改革开放以后的赦免制度研究留下了较大发挥空间。

改革开放后的较长一段时间内，我国的法制百废待兴，部门法研究更多是集中在其他更为“实用”的领域。再加上改革开放之初我国实行“严打”政策，赦免问题更是与当时的社会环境不相符合。因此，赦免问题研究并不是当时法学研究的热点，只有一些法律史研究者偶尔关注一下古代赦免制度问题。吴刚的《中国古代赦宥制度的历史考察》《中国古代非赦思想述评》两篇文章是 20 世纪 80 年代末、90 年代初研究古代赦免制度和思想问题的代表作。前文对中国古代赦免制度作了一个系统梳理，并认为始于先秦，定制于汉，盛于宋，衰于清。②后文则重在对中国古代“非赦”思想的探究，认为古代支持非赦的人，并不是反对所有的赦宥，而只是反对滥用赦免。③

① 参见柳岳武：《南京国民政府假释制度考论（1927—1937）》，《史学月刊》2009 年第 5 期。

② 参见吴刚：《中国古代赦宥制度的历史考察》，《中南政法学院学报》1988 年第 3 期。

③ 参见吴刚：《中国古代非赦思想述评》，《中南政法学院学报》1991 年第 2 期。

90 年代中期以后，关于古代赦免制度的研究重心转向断代史领域，其中有不少研究使我们对于古代赦免问题有了新的认识。比如，对于古代的赦书，通常理解为颁布赦免命令的司法文书。然而，有学者对唐代赦书文本作了研究，认为赦书在武则天执政年间有所不同，它开始变为一种独立公文形式。①有学者则指出唐代的赦免文书的功能较之以往的王朝有所增加。因为赦免文书中含有不少的禁令，和赦免的本意相差甚远，其原因应当与当时的政治环境日渐复杂、社会矛盾逐渐突出有关，此举是为了维护朝廷运转②。又如，以往对于宋代频繁赦宥总持批评意见，但是有学者却提出了不同看法，对宋代的大赦进行肯定，认为宋代尽管社会矛盾突出，农民起义事件频发，但并没有对国家政权造成重大影响，其中频繁赦免发挥了很大的作用。③

还有学者关注到了清末民初对于女性犯罪者进行宽宥处理的问题，作者通过查阅大量档案资料，认为当时的判决对妇女用刑较轻，如果不犯十恶等重大罪名，往往会被赦免。④这一研究关注到女性这一特殊群体，无疑拓宽了赦免研究的视野，也对当代赦免制度构建有着较大的启示。此外，一些学者考察了古代赦免制度与死刑之间的关系，对此制度在促进司法公平方面意义很大。⑤

三、其他相关问题研究

这些年的中国刑罚史研究，不但对刑罚制度史进行了探究，还对与刑

---

① 参见［韩］禹成旼：《试论唐代赦文的变化及其意义》，《北京理工大学学报》（社会科学版）2004 年第 3 期。

② 参见魏斌：《唐代赦书内容的扩展与大赦职能的变化》，《历史研究》2006 年第 4 期。

③ 参见范立舟、蒋启俊：《两宋赦免制度新探》，《暨南学报》（人文社会科学版）2005 年第 1 期。

④ 参见艾晶：《包容与赦宥：清末民初对女性犯罪的宽宥研究》（1901—1919），《史林》2009 年第 1 期。

⑤ 参见胡兴东：《赦宥在中国古代死刑适用中的作用》，《现代法学》2008 年第 5 期。

罚制度史相关的问题进行了深入研究。其中，有关死刑复核的研究、刑罚思想文化的研究成果十分丰硕，而且研究也比较深入。

(一) 死刑复核研究

中国传统法律的痕迹在当代中国法律中难觅踪影，死刑复核是为数不多依然保留着比较浓厚传统色彩的法律制度。同古代死刑的执行相比，古代死刑复核制度对当代法治建设的借鉴意义要大得多。因此，死刑复核成为这 70 年来中国死刑史研究的重要领域。不过，改革开放后的很长一段时间内，学术界对古代死刑复核研究关注度不高，比较成熟的成果只有陈光中的《中国古代的上诉、复审和复核制度》①和肖胜喜的《略论我国古代死刑复核制度》②。前者对于中国古代的死刑核准、死刑复奏制度作了详细论述，并肯定我国社会主义的死刑复核制度与古代死刑复奏制度之间的渊源关系。后者也对于中国古代死刑复核制度的历史沿革作了比较详细的论述，认为隋唐以前确有死刑复核制度，但具体产生之年代已不可考。同时，作者还指出恤刑慎罚和封建土地所有制分别为古代死刑复核制度产生之思想与经济基础。在此后的十多年里，法律史学界的死刑复核研究便归于沉寂，难觅公开发表的学术论文。

直到 2002 年，王立民发表《中国古代的死刑复核制度及其思想基础》一文，古代死刑复核问题才又引起法史学人的重视，研究成果慢慢多了起来。这篇文章认为古代死刑复核曾作为一种措施在汉朝局部实行，作为一种制度则在南北朝时期已经确立，到唐朝则趋于完备并为后世王朝所沿用。作者还通过与其他古代东方国家法律的比较研究，对中国古代的死刑复核制度给予很高的评价。③此后，研究古代死刑复核制度的文章逐渐变

① 陈光中：《中国古代的上诉、复审和复核制度》，《法学评论》1983 年第 Z1 期。

② 肖胜喜：《略论我国古代死刑复核制度》，《法学研究》1988 年第 6 期。

③ 参见王立民：《中国古代的死刑复核制度及其思想基础》，《政治与法律》2002 年第 6 期。

多，既有从整体上研究古代死刑复核之作，也有具体研究秋审等问题的成果。比较成熟的有《清朝死刑复核制度：秋审》[1]《中国古代死刑复核制度的特点及其借鉴》[2]《中国古代死刑复核程序的四个特点》[3]《中国古代死刑复核制度的考察与借鉴》[4]《中国古代死刑复奏制度的流变及其现代价值》[5]等，这些文章分别从不同的角度对古代死刑复核制度的利弊作了分析，其研究也越来越明显地看出古今借鉴的目的。

（二）刑罚思想研究

70 年来，对死刑的思想、文化史研究成果是学界关注的重点。其中，集中体现在对沈家本、毛泽东死刑思想的研究上。在沈家本研究中，王耀虎分别从主张废除凌迟等残酷死刑执行方式、将一些罪名最高刑由死刑降到徒流、主张死刑唯一说等方面对沈家本的死刑思想作了阐述。[6]李鼎楚将沈家本死刑思想归纳为“死刑存废论”“死刑人道论”“死刑威力论”“死刑唯一论”四个方面[7]。李交发则将沈家本的废除死刑思想总结为“二期废除论”或“二步废除论”，先“减省死刑”再“废除死刑”，并认为这对当代中国考虑废除死刑问题有着很大的借鉴价值[8]。

---

① 王勇：《清朝死刑复核制度：秋审》，《人民法院报》2003 年 5 月 19 日。

② 周国均、巩富文：《中国古代死刑复核制度的特点及其借鉴》，《中国法学》2005 年第 1 期。

③ 周国均：《中国古代死刑复核程序的四个特点》，《检察日报》2005 年 1 月 14 日。

④ 陈高峰：《中国古代死刑复核制度的考察与借鉴》，《内蒙古农业大学学报》（社科版）2007 年第 5 期。

⑤ 张明敏：《中国古代死刑复奏制度的流变及其现代价值》，《中国刑事法杂志》2008 年第 2 期。

⑥ 参见王耀虎：《沈家本对清代死刑的改革及其法理》，《山西省政法干部管理学院学报》2000 年第 2 期。

⑦ 参见李鼎楚：《略论沈家本死刑思想》，《求索》2005 年第 3 期。

⑧ 参见李交发：《简论沈家本的废除死刑观》，《现代法学》2005 年第 1 期。

在毛泽东死刑思想研究中，赵秉志《毛泽东死刑思想研究》一文将毛泽东死刑思想归纳为“杀人要少，但绝不废除死刑”，“必须坚持少杀，严禁乱杀”。“判处死刑一般经过群众，并使民主人士与闻”，“提出死刑缓期执行制度”四个方面，并指出要坚持其“少杀、慎杀”的死刑思想。①同时，作者还以此为理论根据，呼吁当时的最高人民法院收回死刑核准权。此外，还有一些成果如《论毛泽东对马列主义死刑理论创造性的发展》②《坚持以毛泽东人民民主专政死刑观指导死刑立法与司法》③《毛泽东的死刑思想》④等都对毛泽东死刑思想作了一定研究，其对毛泽东死刑思想的归纳基本一致。这些成果都将毛泽东死刑思想作为理论依据，对当时死刑中存在的一些问题提出了改革建议。

除了对死刑思想研究，学界还对其他刑罚思想问题作了一些探讨。不过同前者比较，这些研究显得较为分散，成果数量也不是特别多。先秦至汉初是我国古代思想史上的黄金时期，中国传统的刑罚思想也多在这一时期走向成熟。因此，先秦至汉初诸子的刑罚思想自然成为学界所关注的重点，尤其是对孔子、商鞅、董仲舒等人刑罚思想的研究。比较重要的成果有《从出土文献看孔子的刑罚思想》⑤《孔子关于刑罚基础的基本思想试析》⑥《论商鞅法律思想之刑罚目的》⑦《荀子刑罚思想的初步研究》⑧《先秦儒法刑罚思

① 参见赵秉志：《毛泽东死刑思想研究》，《法学家》2001 年第 4 期。

② 康润森：《论毛泽东对马列主义死刑理论创造性的发展》，《政法论坛》1991 年第 6 期。

③ 王名湖：《坚持以毛泽东人民民主专政死刑观指导死刑立法与司法》，《法学评论》1994 年第 1 期。

④ 高格：《毛泽东的死刑思想》，《法律科学》1995 年第 6 期。

⑤ 陈桐生：《从出土文献看孔子的刑罚思想》，《郑州大学学报》（哲学社会科学版）2008 年第 2 期。

⑥ 陈晓枫：《孔子关于刑罚基础的基本思想试析》，《中南政法学院学报》1987 年第 2 期。

⑦ 喻名峰、曹兴华：《论商鞅法律思想之刑罚目的》，《时代法学》2007 年第 3 期。

⑧ 徐进：《荀子刑罚思想的初步研究》，《政法论丛》1987 年第 2 期。

想比较》[①]《儒家反酷刑的理论与实践》[②]《略论董仲舒的刑罚思想》[③]《董仲舒思想中刑罚与思想教化的关系》[④]等。这些文章或从整体上对一些古代先哲的刑罚思想作了梳理，或对传统的观点提出了一些质疑，也显示出了百家争鸣的色彩。特别是一些文章能够结合出土文献进行研究，拓展了这一学术研究领域的视野，产生了比较好的效果。

"刑罚世轻世重"是我国古代重要的刑罚思想，它诞生于先秦时期，却对此后中国历代王朝的刑事政策产生了重要影响。有些学者认为，古代和当代许多人对"刑罚世轻世重"思想的认识尚不够明晰，于是对这一思想作了考证和辨析。周密的《"刑罚世轻世重"析》[⑤]和钱大群的《"刑罚世轻世重"说考》[⑥]就是如此。随着改革开放初期"严打"政策的实施以及学界对于"严打"政策的争鸣，关于"刑罚世轻世重"的争鸣也较为激烈。不少人对这一思想进行批判，认为它并不符合现代法治精神。不过，有人对此持不同意见。比如，陈兴良就支持刑罚世轻世重的原则，认为它符合司法规律。[⑦]有些学者则更为明确地指出古代"刑罚世轻世重"对当代法治社会建设的借鉴意义，例如《我国古代宽严相济刑罚思想研究》[⑧]《论刑罚"世轻世重"的历史意义和现实意义》[⑨]等成果就是如此。

---

① 张翅：《先秦儒法刑罚思想比较》，《法学杂志》2008 年第 5 期。

② 俞荣根：《儒家反酷刑的理论与实践》，《现代法学》2001 年第 5 期。

③ 章权才：《略论董仲舒刑罚思想》，《学术论坛》1985 年第 9 期。

④ 李春宏、康喆清：《董仲舒思想中刑罚与思想教化的关系》，《武汉理工大学学报》（社会科学版）2015 年第 5 期。

⑤ 周密：《"刑罚世轻世重"析》，《中国法学》1984 年第 4 期。

⑥ 钱大群：《"刑罚世轻世重"说考》，《南京大学学报》（哲社科版）1985 年第 3 期。

⑦ 陈兴良：《"刑罚世轻世重"是符合司法规律的用刑之道》，《中国司法》2008 年第 7 期。

⑧ 夏淑云：《我国古代宽严相济刑罚思想研究》，《中国监狱学刊》2009 年第 2 期。

⑨ 王巧玲、杨平、董章兰：《论刑罚"世轻世重"的历史意义和现实意义》，《山东医科大学学报》（社会科学版）1996 年第 3 期。

在文化研究方面，直到 2000 年以后才有比较成熟的论文发表，且主要讨论的更多是死刑存废问题。李交发《死刑存废之法律文化透视》属于比较早期的研究成果。这篇文章认为西方国家最终废除死刑主要是源于西方有着保障人权的法律文化传统，而中国重视使用死刑是源于中国强调重刑主义的法律文化传统。①徐忠明则对古代中国死刑的起源、死刑的演进、死刑的思想作了一个梳理。作者认为，战争、献祭和复仇构成早期中国死刑的主要渊源，作者通过对死刑种类、适用范围的一系列中西对比，认为中国古代死刑与近代以前西方死刑相比残酷性要低于西方；在死刑思想方面，作者认为中国古代与近代都罕见专论死刑思想的资料，只是根据零星的记载初步认为儒家思想不会同意废除死刑。②此外，法国学者杰罗姆·布尔贡通过对唐玄宗于公元 747 年发布的有关“废除死刑”的敕令研究，肯定中国在废除死刑史上的贡献，认为中国人最早提出了由国家废除残酷刑罚思想和主张。③

第三节　中国刑罚史研究之评析

通过这 70 年来中国刑罚史研究重点内容的全面梳理，较为清晰地展现了这 70 年来中国刑罚史研究的具体面貌。在此，有必要对于这 70 年来中国刑罚史研究进行深入评析，以总结其成败得失的经验与教训。

---

① 参见李交发：《死刑存废之法律文化透视》，《法学评论》2004 年第 6 期。

② 参见徐忠明：《古典中国的死刑：一个文化史与思想史的考察》，《中外法学》2006 年第 3 期。

③ 参见［法］杰罗姆·布尔贡：《中国古代废除死刑论的得与失》，李滨译，《环球法律评论》2014 年第 6 期。

一、研究特点之评析

这些年来的中国刑罚史研究取得非常大的成就，有着非常鲜明的特点，主要是以下这些。

（一）研究成果更多

这 70 年来的中国刑罚史研究成绩喜人，特别是改革开放以来更是成果丰硕。改革开放前的中国法学研究长期处于沉寂状态，学术成果不多。根据杨一凡、赵九燕编著《百年中国法律史学论文著作目录》一书所收录的成果统计，新中国成立后至改革开放的 30 年中，公开发表的中国法律史论文数量不到 80 篇。其中，中国刑罚史的研究成果则更少，不足 10 篇。改革开放以后，中国刑罚史的研究进入飞速发展的时期。仅 1979 年一年就发表了至少 12 篇中国刑罚史成果，一年便超过了此前几十年的中国刑罚史论文数量。根据不完全统计，改革开放以来，公开发表的中国刑罚史论文在 700 篇以上。其中，80 年代发表论文 164 篇，90 年代发表论文 133 篇，21 世纪前 10 年发表论文 373 篇。①从论文数量来看，这 3 个 10 年显然呈 V 字曲线。而 21 世纪前 10 年的论文数量，就超过了此前 20 年内的论文数量。令人难以理解的是，20 世纪 90 年代是整个中国法学研究蒸蒸日上之时，但是中国刑罚史的论文数量却呈现下滑的趋势。

中国刑罚史的成果发表呈现出上述趋势也有一定的原因。在 20 世纪 80 年代，中国法制建设正面临着百废待兴的局面。当时，我国的部门法数量非常少，基础很薄弱。而法律史学科却在研究资料、研究人员方面较其

① 该数据主要是从杨一凡、赵九燕编：《百年中国法律史论文著作目录》，社会科学文献出版社 2014 年版中整理而得。

他学科有着较大的优势。在此前几十年的中国法律史研究中，研究者多数从整体来研究中国法律史，还未来得及对中国历史上的刑罚制度作深入研究。改革开放以后，法律史学者便敏锐地发现了中国刑罚史这一块资源丰富，看来比较容易“挖掘”的宝藏。恰逢睡虎地秦简等新出土资料的发现，又为学术研究带来极大的便利。因此，20 世纪 80 年代中国刑罚史的研究有了一个飞速的发展。进入 90 年代以后，其他部门法研究迅速发展，中国刑罚史研究却进入了一个好摘的桃子几乎被摘完，需要攻坚克难的阶段，这 10 年中国刑罚史论文数量下降便不足为奇。1999 年以后大学扩招，法学院校规模也越来越大，学术刊物的数量也明显增加。特别是随着这时“中国法制史”被定为法学必修课程，法律史的教师、硕士生、博士生的人数也越来越多，这就意味着中国刑罚史的研究基础较此前大大加强。这 10 年间，法律史硕士生、博士生发表的中国刑罚史论文数量很多，逐渐成为中国刑罚史研究中的重要力量，这在 20 世纪八九十年代的中国刑罚史研究是很少见到的。更值得一提的是，进入 21 世纪以后，许多部门法的学者进入中国刑罚史这一研究领域，发表了不少有价值的成果。因此，中国刑罚史才能够在 21 世纪前 10 年的研究中取得这么多的成果。

（二）研究范围更广

改革开放以前，中国刑罚史研究成果数量很少。在仅有的一些成果之中，多是从总体上评价中国古代的刑罚制度，研究面很窄。而这 30 多年的中国刑罚史研究却并不是这样。既有通史类的中国刑罚史研究成果，也有断代史类中国刑罚史研究成果，还有专题类中国刑罚史研究成果。这其中，断代史类和通史类的研究成果最为丰富，大大拓宽了这些年中国刑罚史的研究面。在断代类成果中，夏、商、西周、春秋战国、秦、汉、魏、晋、南北朝、隋、唐、宋、五代、元、明、清、中华民国等中国历史上的各个时期，以及新中国成立以来，都有研究成果问世。在这宽广的研究面上，研究又主次分明。在中国古代刑罚制度发展的重要时期，如先秦、秦汉、隋唐、清末民初等，研究成果数量非常多。

在专题类成果的研究面也很宽，主要集中在对刑罚种类的研究上。中国古代的生命刑、身体刑，种类特别繁多，同一种刑罚在不同朝代内容变化也很大。值得欣慰的是，这些年的中国刑罚史研究对这些比较重要的刑罚都作了研究。比如，生命刑中的斩、绞、就地正法、凌迟、车裂、赐死等刑罚，身体刑中的墨刑、劓刑、刖刑、宫刑、笞刑、杖刑，自由刑中的徒刑和流刑等刑罚都有研究成果问世。中国法律史上的财产刑、资格刑在此前受到的关注并不多，这些年的学术研究则弥补了这一不足。此外，在刑罚的裁量、执行和消灭方面，也有不少成果问世。当然，这几个领域的成果数量还不够丰富，研究也有待进一步深入。尽管有许多不足，这 70 年的中国刑罚史研究不但勾勒出了中国刑罚史的基本面貌，还涵盖了西方刑法学中“刑罚论”的全部内容，这是一个了不起的成绩。

（三）研究更深入

改革开放以前，中国刑罚史也有一些研究成果。这些成果主要分为两种，一种是严格的考据类著作，一类是宏观类论文。前者多出现在晚清、民国时期。比如，沈家本的《历代刑法考》、程树德的《九朝律考》等就是这类成果。这些成果多是中国法律史的传世佳作，大量的篇幅对中国古代的刑罚制度作了论述。它们考证严谨，史料运用熟练，是中国法律史教师、学生案头必不可少的“参考书”。然而，这类作品也有其缺陷。它们基本上“只述不论”，在研究上也基本只运用了传统的考据研究法，运用的材料基本上是以传统史料为主。后者则更多的是出现在新中国成立以后的一段时间，这些作品更倾向从宏观上运用阶级史观对中国古代的刑罚制度进行批判，篇幅也比较短。从这些问题来看，改革开放前的中国刑罚史研究在深度上的确尚有太多值得深入挖掘的地方。同此前相比，改革开放以后的中国刑罚史研究更为深入。主要表现在研究方法多元、学术争鸣激励与学术规范完整上。

在研究方法上，由单一的史学考据研究向多元化发展。以前的中国刑罚史研究只注重考据，而考据所依据的材料基本是传统史料。这些年的考据研究则不然，它不但在传统史料的运用上更为丰富，对新出土文献的史料的运用更值得关注。这些年来，随着新史料，特别是出土文献的不断涌现，大大改变了人们对中国古代刑罚的认识。不少学者使用“二重证据法”——出土文献与传世文献相结合的方式来进行学术研究。出土文献多为秦汉以前的史料，而这些时代的传统史料非常匮乏，出土文献的不断发现无疑对这 70 年的中国刑罚史的研究助力甚大。新资料的出现，使得中国刑罚史上许多悬而未决的谜团或得到了比较好的解决，其研究又向前推进了许多。比如睡虎地秦简的重现天日，就大大推动了中国刑罚史的研究，使得人们对于秦代刑罚有了比较清晰的认识。不仅如此，这些年的中国刑罚史研究还大量运用法学研究法，这使得对于中国刑罚史的认识逐渐从单一的史实思考深入背后的法理思考。这种研究方法是此前的中国刑罚史研究所不能运用的，不少研究者通过对中国历史上刑罚制度的分析，得出了对当代中国法治社会建设的启示，这就为中国刑罚史的研究注入了很强的实践性色彩。

在学术争鸣上，这些年的中国刑罚史争鸣非常激烈。学术争鸣是学术研究的动力所在。其争鸣的对象不但包括当代学者，也包括近代乃至古代学者的既有结论。关于车裂、凌迟、弃市、杖刑等刑罚的研究都体现了这一点。特别是关于“隶臣妾”问题的一系列争鸣，能够在《法学研究》这样的平台上进行，成为中国法制史学史上的一段佳话。而如此激烈的学术争鸣，在此前的中国刑罚史研究中是不曾有过的。在学术规范上，这些年的研究也远超于此前几十年。随着社会经济和科技的飞速发展，中国学术研究也越来越与世界接轨，中国刑罚史研究成果的学术规范性也越来越严谨。仅从论文的篇幅来讲，越靠近现在，论文的篇幅相对越长，几乎都在万字以上，研究所运用的资料也越来越丰富。而改革开放前的中国刑罚史论文，很少有篇幅达到如此长度的。尽管论文的质量不应全部以篇幅来衡量，但是相对而言，篇幅长一些，史料充分一些，会使得研究更具有说服力。

以上这些都是自改革开放以来中国刑罚史研究越来越深入、成熟的表现。能够取得如此深入的研究成果，也有一定的原因。从研究的社会环境看来，改革开放以后的中国社会稳定，全力进行经济建设，这种良好的研究环境是中国历史上任何时期所不具备的，学者得以安心进行学术研究。研究的物质基础来看，改革开放后的中国经济、科技飞速发展，研究者进行研究所需的物质基础也越来越好，资料收集、检索的工具也越来越先进。新的研究方法得以运用，与此不无关系。此外，改革开放以来的 40 年是中国法治建设发展最为迅速的一个阶段，法学教育也迅速发展。越来越多的人加入中国刑罚史研究队伍中来，促进了学术争鸣，也就直接推动了中国刑罚史的研究。

（四）评价更客观

以往的研究对于中国刑罚史更多的是负面评价。这 70 年来的中国刑罚史研究在一定程度上改变了人们对中国刑罚史的认识。以中国死刑史研究为例。近代以来，中国古代死刑被西方冠之以“残酷”“血腥”的称谓，被视为“野蛮”“不开化”的象征。然而，通过这 70 年来的死刑史研究，人们对于中国古代死刑问题有了更为正确、深刻的认识。

这种认识大致可以分为两层。一方面，一些研究成果揭开了许多残酷死刑的真实面貌，并非如此前人们认为的那样血腥残酷，有些甚至是子虚乌有。比如，一些学者认为车裂刑应是用刀具对罪犯尸体的肢解，而不是直接将活人“车裂”；又如有些研究则表明朱元璋并没有对贪官“剥皮实草”等。另一方面，一些学者将对古代死刑的研究由中国推向世界，与当时世界各国的死刑对比。前文所提王立民、徐忠明、杰罗姆·布尔贡等学者就将中国古代死刑与古代东方国家与古代西方国家作了对比。通过他们的研究可以发现，中国的古代的死刑制度，其文明与先进程度要远高于同时期古代东方国家与西方国家，只是到近代以后才逐渐落后于西方的近代法制。此外，通过这些年的中国刑罚史研究，对中国刑罚史研究价值的认识也更为客观。

鸦片战争以后，中国在上海开启了法制现代化的历程。[①]此后的中国传统法制逐渐瓦解，直至完全被现代法制所替代，大多数人事实上对中国古代刑罚制度持“无用”的态度。但是，通过这些年的学术研究，人们逐渐认识到中国古代的刑罚制度不但具有学术价值，还对当代社会的法治建设有着非常重大的实践价值。比如，杨鸿雁、范依畴等人就主张借鉴中国传统刑罚制度中的耻辱刑，来解决当代法治难以攻克的法治顽疾。[②]70 年来，类似的成果还有很多，不胜枚举。这些对中国古代刑罚真实面貌的还原，为中国刑罚史的研究增添了不少活力，大大增加了中国刑罚史的研究动力，意义非凡。

二、研究主体之评析

70 年来，中国刑罚史研究培养了一支庞大的研究团队，成果的取得离不开这支团队的贡献。当然，这支团队有缺陷。在此，有必要对研究主体进行深入分析，以促进未来的研究。

（一）规模逐渐壮大

70 年来，中国刑罚史研究队伍由弱小逐渐走向强大。从研究人数来

① 参见王立民：《中国租界法制初探》，法律出版社 2016 年版，第 3 页。

② 参见杨鸿雁：《中国古代耻辱刑考略》，《法学研究》2005 年第 1 期；范依畴：《羞辱性刑罚：传统价值及其现代复兴》，《政法论坛》2016 年第 2 期。

看，这 70 年来发表过中国刑罚史为研究主题论文的作者已达到一百人以上。毫不夸张地说，当代中国法律史研究队伍中的绝大部分著名学者都有这一领域的研究成果。这其中，又有一批学者属于高产作者。比如张晋藩、高绍先、戴建国、宋杰、胡兴东等，他们在多部专著中对中国刑罚史贡献良多，许多人发表的论文都在 5 篇以上，中国刑罚史俨然成为他们学术研究的重要阵地。

从发表论文时的年龄来看，老、中、青三代学者都有研究成果问世。中老年学者是这 70 年来中国死刑史研究的主力军，发表的学术论文数量较多、影响力较大，如张晋藩、王立民、赵秉志、戴建国等。同时，一批“70 后”甚至“80 后”的青年学者也逐渐走到中国刑罚史研究的前台，如胡兴东、陈玺、娜鹤雅、张田田等青年学者在中国刑罚史研究中成绩斐然。

更值得关注的是，近年来不少刑法学、刑事诉讼法学的青年才俊开始在中国刑法史研究中崭露头角。特别是在一些法学传统强校，越来越多的部门法学博士生、硕士生开始在中国刑罚史领域耕耘，有些博士生甚至在法学核心期刊上发表学术成果。这些成果的特点非常突出，研究主题一般都能够做到较为密切地联系当代法治问题，并且在研究方法上保持其部门法研究的传统。尽管一些成果在史料的运用上暂时略显陈旧，但是他们研究中的法理思考却很有深度，这似乎很受法学期刊或是综合类期刊法学板块的青睐。在此冒昧预言，今后会有更多的部门法学者，特别是青年学者进入中国刑罚史乃至中国法律史这一学术领地。这一研究领域虽然不一定成为他们学术研究的根据地，但是以部门法学庞大的研究队伍作基础，这支研究队伍的力量依然不可忽视。

（二）结构逐渐完善

从研究成员的学科归属来看，既有历史学院系的学者，也有法学院校的学者。历史院系的学者如戴建国、宋杰、谭世保、孔学、王瑞成等人，史学功底较为扎实，主要的学术贡献在于中国死刑史的考证研究方面。法学院系的学者既有在考证研究方面用力颇深者，如张建国、胡兴东、曹旅宁等；也有在说理研究与思想文化研究方面贡献较大者，如张晋藩、王立民、徐忠明、李交发等。

殊为不易的是，在这 70 年来的中国刑罚史研究中，一批以刑法、刑事诉讼法为主要研究领域的学者也在进行中国刑罚史的研究，如陈光中、高绍先、赵秉志、周国均、陈永生等都有成果问世。他们中既有刑法学、刑诉法学等部门法的研究大家，也有长期奋战在司法实践工作第一线的司法工作人员，都对中国刑罚史这一课题的研究作出了很大的贡献。其中以赵秉志的研究最为突出，特别是他在死刑制度史、思想史领域均有建树。不仅如此，他发表的其他刑法论文，也十分重视对刑法史的梳理与分析，这在部门法学者中是比较罕见的。

此外，在国际领域，中国刑罚史这一课题越来越得到外国学者的重视，并且积极在中国的期刊上与其他学者交流。一些外国学者如法国之杰罗姆·布尔贡，日本之铃木秀光、水间大辅等也开始在中国学术期刊上发表有关中国刑罚史的学术论文。他们的视角比较独到，为这一研究注入了新鲜血液。比如他们对中国古代死刑的研究，不但肯定中国古代死刑发展史上的贡献，还扩大了中国死刑史研究和中国学术期刊的影响力。这些，都是中国学者不易办到的事情。总之，正是因为有了这样一支跨学科、多领域、老中青三代结合的庞大队伍，才使得这 70 年来的中国刑罚史研究斩获丰硕。

三、研究方法之评析

中国刑罚史抑或是中国法律史的研究方法，大致分为史学研究法和法学研究法。关于这两种研究方法，近年来学术界的争鸣很激烈。以前学界提及法律史研究方法，更倾向于中庸的兼具两者的办法。但是，近几年的学术讨论却越来越明显地走向单一化，执着于史，或执着于法。①有人将这种争鸣比之为中国古代的史学与经学之分，大有互不兼容之势。②无论是史学研究方法还是法学研究方法，任何一方都不会在法律史的研究中消亡，只有此消彼长，各领风骚。70 年来的中国刑罚史研究，也充分体现了这一点。纵观这 70 年的中国刑罚史研究方法，无论是史学法还是法学法，都可圈可点，也都存在一些问题。

（一）史学研究法

史学研究法是这 70 年来中国刑罚史研究的重要研究方法。在史学研究中，最重要的是史料，最难得的是有价值的新史料。史料的价值往往直接决定着历史研究的价值。然而，此前的中国刑罚史研究，研究者所依据的材料大多数是二十四史、“十通”传统的历史资料，有些甚至连历代笔记也很少运用。尽管前人在治学态度上十分严谨，但是史料运用的局限性还是难免影响此前中国刑罚史研究的整体质量。这 70 年来的研究成果则不然，史料的运用非常成功。既在传统史料上有所突破，大量的历代笔记、官方、私人档案开始在这些年的中国刑罚史研究中被运用。比如，李贵连就运用北大图书馆《刑部奏稿》的手稿对于清代的就地正法刑研究提出了新颖的观点。当然，这些年史料运用最引人关注的便是出土文献的运用。比如，《睡虎地秦简》《放马滩秦简》《岳麓秦简》等。当然，这些年的中国刑罚史研究在史料运用方面也存在着较大的不足。整体而言，近代

---

① 比如胡永恒（《法律史研究方法：法学化还是史学化》，《历史研究》2013 年第 1 期）与魏建国（《法律史研究进路的法学化：重申与再构——兼与胡永恒先生商榷》，《法学评论》2015 年第 6 期）的争鸣。

② 参见《中外法学》编辑部：《中国法理法史学发展评价（2012—2013）——基于期刊论文的分析》，《中外法学》2015 年第 2 期。

史料运用不如古代史料，当代史料运用不如近代史料。特别对有关新中国刑罚史研究的史料在挖掘和使用方面就存在着比较大的欠缺，值得引起后人的注意。

（二）法学研究法

70 年来，中国刑罚史在研究方法上较之以往一大改观就是法学研究法开始日渐兴盛。法学研究法所取得的成果，是运用社会科学的方法，用法学思维来理解问题，更注重背后的法理探析，聚焦的是问题意识，期待的是解决中国现实法律问题。这种看法理解起来难免有些抽象，简而言之，就是研究的问题与中国现实法治问题，特别是热点问题，最好有一个切合点。如果能找到这个切合点，用法学研究法来研究必然效果更好。当然，不是所有的法律史问题都适合运用这种手法，有些问题还是适合用史学方法来研究，如果强用法学研究法，则会陷入空谈的境地。但是必须承认，从这些年的中国刑罚史研究成果在法学界的影响力来看，法学研究法成果的影响力要明显大于史学研究法成果的影响力。

在此举一例来证明这一论断。长期以来，许多法律史研究成果并不十分关注现实法治问题，更缺乏与部门法学之间的互动。然而这些年的死刑复核史研究却不是如此。从论文发表的趋势看，这时期的死刑复核史研究与部门法研究遥相呼应。以“死刑复核”为篇名关键词在 CNKI 数据库检索，发现这 70 年来学术期刊共发表相关论文达 349 篇。其中，从 2002 年至 2008 年的短短 7 年间即发表 172 篇，约占总数的 49.2%。[①]这 7 年正是法学界关于死刑复核问题争鸣最激烈的时间段，最终以最高人民法院收回死刑复核权而告终。而总览这 70 年来的死刑复核史研究成果可以发现，2002 年至 2008 年也正是死刑复核史研究成果的高产期，这 70 年来约 80%的死刑复

① 中国知网：http：//epub.cnki.net/kns/brief/result.aspx?dbprefix=CJFQ，2016-11-30。

核史成果即诞生于此。此前或此后，死刑复核史的成果则少之又少。

从研究质量上来说，这一时期所发表的论文研究水平也很高。不仅法律史学者对此贡献良多，甚至连一些以部门法研究为主要领域的学者也开始在法学权威期刊上发表死刑复核史研究成果。比如，周国均、巩富文的《中国古代死刑复核制度的特点及其借鉴》发表于《中国法学》2005 年第 1 期，这在 70 年来的法律史研究中并不常见。王立民的《中国古代的死刑复核制度及其思想基础》在中国知网“中国法制史”期刊论文数据库的引用次数为 42 次，下载次数为 1 850 次。中国知网“中国法制史”期刊数据库共收录“中国法制史”CSSCI 论文七十 89 篇，此文的被引排名为 42，下载排名为 25。这在所有这 89 篇论文中，是中国刑法史领域研究成果被引、下载次数最高的一篇，而且受到了不少部门法学者的关注和引用，十分可贵。不过，尽管法学研究方法取得了比较大的成功。但是不得不承认，这些研究成果的数量还是太少，法理分析还可以更深入一些，特别是在最大部头的刑罚种类研究中，法学研究方法还是没有打开广阔的空间。

四、成果载体之评析

学术期刊已经成为学术研究成果展现的最重要平台，70 年来的中国刑罚史研究亦然。总览这 70 年的中国刑罚史研究，其研究成果基本上是在法学期刊、史学期刊、综合类期刊三种杂志上发表。可以说，中国刑罚史这 70 年的研究离不开学术期刊的大力支持。但是，由于法学期刊和其他期刊的办刊风格差别很大，其对所刊载的中国刑罚史研究成果的选题领域、研究方法的要求各不相同，有必要在此进行深入分析。

（一）法学期刊

在这 70 年的中国刑罚史研究中，法学期刊给予了巨大的支持。从数量上讲，法学期刊是这 70 年来发表中国刑罚史成果最多的杂志。值得关注的是，几乎所有的法学核心期刊都为中国刑罚史研究成果提供了展现平台。在《法学研究》《中国法学》《中外法学》《法学》《法学家》《政法论坛》《现代法学》《法律科学》《政治与法律》《比较法研究》《环球法律评论》《法制与社会发展》《法商研究》《法学评论》等杂志都有中国刑罚史研究成果发表。特别是《法学研究》《法学评论》《政法论坛》《现代法学》等期刊，刊载中国刑罚史论文的数量都超过 3 篇以上。上述杂志都是 CLSCI 期刊，从一定程度上代表着中国法学研究最高水平。可以肯定，这些年的中国刑罚史研究取得不错的成绩。

然而，这份成绩的取得，显得十分不易。因为中国法学的学科门类很多，二级学科不下 10 个。但是，法学学术期刊的数量却并不是特别多，核心期刊的数量更少。尽管中国法学研究的团队规模不小，人数并不少于经济、管理等其他社会学科。但是，法学核心期刊的数量要远远少于经济学、管理学等社会学科。在竞争如此激烈的法学期刊领域，中国法律史的论文刊登空间本来就不多。中国刑罚史作为中国法律史这样一个“冷门”学科中的小领域，能够这些法学核心期刊杂志上不断涌现成果，不能不说是一个奇迹。

不仅如此，最令人感到震惊的是，在所有 CLSCI 期刊中，《法学研究》成为中国刑罚史刊载成果最多的杂志。《法学研究》在中国法学界的地位不必赘言，它每年仅刊载数十篇法学论文。即便是热门的部门法，每年在《法学研究》上发表的成果也不过寥寥数篇。而中国刑罚史却在这方面独树一帜，长期在《法学研究》的版面上占据一席之地。特别是 20 世纪 80 年代，《法学研究》在数年内连续刊载将近 10 篇论文来专门研讨“隶臣妾”这样一个小问题。这不仅在中国法制史学史上绝无仅有，即便是在中国法学史上也是十分罕见的。

法学期刊在选择刊载中国刑罚史论文的选题和研究、写作方法上也有值得关注的地方。从这些年法学期刊发表中国刑罚史论文的情况来看，法学期刊更关注能够对当代法治社会建设有着借鉴意义的选题。①这种选题的文章不但更符合法学期刊的办刊要求，还容易引起其他部门法学者的关注。此外，法学期刊更提倡聚焦问题意识，运用社会科学的研究方法来进行中国法律史研究。《中国法学》和《政治与法律》就是如此。它们这些年来所发表的中国刑罚史论文不是特别多，但是影响却不小。在它们刊载为数不多的论文中，“中国古代死刑复核”这一问题的论文便得到发表的机会。比如，《法制与社会发展》是吉林大学法学院所主办，依托吉林大学法理学重点学科，该刊更注重论文的法理研究。该刊所刊载的中国刑罚史论文亦是如此。总之，法学期刊的侧重点在于法理分析，而并非史实考证。因此，其篇幅上似有追求短小精悍的趋势。这种判断也并不适用于所有的法学期刊。只能说绝大部分法学核心期刊是如此。当然也有例外，比如《法学研究》就是少数仍然刊发考证类文章的法学杂志，而且篇幅往往很大。

以上用较大的篇幅描述了法学核心期刊与这些年的中国刑罚史研究之间的关系。其实，其他法学期刊的贡献也非常大。它们不但刊载了不少学术价值很高的中国刑罚史论文，而且还承担起了培养青年人的任务。这些法学非核心期刊在选题、研究和写作方法上往往与法学核心期刊大同小

① 这里，可以参考一下《中国法学》总编辑张新宝教授的论述，作为中国法学期刊研究会的会长，他的观点一定程度上代表了现在绝大部分法学期刊对于法律史论文的要求。“有些法律史的问题是很重要的，我们发文章；但有些是不重要的，要发《中国法学》可能要困难一些。如果它有一些很强的现实指导意义或者纠正了过去的这个法律史上的某些重大结论，这样的文章我们会发表出来。所以任何一篇法律史的文章在我的判断里边都是对现实有一些极其重要参考或指导意义的，否则的话它将没有法学的学术价值。”中国人民大学法学院：http：//www.law.ruc.edu.cn/article/?47958.html，2017-02-01。

异，但门槛却低了很多。它们是中国刑罚史青年研究者成长的重要摇篮。法学核心期刊毕竟与绝大部分青年学子距离有些遥远，但是一个领域的研究要想取得持续成果，不能后继无人。最近几年，有一些刑法学、诉讼法学的博士生、硕士生已经开始在法学期刊上发表中国刑罚史论文，而法律史博士生、硕士生的成果则十分罕见，这是一个不容小视的问题。

（二）其他期刊

除了法学期刊，史学类期刊和综合类期刊对于这些年的中国刑罚史研究也贡献良多。诸如《历史研究》《中国史研究》《史学月刊》《清史研究》等史学核心期刊也发表了不少中国刑罚史研究成果。而一些社科类综合期刊、高校学报也为中国刑罚史研究提供了足够的空间。同法学、史学期刊相比，这些社科类综合期刊、高校学报也有自己的特色，它们不但刊载了许多高水平中国刑罚史成果，也成为广大青年学者展现自己学术成果的平台，为中国刑罚史研究团队的人才培养贡献良多。

纵观这些年的中国法律史研究，绝大部分研究者来自法学院校，因此该学科在法学学科内的衰落似乎更受法史学人关注。其实长期以来，中国法律史在史学界内部亦是不冷不热，[①]法律史论文在史学期刊上的版面亦不算多。然而，这些年的中国刑罚史研究却不是如此。《历史研究》《中国史研究》均是中国史学界最重要的核心期刊之一，它们在这些年分别发表了多篇中国刑罚史的研究成果。特别是《中国史研究》，作为一个季刊，每年能够面世的文章数量很少。但是在发表中国刑罚史论文的数量方面，丝毫不逊色于《法学研究》。从选题和研究方法等角度讲，史学期刊无疑更注重的是史实的考证，特别是重视对新材料的运用。与史学期刊相比，社科类综合期刊在刊登中国刑罚史论文方面也有自己的特色。由于这些杂志

① 参见胡永恒：《法律史研究的方向：法学化还是史学化》，《历史研究》2013 年第 1 期。

多由各地方的高校和科研机构主办，因此在刊登论文时，一些综合类期刊更注重该文与刊物所在地之间的联系。

尽管法学期刊近年来刊发的法史作品越来越少，但是不可否认的是，法学期刊仍然是这70年来中国刑罚史研究成果发表的最重要载体。从对一些中国刑罚史论文在“中国知网”的引用和下载数量上的数据统计看，一篇中国刑罚史论文发表在法学期刊上的引证率要明显高于其发表在史学或是综合类期刊上。特别是发表在一些法学权威、核心期刊上的中国刑罚史成果，更是如此。从论文影响力上看，发表在法学核心期刊上的成果更容易被其他法学学者关注甚至是引用，并且会激发其他部门法学者对于中国刑罚史的研究兴趣，这对改善法史论文在法学期刊上发表较为困难的现状大有帮助。当然，中国刑罚史的研究也不应该忽视史学期刊的力量。这些年来在史学期刊上面世的中国刑罚史成果绝大部分是历史院系出身的学者所撰。其实，法学院系也有不少史学功底非常扎实的学者。他们一直在用传统的史学研究方法在中国刑罚史的领域耕耘。未来的中国刑罚史研究离不开这些学者的努力，希望这些学者能够再接再厉，多在史学核心期刊上发表成果，使法学界的中国刑罚史研究得到更多史学研究者的认可。

第四节　中国刑罚史研究之展望

学术史研究最大的价值就在于总结此前研究的经验教训，探寻今后研究的道路与方向。通过对此前70年中国刑罚史研究的梳理与评析，可以发现今后的中国刑罚史研究可以在研究领域、研究方法、研究主体等方面积极求变，以取得更大的成功。

一、研究领域之展望

70 年来的中国刑罚史研究虽然取得了不少成就，但也应该看到研究仍有许多不足之处。梳理以往研究中的成败得失，未来的中国刑罚史研究，可以在以下几个方面努力开拓，争取更大的成功。

（一）加强对近代刑罚史的研究

这 70 年来的中国刑罚史尽管研究面比较宽，但仍显得过于“厚古薄今”。从这些成果所涉及的朝代以及前文所列的重点研究领域来看，这些年学界更重视对古代刑罚史的研究，对近代时期刑罚史的研究则比较少，这一特点在考据类研究成果中显得尤为突出。当然，在许多中国法制史论著中，也有不少对近代刑罚问题作了一些研究，但是这种研究往往并不是将刑罚史问题作为唯一或主要研究对象，其研究深度有待加强。

同古代刑罚史相比，近代刑罚史研究具有很多优越的条件。以死刑史的研究为例，在以往的死刑史研究中，学者热衷于对汉晋以前死刑问题进行考据，学术争鸣也很激烈。然而通过这些年的研究，上古时期有关死刑问题的传统史料几乎已被学界穷尽，许多问题或有定论，或因缺乏新出土文献佐证而停滞不前。即便是新出土材料，这一时期也主要是简牍、青铜铭文等。研究这些资料需要深厚的古文字学功底，而这恰恰是绝大部分法史学人不具备也很难在短时间内掌握的。而对中古之后的历史研究则不然。其史料数量较之此前朝代不可同日而语，特别是宋代以后的资料更是难以穷尽。即便是出土的如碑文、墓志铭等资料，其阅读也较之简牍、青铜铭文容易得多。这些都为深度研究提供了坚实基础。

此前的学者比较忽视对中古近代的刑罚史研究，今后学者不妨在这方面多下一些功夫。因为自鸦片战争以后，中国的局部地区如上海已经慢慢步入法制近代化的历程。而清末法制改革以后，这一进程则迅速加快。随着近代法制在中国的推广，中国的刑罚制度也逐渐从古代向现代看齐，变得更为文明、更为科学。在这个过程中，刑罚的形式与当代更为类似，其资料之丰富又使得研究的科学性大大增强。这就意味着，近代刑罚制度的大量经验和教训可供今天我国刑罚制度改革和完善所参考。因此，加强近代刑罚史的研究既能弥补研究不足，又易取得较好的效果。

（二）加强对新中国刑罚史的研究

70 年来，新中国刑罚史研究成果数量极少。早在 20 世纪末、21 世纪初，就有一些学者大声疾呼重视新中国法制史的研究，并对其研究的意义、可操作性以及目前研究薄弱的原因等问题作了探讨。①然而近年来，新中国法律史研究在整个中国法律史研究中仍然非常薄弱。②其实，正如意大利历史学家克罗齐所说，“一切历史都是当代史”。不重视新中国刑罚史的研究，就容易使人潜移默化地将中国古代、近代的刑罚问题与当代刑罚问题割裂开来。长此以往，许多问题就无法解释清楚，容易给今后的司法工作带来不便。中华人民共和国成立至今已经 70 年，这在时间上已经超越许多古代王朝、时代，完全可以从法律史的视角对这段时期的刑罚问题进行研究。

与其他新中国法制史的研究领域相比，新中国刑罚史研究更有着得天独厚的条件，这里是一片学术富矿。尽管 1979 年才颁布《中华人民共和

---

① 具体可参见蒲坚、俞建平：《把研究的广角镜伸向新中国法制史》，《法学研究》1988 年第 4 期；陈鹏生、王立民：《新中国法制史：21 世纪一个亟待开拓的中法史研究领域》，《法学》2001 年第 2 期；王立民：《论重视新中国法制史教学》，《上海交通大学学报》（哲学社会科学版）2002 年第 6 期等论著。

② 中国法学创新网的统计，2012—2014 年，中国法律史学科的 CLSCI 论文总数为 189 篇，而研究根据地及建国后法律史的论文仅为 7 篇。参见中国法学创新网：http：//www.lawinnovation.com/index.php/Home/So/artIndex/id/11153.html，2016-06-06。

国刑法》，但是各种刑罚自新中国成立以来一直在适用，各机关、单位保留了大量资料可供学者进行研究。这些资料相较于古代、近代的刑罚史乃至其他法律史领域的资料，在数量、完整性、专业性、阅读难度等方面有着巨大优势，却还没有得到学术界的足够重视。由于新中国刑罚史资料非常多，选题可以多样化，可大可小，还可以反映出区域法治、地方法制史等特色。同时，选题也要更多关注改革开放以后刑罚史的研究，以历史眼光研究当代刑罚问题。既可以就刑罚制度进行研究，也可以对国家的刑罚政策作历史的梳理，总结其利弊得失。这样一来，可以形成自己的研究特色，有助于推动刑罚史研究的发展。

在这一点上，许多部门法学者已经作了不少努力，法律史专业出身的学者更应该大胆涉猎新中国法制史的研究。以往涉及改革开放以后的法律问题研究，法理学、部门法学者是改革开放后法律问题的主要研究力量。其实，国内的法律史学者大多具有法学教育背景，对部门法并不陌生。最近，不少部门法学者纷纷开始尝试从“史”的角度对部门法进行研究，法律史学者也应对此作出积极互动。加强新中国刑罚史的研究是增加与部门法研究互动的良好机遇，它容易发挥法律史学者兼具法学与史学功底的优势，也更容易取得佳绩。毫不夸张地说，新中国法律史是我国法律史研究最重要宝藏之一。如果在这一领域能够有所作为，对于促进我国法治社会建设和加强法律史在整个我国法学研究中的地位而言将会起到巨大的推动作用。

（三）加强对五刑的研究

五刑是中国古代刑罚制度的重要内容，然而从研究成果数量上讲，学术界对它们研究的成果并不是特别多。特别是对笞、杖、徒、流四刑的研究，成果数量太少，有些甚至是学术空白点。传统五刑成熟于隋唐之后，可供研究的历史资料较之于先秦、秦汉、魏晋时期的刑罚制度要多得多。可是与这些朝代的刑罚制度研究相比，传统五刑的研究显得很不足。不但没有出现像“隶臣妾”这样得以在法学权威期刊上长期争鸣的成果，即便是已经发表的成果，也显得比较零散，只有少数学者如戴建国等人能够在一个领域内长期耕耘，对某一朝代的刑罚作系统研究，大部分学者则很少能形成规模。而就已有的成果来看，除了唐代、宋代在笞、杖、徒、流等刑罚的研究方面成果稍多之外，关于元、明、清三朝的刑罚研究却很不够。而这些朝代的资料较之于唐、宋显然要更多。这种状况急需改观。在明清两朝，无论是官方档案还是私人著述，特别是在这些刑罚制度实施层面的资料特别丰富。加强对这些领域的研究，有利于人们更了解中国古代刑罚的真实面貌。在此基础上，我们才能有机会总结出更多有关中国历史上刑罚制度的经验教训供后人参考。

（四）加强刑罚思想研究

70 年来，关于中国刑罚史的思想、文化研究成果并不是特别多。总体而言，呈现出“两头重、中间轻”的特点。也就是说，现有的研究成果更多的是对于先秦诸子刑罚思想与近现代著名人物刑罚思想的研究。其实，刑罚制度的变迁终究是人主导的。而有能力主导刑罚制度产生变化的人，其思想也一定有其自身的特点。以往提到法律思想史的研究，似乎就集中在先秦、秦汉时期，兼及宋、明时期的某些人物。其实，例如三国两晋南北朝时期、隋唐时期、清代前期，也有许多人对中国刑罚产生了重要作用，可惜对他们的研究还很不够。

例如隋唐为中国古代刑罚制度走向成熟时期，然而对这一时期刑罚思想的研究成果却十分少见。而清代留有浩如烟海的资料，其资料之详尽是之前所有朝代不能比拟的。特别是清代保存着大量皇家档案，直接记载帝王每日言行，既详尽又丰富，是研究帝王思想史的宝贵材料，惜乎学界对其利用还很不够。至于其他大臣、学者，甚至普通官吏的资料则更多，学界对其利用得更不够。晚清、民国以后，中国刑罚制度产生了翻天覆地的变化。对这一时期的刑罚思想研究，不应当仅局限于沈家本、毛泽东等。其实，近代历史上还有许多人对中国刑罚制度的变化产生了重要影响，可供进行思想史研究的资料也很多。研究者的视野可以更加开阔一些。近年来，近代地方档案越来越受到学界重视。其中披露了不少法律人的资料，他们虽然没有太大的名气，却对当时某个地方、某个时期的刑罚制度贡献良多。这些都可以成为今后研究所努力拓展的方向。

二、研究方法之展望

不得不承认，经过 70 年的发展，中国刑罚史许多“较容易研究的领域”已经被大量开垦，许多资料被反复运用了无数次，却很少有突破性进展。而在许多研究领域，新资料的问世又是可遇而不可求的。因此，未来的中国刑罚史研究要想有长足进步，仅靠发现新资料、填补前人空白是远远不够的，必须在研究方法上多创新，运用更为先进、科学的研究方法。特别是对于以往被学术界研究很多的领域，如果能在研究方法上有所突破，中国刑罚史研究还会再上一个新台阶。学界对中国刑罚史的研究今后需要加强对以下几种方法的运用。

（一）加强法理研究

70 年来，中国刑罚史的法理类研究成果在学术影响力方面比较成功，但在成果数量上相比于考据类研究还是显得较少，且主要集中在死刑复核史等领域内。已有学者大声疾呼，法律史研究应当坚持法学的研究方法。[①]法学研究称为法理研究似乎更妥。其实，这 70 年的中国刑罚史研究已经

① 参见魏建国：《法律史研究进路的法学化：重申与再构——兼与胡永恒先生商榷》，《法学评论》2015 年第 6 期。

表明，法理类研究更能体现中国刑罚史研究的法学特征。相对而言，这种研究更容易让中国刑罚史的研究成果在法学学术期刊上发表，或以法学成果的方式出现在综合类期刊中，继而增强其在法学界产生影响，促进整个法律史学科的成长。

对中国古代刑罚的法理研究突出的是问题意识，最好能够为当代法治社会建设提供历史借鉴。这就需要学者更多地采用法学方法研究刑罚史问题，加强其与法理学、刑法学、刑事诉讼法学等学科之间的互动。中国刑罚史，甚至是中国刑法史、中国法律史到底应当属于法学领域还是应当属于史学领域是一个长期争鸣、至今仍无定论的问题。尽管更多的人主张这是一个法学和史学的交叉学科，但是受客观条件所限，又不得不在法学和史学中选择一个侧重点。如果仅就字面、构词的角度来看，在“中国刑罚史”这个词汇当中，“刑罚”居于“史”之前，这里首先强调的是刑罚，然后才是史。换句话说，在中国刑罚史研究中，首先要解决的是法律问题。欧根·埃利希认为：“法律史不是法条史，不是法学文献学和法律教义史，而是法律制度史。”①这里的法律制度史，很大程度上是一种法理研究的法律史。

在研究方法上，要运用批判性思维来思考，必须以公正的态度来对待所研究的问题。②具体而言，一方面正如钱穆先生所说，要有一种“温情与敬意”。③要摘下中国古代刑罚是“残酷、血腥”的有色眼镜，客观评价中国历史上的刑罚制度。另一方面，也不能盲目陷入复古潮流，要深入研究中国刑罚史中不足的一面。有些研究为了突出“古为今用”，只谈历史上

① ［奥］欧根·埃利希：《法社会学原理》，舒国滢译，中国大百科全书出版社 2009 年版，第 525 页。

② 参见［美］保罗、埃尔德：《批判性思维：思维、沟通、写作、应变、解决问题的根》，乔苒、徐笑春译，新星出版社 2006 年版，第 13 页。

③ 钱穆：《国史大纲》，商务印书馆 1994 年版，第 1 页。

中有益的启示。其实，负面教训有时更能引起人们的警觉，更容易被重新认识和评估。法律史上的制度、思想被赋予当代价值后，就显得更具有现实的法理意义。[①]目前的法学界，更看重法史成果的法理意义。许多刑罚史问题在考据研究中已经斩获丰硕，却缺乏法理类研究的成果，不免有些可惜。今后，应当加强对中国刑罚史的法理研究，扩大中国刑罚史研究在法学领域的影响力。

（二）加强比较研究

70 年来，比较研究已逐渐成为中国法律史学重要的研究方法，中国刑罚史比较研究的成果数量却不多，只有在《清朝秋审与当前死刑复核程序的比较研究》《古典中国的死刑：一个文化史与思想史的考察》等少量成果中有所运用。[②]其实，中国的死刑在数千年演进历程中变化非常大，包括立法、司法审判、执行方式等，不同时期差异很明显。同时，中国死刑史与世界各国的死刑史也大不相同。这些问题不作比较研究，就很难摸索出其变化、发展的特点与规律，也就很难对当代法治问题作出贡献。当然，这里的比较是指运用社会科学研究的方法进行比较，而非传统的历史学研究比较。在比较方法的运用上，要进行多样、深入的比较，不能只作单纯的史实比较。例如，结构比较、功能比较、数量比较、原因比较、纵向比较、横向比较等。[③]由于历史比较是一种定性研究，缺乏数据支撑。[④]因此在选题时，可以尝试选择重大问题、某个特殊结果的问题、理论应用问题、重新解释

① 王申：《法律史研究中的法理意义》，《华东政法学院学报》2006 年第 1 期。

② 根据笔者在 CNKI 数据库以“比较”为篇名关键词检索，从 2000 年至 2015 年，中国法制史学科在 CSSCI 来源期刊公发表相关论文已达 58 篇。

③ 参见欧阳康、张明仓：《社会科学研究方法》，高等教育出版社 2001 年版，第 210 页。

④ 参见［美］艾尔·巴比：《社会研究方法》，李银河编译，四川人民出版社 1987 年版，第 243 页。

或挑战旧的解释的问题、增强概念化与理论的建构问题等进行研究。①

在此前的研究中，已经有人用比较研究法取得了不错的效果。法国学者杰罗姆·布尔贡在《中国古代废除死刑论的得与失》一文中，就运用横向比较的方法，得出了中国古代在认识刑罚残酷性并积极改变和废除死刑的尝试等方面要早于西欧国家的结论，并根据其对历史规律的探索对废除死刑的可能性提出质疑。这种对中国古代死刑的积极评价与传统对中国死刑史的认识大为不同，其对死刑废除研究的启示也很大，是其他研究方法很难做到的。中共十八届四中全会通过的《关于全面推进依法治国若干重大问题的决定》明确指出要"汲取中华法律文化精华"，而要想汲取中华法律文化之精华必须先对中国法律文化有一个正确的认识。这种通过比较研究的方法得出的关于中国古代死刑的新认识无疑为传统法律文化在当代更好地发挥其价值提供理论支撑，这也从一个侧面反映了比较研究对于死刑史研究的意义。

（三）加强实证研究

70 年来，中国刑罚史研究很少用到实证研究方法。以往的研究以考据类和法理类研究居多，但这两种研究都有明显的缺点。考据类基本沿用传统史学研究方法进行，注重史料筛选、辨伪与运用，其缺点在于法学色彩不浓厚；法理类研究虽然注重古今借鉴，但易有"认识浅薄""空谈"之嫌。死刑史的实证研究则不然，它兼具考据、说理之长却又避开了两者之短。一方面，在资料筛选时，实证研究需要评估和解释历史数据，首先判断真实性，如果是非常真实的，然后才去评价其意义。②这个过程并不简单，其本身就有传统考据学的色彩。另一方面，实证研究所得出的结论并

① 参见李志、潘丽霞：《社会科学研究方法导论》，重庆大学出版社 2012 年版，第 342 页。

② 参见［美］保罗·D.利迪、［美］珍妮·埃利斯、奥姆罗德：《实证研究计划与设计》，吴瑞林、史晓晨译，机械工业出版社 2015 年版，第 150 页。

不是无根空谈。运用社会科学的方法，其结论建立在一系列科学数据分析的基础上。这样的结论往往具有普遍性。①这就比一般的研究结论更有说服力和实践意义。

比如，迪尔凯姆在研究自杀问题时，就是首先将社会中的自杀现象用统计图的形式展示，反映其变化，然后再按照年龄、性别、区域、城市和农村等因素进行分类，最终比较科学地展示了当时的自杀状况，揭示了一定的规律。②事实证明，迪尔凯姆的这一方法对社会科学研究的发展产生了重大影响。近些年来，实证研究已经在中国的法学研究中被广泛运用，死刑研究中就有很多这类成果，中国刑罚史的研究不应该落伍。③事实上，迪尔凯姆《自杀论》成书于1897年，其研究主要是对1841—1872年的自杀问题，④完全可以视为当时欧洲近现代法律史研究中的一部分。

中国刑罚史上诸如法律文本、司法判例、刑罚执行等方面留有大量资料，这些都可以进行实证研究。近些年来，中国法律史古籍资料整理方面有大量的成果问世，⑤新中国成立以来的法律文献更是浩如烟海，这些资料

① 参见［德］托马斯·莱塞尔：《法社会学导论》，高旭等译，上海人民出版社2008年版，第7页。

② 参见［法］埃米尔·迪尔凯姆：《社会学方法的规则》，胡伟译，华夏出版社1999年版，第112页。

③ 根据2016年11月28日在CNKI数据库以“实证”为篇名的关键词检索，1998年至2016年，在CSSCI来源期刊发表的相关法学论文已达368篇。同样以“实证”为篇名的关键词检索，1998年至2016年，在CNKI“中国法制史”数据库的CSSCI来源期刊论文成果数量仅为4篇，没有一篇是中国刑罚史的研究成果。

④ 参见［法］埃米尔·迪尔凯姆：《自杀论》，冯韵文译，商务印书馆2005年版，第15—20页。

⑤ 仅近些年公开点校、影印出版的成果有《古代折狱要览》《清代秋审文献》《清代成案选编》《中国古代地方法律文献》《历代珍稀司法文献》《中国珍稀法律典籍集成》《历代珍稀司法文献》等。此外，全国各地档案馆、图书馆、个人还有数量更为庞大的资料未被挖掘和整理。

中保留了大量与刑罚相关的法律文本与案例。中国刑罚史研究对这些资料的运用还不充分，这就为实证研究提供了坚实的基础和较大的发展空间。未来应当加强对中国刑罚史的实证研究，力图探索中国刑罚发展变化的规律，启迪当代法治。孔德就认为，实证研究就是为了预测将来。①只有这样，才能够增强法律史研究与部门法研究之间的联系，更大地体现中国刑罚史研究的理论和实践价值。

三、研究主体之展望

通过几十年的发展，中国刑罚史研究培养了一支庞大的研究队伍，这支队伍贡献很多。但是，要想让未来的中国刑罚史研究更为繁荣，这支队伍必须进一步强化。

（一）加强青年队伍

70 年来，中国刑罚史研究形成一支老、中、青三代结合的研究队伍。在这支队伍中，老年和中年的学者成为主力军。这也不奇怪，因为中国刑罚史研究毕竟需要很深的功力，中老年学者在此优势明显。然而，一个学科的长远发展必定要有一支茁壮成长的后备力量。同其他研究领域的后备力量相比，中国刑罚史研究的青年力量稍显不足。同中老年学者相比，改革开放以后成长的青年人从小接受了比较扎实的教育，又在外语、信息技术能力、科研精力等方面有着巨大优势，他们应当在未来的中国刑罚史研究中有所作为。近年来，随着法学硕士点、博士点的增加和法学研究生的扩招，法律史硕士生、博士生的队伍越来越庞大。然而，中国刑罚史研究

---

① 参见［法］奥古斯特·孔德：《论实证精神》，黄建华译，商务印书馆 2001 年版，第 12 页。

队伍中的青年力量却并没有迅速增长。正如前文所指，中国刑罚史这一领域有着太多可以开垦的田地，它值得更多的青年人在此耕耘。希望青年人能够发挥自己的特长，在未来的中国刑罚史中取得更多的成就。

（二）加强团队合作

70 年来，中国刑罚史的研究成果很多，但是形成规模、凝成合力的成果却很少，这是一个比较突出的短板。更多的时候，是随着学者的个人学术兴趣进行。这其实无可厚非，没有兴趣的研究是不可能有太多成就的。但问题是，仅凭借学术兴趣，缺少长远、整体的规划，容易使得研究形成短板。这些年来中国刑罚史研究成果大多比较分散，使得大多数朝代的研究都不完整；或者长期在某些热门领域重复进行没有太大的进展，一定程度上造成学术资源的浪费。这不仅是中国刑罚史研究的问题，整个中国法律史研究也存在这一问题。这是我们学科与部门法学科差距较大的一个方面。

其实，这些年来也不乏在这一方面做得较好的学者。比如戴建国教授长期致力于宋代刑法史的梳理，不但有系列论文产出，最终还形成了学术价值很高的《宋代刑法史研究》①一书，其在法学与史学界都有较大影响。可惜，这样的研究在这 70 年中并不是主流。此外，华东政法大学法律史中心对于中国法制史学史的研究值得中国刑罚史研究借鉴。有志于在这一领域有所作为或有较强实力的院校，可以尝试在老师的带领下，组织博士生、硕士生对中国刑罚史上的许多盲区进行有系统、有规划的研究。比如唐、宋、明、清、民国时期的刑罚制度，资料浩如烟海，仅凭借一个人的力量恐怕难以进行。如果能够进行形成合力进行研究，不但有助于攻坚克难，还能够形成自己的研究特色，提高学术研究的影响力。因此，在未来的研究方法上，不妨在这一方面多下一些功夫。

---

① 戴建国：《宋代刑法史研究》，上海人民出版社 2008 年版。

(三) 加强跨学科研究

70 年来的中国刑罚史研究，绝大部分成果仅是法学或者史学领域的研究，鲜有跨学科研究的成果。根据现在世界学术研究的发展趋势，跨学科的学术研究越来越受到人们的重视和认可。以历史学为例，它是传统的人文学科，其研究方法在一般人看来必然非常“传统”。其实不然。尽管目前的主流史学期刊上传统的研究成果中居多，多少与史学论文的发表讲究“身份”密切相关。今后的史学研究跨学科成果会越来越多。在复旦大学、北京大学等高水平大学的历史系中，许多优秀的青年学生，其研究往往与跨学科密切相关。不仅如此，他们跨得似乎更远，不仅与人文社科学科交叉，还大胆地与医学、化学、生物学等自然学科紧密联系。这种研究方法值得未来的中国刑罚史研究借鉴。

其实，这种跨学科的研究在法学领域早已不是什么新鲜事，例如刑法、经济法、商法、国际法、知识产权、司法鉴定等学科在这方面早已取得很好的效果，只是法史学界涉足的人还不多。中国刑罚史也可以进行跨学科的研究，可以和政治、经济、哲学、社会学、历史地理等学科紧密结合起来，甚至也可以和化学、医学等自然学科结合起来。比如，研究不同朝代刑罚制度之间的变化，就需要运用上述不少学科的知识。在以往的研究中，有学者在分析类似问题时，时常也会从政治、经济、哲学等角度进行论述。但是，许多这方面的文章只是从这些角度进行简单阐述，而不是运用这些学科的研究方法，研究深度有待提高。比如研究罚金刑等内容时，许多学者会做一些统计，但是这些统计仅仅停留在数据的统计、整理、简单论述上，而缺乏用经济学的原理、公式进行的深入分析。所以，这种研究并不属于跨学科研究。

真正的跨学科研究，就必须非常熟练地掌握所跨学科的研究方法，是需要学者努力钻研的。学术研究的成功与勤奋、天赋、机遇等因素密切相关。对于许多法史研究的青年学者、学生而言，有很大一部分人对于古代史方面是比较薄弱的，但是对其他新学科的学习相对而言却更为容易一些。这里并不是反对法史学者研究古代史，古代法史是每一位法史研究者的必修课，但它的学习和研究往往需要青年人“板凳一坐十年冷”，沉下心来慢慢钻研。但在如今的学术发展环境下，遵循这种方式似乎又限制了他们的进步，容易拉大与部门法研究者的差距，反而不利于法史学的长远发展。对于青年学者而言，应当一方面静下心来通过长时间的学习来夯实古代法史的研究基础，另一方面发挥自身优势，努力在学习和运用新方法，特别是跨学科研究上有所突破。待新方法突破取得较多成功后，古代法史的积累也有了一定深度，这时二者结合，也许会取得事半功倍的效果。跨学科研究要求研究者努力突破自身，走出去与其他学科的人才进行交流，甚至将他们吸纳到中国刑罚史的研究队伍中来。如此，中国刑罚史研究的面貌一定会焕然一新。

70 年来，中国刑罚史研究成绩喜人。不但弥补了许多学术空白，使人们对于中国历史上的刑罚制度产生了一些新的认识，还为当代中国法治社会的建设提供了不少有益的启示。但是也应当认识到，这 70 年来的研究还存在许多不足，特别是在研究对象和研究方法的选择上需要积极求变。我们既要保持传统，更要敢于大胆创新。要多借鉴其他部门法学、历史学以及其他学科的有益经验。同时，要努力加强中国刑罚史研究队伍，多产出形成合力、富有特色的研究成果，扩大本研究的学术影响力。中国古代法制长期以刑法为核心，即便是当代社会，刑法也是维护社会稳定发展的重要保障。刑罚制度在刑法中占据重要地位，历来是中国法制史研究的主阵地。未来的中国刑罚史研究如果能在研究领域、研究方法上努力开拓，取得收获，无疑会对整个中国法律史的研究产生重大影响。相信未来的中国刑罚史研究乃至中国法律史研究会变得更加繁荣和兴盛。

第九章　中国地方法制史研究 70 年

新中国成立 70 年来，特别是改革开放后的 40 年来，中国地方法制史的研究方兴未艾，成果渐多，许多著作、论文相继问世。可是，对其研究十分不够，还不能从总体上反映出它的基本面貌。为了进一步推进中国地方法制史的研究，本章以公开出版、发表的主要著作、论文为中心，对其进行研究。

第一节　地方法制史研究的意义

中国法制史既包括中央法制史，也包含地方法制史。地方法制史是中国法制史的一个组成部分，着重反映各地方法制发展的状况与规律。研究中国地方法制史有其特有的意义。

一、有利于丰富中国法制史的内涵

中国地方法制史也是中国法制史的一部分，中国法制史中不能没有地方法制史。它与中央法制史互动，可以大大丰富中国法制史的内涵，使其更为完整。中国的中央法制对全国各地生效，各地都应认真贯彻、执行。为了使中央法制能在本地落地，各地会根据本地的实际情况制定一些适用于本地的相关规定，细化、实施中央法制。另外，有些地方法制中有价值的内容，也会被中央法制所汲取，改变成为中央法制的内容。这样，中国的地方法制便会丰富中国法制的内涵。也就是说，它的内容可以丰富、拓宽中央法制史，使其更为丰富，这时的中央法制史就变得更加有血有肉。这样，一方面，地方法制可以较为充分地反映出中央法制贯彻、执行的细化情况。另一方面，地方法制又可以向中央法制提供成果、经验。地方法制与中央法制有了互动。这两个方面反映在中国法制史中，它就变得更为鲜活、生动，也更为完整了。缺少中国地方法制史，中国法制史就会显得比较单调，甚至比较枯燥，也不完整。从这种意义上讲，研究中国地方法制史十分有价值，也很有意义。现有的中国地方法制研究成果已经能够体现出这一意义的存在。

从上海法制史的研究成果来看，已经能反映出这样的意义。在辛亥革命期间，上海地方法制一方面把南京临时政府的中央法制细化，以便在上海得到实施；另一方面自主开创地方法制，有些内容还为中央法制提供参考。它们的结合便使辛亥革命时期法制的内容更加完美。辛亥革命以后，南京临时政府改变原来用阴历纪元的办法，规定使用阳历的纪元方式。上海沪军都督府立即响应，并作出规定。1912 年 1 月 2 日的《申报》刊登了一个以“中华民国纪元”为题、上海沪军都督府为了贯彻和执行中央法制的地方性规定。此规定开宗明义：“本日（阴历十一月十二日）奉大总统孙谕令，以本月十三日为阳历元旦，我民国百度维新，亟应及时更用阳历，期于世界各强国同进文明。”因此，上海也作出了相应的规定，贯彻、执行中央法，也要求：“从前行用阴历，一律变更。”从此，上海与全国一致，也都使用阳历纪元了。另外，上海那时创制的地方性法制为中央法制提供了参考。辛亥革命爆发以后，上海很快作出男性须剪辫的规定。1911年 11 月 12 日的《时报》报道了这一规定，主要内容是："凡我同胞，一律剪辫，除去胡尾，重振汉室。"这一规定成了南京临时政府作出男性须剪辫规定的参考。1912 年 3 月 5 日的《临时大总统关于限期剪辫致内务部令》也作出了关于剪辫的规定，其内容与上海的规定十分相似，只是增加了时间的限制。此令规定："凡来去辫者，于令到之日，限二十日一律剪除净尽，不遵者，违法论。"①这一上海地方立法早于中央立法 4 个月左右时间，其内容被中央立法所吸收。经过上海地方法制与中央法制的互动以后，辛亥革命时期中国法制史的内容更为丰满，也更为鲜活了。

二、有利于发展地方法文化

法文化是中国文化中的一个重要组成部分。它集中反映了法律精神和理念；立法、行政执法和司法的状况；法律实施和监督的情况；法律设施和器具的形态；法制宣传、法学教育和法学研究的面貌等，是法治国家不可或缺的一种重要文化。缺少这一文化，法治国家便会失去灵魂，没了立根基础，法治大厦就会倾倒。中国的国情决定了中国的法文化离不开地方法文化。中国各地都有自己的法文化，只有把各地的地方法文化有机整合，才能烘托出完整的中国法文化。缺少地方法文化，中国法文化就会残缺不全，甚至面目全非。

在地方法文化中，地方法制史是极为重要的一员。它着重反映历史上地方的立法机构、地方法规体系、法规形式、法规内容；司法机构、司法

① 中国第二历史档案馆编：《中华民国史档案资料选编》第 2 辑，江苏人民出版社 1981 年版，第 32 页。

特点、特殊司法程序、判决的执行；法律监督的机关、施行情况等。以这些构成的内容为出发点，可以进一步探索、发现地方法制的整体面貌和发展路径、规律。它们都是地方法文化中一个极其重要的组成部分，其地位不同一般。这是因为，地方法制史处于地方法文化的中心地位。它是地方法律精神和理念的外在转化形式，集中体现了这种精神和理念；又是地方法律设施、器具和法学教育、研究之本，没有地方法制史，它们便成了无本之木。从这种意义上说，把一部地方法制史看成半部地方法文化史，也不为过。

中国长期是地广人多，风土人情各异，民族差别不小，经济、文化发展还不平衡。这些都决定了中国地方法制史会五彩缤纷，而非千篇一律。城市、农村、少数民族聚居区等的法制史都会显示各自的特色。比如，上海是一座近代发展起来的新兴城市，其地方法制史的内容大量围绕于近代城市管理方面，包括城市的经济、金融、交通、治安、卫生、教育管理等。①这些均与农村的地方法制史不同。同时，就是中国的城市法制史也非千人一面，而会有差异。上海有租界，而且是中国建成最早、规模最大、持续时间最长的租界，其法制比较完善，涉及城市管理的方方面面，是中国所有租界中法制最为发展和成熟的一个，而且还明显具有近代性。这些都为中国其他城市的法制所不可比拟。云南省以农村地区为多，其法制史的大量内容集中于农村发展的需要，在古代时期有许多关于土地、赋税、移民垦殖、矿业等方面的规定。②同时，云南省的少数民族又特别多，在全国排名第一，因此少数民族法制史也融入其中，涉及西盟佤族、纳西族、

① 王立民：《上海法制史》，上海人民出版社 1998 年版，第 2 页。

② 方慧主编：《云南法制史》，中国社会科学出版社 2005 年版，第 3—5 页。

傣族、彝族等的法制史。[①]这在农村的法制史中独树一帜。少数民族聚居区的法制史也是一种地方法制史，以每个少数民族的风俗、习惯等所形成的法制为主体内容，不同的少数民族法制便有了不同的特色了。藏族法制史的特色表现为：保留了原始社会奴隶制社会法的残余；法律规范与宗教戒律、道德规范合体；约束军民的军律占有较大比重；按等级论罪处罚；实行当事人设誓，相信神明裁判等。[②]蒙古法制史中也有自己的特点，其《大扎撒》的特点就十分明显。主要是：严刑与重赏并举；内容上是兼容并蓄；继承了蒙古族游牧业的传统；训言、说教有很高的权威性等。[③]可见，中国地方法制史的内容十分丰富，特点也非常鲜明。研究、弘扬地方法制史，就可充实地方法文化，发展地方法文化，使其在地方法治建设中发挥积极作用，加快地方的现代化建设。当然，地方法文化的建设也直接有利于丰富中国法文化建设。

三、有利于为今天的地方法治建设提供借鉴

今天，中国正在进行的中国特色社会主义法治建设具有开创性，既没有现存的模式可以照搬，也没有现存的制度可以照抄，而需要逐渐进行摸索。在摸索过程中，渐渐走出一条适合中国、具有中国特色的社会主义法治道路。这种摸索中，也包括中国地方的法治建设。中国的地方也需要进行法治建设。没有地方的法治建设，整个中国的法治建设便会成为空中楼阁，无本之木。事实上，中国的地方法制建设同样是历史悠久，成果不

① 方慧主编：《云南法制史》，中国社会科学出版社2005年版，第8—9页。

② 徐晓光：《藏族法制史研究》，法律出版社2001年版，第5页。

③ 奇格：《古代蒙古法制史》，辽宁民族出版社2005年版，第43—46页。

少，其中的有些内容还可以为今天的法治建设所借鉴。在借鉴中，不断吸取以往地方的法制文明成果，古为今用，完善当今的地方法治。这种借鉴可以涉及多个方面，可以是地方性法规的修订，也可以是地方性法规的实施等。只要属于法制领域，都可在关注的范围之内；只要对今天地方法治建设有利，都可以在借鉴之列。总之，在今天的地方法治建设中，地方法制史有益经验的借鉴不可被忽视，有其存在的价值。

中国有些地方在法治建设过程中，也确有借鉴本地以往法制的先例，上海就是如此。这里以制定禁止随地吐痰的规定为例。这一规定的内容直接体现在 2001 年制定的《上海市市容环境卫生管理条例》和 2003 年的《关于修改上海市市容环境卫生管理条例的决定》之中。①《条例》第 28 条“禁止下列影响环境卫生的行为”中，第 1 项就规定禁止“随地吐痰、便溺”。违反这一规定的，要处 50 元罚款，以后的《决定》则提高到 200 元以下罚款。“决定”修订这一罚款数额时，正值上海处于“非典”时期。为了防治“非典”，有必要加大处罚力度，进一步禁止随地吐痰。因为，当时大家已经充分认识到：“一口痰中含有大量病菌，痰是病毒的温床，由于‘非典’病毒可以较长时间地存活，而病毒随风飘扬，一经被人体吸入，将严重危害人们身体健康这一事实出发，认为为了维护公共卫生安全，对乱吐痰者加大处罚力度很有必要。”②但是，不管是《条例》的制定，还是《决定》的修改，都借鉴过上海 20 世纪 30 年代的相关立法。那时，上海制定的《上海市经常保持清洁办法》中就有关禁止随地吐痰的规定，从那以后，上海就一直借鉴、沿用着这一规定。这一《办法》也成了上海

① 沈国明主编：《上海市地方性法规汇编》，上海市人民代表大会事务委员会法制工作委员会编，2007 年印，第 433—441 页。

② 周慕尧主编：《立法中的博弈》，上海人民出版社 2007 年版，第 109 页。

禁止随地吐痰规定的先例，为今天上海的立法所借鉴。参与制定《条例》和修改《决定》的时任上海市人大常委会法工委立法处处长的吴勤民就这样表达过："从本市的情况看，为了保持市区清洁卫生，减少随地吐痰的现象，20 世纪 30 年代公布的《上海市经常保持清洁办法》中就将随地吐痰列为不准行为，从此以后，'禁止随地吐痰'作为环境卫生管理规范的一项基本行为准则一直发挥着作用。"①禁止随地吐痰的规定是如此，禁止花爆的规定也是如此。上海在 1994 年制定《上海市烟花爆竹安全管理条例》时，②其中的"严禁燃放烟花爆竹"的规定也曾借鉴过以往上海关于禁放花爆的规定。③从这种意义上说，研究地方法制史还有其一定的现实意义，可以为今天的地方法治建设提供借鉴，发挥"余热"。

综上所述可知，当前研究中国地方法制史很有意义，是值得进一步开拓的领域，可以作为中国法制史乃至中国法文化研究中一个突破方向，其天地很宽。

第二节　地方法制史研究成果的分类

把地方范围作为标准来加以区分，中国地方法制史的研究成果主要可以分为三类，即以中国行政区划来划定的地方法制史、以地区来划定的地方法制史和以少数民族聚居区来划定的地方法制史等的研究成果。它们都为研究中国地方法制史作出过贡献。

---

① 周慕尧主编：《立法中的博弈》，上海人民出版社 2007 年版，第 108 页。

② 沈国明主编：《上海市地方性法规汇编》，上海市人民代表大会事务委员会法制工作委员会编，2007 年印，第 131—132 页。

③ 王立民：《上海禁放花爆规定今昔》，《档案春秋》2012 年第 12 期。

一、以行政区划来划定的地方法制史研究成果

这一成果的研究对象是以行政区划来划定区域内的地方法制史，即其地域性是以行政区划作为标准来划分。这一法制由地方政府为主导，在本行政区划内生效。中国自古至今行政区划不少，有部分研究成果能从这一侧面来反映地方法制史发展状况。根据其时间和内容来划分，还可以有通史、断代史和专题史等的区别。这类成果与其他两类中国地方法制史的成果相比在数量上较多。《上海法制史》《云南法制史》和《天津监狱史》①等是通史类的地方法制史著作。《上海法制史》叙述的时间自建立上海县的元朝开始，一直延续至新中国成立之初，叙述的内容包括上海的立法机构、地方法规渊源、法规的基本内容、治安机关、审判机关、律师、监狱等。《云南法制史》阐述的时间始自秦汉，终至新中国成立初期，内容涉及云南省立法指导思想、立法机构、各部门法的内容、司法制度等。《天津监狱史》则是一部专门研究天津市监狱史的通史类著作。时间跨度从明清开始，直至改革开放以后，内容触及监狱管理和法制中的各个方面，较为全面地反映天津监狱发展的历史。另外，还有一些相关的地方志也可归入此类。不过，它们以记载史料为主。比如，《上海公安志》②《上海检察志》③《上海审判志》④《上海监狱志》⑤《陕西省志·审判志》⑥《厦门政法

① 薛梅卿、从金鹏：《天津监狱史》，天津人民出版社 1999 年版。

② 易庆瑶主编：《上海公安志》，上海社会科学院出版社 1997 年版。

③ 吴光裕主编：《上海检察志》，上海社会科学院出版社 1999 年版。

④ 滕一龙主编：《上海审判志》，上海社会科学院出版社 2003 年版。

⑤ 麦林华主编：《上海监狱志》，上海社会科学院出版社 2003 年版。

⑥ 陕西省地方志编纂委员会：《陕西省志·审判志》，陕西人民出版社 1994 年版。

志》[①]和《广州检察志》[②]等。它们都以志的形式反映上海地方法制史中公安、检察、审判和监狱的整体情况。

在这类成果中，还有一些断代地方法制史的著作。它所反映的是以行政区划来划定的地方法制史中某一时期内的内容。《宁波近代法制变迁研究》[③]和《滇国法制初探》[④]是这类成果中的代表作。《宁波近代法制变迁研究》研究的是宁波市的近代法制，是一部十分典型的断代史地方法制史。它重点考察了从中国清末法制改革至新中国成立以前的宁波法制，涉及立法和司法制度、律师制度以及宁波近代法制变迁的基础和成因等。《滇国法制初探》则是一篇专门研究从春秋到汉这一时期，西南古王国滇国的法制论文，内容涉及法制原则、立法内容与法制特点等。

在以行政区划来划定的地方法制史研究成果中，专题研究的成果较多。它们把中国不同时期的某一法制专题作自己的研究对象，并对其作了较为深入的探讨。其中，主要的著作有：《清代四川盐法研究》[⑤]《清代广州涉外司法问题研究》[⑥]《民初湖南省宪自治研究》[⑦]《城市·规划·法制》[⑧]《上海法制与城市发展》[⑨]《近代社会变迁中的上海律师》[⑩]《上海法治建设三十年专题研究》[⑪]等。它们都从不同角度专题研究了中国地方法制

① 《厦门政法志》编纂委员会：《厦门政法志》，厦门大学出版社1997年版。

② 广州市人民检察院编志办公室：《广州检察志》，广东人民出版社1995年版。

③ 邹剑峰：《宁波近代法制变迁研究》，复旦大学出版社2010年版。

④ 方慧：《滇国法制初探》，《思想战线》2003年第2期。

⑤ 张洪林：《清代四川盐法研究》，中国政法大学出版社2012年版。

⑥ 唐伟华、黄玉：《清代广州涉外司法问题研究》，中国社会科学出版社2009年版。

⑦ 丁德昌：《民初湖南省宪自治研究》，上海人民出版社2011年版。

⑧ 练育强：《城市·规划·法制》，法律出版社2011年版。

⑨ 王立民、练育强、姚远主编：《上海法制与城市发展》，上海人民出版社2012年版。

⑩ 陈同：《近代社会变迁中的上海律师》，上海辞书出版社2008年版。

⑪ 顾肖荣、史建三主编：《上海法治建设三十年专题研究》，上海社会科学院出版社2008年版。

史。《清代四川盐法研究》和《清代广州涉外司法问题研究》均把研究时间定位在清代，但所研究的专题不同。前者专门于清代的盐法，内容包括了盐的生产、运销、征税的法制和对私盐的惩治。后者则集中探索了鸦片战争前，广州涉外司法的一些问题，包括涉外司法的两种运作模式、涉外刑事审判的实体与程序、涉外商事纠纷的处理模式、华洋民事诉讼与中西价值冲突、清代涉外司法理念解析、清代涉外司法中的“主权”问题。《民初湖南省宪自治研究》专门研究了1910年至1926年间，以省宪的制定和实施为核心的省级层面的地方自治问题，内容中有民初湖南省宪自治的历史时空和进程、自治选举、《湖南省宪法》的创制内容和基本精神、绅权与民初湖南省宪自治、现实反思，等等。其他的一些成果都把上海市的法制史作为研究对象，重点反映了上海不同时期一些专题研究的状况。《城市·规划·法制》是一部专门探研新中国成立以前上海城市规划法制的著作，内容涉及城市土地、道路和建筑法制的各个方面。《上海法制与城市发展》是一部大量内容集中于研究新中国成立前后上海不同时期法制的专题性研究著作，内容涉及上海小刀会起义军、劳资争议处理、土地改革、公有住房等的法制。《近代社会变迁中的上海律师》聚焦于上海近代的律师与律师制度，是这一研究领域的力作。《上海法制建设三十年专题研究》则是以上海在改革开放以后法治建设为主线，分专题加以论述，其中有立法、行政执法、司法等专题中的许多方面，最后还有法学教育与研究的内容。

还有，《上海市法学会历史变迁研究》①《1997年以来中国司法体制和工作机制改革进程中上海的实践与探索》②《民国前期浙江省议会立法研究》③

① 穆中杰：《上海市法学会历史变迁研究》，上海人民出版社2011年版。

② 虞浔：《1997年以来中国司法体制和工作机制改革进程中上海的实践与探索》，上海人民出版社2013年版。

③ 陈婴虹：《民国前期浙江省议会立法研究》，中国社会科学出版社2016年版。

《与改革发展同频共振：上海地方立法走过三十八年》[①]、《创制、运行及变异——民国时期西安地方法院研究》[②]等著作，分别从各自角度对本行政区划的法制作了论述。另外，还有一些论文也属于此种成果。比如《上海工人三次武装起义中的市民代表政府及其革命法制》[③]《新上海第一年刑案述评》[④]《论近代湖南绅权运动与省宪自治》[⑤]《清代广西土州县监狱制度》[⑥]《新发现的清末京城城市管理法规研究》[⑦]《清末广东巡警（警察）制度述略》[⑧]《明代徽州的民事纠纷与民事诉讼》[⑨]《民国晚期西安地区律师制度研究》[⑩]《国民党统治时期广东监狱发展探讨》[⑪]《辛亥革命时期上海华界立法探析》[⑫]《上海律师公会与中国近代法制》[⑬]《上海：中国现代区域法制建设领先之地》[⑭]等，都从不同方向专题研究了地方法制史。这类成果以

① 丁伟：《与改革发展同频共振：上海地方立法走过三十八年》，上海人民出版社 2018 年版。

② 侯欣一：《创制、运行及变异——民国时期西安地方法院研究》，商务印书馆 2017 年版。

③ 张希坡：《上海工人三次武装起义中的市民代表政府及其革命法制》，中国法律史学会《法律史论丛》编委会：《法律史论丛》（二），中国社会科学院出版社 1982 年出版。

④ 王立民：《新上海第一年刑案述评》，《华东政法学院学报》2000 年第 3 期。

⑤ 欧阳斗平：《论近代湖南绅权运动与省宪自治》，《长沙大学学报》2006 年第 1 期。

⑥ 许直：《清代广西土州县监狱制度》，《学术论坛》1990 年第 3 期。

⑦ 郭成伟、田涛：《新发现的清末京城城市管理法规研究》，《政法论坛》1994 年第 2 期。

⑧ 沈晓敏：《清末广东巡警（警察）制度述略》，《政法学刊》1997 年第 3 期。

⑨ 卞利：《明代徽州的民事纠纷与民事诉讼》，《历史研究》2000 年第 1 期。

⑩ 侯欣一：《民国晚期西安地区律师制度研究》，《中外法学》2004 年第 4 期。

⑪ 万安中：《国民党统治时期广东监狱发展探讨》，《中山大学学报》（哲社版）2003 年第 3 期。

⑫ 王立民：《辛亥革命时期上海华界立法探析》，《史林》2012 年第 6 期。

⑬ 王立民：《上海律师公会与中国近代法制》，《探索与争鸣》2012 年第 11 期。

⑭ 王立民：《上海：中国现代区域法制建设领先之地》，《东方法学》2017 年第 6 期。

专题研究为形式，注重研究中国不同时期地方法制中的一些侧面，研究的面较窄，但较具深度。

二、以地区来划定的地方法制史研究成果

这是一种把特定地区产生、生存、发展的法制作为研究对象的成果。这里的特定地区不以行政区划为限，可以是跨越两个以上行政区划的地区，也可以是在一个行政区划中的某个地区。不过，现有的研究成果多以跨越两个以上行政区划的地区的法制史为研究对象。这类成果与其他两类成果相比，显得较少。《民国时期华北地区农业雇佣习惯规范研究》①是一本重点研究民国时期中国华北几个省的农业雇佣习惯规范的著作，涉及的地域包括今天的山东、山西、陕西、河南和河北等省。它从整体上对民国时期这几个省的农业雇佣习惯规范作了较为深入的研究，内容主要是：华北地区农业雇佣习惯规范的场域与习惯、内容构成、生成机制、运作机制、演化机制、总体特征等。还有，《甲午战争后中国区域法制的变化》②和《三大战争与中国近代区域法制变迁》③等论文也是如此。

中国革命根据地法制史中，也有地方法制史的含量。中国革命的性质决定了中国革命的道路是一种先在农村建立根据地，然后再包围城市、最后夺取城市的道路。于是，中国的许多地方都建立了自己的革命根据地，也创制了自己的地方法制，形成了革命根据地的法制史。不过，中央革命根据地颁行的法制不属于地方法制，具有中央法制性质，如在瑞金建立的

---

① 尚海涛：《民国时期华北地区农业雇佣习惯规范研究》，中国政法大学出版社 2012 年版。

② 王立民：《甲午战争后中国区域法制的变化》，《中外法学》2016 年第 1 期。

③ 王立民：《三大战争与中国近代区域法制变迁》，《探索与争鸣》2016 年第 6 期。

中央苏维埃共和国所颁行的法制就是如此。那时颁行的中华苏维埃共和国宪法大纲、土地法、婚姻法等，都属于中央法制，不属于地方法制。目前，已有关于革命根据地的地方法制史著作面世，《鄂豫皖革命根据地的人民检察制度》①是其中的代表作。它以湖北、河南、安徽的革命根据地人民检察院为主线，对其进行了较为全面的研究。此著作为专门论述革命根据地的地方法制史作了有益的尝试。还有一些论文也为此作了尝试。《论〈井冈山土地法〉的开创意义》②《简论山东抗日民主根据地的人民调解工作》③《论山东抗日民主政权刑事立法的特点》④《论晋察冀边区的法制建设》⑤《略论东北解放区的土地立法》⑥《革命根据地法制史研究与"史源学"举隅》⑦《陕甘宁边区司法改革与"政法传统"的形成》⑧等，也都对根据地的地方性法制进行了研究，也富有成效。

在一些有关革命根据地法制史的著作中，也会涉及一些革命根据地的地方法制史的内容，把其作为自己的一个组成部分。这部分内容也应归入这一地方法制史中。《中国革命法制史》⑨是一部专门研究革命根据地法制史的大作，其中关于抗日民主政权司法机关中的有些内容就属于地方法制

① 刘建国主编：《鄂豫皖根据地的人民检察制度》，中国检察出版社2011年版。

② 刘国荣：《论〈井冈山土地法〉的开创意义》，《荆州师专学报》1999年第1期。

③ 李庚元：《简论山东抗日民主根据地的人民调解工作》，《东岳论丛》1993年第6期。

④ 刘为民：《论山东抗日民主政权刑事立法的特点》，《山东大学学报》（哲社版）1988年第1期。

⑤ 齐一飞：《论晋察冀边区的法制建设》，《法学杂志》1990年第2期。

⑥ 孙光妍：《略论东北解放区的土地立法》，《齐齐哈尔大学学报》（哲社版）1999年第1期。

⑦ 张希坡：《革命根据地法制史研究与"史源学"举隅》，中国人民大学出版社2011年版。

⑧ 刘全娥：《陕甘宁边区司法改革与"政法传统"的形成》，人民出版社2016年版。

⑨ 张希坡、韩延龙主编：《中国革命法制史》，中国社会科学出版社2007年版。

史。比如，晋察冀、晋冀鲁豫、山东、晋绥、华中等抗日根据地的司法机关都是如此。《抗日根据地金融法律制度研究》①是一本专门研究抗日战争时期根据地金融法制的著作，其中有胶东、山东、浙东等抗日根据地的金融法制的内容也属于地方法制史范畴。《中国革命根据地狱制史》②是一本专门阐述中国革命根据地监狱制度史的力作，其中也有关于革命根据地的地方监狱制度的内容。比如，弋阳县苏维埃政权建立的劳动感化院、渤海太岳区的劳动教育所、华北人民政府的海监模式等，都是这样。这类地方法制史研究成果虽在整部著作中只占一小部分，但因在其他著作中往往没有提及或没有详细叙论，其价值仍应肯定，不要忽视。

三、以少数民族聚居区来划定的地方法制史研究成果

这类研究成果以少数民族聚居地区的法制史为研究对象。这是一种特殊的地区，以少数民族的聚居为特征。如果某一少数民族聚居区域形成一个行政区划，也以这一少数民族聚居区的地方法制史来论述，而不是一个行政区划的地方法制史来对待，以突出这一法制的少数民族特殊性。这类研究成果着重反映少数民族内部推行法制的历史，因此往往与此民族的风俗、习惯、宗教联系在一起，具有本民族的特色，往往为其他民族法制史所不具备。在这类成果中，主要也可分为通史、断代史和专题史研究三种。《藏族法制史研究》③和《羌族法制的历程》④是两部以朝代为序的通史类地方法制史著作。前者系统论述了从吐蕃王朝至近代的藏族法制史，其

① 栗明辉：《抗日根据地金融法律制度研究》，法律出版社 2012 年版。

② 薛梅卿、黄新明：《中国革命根据地狱制史》，法律出版社 2011 年版。

③ 徐晓光：《藏族法制史研究》，法律出版社 2001 年版，第 1—5 页。

④ 李鸣：《羌族法制的历程》，中国政法大学出版社 2008 年版，第 1—3 页。

内容包括了各个时期的立法、司法，特别是藏族法律内容、结构、功能和法律文化的传统特征等。后者则系统地论述了从古代到近代的羌族法制史，特别是其中的习惯法阐述得十分详尽，包括了刑事、民事、诉讼等部分。《西夏法律制度研究》①和《西夏法制研究》②也是两部少数民族法制史的通史类著作，但是其体制则主要是分部门法进行述论，但又有自己的特色。前者更注重对西夏法制本身内容的研究，而后者则更关注西夏法制与唐宋法制的比较。有些论文也从整体上来研究这一法制史，也属于这种成果。比如，《吐蕃法律初探》③《傣族法律初探》④《满族法律综述》⑤等，都是如此。

在少数民族地方法制史的研究成果中，还有一些是断代史的研究成果。以时间段来区分，还可分为几种。第一种是一些古代法制史的研究成果。比如，《藏族古代法新论》⑥《古代蒙古法制史》⑦等著作。它们都对古代的藏族、蒙古族的法制进行了论述，但在体例上不完全相同。前者分专题进行研究，其中主要分为古代的私法、公法和传统法律观与现代社会三大部分。后者则以时间为序，从古代蒙古的约孙到清朝，分段进行述论。还有，论文《试述古代蒙古的法制及其主要特点》⑧等也属于此种成果。第二种是一些古代时期某个朝代法制的研究成果。比如，《清代蒙古法制变

① 陈永胜：《西夏法律制度研究》，民族出版社2006年版，第12—16页。

② 邵方：《西夏法制研究》，人民出版社2009年版，第14页。

③ 仁青：《吐蕃法律初探》，《西藏研究》1983年第4期。

④ 张晓辉：《傣族法律初探》，《思想战线》1992年第5期。

⑤ 魏福祥、杜尚侠：《满族法律综述》，《满族研究》1994年第2期。

⑥ 华热·多杰：《藏族古代法新论》，中国政法大学出版社2010年版。

⑦ 奇格：《古代蒙古法制史》，辽宁民族出版社2005年版。

⑧ 奇格：《试述古代蒙古的法制及其主要特点》，《内蒙古社会科学》（文史哲版）1994年第2期。

迁研究》①和《清代回疆法律制度研究》②等著作是这样的成果。它们都把时间定位在清代，而且结构基本一致，即以部门法为线索。但是，它们的区别也十分明显，前者是研究蒙古族的法制，后者研究的则是维吾尔族的法制。还有，《清代西藏法制研究》③也属于这种成果。第三种一些当代的研究成果。这种成果不算多，《新疆维吾尔自治区法制建设 50 年》④是其中的代表作。它对 50 年中的新疆维吾尔族聚居的自治区法制作了面面俱到地描述，内容涉及立法、公安、检察、审判、司法行政、仲裁、综合治理、法学研究和教育等等一些方面，是这一领域研究的力作。

专题研究也是中国少数民族聚居区地方法制史的一种。它只是对这一法制史中的某个专题进行深入研究，既不是通史，也不是断代史。《清代清水江下游村寨社会的契约规范与秩序》⑤是这种的成果中的一部。它以清代文斗苗契约文书为中心对清水江下游村寨社会中的契约规范与秩序进行了深入的研究，内容连及那里的社会情况、契约的解读、文斗契约文书的特征及其作用机制、多元视野下的村寨社会秩序等。在这种成果中还有一些是论文。比如，《我国少数民族最早的森林保护法》⑥《古代南方民族法制述略》⑦《论藏族传统的天断制度》⑧《论古代蒙古习惯法对元朝法律的

① 杨强：《清代蒙古法制变迁研究》，中国政法大学出版社 2010 年版。

② 王东平：《清代回疆法律制度研究》，黑龙江教育出版社 2003 年版。

③ 孙镇平：《清代西藏法制研究》，知识产权出版社 2004 年版。

④ 白莉等：《新疆维吾尔自治区法制建设 50 年》，新疆人民出版社 2010 年版。

⑤ 梁聪：《清代清水江下游村寨社会的契约规范与秩序》，人民出版社 2008 年版。

⑥ 李育贤：《我国少数民族最早的森林保护法》，《民族工作》1984 年第 1 期。

⑦ 吴永章：《古代南方民族法制述略》，《云南社会科学》1990 年第 3 期。

⑧ 何峰：《论藏族传统的天断制度》，《西北民族学院学报》（哲社版）1996 年第 4 期。

影响》[①]《羌族婚姻习惯法的历史考察》[②]《羌族诉讼习惯法的历史考察》[③]《试论西藏封建农奴制度》[④]《清代前期新疆地区的赋税制度》[⑤]《清代蒙古刑事立法的本质和内容试析》[⑥]《儒家民族观影响下的中国古代民族法制》[⑦]等，都是如此。它们均以专题为研究目标，所研究的问题不在面宽，而在于深度，其特点很明显。

除以上三类少数民族聚居区法制的研究成果外，在有些研究少数民族法制的著作中，也会涉及一些法制史的内容。比如，《黎族习惯法》[⑧]一书中就有关于宋朝前、后黎族习惯法的内容；《西南少数民族习惯法研究》一书中也有一些法制史的内容，先秦时期和宋代的土地制度的内容就是这样。[⑨]总之，关于中国少数民族聚居区法制史的研究成果中，有集中论述的，也有分散阐述的，已有不少成果。

四、其他的地方法制史研究成果

这 30 余年来，除以上三大类研究成果外，在中国地方法制史研究成果方面还有其他一些成果，也不能忽略。第一，从整体来研究中国地方法

① 柴荣：《论古代蒙古习惯法对元朝法律的影响》，《内蒙古大学学报》（人文社科版）2000 年第 6 期。

② 李鸣：《羌族婚姻习惯法的历史考察》，《比较法研究》2004 年第 4 期。

③ 龙大轩：《羌族诉讼习惯法的历史考察》，《山东大学学报》（哲社版）2005 年第 3 期。

④ 牙含章：《试论西藏封建农奴制度》，《中国藏学》1988 年第 1 期。

⑤ 徐伯夫：《清代前期新疆地区的赋税制度》，《新疆历史研究》1985 年第 3 期。

⑥ 陈光国、徐晓光：《清代蒙古刑事立法的本质和内容试析》，《民族研究》1991 年第 3 期。

⑦ 邵方：《儒家民族观影响下的中国古代民族法制》，《中国法学》2018 年第 3 期。

⑧ 叶英萍：《黎族习惯法》，社会科学文献出版社 2012 年版。

⑨ 陈金全主编：《西南少数民族习惯法研究》，法律出版社 2008 年版，第 11 页。

制史的成果。这种成果不是以某个地方的法制史为研究对象，而是从整个中国的地方法制史来进行总体研究。这种研究一般都集中于某个时间段，但面较宽，往往涵盖整个中国的地方法制史。而且，研究的具体内容以专题形式出现，又往往与司法相关，不是样样俱到。《宋代地方政府民事审判职能研究》①《清末地方自治与宪政改革》②《晚清州县诉讼中的审断问题》③等著作都属于这种成果。

中国租界、租借地法制的研究成果。鸦片战争以后，西方列强通过不平等条约在中国取得租界、租借地，并在那些地方建立自己的法制。这些租界、租借地设在中国城市中的某些区域，是中国城市中的一部分。它们的法制则是近代法制，与清末法制改革前的华界传统法制差别很大。现在，已有一些专门研究中国租界法制的成果出版，其中以研究上海租界法制的为多。《上海公共租界的会审公廨》④《上海道契：法制变迁的另一种表现》⑤《上海租界法制研究》⑥《上海公共租界特区法院研究》⑦等著作都是如此。同时，还公开出版了少量专门研究中国租借地法制的成果。《英国租借时期威海卫法律制度研究》⑧是一部代表作。另外，还有一些相关论文。比如，《上海租界与上海法制现代化》⑨《近代上海公共租界的建筑法

① 屈超立：《宋代地方政府民事审判职能研究》，巴蜀书社 2003 年版。

② 马小泉：《清末地方自治与宪政改革》，河南大学出版社 2001 年版。

③ 里赞：《晚清州县诉讼中的审断问题》，法律出版社 2010 年版。

④ 张铨：《上海公共租界的会审公廨》，《社会科学》1983 年第 5 期。

⑤ 夏扬：《上海道契：法制变迁的另一种表现》，北京大学出版社 2007 年版。

⑥ 王立民、练育强主编：《上海租界法制研究》，法律出版社 2011 年版。

⑦ 姚远：《上海公共租界特区法院研究》，上海人民出版社 2011 年版。

⑧ 邵宗日：《英国租借时期威海卫法律制度研究》，法律出版社 2011 年版。

⑨ 王立民：《上海租界与上海法制现代化》，《法学》2006 年第 4 期。

律制度》[1]《上海租界时代的临时法院论述》[2]和《英租威海卫司法体制初探》[3]《英租界威海卫司法殖民性特性之分析》[4]等也属此种成果。此外，有个别专门研究租借地的著作中，也有租借地法制的内容。《旅大租借地史》[5]中的警宪特、司法制度等的内容就是如此。

中国地方法学教育与法学学术团体的研究成果。这种研究成果在近 30 余年中也有一些，《上海法学教育史研究》[6]和《上海市法学会历史变迁研究》[7]是其中的两部著作。前者对上海自开埠以来 160 余年的法学教育作了系统总结，对前后共出现过的起源、发展、调整、挫折、新生、振兴和繁荣等一些过程，都作了论述。后者则对上海的法学学术团体上海法学会的变迁过程作了全面梳理，并对其中的一些关键问题，如变迁动力、规律、趋势等，作了深入探研。

境外中国地方法制史的研究成果。中国大陆以外的有些学者也对中国地方法制史进行了研究，出了一些成果。其中，有的已译成中文，在中国大陆发行。《上海警察，1927—1937 》[8]是一本专门研究上海警察情况的专著，其中的地域既有租界，也有华界，是一部能较为全面反映这 10 年上海警察的著作。《帝国之鞭与寡头之链——上海会审公廨权力关系变迁研究》[9]

---

① 练育强：《近代上海公共租界的建筑法律制度》，《探索与争鸣》2010 年第 3 期。

② 姜屏藩：《上海租界时代的临时法院论述》，《学术季刊》1987 年第 3 期。

③ 王娆：《英租威海卫司法体制初探》，《环球法律评论》2005 年第 5 期。

④ 王娆：《英租威海卫司法殖民性特性之分析》，《甘肃政法学院学报》2006 年第 11 期。

⑤ 程维荣：《旅大租借地史》，上海社会科学院出版社 2012 年版。

⑥ 蒋晓伟：《上海法学教育史研究》，法律出版社 2008 年版。

⑦ 穆中杰：《上海市法学会历史变迁研究》，上海人民出版社 2011 年版。

⑧ ［美］魏斐德：《上海警察，1927—1937》，章红等译，上海古籍出版社 2004 年版。

⑨ 杨湘钧：《帝国之鞭与寡头之链——上海会审公廨权力关系变迁研究》，北京大学出版社 2006 年版。

则是一本专门研究上海租界中的审判机关会审公廨权力关系变迁的专著，内容较有深度。另外，在有些著作中，也有境外研究中国地方法制史的单篇论文，《世界学者论中国传统法律文化》①是其中之一。它收集了法国学者康斯坦所著的《从蒙古法看清代法律多元性》一文。另外，还有一些单篇的相关论文，比如：《近代安徽的警政》②《蒙古法中刑罚的变迁》③《英租威海卫之刑事审判》④等也都是如此。

中国地方法制史的资料汇编。为了推动中国地方法制史研究的不断深入，有些地方法制史的资料整理、出版工作也在进行，而且已有一些成果问世。这为以后的地方法制史研究提供了一个极好的资料基础。《中国古代地方法律文献》在 2006 年与 2009 年分别出版甲、乙两编，2012 年又出版丙编。⑤这些都是研究中国古代地方法制史不可多得的珍贵资料。《贵州文斗寨苗族契约法律文书汇编》⑥是一部清代贵州文斗苗族聚居区法律文书的汇编，图文并茂，资料殷实可靠，很有价值。有的资料汇编中有地方法制史的部分，《近代中国地方自治法重述》⑦一书即是如此。它的第二部分"地方制定的地方自治法规"全是地方的这类法规，涵盖的地区有天津、湖北、上海、江苏、四川、浙江、湖南、江西、贵州、广西、广东、附件、河南等。

---

① 张世明等主编：《世界学者论中国传统法律文化》，法律出版社 2009 年版。

② 谢国光：《近代安徽的警政》，《安徽史学》1990 年第 2 期。

③ ［日］岛田正郎：《蒙古法中刑罚的变迁》，潘昌龙译，《蒙古学资料与情报》1991 年第 1 期。

④ ［马来西亚］陈玉心：《英租威海卫的刑事审判》，方芳译，《环球法律评论》2005 年第 5 期。

⑤ 杨一凡：《中国古代地方法律文献》（丙），世界图书出版公司 2012 年版。

⑥ 陈金全、林万华主编：《贵州文斗寨苗族契约法律文书汇编》，人民出版社 2008 年版。

⑦ 王建等：《近代中国地方自治法重述》，法律出版社 2011 年版。

以上这些都是 70 年来研究中国地方法制史的成果，从中亦可见，成果的种类和数量已经不少，可以说，这种研究已经取得长足的进步。

第三节　地方法制史研究成果所涉及的主要内容

中国地方法制史研究的成果综合起来，主要涉及中国地方的立法史、行政执法史、司法史等领域。

一、地方立法史的研究

对中国地方立法史的研究包括对立法主体、法律渊源、内容和特点等一方面的研究。有关地方立法主体的研究是中国地方法制史研究的一个重要组成部分，不少中国地方法制史的成果中都论述到这一主体，而且多以立法机构的面貌出现。《上海法制史》论述从元至元二十九年（1292 年）建县以后至新中国成立之初上海的立法机构，除了其中各个时期的这类机构外，还涉及租界的这类机构，覆盖的面比较宽。与这种机构的相关情况在书中均有体现。[①]《云南法制史》对云南近现代的立法机构进行专门阐述，时间从清末民初到新中国成立初期，内容包括每个时期立法机构的名称、下设组织、人员、职类、制定的规定，等等。比如，辛亥革命时期临时议会、省议会先后为立法机构；下设 9 个股；讨论过《不过户登记》《征收营业税所得税》等法案，等等。[②]有关法律渊源的研究。中国地方法

① 王立民：《上海法制史》，上海人民出版社 1998 年版，第 11—29 页。

② 方慧主编：《云南法制史》，中国社会科学出版社 2005 年版，第 253—258 页。

制史中也有法律渊源，对其也有一些研究成果。《藏族法制史》对吐蕃的法律渊源进行研究，主要有赞普的诏令、盟誓，王室颁布的法律、法令和习惯法等。[①]它们的有机组合，共同构成吐蕃的这一渊源。《清代蒙古法制变迁研究》则对古代蒙古族的法律渊源进行论述，主要是清廷中央政府针对全国指定的法律和专门针对蒙古地区制定的特别法律、蒙古习惯法（包括宗教法）、经过清廷认可的蒙古地方政权制定的法律 4 类，对它们分别作了介绍和说明。[②]中国地方法制史著作中都有这方面的内容。比如，《宁波近代法制变迁研究》把宁波近代立法的主要内容归纳为行政、土地、金融和民间法等方面。[③]《民国时期华北地区农业雇佣习惯规范研究》分析的立法内容包括雇佣方式、时间、待遇、组织，等等。[④]在中国地方法制史的论文中，也有这方面的内容。《上海工人三次武装起义中的市民代表政府及其革命法制》把当时的立法内容分为保障人民政治权利、市政建设和社会改革、教育、财政、商业、劳动法等方面，并进行论述。《滇国法制初探》中论述的立法内容包括刑事、民事、诅盟等方面。《上海租界与上海法制现代化》中涉及上海租界 20 世纪前后的立法内容，主要是有关组织、治安、邮政、路政和建筑方面的内容。有关立法特点的研究。有些研究中国地方法制史的成果中还论及立法的特点。《西夏法律制度》中论述了西夏的立法特点，主要是三个，即鲜明的宗教色彩、深受儒家文化影响、带有浓厚的民族习惯法的痕迹等。[⑤]《辛亥革命时期上海华界立法探析》通过

---

① 徐晓光：《藏族法制史研究》，法律出版社 2001 年版，第 17—21 页。

② 杨强：《清代蒙古法制变迁研究》，中国政法大学出版社 2010 年版，第 31—35 页。

③ 邹剑峰：《宁波近代法制变迁研究》，复旦大学出版社 2010 年版，第 1—2 页。

④ 尚海涛：《民国时期华北地区农业雇佣习惯规范研究》，中国政法大学出版社 2012 年版，第 111—140 页。

⑤ 陈永胜：《西夏法律制度研究》，民族出版社 2006 年版，第 28—32 页。

对当时华界与租界立法的比较，探析了华界立法的主要特点，即缺乏系统性、具有革命性和开创性等。可见，从总体上来说，近 30 余年来的中国地方法制史研究已关注、涉及地方立法史的一些主要方面，并取得不小的成绩。

二、地方行政执法史的研究

对中国地方行政执法史的研究集中于地方的警政机关及其执法情况。《上海租界法制研究》中有 3 章专门论述上海英租界早期警政机关巡捕房的问题，内容包含：产生的背景、与外部机构的关系、内部管理制度等。同时，还对巡捕房的初期执法情况作了介绍。[①]《上海警察，1927—1937》则是对上海租界中晚期、华界在这 10 年中的警政机关与警察状况作了较为详细、深入的研究，内容包括背景、新的警察理念、有组织犯罪、政治选择之于警政的意义、新市政秩序的局限等。其中，穿插了许多执法情况。比如，大流氓黄金荣作为罪犯头子和捕头对法制的亵渎、顾顺章事件和白色恐怖，等等。[②]《新疆维吾尔自治区法制建设 50 年》对 1955 年自治区成立至 2005 年 50 年的警政机关即公安机关的建设与执法情况作了全面的回忆与梳理，内容涉及这一机关的建设、发展与演变；内部机构设置；政保、刑侦、治安管理职能等。其中，有大量的执法内容。比如，在政保中，就有清匪、肃特、反间谍；镇压反革命；平暴安良、反对分裂；集中整治等执法情况；而且有大量数据显示。[③]还有少量论文也专门研究了中国地方的警政机关及其执法情况。《清末广东巡警（警察）制度述略》从总

① 王立民、练育强主编：《上海租界法制研究》，法律出版社 2011 年版，第 289—291 页。

② ［美］魏斐德：《上海警察，1927—1937》，章红等译，上海古籍出版社 2004 年版，第 27—29、156—161 页。

③ 白莉等：《新疆维吾尔自治区法制建设 50 年》，新疆人民出版社 2010 年版，第 58—64 页。

体上对这一巡警制度进行研究，内容涵盖的制度沿革；械服、值勤及待遇；巡警官弁的选拔和训练；简论等。简论部分还提及它的执法情况，如执法中违法乱纪之事时有发生等。《近代安徽的警政》则从前言、组织系统、经费、警政教育等侧面，来研究安徽的近代警政制度，其过程从清末的芜湖开始，逐渐推向全省的基本情况。其中，也涉及执法情况，特别提到那时的警察执法与保甲制联系在一起等。经过这样的研究，中国地方行政执法史的主要部分已有反映，从中也可窥视这一执法史的一般情况。

三、地方司法史的研究

中国地方司法史的研究涉及司法主体、诉讼和审判、律师、执行等方面，而且在这些方面均有研究成果。有关司法主体。在有些研究成果中，往往把这一主体称为司法机构。《清代西藏法制研究》对清末西藏司法体系的改革进行了论述。随着清末新政的推行，西藏建立了高、中、初级裁判所，作为自己的审判机构。①《清代广州涉外司法问题研究》对清代的司法主体进行了研究，认为在清廷的默许下，澳门葡萄牙人在广州建立了一套自治体系，因此总督、兵头、王室大法官等都曾是司法主体，行使过涉外司法案件的管辖权。②《鄂豫皖革命根据地的人民检察制度》对根据地的人民检察制度进行探索，认为它是中国最早建立的人民检察机关性质的司法机构，并从公诉和监督两个视点进行论证。③《上海会审公廨权力关系变

① 孙镇平：《清代西藏法制研究》，知识产权出版社 2004 年版，第 373 页。

② 唐伟华、黄玉：《清代广州涉外司法问题研究》，中国社会科学出版社 2009 年版，第 22—27 页。

③ 刘建国主编：《鄂豫皖根据地的人民检察制度》，中国检察出版社 2011 年版，第 149—155 页。

迁研究》和《上海公共租界特区法院研究》都是对上海租界中审判机关的研究。前者集中探研上海租界中会审公廨的权力关系的变迁及其所产生的后果；后者则探索上海公共租界会审公廨取消以后成立的特区法院的基本情况，并对其中的有些关键问题作了较为深刻的研究。另外，还有一些专题研究相关的论文。《明代州县政府审理刑事案件职能初探》把明代的州县政府作为州县的司法机构，从总体上对其进行了研究，内容涉及它们在司法中的功能和运作。①《上海公共租界的会审公廨》《上海法租界会审公廨》②和《上海租界时代的临时法院论述》都对上海租界不同时期存在的司法机构进行专题研究。

关于诉讼和审判。许多关于地方法制史的著作中均提到诉讼、审判制度，把其作为重要组成部分。《宋代地方政府民事审判职能研究》聚焦于宋代县、州的民事审判职能，进行深入研究和论述，内容有案件的受理、审理、证据和判决等方面。③《羌族法制的历程》对羌族地方割据时期的诉讼和审判制度进行研究，内容包括告诉的限制和程序、审理和判决、上诉、复审和死刑复奏制度等。④《藏族古代法新论》对特殊的审判方法——神明裁判进行阐述，同时还指出它的三大弊端，即反科学性、虚伪性和残酷性。⑤《上海法治建设三十年专题研究》则从改革开放30年审判改革的侧面来反映其中的审判制度变迁。这种改革包括少年审判庭的建设、速裁模式的探索、法官选任制度的改革、法官行为规范的完善等内容。⑥还有一

① 施洪道：《明代州县政府审理刑事案件职能初探》，《零陵学院学报》（教育科学）2004年第4期。

② 张铨：《上海法租界会审公廨》，《史林》1994年第2期。

③ 屈超立：《宋代地方政府民事审判职能研究》，巴蜀书社2003年版，第57—130页。

④ 李鸣：《羌族法制的历程》，中国政法大学出版社2008年版，第225—232页。

⑤ 华热·多杰：《藏族古代法新论》，中国政法大学出版社2010年版，第190—191页。

⑥ 顾肖荣、史建三主编：《上海法治建设三十年专题研究》，上海社会科学院出版社2008年版，第32—44页。

部分论文专门论述地方诉讼、审判制度中的某个方面。《明代徽州的民事纠纷与民事诉讼》从收集到的明末歙县知县傅岩所审的153个案件出发，研究有关田宅、山林、坟地和水利等的各种民事纠纷与诉讼，并挖掘其中的原因。《简论山东抗日民主根据地的人民调解工作》把调解作为一种解决纠纷的方法，解决大量矛盾，保一方平安，内容涉及调解的组织形式、基本任务、纪律、作用和意义等一些方面。《英租威海卫的刑事审判》则对20世纪初英租威海卫租借地中发生的刑事案件进行探讨，其中专门提及"英王诉王和谢"案，以其作为典型案例加以衬托。

关于律师及其制度。在近现代中国地方法制史中，律师及其制度往往不被忽视。这是司法民主的象征。对于中国近现代的律师及其制度研究，同样取得一些成果。《近代社会变迁中的上海律师》以翔实的资料，对上海的外籍律师、本土律师、律师公会、律师的地位和作用等一些问题均进行了深入的研究。①还有一些论文研究中国地方的律师及其制度。《民国晚期西安地区律师制度研究》利用陕西和西安市现存的档案，对民国晚期西安地区的律师制度作了一个实证分析，内容涉及律师的分布地域、年龄和性别、政治倾向，还有执业与管理方式、对政治法律的影响等。《上海律师公会与中国近代法制》则把上海律师公会的产生、发展、作用的发挥等均放在中国近代法制中进行考量，把它们两者互动起来，有其特色。

有关执行。现有中国地方法制史的研究成果对执行的研究主要焦点在刑罚的执行上，关于地方监狱便成了主要研究对象。《天津监狱史》梳理从明清时期到改革开放以后天津监狱的历程，多数内容在新中国成立以后，显示监狱曲折的发展过程，内容包含监狱管理和制度的方方面面。②

① 陈同：《近代社会变迁中的上海律师》，上海辞书出版社2008年版，第1—4页。

② 薛梅卿、从金鹏主编：《天津监狱史》，天津人民出版社1999年版，第1—3页。

《上海监狱志》对唐宋以后上海的历朝监狱作了爬梳，重点也在新中国成立以后，内容广泛，可是说是面面俱到。[①]《冕宁清代司法档案研究》把保存在冕宁档案馆中的司法档案进行整理，对清代档案进行研究，对其中的相关执行种类、方式等都作了介绍。[②]还有少量论文也以专门研究地方监狱为主题，如《清代广西土州县监狱制度》和《国民党统治时期广东监狱发展探讨》。前者对清代广西土州县的监狱制度作了总结、分析，并指出这一监狱一直沿用至民国初期的 1929 年。后者则对国民党统治时期广东的监狱作了概括性介绍，还在这一基础上提炼出狱制发展的三大特征。这些研究反映出中国地方司法史的一些基本情况。

四、其他方面的研究

在现有的中国地方法制研究成果中，还有一些其他方面的成果也值得提及。首先，关于地方法制史特点的研究。有些中国地方法制史研究成果专门论述本地法制的特点。由于地方不同，往往特点也就不同。《西南少数民族习惯法研究》从内容的完整性与形式的片断性、成文的习惯法与不成文的习惯法、伦理道德与神意性、民族习惯的民主性与阶级统治的专制性、融合性与冲突性等多方位来论述这一习惯法的特点。《英国租借时期威海卫法律制度研究》则从形式、内容和法律实效三个方面来论述这一法制的特点，并对这些特点的成因作了解读。[③]《上海小刀会起义军法制评述》[④]对小刀会起义军统治上海华界期间，即 1853 年 9 月至 1855 年 2 月，

① 麦林华主编：《上海监狱志》，上海社会科学院出版社 2003 年版，第 1—6 页。

② 张晓蓓：《冕宁清代司法档案研究》，中国政法大学出版社 2010 年版，第 181—190 页。

③ 邵宗日：《英国租借时期威海卫法律制度研究》，法律出版社 2011 年版，第 276—289 页。

④ 王立民：《上海小刀会起义军法制评述》，《历史教学问题》1990 年第 4 期。

建立法制的特点进行概括，较为突出的是简约性和及时性两大特点。《吐蕃法律初探》对吐蕃法律的特点进行探讨，总结为诸法合体、等级森严、佛教道德法律三位一体、妇女地位低下、保留了某些原始社会残余习惯等特点。

有少量中国地方法制史研究成果对地方案例进行研究。《清代江西赋税纠纷案浅析》一文把清代江西的地方性法规及文献、案牍材料、地方志、诉讼案卷等资料中的赋税纠纷案进行整理和研究，探索引起纠纷的原因等。《新上海第一年刑案述评》一文则对上海在 1949 年 5 月解放后第一年中所发生的各种刑事案件进行梳理、归类，主要分为反革命、经济、侵犯人身权和财产权等案件，接着还对打击这些犯罪所取得的成效和相关的一些问题进行了分析、论述。最后，关于地方法学教育与法学学术团体的研究。也有少量研究成果关注了地方的法学教育和法学学术团体并进行较为深入地研究。《上海法学教育史研究》对上海自开埠后的 1843 年直到改革开放后的 2005 年间的法学教育进行全景式研究，分为起源、发展、调整和挫折、振兴与繁荣，并对每个时期作了阐述。《上海市法学会历史变迁研究》则采用纵、横向相结合的体例，对上海市法学会进行较为深入的探析。纵向以发展时期为主线，横向则以组织机构、社会功能、影响路径等相关问题为专题，整本著作的思路很清晰。

综上所述可见，70 年来，中国地方法制史研究的成果已经不少，为进一步研究打下了良好的基础。

第四节　研究成绩、存在问题及展望

新中国成立 70 年来，特别是改革开放后的 40 年来，中国地方法制史的研究，已取得不小的成绩。这些成绩背后，还存在一些问题有待进一步的研究。

一、取得成绩的原因

改革开放 40 年来，中国地方法制史研究取得的成绩不小，大大超过新中国成立后前 30 年的成绩。这里仅以发表的论文来作比较。据统计，前 30 年专门研究中国地方法制史的论文仅有 7 篇。①后 40 年的论文数则大大超过前 30 年，仅 2005 年就有 10 篇。②一年超过 30 年。著作的情况也基本如此。取得成绩的原因主要有：

第一，研究队伍开始壮大。这一队伍的壮大与法学教育的恢复和发展有直接关系。改革开放以后，中国的法学教育开始恢复，不久便有了一个前所未有的大发展。1979 年时，法学专业的在校学生为 3 008 人，1998 年时增加到 85 565 人。③随着高校的扩招，法学专业在校人数有了进一步增长，到 2008 年，这一数字已提高到 40 万人，其中硕士研究生 8 万人，博士研究生 1 万人。同时，具有法学专业的高校也扩张到超过 600 所。④目前，仍保持着这一数字。法学专业学生的增加，从事中国法制史教研的人员也会增长。因为，中国法制史是一门法学专业的核心课程，每个法学专业的本科生都必须学习。按每个学校配备一位教师来计算，全国会有超过

① 《新中国成立以来发表的法律史论文目录》(一)，何勤华、王立民主编：《法律史研究》第 1 辑，中国方正出版社 2004 年版，第 197—207 页。

② 《新中国成立以来发表的法律史论文目录》(三)，何勤华、王立民主编：《法律史研究》第 3 辑，中国方正出版社 2004 年版，第 374—390 页。

③ 霍宪丹：《中国法学教育的发展与转型》，法律出版社 2004 年版，第 326 页。

④ 王立民：《中国当前法学教育的职业化走向》，《法制日报》2009 年 11 月 11 日。

600 人的中国法制史教研队伍。其中，只要有一部分致力于中国地方法制史的研究，这支研究队伍的规模就比以往大许多。事实上也是如此。方慧、王立民、姚远、张晓蓓、王东平、尚海涛、栗明辉等都是中国大学中的教研人员。另外，还有一些硕、博士研究生，特别是一部分博士生也以地方法制史为研究目标，博士学位论文以地方法制史为主题，地方法制史的成果便较为丰硕。《冕宁清代司法档案研究》《清代清水江下游村寨社会的契约规范与秩序》《晚清州县诉讼中的审判问题》《民国时期华北地区农业雇佣习惯规范研究》《西夏法律制度研究》《清代回疆法律制度研究》《上海公共租界特区法院研究》《近代社会变迁中上海律师》《英国租借时期威海卫法律制度研究》等力作，都是博士学位的论文的翻版。可见，中国法学教育的大发展是中国地方法制史研究队伍壮大的直接推手。

第二，研究资料开始增多。中国地方法制史的研究依赖于地方法制史的资料。没有这些资料，这一研究便无法进行。改革开放以前，其中的有些资料没有对外开放，研究人员便无法得到这种资料，研究也就受阻，研究成果也就不多了。比如，地方的档案资料就是如此。改革开放以后，中国各地依据 1987 年《档案法》的规定，纷纷开放本地保存的档案。这为研究地方法制史打开了方便之门，这一研究的资料一下子增加了许多。这里仅以研究上海地方法制史的成果而言，包括《上海公共租界特区法院研究》《近代社会变迁中的上海律师》在内，还有《上海法制史》《上海公安志》《上海检察志》《上海审判志》《上海监狱志》《上海市法学会历史变迁研究》《城市·规划·法制》等，无一不是大量运用了上海现存的地方档案资料。著作是如此，论文也是如此。有关地方法制史资料的增多，为中国地方法制史的研究提供了方便。

第三，研究环境开始宽松。改革开放以前，中国长期处于阶级斗争为纲的环境中，大家的思想受到禁锢，学术无法自由，学术环境比较恶劣。

改革开放以后，民主法治建设逐步推进，学术的春天到来了，学术研究的环境开始宽松，研究人员的思想也开始解放了。正如《中国法律发展报告》指出的："思想解放使法学工作者勇于打破禁区，全方位地开展法学研究；思想解放也使法学工作者能够以科学的态度面对现实和理论研究中存在的问题，理性地思考解决问题的办法。思想解放更为广大法学工作者营造了一个从事法学研究的宽松环境，而这正是中国法学能够顺利发展的养分所在。"①正因为如此，中国地方法制史的研究也应运而发展起来了。这三大主要原因的综合，正好是研究主体、客体和环境三大研究要素的有机聚合，这为中国地方法制史的研究并取得不小成绩铺平了道路。

二、目前存在的问题

立足于今生，认真审视中国地方法制史的研究，可以发现还存在一些问题，主要是以下四个方面。第一，研究人员较为分散，没有形成研究合力。从现有的研究成果来分析，中国已经有一支地方法制史的研究队伍，分别研究以行政区划、地区、少数民族聚居区为单位的法制史。而且，已达数十人，形成一定的规模。但是，这支队伍中的人员较为分散，有在云南、山东、广东等省，有在北京、上海、重庆等城市，也有在新疆、西藏、内蒙古等自治区。大家各自为政，各作研究，没有全国统一的研究计划、项目，无法形成研究合力。这会影响研究力量的有机组合，研究资源的合理配置，乃至系统、大部研究成果的产生。

第二，研究的地域分布不匀，研究成果疏密不均。经过梳理发现，现有的成果分布的地域不匀，还有很多地域没有为地方法制史的研究成果所

---

① 朱景文：《中国法律发展报告》，中国人民大学出版社2007年版，第595—596页。

覆盖。比如，中国有这么多的市、县，但有地方法制史研究成果的，也仅上海、重庆、广州、冕宁等一些市、县。又比如，中国有50多个少数民族，而且都有聚居区，但有地方法制史研究成果的，也仅藏、羌、傣、回、蒙古等少数几个少数民族。同时，有的地方的地方法制史成果则比较集中。比如，有关上海法制史的成果就相对多一些，著作、论文都有面世。

第三，研究资料没有充分发掘，还有资料没有被充分运用。中国地方法制史的研究以资料为基础。没有这一资料，研究无法进行。缺乏相关资料，也会对这一研究带来不利影响，以致其无法深入。中国有大量地方史资料保存下来，其中不乏含有法制史的资料。其中，不仅有地方志，还有档案、契约文本、石碑、传记等。这些都可以被利用，为研究地方法制史作贡献。可是，从目前情况看，这些资料还未被充分发掘，更谈不上利用了。从上海档案馆所藏的上海华界、租界法制的资料来看，就是如此。同样，有些市、县档案馆的地方法制史资料也在沉睡，没有被发掘、利用。它们都是中国地方法制史研究的潜在资料。

第四，研究方法较为单一，高质量的研究成果不多。对现有的研究成果的审读可以觉察到，研究中国地方法制史的方法大多习惯于资料的搜集与归纳，观点的提炼与论证，根据部门法的要求进行分析和内容排列等。这些方法固然需要，也很重要。但是，要使这一研究向纵深发展，产出高质量的研究成果往往不够，还需要运用其他一些方法，以使中国地方法制史的研究成果有全景式展示，有深刻的解读，提高其品味。以这四个主要问题需要在今后的研究中加以解决。

三、进一步研究的展望

中国地方法制史的研究起步较晚，可以研究的空间很大，要进一步推进这一研究，有必要重视解决现存的一些问题。首先，重视研究队伍的扩大和整合。目前，中国地方法制史研究的缺口不小，有不少地方的地方法制史研究成果还处于空白状态，这就需要组织力量进行研究，使这些空白及时得到弥补。而且，地方法制史的研究往往需要在本地收集相关资料，本地学者便具有了优势，因为他们更熟悉当地的社会情况，相关资料更容易收集。从这种意义上讲，中国研究地方法制史的队伍还可有所扩大，人数也可有所增加。一些志同道合的学者可以作为新鲜血液加入。另外，现有的研究力量也有整合的必要，以形成研究的合力，产出更为系统的高质量成果。中国已有系统的中国法制史研究成果即10卷本《中国法制通史》①，还缺少中国地方法制通史的大部著作。只有当研究力量得到合理、有效的整合后，中国地方法制通史的成果才有望与大家见面。当前，可以先通过召开专门的地方法制史研讨会、成立相关的研究会、建立地方法制史研究的信息交流渠道等形式，加强学者之间的沟通与联系，为整合研究力量、产出更为系统和高质量的成果作准备。

其次，重视研究资料的收集。中国地方法制史资料也很分散，有的还往往不被人们所重视，可是要进一步推进中国地方法制史研究，没有资料不行。随着时间的推移，大工程的兴造，城市化进程的加快等，都有可能使一些珍贵的地方法制史资料受损，甚至灭失，因此当务之急是要重视收集这一研究资料，把它们尽可能多地保留下来，为研究作准备。不少地方法制史资料会存留在地方档案中，要特别重视地方档案的发掘。其中，既包括立法、行政执法档案，也包含司法档案等。已有一些地方法制史研究成果使用了大量地方档案资料，《上海法制史》《城市·规划·法制》《上海公共租界特区法院研究》《冕宁清代司法档案研究》《民国时期华北地区

① 张晋藩总主编：《中国法制通史》，法律出版社1999年出版。

农业雇佣习惯规范研究》等，无一不是如此。还有，田野调查、口传资料也不能忽视。这些鲜活的资料往往能起到传世文献、档案等资料所起不到的作用，《羌族法制的历程》和《西南少数民族习惯法研究》等都使用过此类资料，效果很好。总之，要拓宽收集中国地方法制史资料的渠道，收集和使用更多相关资料，为进一步研究做好这一基础性工作。

最后，重视研究方法的改进。现有的研究方法仍可使用，但更要重视引用其他一些行之有效的方法，比如理论分析、实证、比较等方法。使用这些方法可提升现有中国地方法制史的研究水准。理论分析方法可以提升这一法制史研究的理论水平，加强史论结合，突破就史论史的樊篱，使这种研究更具价值。实证方法可使这一研究突出定量分析，为定性研究奠定基础，做到定量与定性相结合，使研究的问题和提出的结论更具说服力。比较方法可以在比较过程中，凸显地方法制史的特点，反映它们的差别与实质。当然，在使用这些方法时，也需因地制宜，切忌盲从。要在适当的地方使用适当的方法，物尽其用。比如，把中国地方法制史与中国中央法制史相比较，可以反映出它们各自的特点；把不同省份、地区的法制相比较，可以提炼出它们各自的差异与特色；把不同少数民族聚居区法制史作比较，可以烘托出它们的相同点与不同点，等等。可以相信，随着研究方法的改进，中国地方法制史的研究还可再上几个台阶。

70 年来，中国地方法制史已取得不小的成绩，十分喜人。今后，这一研究的任务依然很重，研究空间仍然很大，还需不懈努力，取得更大成绩。

第十章　中国租界法制研究70年

在中国领土上，最早出现近代法制的是在中国租界。鸦片战争以后，在上海、天津、汉口、厦门、镇江、九江、广州、杭州、苏州、重庆等10个城市中，先后出现了租界，也有了租界法制。①新中国成立后的70年对这一法制已有一定的研究，也有一些成果，特别是改革开放后的40年。在此回顾与探索中国租界法制的研究。

第一节　中国租界法制研究成果分类

在新中国成立以后，中国和海外学者都有一些研究中国租界法制的成果，特别是在改革开放，这类成果明显增多，其分类情况如下。

① 中国除了租界以外，另有一些类似租界的地区，如租借地等。本章仅以租界及其近代法制为研究对象，其他地区及其法制均不包括在内。关于其他地区可参见费成康：《中国租界史》，上海社会科学院出版社1991年版，第431—436页。

一、研究中国租界法制的著作

中国现在已经出现少量专门研究中国租界法制的著作。这些著作以中国租界法制为研究对象，并展开论述。《中国租界法制初探》①即是如此。但是，还有一些成果的研究领域只是集中于一个城市中的租界法。《上海租界法制研究》②《上海租界法制史话》③、《上海公共租界特区法院研究》④和《上海英租界巡捕房制度及其运作研究（1854—1863）》⑤等都是如此。

《中国租界法制初探》是中国唯一一部以专门研究中国租界法制为主题的专著，分为上、下两篇。上篇从总体上研究中国租界法制，下篇则集中研究上海租界法制。上篇有 9 章，分别论述中国租界与中国法制现代化、中国城市中的租界法与华界法、中国租界法制的变迁、中国租界法制的传播、华人对中国租界法制的态度、中国租界的法学教育与中国法制现代化等。下篇共有 5 章，分别论述上海租界法制中的一些问题，包括上海租界法制的差异、上海租界的现代公共卫生立法、上海的澳门路与公共租界的现代法制等内容。上、下两篇总和起来，正好是中国租界法制面和点的展示，宏观与微观的结合。另外，在正文后还有 4 个附录。它们都把中国租界的法制作为中国现代的区域法制进行研究，内容涉及近代的区域治理、三大战争与区域法制的变迁、甲午战争后中国区域法制的变迁等。该书的出版弥补了新中国成立 70 年来，中国租界法制变迁研究的不足，学

① 王立民：《中国租界法制初探》，法律出版社 2016 年版。

② 王立民、练育强主编：《上海租界法制研究》，法律出版社 2011 年出版。

③ 王立民：《上海租界法制史话》，上海教育出版社 2001 年出版。

④ 姚远：《上海公共租界特区法院研究》，上海人民出版社 2011 年出版。

⑤ 张彬：《上海英租界巡捕房制度及其运作研究》，上海人民出版社 2013 年版。

术地位不言而喻。

《上海租界法制研究》是一本综合性研究上海租界法制的学术专著。共有 19 章，每章分别研究一个上海租界法中的一个专题，内容涉及上海租界法制的诞生、立法、行政执法、司法、法制变迁、动力来源和法制引起的社会变化等。这样的内容有其自己的逻辑，即从上海租界法制的产生、运作到效果。第一章专门论述上海租界法制的产生及其具体表现。第二章至第六章集中阐述上海租界的立法，内容包括上海租界的土地章程、土地管理和登记制度、道路管理和建筑管理制度等。第七章至第九章聚焦于上海租界的行政执法，内容主要叙述巡捕房的机构、职能、执法控制等。第十章至第十五章突出上海租界的司法，其中涉及司法机构的沿革，从洋泾浜北首理事衙门发展到会审公廨、临时法院和特区法院。这一沿革过程同时也是这些机构职能发展、司法权运作变化的过程。第十六章和第十七章则是反映太平洋战争爆发以后，日军占领、控制上海租界之后上海租界法制的变迁，内容包含法制机构、内容等的变迁。第十八章专门论述上海租界法制近代化的动力来源，其中主要是人、政体和经济三大动力。第十九章专门考察上海租界法制的实施，给社会带来的各种变化，促进上海城市近代化的进程以及存在的各种弊端等。综观全书，在研究上海租界法制领域，它的体系结构、内容和资料运用方面都有所突破。上海长期存在公共租界和法租界两个租界，该书的研究内容大量集中于公共租界的法制。

《上海租界法制史话》则是从通俗化的角度来反映上海租界法制。它全都由通俗性短文构成，共有 58 篇，而且每篇短文的内容相对独立，讲述上海租界法制的一个侧面。这些短文根据内容分别归入四大篇，即立法、司法、案例和法文化篇。立法篇介绍上海租界的一些重要法规，内容涉及法规形式、土地章程、路名及其规定、人口与立法、新闻出版规定、公园规则、卫生立法、戒严法，等等。司法篇叙述上海租界的司法机构和实施法制的一些情况，内容有领事公堂、会审公廨、临时法院、特区法院、监狱、律师等。案例篇描述一些发生在上海租界较为著名的案例，包括有大闹会审公堂案、《新生》杂志案、张金海案等。法文化篇则是从文化的角度审视上海租界法，内容有华洋法文化的形成与表现、法文化的价值取向、"非政治化"倾向等。该书虽是一本通俗性的上海租界法制史，但内容均以相关史料为依据，真实可靠，与文艺小说不同。它通过短小精悍、通俗易懂的内容和一些上海租界的老照片相结合的形式，提高上海租界法制史的可读性和观赏性，是一本很有特色的上海租界法制史著作。

如果说前两本著作以研究上海租界近代法制的多个领域为其内容的话，那么《上海英租界巡捕房制度及其运作研究（1854—1863）》和《上海公共租界特区法院研究》则仅聚焦于上海英租界、公共租界的巡捕房、法院，内容相对集中和单一，但却更有深度。它较为全面地探研了这一巡捕房、法院，包括它们的机构沿革；它们的设立与组成、巡捕、审判、检察制度、法权之争、变异与思考等内容，不仅使巡捕房、法院的基本情况得到较为全面的反映，还从理论上对一些问题作了阐述，比如法权之争、变异与思考等都是如此。另外，书中的大量史料取自流传至今的档案，比较可靠。史论结合得也比较好。在此书出版之前，中国还未有如此全面、深入研究它们的专门成果，此两书的学术价值不言而喻。

二、中国租界著作中有关于中国租界法制的内容

中国出版过一些从整体上研究中国租界的著作。在这些著作中，有涉及中国租界法制的内容。这些内容也是中国租界法制的研究成果。这些著

作的数量也不多。《中国租界史》①和《列强在中国的租界》②是这样的著作。

《中国租界史》共有十二章，分别对中国租界的开辟与拓展、土地制度、法律制度、行政制度、特征、各国租界的异同、各地租界的兴衰、近似租界的特殊区域、中国人民的抗争、有关租界研究的一些问题和租界的收回。该书还有三个附录，分别是中国租界一览表、主要的未辟租界及类似租界地区一览表和中国租界史大事年表。其中的土地制度、法律制度、行政制度和租界的收回等章都不同程度地存在研究中国租界法制的内容。土地制度章中涉及的内容包括土地权的取得方式、地价与地税和特殊的土地文契，这些都是关于租界法制的研究成果。在中国的绝大部分租界中，"外人都通过永租的方式来租借土地。永租制是租界土地制度的特点"。③法律制度章阐述的都是研究中国租界的法制的内容，主要是立法和司法制度、上海租界会审公廨的独特变化等。行政制度章中的行政体制、日常行政的主要内容和华人参政后的新格局部分都渗透着法制研究的内容。租界的收回章中的关键内容都与法律文件有关，因为这种收回本身就是一种法制行为。比如，1943年中国政府与美、英两国政府签订的《关于取消美国在华治外法权及处理有关问题之条约》《关于取消英国在华治外法权及其有关特权条约》是收回美、英租界的法律文件。④此著作既是一部系统反映中国租界的专著，也是一部在一定程度上研究租界法制的著作。

《列强在中国的租界》⑤是一本以研究中国租界为对象的研究文集。文

① 费成康：《中国租界史》，上海社会科学院出版社1991年版。

②⑤ 《列强在中国的租界》编辑委员会编：《列强在中国的租界》，中国文史出版社1992年版。

③ 费成康：《中国租界史》，上海社会科学院出版社1991年版，第86页。

④ 同上书，第416页。

集分为两大部分，即租界史料、租借地及其他史料部分。其中的作者有64位，文章有60篇。作者通过自己的回忆撰写成文，编入此文集，内容涉及上海、天津、汉口、广州、厦门、九江、镇江、苏州、重庆、杭州等租界。其中，有些文章直接与研究租界法制相关。比如，朱梦华的《上海租界的形成及其扩充》、赵晋卿的《收回会审公廨交涉的经过》、李守宪的《上海西牢回忆》、李汉元的《我在天津英租界工部局警务处的纪事》、汪应云的《我在汉口法租界巡捕房的经历》、林曼馥的《会审公堂与华人议事会》等都是如此。《上海租界的形成及其扩充》一文从上海土地章程的内容、变化来分析上海英、美、法三个租界的形成、扩充。其中，还引用《上海土地章程》的一些具体规定。[①]《上海西牢回忆》一文则通过作者自己的亲身经历来反映上海提篮桥监狱一些情况。这是“所谓的东方第一大监狱”，但作者认为“实在是一个残忍的人间地狱”。接着，通过“续命饭”“跑圈子”“裸体舞”“上吊铐”等来证明这一“人间地狱”。在“裸体舞”中，作者写道：“每七天淋浴一次，骤听起来似乎是好事。但是当你把衣服脱光了，冬天就开冷水，让冰水淋得你周身痉挛，夏天则放滚烫的热水，烫得你浑身起泡。不‘洗澡’是不允许的。”[②]此文法制部分内容是研究中国租界法制的一种实录性的资料及其研究成果，弥足珍贵。

三、中国地方租界志中有关于租界法制的内容

中国已出版一些地方租界的租界志。租界志以记载租界的史料为主

① 《列强在中国的租界》编辑委员会编：《列强在中国的租界》，中国文史出版社 1992 年版，第 3 页。

② 同上书，第 81 页。

题，其中，有少量研究这些租界法制的内容。《天津通志・附志・租界》[1]《上海租界志》[2]和《汉口租界志》[3]是这样的志。

《天津通志・附志・租界》共有十二章，分别是租界的划定扩张与收回、租界的管理机构、金融、房地产业、工业、商业、市政及公用设施、交通邮电、文化教育、体育卫生、人口宗教、租界恶疾和租界人物等。其中，租界的划定扩张与收回章中有大量天津租界法制的内容，因为天津租界的划定扩张与收回都与相关规定和契约有关。比如，中英租界的《英墙外推广界合同》、法租界的《天津紫竹林法国租地条款》、德租界的《天津租界条约》、日租界的《天津日本租界条款》等都是如此。[4]其他章中则很少涉及法制的内容。

《上海租界志》分 6 篇进行阐述，分别是区域人口、机构、财政、公共设施、管理和人物篇。篇下分章，共有 17 章。其中，每篇的内容都涉及法制的研究。在区域人口篇中，涉及英、美、法三个租界的《土地章程》；[5]机构篇中涉及《土地章程》《上海法租界公董局组织章程》、租地人会制度等；[6]财政篇中涉及《土地章程》、租地人会、会审公廨等；[7]公共设施篇中涉及法租界公董局与英商上海自来水公司的 36 条协议、英商上海自来水公司与华界南市给水的规定等；[8]管理篇中涉及《西童公学章程》

① 罗澍伟主编：《天津通志・附志・租界》，天津社会科学院出版社 1996 年版。

② 史梅定主编：《上海租界志》，上海社会科学院出版社 2001 年版。

③ 袁继成主编：《汉口租界志》，武汉出版社 2003 年版。

④ 罗澍伟主编：《天津通志・附志・租界》，天津社会科学院出版社 1996 年版，第 41—51 页。

⑤ 史梅定主编：《上海租界志》，上海社会科学院出版社 2001 年版，第 91—93 页。

⑥ 同上书，第 151—153 页。

⑦ 同上书，第 315—320 页。

⑧ 同上书，第 386—387 页。

《中法学校章程》等;①人物篇中涉及一些人物参与上海租界法的制订，如宫慕久、吴继彰参与上海英租界《土地章程》的制订、蓝蔚雯则与英美法三国领事设定租界内租占土地及房舍居住章程等。②

《汉口租界志》分章进行叙述，共有九章，分别是租界区域与人口、经济活动、政治体制、文化事业、公用事业、社会生活、租界与中国政局、租界的收回、人物章。此外还有附录，共选录了40个法律文件。该志中的租界区域人口章所叙述的汉口租界初设、扩展部分直接与租界法制有关；政治体制章中的立法、司法部分也直接与租界法制的研究相关。其他章中也有些内容研究法制。比如，经济活动章里有《长江各口通商暂订章程》的规定;③文教事业章里有法租界关于从医的规定;④公用事业章里有英租界《巡捕章程总则》的内容;⑤社会生活章里有英租界《工部局市政章程警察附则》的内容;⑥租界与中国政局章里有“六一一”惨案的记载;⑦租界的收回章里提及了《收回汉口英租界之协定》;⑧人物章里有英国人巴夏礼参与《汉口租界条款》制定的记录等都是如此。⑨这些地方租界志中有关租界法制的内容十分真实，是研究中国租界法制中可贵的组成部分。

① 史梅定主编:《上海租界志》，上海社会科学院出版社2001年版，第469—470页。
② 同上书，第605页。
③ 袁继成主编:《汉口租界志》，武汉出版社2003年版，第55页。
④ 同上书，第305页。
⑤ 同上书，第360页。
⑥ 同上书，第392页。
⑦ 同上书，第411页。
⑧ 同上书，第424页。
⑨ 同上书，第449页。

四、研究中国地方史著作中有关于租界法制的内容

中国已有一些城市的地方史著作问世。一些有租界城市的地方史著作中，都会不同程度地涉及租界法制。有些关于地方史通史类的著作中有研究租界法制的内容。上海地方史著作有这方面的内容。《上海史》①《上海通史》②《上海近代史》③和《上海一百年》④都是如此。《上海史》记载了上海租界的一些情况，研究了租界的扩张及其法制的规定，其中包括《虹口租界章程》和重订的《上海土地章程》。⑤《上海通史》是一套十五卷本著作，全面、系统地阐述了上海发展的历史，其中就有一些是研究上海租界法制的内容。其第一卷就涉及会审公廨职权的变迁。⑥《上海近代史》中也有上海租界法的记录和研究，包括《土地章程》的第一次修改。⑦《上海一百年》中也有些内容涉及上海租界法制，其中有上海的第一个土地章程的相关内容。⑧这些内容从不同视角反映了一个城市中的租界法制及其研究情况。

有些专门研究地方租界史的著作中也有租界法制研究的内容。研究上海租界史的著作中就有这方面的内容。《上海公共租界史稿》⑨《上海租界

① 唐振常主编：《上海史》，上海人民出版社 1989 年版。

② 熊月之主编：《上海通史》，上海人民出版社 1989 年版。

③ 刘惠吾编著：《上海近代史》（上、下），华东师范大学出版社 1985 年版。

④ 朱华等：《上海一百年》，上海人民出版社 1999 年版。

⑤ 唐振常主编：《上海史》，上海人民出版社 1989 年版，第 344—346 页。

⑥ 熊月之主编：《上海通史》，上海人民出版社 1989 年版，第 43—44 页。

⑦ 刘惠吾编著：《上海近代史》上，华东师范大学出版社 1985 年版，第 125—128 页。

⑧ 朱华等：《上海一百年》，上海人民出版社 1999 年版，第 12 页。

⑨ 蒯世勋等：《上海公共租界史稿》，上海人民出版社 1980 年版。

问题》[1]《租界 100 年》[2]《上海的租界》[3]《上海租界百年》[4]《上海公共租界城市管理研究》[5]《租界里的上海》[6]和《老话上海法租界》[7]等都是如此。《上海公共租界史稿》对上海公共租界的产生、变化作了较为系统的表述，其中对 1845 年土地章程（又称地皮章程）的产生、内容等都有较为详细的阐述和研究。[8]《上海租界问题》较为全面地研究了上海租界的产生、治理等问题，对辛亥革命时期上海租界中会审公廨的变化作了研究。[9]《租界 100 年》是一本简明上海租界史著作，讲述了上海租界 100 年历史中的一些重要侧面，其中亦有一些内容论述了上海租界法制，上海法租界的《市政宪章》是其中之一。[10]《上海的租界》实际上是一本简明上海租界通史，从上海租界的出现至上海租界的收回都有不同程度的涉及，其中亦有法制的评述，比如有关公共卫生的规定。[11]《上海租界百年》用较为生动的语言，反映了上海租界的百年历史，其中也论及租界的法制，比如有关人力车规定的实施情况。[12]《上海公共租界城市管理研究》探研上海公共租界中公共卫生、城市交通、建筑、公共设施建设等的管理，其中有关于法制内

---

① 夏晋麟：《上海租界问题》，《民国丛书》第 24 卷，上海书店 1989 年版。
② 汤伟康、杜黎：《租界 100 年》，上海画报出版社 1991 年版。
③ 马长林：《上海的租界》，天津教育出版社 2009 年版。
④ 姜龙飞：《上海租界百年》，文汇出版社 2008 年版。
⑤ 马长林等：《上海公共租界城市管理研究》，中西书局 2011 年版。
⑥ 马长林主编：《租界里的上海》，上海社会科学院出版社 2003 年版。
⑦ 杨尧深主编：《老话上海法租界》，上海人民出版社 1994 年版。
⑧ 蒯世勋等：《上海公共租界史稿》，上海人民出版社 1980 年版，第 308—319 页。
⑨ 夏晋麟：《上海租界问题》，《民国丛书》第 24 卷，上海书店 1989 年版，第 54—59 页。
⑩ 汤伟康、杜黎：《租界 100 年》，上海画报出版社 1991 年版，第 31 页。
⑪ 马长林：《上海的租界》，天津教育出版社 2009 年版，第 112 页。
⑫ 姜龙飞：《上海租界百年》，文汇出版社 2008 年版，第 170 页。

容的研究，如对《狂犬病及家犬上口套管理条例》的研究。[①]《租界里的上海》从经济、文化、社会、对外关系、管理等角度研究上海的租界，其中涉及法制，对四明公所案的研究就是其中之一。[②]《老话上海法租界》专门探索上海法租界的历史、地理、政治、经济、军事、文化等，其中也有法制，法租界的监狱就是其中之一。[③]这些租界法制的研究内容往往与租界的发展有关联，以一定的租界背景作支撑，也有其特色。

另外，在其他一些有关地方史研究的著作中，也有少量租界法制的研究成果。上海就有一些这样的著作。《上海研究资料》[④]《上海研究资料》(续集)[⑤]《上海地名小志》[⑥]《旧上海的帮会》[⑦]《旧上海黑社会》[⑧]《上海法制史》[⑨]《名人笔下的老上海》[⑩]《近代社会变迁中的上海律师》[⑪]《城市·规划·法制——以近代上海为个案的研究》[⑫]等都是如此。《上海研究资料》用专题形式，记载包括租界在内的老上海的一些情况，其中评述了华人不可进入外滩公园的规定。[⑬]《上海研究资料》（续集）保持《上海研

① 马长林等：《上海公共租界城市管理研究》，中西书局2011年版，第93页。

② 马长林主编：《租界里的上海》，上海社会科学院出版社2003年版，第207—214页。

③ 杨尧深主编：《老话上海法租界》，上海人民出版社1994年版，第31—32页。

④ 上海通社编：《上海研究资料》，上海书店1984年版。

⑤ 上海通社编：《上海研究资料》（续集），上海书店1984年版。

⑥ 郑祖安：《上海地名小志》，上海社会科学院出版社1988年版。

⑦ 中国人民政治协商会议上海市委员会文史资料工作委员会：《旧上海的帮会》，上海人民出版社1986年版。

⑧ 郭绪印：《旧上海黑社会》，上海人民出版社1997年版。

⑨ 王立民：《上海法制史》，上海人民出版社1998年版。

⑩ 倪墨炎选编：《名人笔下的老上海》，北京出版社1999年版。

⑪ 陈同：《近代社会变迁中的上海律师》，上海辞书出版社2008年版。

⑫ 练育强：《城市·规划·法制——以近代上海为个案的研究》，法律出版社2011年版。

⑬ 上海通社编：《上海研究资料》，上海书店印行1984年版，第481页。

究资料》的风格，在记录上海租界一些法制情况的同时，也作了适量的评论，比如对苏报案整个过程的描写及其评论就是如此。[1]《上海地名小考》是一部专门研究老上海地名的著作，其中大量涉及上海租界的地名，亦包括设立地名的规定。其中，论述了上海英美租界关于南北向的道路以中国的省名来命名、东西向的道路以中国的主要城市来命名的规定。[2]《旧上海的帮会》是一本由 20 多位作者回忆上海帮会的文章组成的著作，其中许多内容都与上海租界有关，还论及一些法制的内容。比如，评述犯罪嫌疑人规避英、法两租界巡捕追捕的史实。[3]《旧上海黑社会》是一本专门阐述旧上海黑社会中毒品、流氓、赌博、嫖妓、绑票、强盗等内容的著作，其中也有一些内容与研究上海租界法制相关，比如发生在上海租界的严裕棠、魏廷荣等的绑票案。[4]《上海法制史》是一部集中论述上海自成立县以后至新中国成立以前法制历史的专著，其中亦包括租界法制的研究，内容涉及立法、审判机关等。[5]《名人笔下的老上海》一书收集蔡元培、胡适、陈独秀、鲁迅、方志敏、陈望道、宋庆龄等 90 余位中国名人撰写的有关老上海的文章，有少量内容也评论了上海租界法制，比如对上海租界公园的“中国人与狗不准入内”规定的评论就是这样。[6]《近代社会变迁中的上海律师》以专著形式，聚焦近代的上海律师，大量的是上海租界的律师，其中第二章专论上海租界的外籍律师。[7]《城市・规划・法制——以近代上

① 上海通社编：《上海研究资料》（续集），上海书店印行 1984 年版，第 71—84 页。

② 郑祖安：《上海地名小志》，上海社会科学院出版社 1988 年版，第 36 页。

③ 中国人民政治协商会议上海市委员会文史资料工作委员会：《旧上海的帮会》，上海人民出版社 1986 年版，第 89 页。

④ 郭绪印：《旧上海黑社会》，上海人民出版社 1997 年版，第 233—239 页。

⑤ 王立民：《上海法制史》，上海人民出版社 1998 年版，第 165—235，272—287 页。

⑥ 倪墨炎选编：《名人笔下的老上海》，北京出版社 1999 年版，第 277 页。

⑦ 陈同：《近代社会变迁中的上海律师》，上海辞书出版社 2008 年版，第 41—109 页。

海为个案的研究》是一部系统、全面研究上海规划法制的专著，共有导论、近代上海公共租界城市规划法制、近代上海华界城市规划法制、结论等部分，其中的近代上海公共租界城市规划法制部分以专门研究近代上海公共租界中城市规划法制为内容，属于研究上海租界法制的内容。①这些有关上海地方史研究的著作中的上海租界法制研究的内容也有其一定的价值，可为进一步研究这一法制提供参考。

五、其他著作中有关于研究租界法制的内容

还有一些著作中也有研究租界法制的内容，如《中国近代律师制度与律师》②《近代外商来华投资法律制度》③《上海档案史料研究》（第 5 辑）④《上海审判志》⑤《上海公安志》⑥《上海监狱志》⑦等，也涉及租界法制的研究。《中国近代律师制度与律师》一书比较系统地研究了中国近代的律师制度与律师，有些较为详细地分析、论述了中国租界特别是上海租界的律师，其中第 6 章即是如此。⑧《近代外商来华投资法律制度》是一本专门研究中国租界法制在内的近代外商来华投资法律制度的著作，也没有回避中

① 练育强：《城市·规划·法制——以近代上海为个案的研究》，法律出版社 2011 年版，第 35—229 页。

② 王申：《中国近代律师制度与律师》，上海社会科学院出版社 1994 年版。

③ 吕铁贞等：《近代外商来华投资法律制度》，法律出版社 2009 年版。

④ 邢建榕主编：《上海档案史料研究》第 5 辑，上海三联书店 2008 年版。

⑤ 滕一龙主编：《上海审判志》，上海社会科学院出版社 2003 年版。

⑥ 易庆瑶主编：《上海公安志》，上海社会科学院出版社 1997 年版。

⑦ 麦林华主编：《上海监狱志》，上海社会科学院出版社 2003 年版。

⑧ 王申：《中国近代律师制度与律师》，上海社会科学院出版社 1994 年版，第 123—136 页。

国租界的法制，第 8 章对外商在上海租界的房地产法制作了论述，内容涉及其产生、变化和影响等。①《上海档案史料研究》（第 5 辑）则是一本以研究上海档案史料为主的成果汇集，其中也有一些研究的内容与上海租界法制有关，比如领事裁判权与大闹会审公廨的情况等。②《上海审判志》系统记载了上海审判机关的组织、功能、运作的史料，其中有关于上海租界会审公廨的内容。③《上海公安志》系统叙述了上海自 1854 年以来至 1994 年间的警政情况，内容包括警政机构、作用、装备、警种、人物等，其中也研究了上海租界的警政机关，第三章“租界警察机构”就是如此。④《上海监狱志》对自公元 759 年至 2001 年上海的监狱作了一个系统、全面的梳理，也对上海租界的监狱作一定的研究，第一章的第一节即为“租界监狱”，既有上海公共租界的监狱，也有上海法租界的监狱。⑤尽管这些著作中有关租界法制研究的内容参差不齐，有多有少，但也是这一研究的组成部分，不能被忽视。

六、论文对中国租界法制的研究

还有一些论文也对中国租界法制进行了研究。这些论文主要可以分为三类。第一类是以研究中国租界法制的一般问题为主；第二类是以研究立法问题为主；第三类是以研究司法问题为主。

---

① 吕铁贞等：《近代外商来华投资法律制度》，法律出版社 2009 年版，第 265—298 页。
② 邢建榕主编：《上海档案史料研究》第 5 辑，上海三联书店 2008 年版，第 140—141 页。
③ 滕一龙主编：《上海审判志》，上海社会科学院出版社 2003 年版，第 60—62 页。
④ 易庆瑶主编：《上海公安志》，上海社会科学院出版社 1997 年版，第 68—76 页。
⑤ 麦林华主编：《上海监狱志》，上海社会科学院出版社 2003 年版，第 97—104 页。

第一类的成果有：《中国的租界与法制现代化》[1]《上海公共租界法制现代化的动力来源》[2]《中国城市中的租界法与华界法》[3]《论上海租界法制的差异》[4]《百年中国租界的法制变迁——以上海租界法制变迁为中心》[5]《中国租界法制与中国法制现代化历程》[6]《试论中国租界与租借地区域法制的差异——以上海租界与威海卫租借地法制的差异为例》[7]等。这些论文重点研究中国租界与法制现代化的关系，内容涉及租界的设立与现代法制的开创、租界的现代法制与中国古代法制的差别、租界的法制发展不平衡和具有的两面性；上海公共租界法制现代化的动力来源、人的现代化要求、分权政体、经济发展等方面；中国城市中出现租界法与华界法并存的法制、地域、机构等方面的原因；上海租界法制在适用时间和空间、立法、司法等方面存在的差异，形成这种差异的土地章程、司法习惯和管理传统等方面的原因，这种差异给中国人带来的不便、给规避法制行为和法制借鉴提供的机会等。

第二类的成果有：《从城市规划法看上海租界土地章程》[8]《近代上海公共租界的建筑法律制度》[9]《上海租界的现代法制与现代社会》[10]《上海

① 王立民：《中国的租界与法制现代化》，《中国法学》2008年第3期。

② 练育强：《上海公共租界法制现代化的动力来源》，《历史教学问题》2010年第4期。

③ 王立民：《中国城市中的租界法与华界法》，《比较法研究》2011年第3期。

④ 王立民：《论上海租界法制的差异》，《法学》2011年第7期。

⑤ 王立民：《百年中国租界的法制变迁——以上海租界法制变迁为中心》，《政法论坛》2015年第1期。

⑥ 王立民：《中国租界法制与中国法制现代化历程》，《社会科学》2015年第2期。

⑦ 王立民：《试论中国租界与租借地区域法制的差异——以上海租界与威海卫租借地法制的差异为例》，《现代法学》2017年第1期。

⑧ 练育强：《从城市规划法看上海租界土地章程》，《华东师范大学学报》（哲学社会科学版）2010年第1期。

⑨ 练育强：《近代上海公共租界的建筑法律制度》，《探索与争鸣》2010年第3期。

⑩ 王立民：《上海租界的现代法制与现代社会》，《华东师范大学学报》（哲学社会科学版）2009年第5期。

租界的现代公共卫生立法探研》①等。这些论文侧重于上海租界的立法研究，内容涉及土地章程，是上海最早的规划文件，也是上海英租界的“根本法”；上海租界的历次土地章程中都有建筑管理的规定，这种规定内容变化的原因与消防、卫生防疫、交通相关，这些规定的实施过程中仍然存在着一定的局限性；上海租界的现代法制引导、规范了上海租界的现代社会，但是这种法制有瑕疵，它又导致这一社会的病态存在等。

第三类的成果有：《会审公廨的收回及其历史意义》②《试论会审公廨与近代法制的半殖民地化》③《清末民初上海公共租界会审公廨法权之变迁（1911—1912）》④《会审公廨与中国法制进步——以一名美国律师的记录为视角》⑤《论上海公共租界审判权力变迁》⑥《会审公廨司法审判权的“攫取”与“让渡”——会审公廨移交上海总商会调处民商事纠纷的分析》⑦《会审公廨是中国的审判机关异议》⑧等。这些论文集中研究了上海租界的会审公廨并以此来折射中国租界的司法情况，其中的主要内容是：中国会审公廨的形成与发展，民国时期会审公廨的交涉暨收回，它被收回的历史意义；在中国近代史上，领事裁判权的攫取和会审公廨的设置，都

① 王立民：《上海租界的现代公共卫生立法探研》，《历史教学问题》2014 年第 2 期。

② 徐小松：《会审公廨的收回及其历史意义》，《民国档案》1990 年第 4 期。

③ 刘春山：《试论会审公廨与近代法制的半殖民地化》，《驻马店师专学报》（社会科学版）1993 年第 2 期。

④ 胡震：《清末民初上海公共租界会审公廨法权之变迁》，《史学月刊》2006 年第 4 期。

⑤ 杨帆、于兆波：《会审公廨与中国法制进步——以一名美国律师的记录为视角》，《北京理工大学学报》（社会科学版）2009 年第 6 期。

⑥ 姚远：《论上海公共租界审判权力变迁》，《政治与法律》2010 年第 3 期。

⑦ 王红梅：《会审公廨司法审判权的“攫取”与“让渡”——会审公廨移交上海总商会调处民商事纠纷的分析》，《甘肃社会科学》2011 年第 1 期。

⑧ 王立民：《会审公廨是中国的审判机关异议》，《学术月刊》2013 年第 10 期。

是西方列强对我国司法主权的侵犯，会审公廨是中国政府出人出钱，惩办中国人，保护外国人的一种审判机关；清末民初之际，上海公共租界会审公廨法权的变化甚大，从中国基本控制下的司法机构变为完全由外国人控制，所受侵略更深一层，也使民国后废除领事裁判权难度增大；从一个美国律师的简短记录可以看到，会审公廨开了中国法律移植的先河，在法律继承的同时并未重视法律创新，应促进合法利益的保护而非对非法利益的权衡等；上海公共租界审判权力有个变迁过程，这个过程显示中国的司法权在租界内不断丧失，上海特区法院的建立才使这种情况出现转机；从上海公共租界把一些商事纠纷移交给上海总商会处理来看，这种司法权的"让渡"与"攫取"的冲突需要得到合理的解释，这种"攫取"是租界寻求司法保护，这一"让渡"则是租界对商会这一优质资源的有效利用，它们在维护上海租界秩序上实现了价值目标的统一。这些论文从不同侧面，集中对中国租界中的审判机关会审公廨作了论述，发表了自己的观点，同样是研究中国租界法制的成果。

除此以外，还有一些零星研究成果与中国租界法制有关，比如中国租界的法学教育。《中国租界的法学教育与中国法制现代化——以上海租界的东吴、震旦大学法学教育为例》①一文就是这样。该文专门研究中国租界的法学教育，将其与中国的法制现代化联系起来，角度比较独特。

七、境外对中国租界法制的研究

境外的有些著作中有研究中国租界法制的成果，其中有美国、法国、

① 王立民：《中国租界的法学教育与中国法制现代化——以上海租界的东吴、震旦大学法学教育为例》，《法学杂志》2016年第7期。

澳大利亚等国家学者的研究成果，也有中国台湾等地区学者的研究成果。美国学者有《出卖的上海滩》[①]《上海警察，1927—1937 》[②]；法国学者有《上海妓女——19—20 世纪中国的卖淫与性》[③]《上海法租界史》[④]；澳大利亚学者有《上海青帮》[⑤]；俄罗斯学者有《上海会审公堂与工部局》[⑥]；中国台湾地区学者有《帝国之鞭与寡头之链——上海会审公廨权力关系变迁研究》[⑦]等著作。《出卖的上海滩》记述了上海自开埠至 1937 年淞沪战争之间百年的上海发展史，绝大部分定位在上海租界，其中有一些有关研究上海租界法制的内容，比如审理的英国轮船海洋号和中国轮船福新号相撞案及其详述。[⑧]《上海警察，1927—1937》虽然研究的是 10 年中整个上海的警察，但相当部分是研究上海租界的警察，第 5 章中的“公共租界巡捕房的警政”部分即是如此。[⑨]《上海妓女——19—20 世纪中国的卖淫与性》是一部从多方位角度研究上海妓女的专著，内容包括：精英的妓女与妓女的精英、卖淫市场和面向大众的性行为、卖淫业的场所和经济、管理娼妓的失败，其中亦涉及对相关法制的研究，第 11 章中的“规章制度”部分

---

① ［美］霍塞：《出卖的上海滩》，越裔译，上海书店出版社 2000 年版。

② ［美］魏斐德：《上海警察，1927—1937》，章红等译，上海古籍出版社 2004 年版。

③ ［法］安克强：《上海妓女——19—20 世纪中国的卖淫与性》，袁燮铭等译，上海古籍出版社 2004 年版。

④ ［法］梅朋、傅立德：《上海法租界史》，倪静兰译，上海社会科学院出版社 2007 年版。

⑤ ［澳大利亚］布赖恩·马丁：《上海青帮》，周育民等译，上海三联书店 2002 年版。

⑥ ［俄］郭泰纳夫：《上海会审公堂与工部局》，朱华译，上海书店出版社 2016 年版。

⑦ 杨湘钧：《帝国之鞭与寡头之链——上海会审公廨权力关系变迁研究》，北京大学出版社 2006 年版。

⑧ ［美］霍塞：《出卖的上海滩》，越裔译，上海书店出版社 2000 年版，第 61—63 页。

⑨ ［美］魏斐德：《上海警察，1927—1937》，章红等译，上海古籍出版社 2004 年版，第 62—65 页。

就是如此。[1]《上海法租界史》是一部阐述上海法租界从建立至 1900 年的发展历史，包括有一些法制研究的内容，上海法租界的会审公廨与上海公共租界会审公廨的差异及其形成原因的研究就是这样。[2]《上海青帮》是一部较为系统地研究上海青帮的著作，许多内容与上海租界有关，也包括上海法租界的法制，第 3 章的"黄金荣和法租界巡捕房"部分就重点研究了上海的青帮大亨黄金荣与法租界巡捕房的关系，各种勾当。[3]《帝国之鞭与寡头之链——上海会审公廨权力关系变迁研究》从历史的视角研究了上海租界的审判机关会审公廨的权力关系问题，这是有关会审公廨的核心问题，内容包括它的历史因素、地理人文原因，及组织、运作、侦查审判程序，等等。[4]这些境外学者研究上海租界法制内容也是研究中国租界法制内容中一个不可或缺的组成部分。

研究中国租界法制的成果大致可以分为以上 7 类。它们从不同方位研究了这一法制，其内容不仅反映了中国租界法制的一些侧面，有了研究成果的积累，同时也为以后的这类研究奠定了基础。

第二节　中国租界法制研究的主要内容

总观中国和海外研究中国租界法制的内容，主要可以归纳为以下这些

---

① ［法］安克强：《上海妓女——19—20 世纪中国的卖淫与性》，袁燮铭等译，上海古籍出版社 2004 年版，第 302—304 页。

② ［法］梅朋、傅立德：《上海法租界史》，倪静兰译，上海社会科学院出版社 2007 年版，第 301—302 页。

③ ［澳大利亚］布赖恩·马丁：《上海青帮》，周育民等译，上海三联书店 2002 年版，第 62—67 页。

④ 杨湘钧：《帝国之鞭与寡头之链——上海会审公廨权力关系变迁研究》，北京大学出版社 2006 年版，第 4—5 页。

方面。

一、立法主体的研究

中国租界的立法主体行使着立法权，是租界法制的制造者，对于这一法制的产生、发展关系重大，有不少研究成果论述了这一主体。《上海租界志》把上海租界的租地人会、纳税外人会和领事作为租界内的立法主体，并对其的历史、成员资格、会议规则、议事内容、投票制度等作了反映。它认为，在 1845 年的《土地章程》里已有关于租界事务由租地人议决的规定，这是租地人会议和以后的纳税外人会制度的滥觞。1846 年召开第一次租地人会议，此制度开始实施。1869 年上海英美租界把租地人会发展为纳税外人会，并对其的成员资格、会议规则、议事内容、投票制度等作了规定，这一立法主体趋于成熟。以后的上海公共租界纳税外人会沿用了这些制度。1856 年上海法租界也召开第一次租地人会议，以后也逐渐形成自己的制度。可是，1866 年法国政府取消租地人会的权力，规定领事对租界内包括立法权在内的一切事务具有决定权，此后上海法租界的最终立法权转移至法国驻上海总领事。①上海英美租界纳税外人会的成员资格主要是，居住在界内的外侨，置有价值至少为 500 两的地产，每年缴纳房地捐满 10 两或以上者，或其租赁的房屋每年缴租金在 500 两或以上者。会议的规则中规定，此会分为年会和特别会两种，年会每年举行一次；会议的各项议程；会议情况的公布等。议事内容包括：审议法案；批准工部局预算；通过决算；商议捐税、发给执照等；选举地产委员会；选举董事；其

① 史梅定主编：《上海租界志》，上海社会科学院出版社 2001 年版，第 150 页。

他立法事项。投票制度中分为复票制和投票制等。①

《天津通志·附志·租界》记载了天津租界的立法主体，以英租界为例。它认为，天津英租界的董事会成立于 1862 年，是界内的统治主体和决策机关，拥有立法权。其成员由界内的纳税人推选，任期一年，任满全体改选。董事会成员的资格必须具备以下这些条件，年满 21 周岁，每年交房地产税 200 两或以上者；在选举人登记前的 6 个月内已有房产估定价值满 600 两者亦可以。董事由 5 人组成。董事会下设有 8 个常设委员会，即电气、医院、自来水、工程、机要会计、学校、警备、义勇队等委员会。董事会的职责包括：讨论、通过界内的规定；任免官吏；买卖公产；经营公有设备及公用事业、筹措财政、捐税等。②

《汉口租界志》阐述了汉口租界的立法主体，也以英租界为例。汉口英租界的纳税人常年大会是英租界的最高权力机关。它的职责是：听取工部局报告；通过行政规划；通过预算；制订各种法案、规章；选举市政委员（董事会董事）；任免英籍职员；发行公债等。参会成员必须符合一定的条件：界内的人士具有 2 500 两的财产并按财产税纳税者，或在投票前年纳房屋地基税共满 25 两者，可投 1 票；满 150 两者，可投 2 票；150 两以上者，每达 75 两可投 1 票，但最多每人不得超过 12 票等。华人则没有这一投票权。如遇特别事务，可以召开特别会议，但需有 2/3 成员到会，其议案方为有效。③

《中国租界史》对中国租界的立法主体研究以后明确认为，综合起来说，立法权的分配有 5 个层次。也就是说，立法主体可分 5 个层次。其中，

---

① 史梅定主编：《上海租界志》，上海社会科学院出版社 2001 年版，第 162—166 页。

② 罗澍伟主编：《天津通志·附志·租界》，天津社会科学院出版社 1996 年版，第 81—82 页。

③ 袁继成主编：《汉口租界志》，武汉出版社 2003 年版，第 215—216 页。

有关租界开辟的法令多由当地的道员与外国领事来订；租界的基本法多由租界开辟国政府来订；租界的行政法规多由纳税人会议来议决；租界开辟国的公使有相关法令的审批权；有的租界工部局的董事会拥有行政法规的立法权。①各层次都有分工，各司其职。

二、立法内容的研究

中国各租界中的《土地章程》被称为是租界内的“小宪法”“根本大法”，②对租界的建立、发展意义重大，引起广泛注意，也有不少研究成果。《上海公共租界史稿》从中英南京条约及其附件为出发点，运用大量史料，对上海公共租界的《土地章程》颁布、实施等情况作了论述。1845 年道台宫慕久与英国领事商定的《土地章程》“是为《第一次土地章程》”。它对上海英租界的地域作了规定，第二年该地域划定，上海英租界诞生。根据 1844 年中美望厦条约的规定，1848 年以后美国人先在虹口一带地价较低廉的地区广置土地，打下美租界的基础，上海小刀会起义以后，上海英美法三租界于 1854 年通过租地人会议，制定《上海英法美租界租地章程》，扩充内容，包括扩大租界的地域，设立巡捕，等等。1863 年上海英租界与美租界合并为上海英美租界，1899 年又改名为上海公共租界。1869 年《上海洋泾浜北首租界章程》出台，赋予工部局更大的权力，使租界的权力有了进一步扩张。1893 年上海地方官员又与美国领事签订《上海新定虹口租界章程》，对竖立界石、租界筑路、收捐等事务又作出新的规定。每次新订《土地章程》，这一租界的面积便有一次增大。1846 年上海英租界才 830 华亩，至 1899 年后上海公共租界增大至 32 110 亩。③与此同时，上

① 费成康：《中国租界史》，上海社会科学院出版社 1992 年版，第 125 页。

② 同上书，第 118 页。

③ 蒯世勋等：《上海公共租界史稿》，上海人民出版社 1980 年版，第 20—75 页。

海公共租界拥有权力也逐渐加大，最后变成“国中之国”。①

《上海租界志》对上海法租界的《土地章程》作了介绍，内容涉及制定背景、具体内容、影响等。根据1844年中法《黄埔条约》的精神，1849年上海法租界出台《土地章程》，其地域在上海洋泾浜的南面，北面即是上海英租界。上海法租界同时也取得了类似上海英租界的权力。以后，上海法租界又执行1854年的《土地章程》。以这些《土地章程》为依据，上海法租界的地域也不断扩大，开始时仅有185亩，到1914年竟达15 150亩。与此同时，上海法租界与上海公共租界一样，权力也不断扩张，具有了界内的“独立管理权”。②这样，上海法租界也变成一个“国中之国”。

《天津通志·附志·租界》和《汉口租界志》对天津、汉口的土地章程作了些叙述。《天津通志·附志·租界》介绍了天津英租界的《英墙外推广界合同》、法租界的《天津紫竹林法国租地条款》、德租界的《天津租界条约》、日租界的《天津日本租界条款》、俄租界的《天津租界条款》、意大利租界的《天津意国租界合同》、比利时的《天津比国租界合同》、奥地利租界的《天津奥国租界章程合同》等一系列土地章程。根据这些章程的规定，英、美、法三国率先于1860年以后，在天津城南的紫竹林一带取得租界；1894年以后，德、日两国也在天津得到租界；1900年以后，俄、意、奥、比利时四国也在天津占有租界；其间，英、法、德、日四国租界还进行了扩张。最终，天津租界的总面积达23 350.5亩，相当于当时天津旧城区的7.9倍。③它们也都在租界内进行独立管理。

① 费成康：《中国租界史》，上海社会科学院出版社1992年版，第203页。

② 史梅定主编：《上海租界志》，上海社会科学院出版社2001年版，第92—97页。

③ 罗澍伟主编：《天津通志·附志·租界》，天津社会科学院出版社1996年版，第39—61页。

《汉口租界志》对汉口的土地章程逐一进行了阐述。其中，有 1861 年英租界的《汉口租界条款》，1895 年德租界的《汉口租界合同》，1896 年俄租界的《汉口俄租界地条约》，1896 年日租界的《通商口岸日本租界专条》，等等。以后，德、英、日等租界又有扩张。这样，汉口租界区便占据上至江汉关，下至麻阳街，在沿江长达 3 600 米，总面积约 2.2 平方公里的地域。其面积仅次于上海和天津租界，位居全国第三。[①]汉口租界也是“国中之国”。

除了对土地章程的研究以外，中国租界法制中其他的内容也有了一定的研究。这里以对上海租界法制的研究为例。《上海法制史》对上海租界法制的内容作了较为集中的论述，内容包括组织、政治、经济、治安和交通、医疗卫生、文艺出版和教育、其他方面的法规。在每个方面的法规中，都选取比较重要者，逐一进行叙述，然后作些必要的评价。比如，在组织法规中，选用了上海公共租界的《纳税外人会章程》、上海法租界的《公董局组织章程》和《义勇队组织条例》。以上海法租界的《公董局组织章程》为例。它首次于 1866 年 7 月 14 日在《字林西报》上公布。共有 18 条，分别对公董局董事会的组成、选举人和被选举人的资格、选举方式、董事会的职责等作了规定。关于董事会的组成，《章程》规定，应由法国总领事和通过选举确定 4 个法籍董事和 4 个外籍董事组成；任期为 2 年，每年改选半数；总董由总领事兼任；另设副总董和司库各 1 人，由董事选举产生。关于董事会选举人和被选举人的资格，此《章程》规定，凡年满 21 周岁并拥有法租界内地产、具有正式契据者；或者租有法租界内的房屋，并且年缴租金在 1 000 法郎以上者；或者居住在法租界已满 3 个月以上，每年进款达 4 000 法郎以上者，可以成为选举人。凡年满 25 周岁，并

① 袁继成主编：《汉口租界志》，武汉出版社 2003 年版，第 1—33 页。

且在法租界拥有地产而且年交纳税金在 240 法郎以上，或在法租界内年交纳租金 4 000 法郎以上，或居住在法租界内且年进款实达 1 万法郎以上者，可以具有被选举权。另外，还对选举方式、董事会的职责等也有明确规定。接着，对这一组织章程作了评价，认为从这一规定可以看到，上海法租界的公董局与上海公共租界的工部局一样，掌握着租界内财政、税收、市政建设等大权，实际上是外国列强在华租界中的政府。①其他方面也大致如此。

还有一些著作也对中国租界立法中除土地章程以外的某些内容作了研究。《城市·规划·法制——以近代上海为个案的研究》较为深入地研究了上海公共租界的土地管理、道路管理、建筑管理等立法的内容。每个立法均用一章的篇幅加以研究，有了相当的深度。比如，关于上海公共租界建筑管理制度中，涉及的内容就包括上海公共租界管理法规的变迁、变迁原因、法规的内容、存在的问题等。②《上海公共租界城市管理研究》在公共卫生管理部分，专门研究 1899 年颁布的《狂犬病及家犬上口套管理条例》。此条例规定，家犬外出必须上口套，既防止家犬染上狂犬病毒，又避免咬人。但颁行以后，引起相当多的摩擦，一些洋人狗主不愿遵行，最后，不得不采取强制措施，对那些抵制这一条例者发出传票，逼迫他们出庭审判。③《上海租界百年》记载了 1866 年的《野生动物保护协会规则》的内容，并对其进行了研究，认为这一规则一是制度设计洗练缜密，环顾左右，兼及上下，简直滴水不漏；二是制度安排与悲悯情怀毫无隔阂，让世间万物均置于可持续状态的理念天然混成等。④

① 王立民：《上海法制史》，上海人民出版社 1998 年版，第 197—198 页。

② 练育强：《城市·规划·法制——以近代上海为个案的研究》，法律出版社 2011 年版，第 170—202 页。

③ 马长林等：《上海公共租界城市管理研究》，中西书局 2011 年版，第 93 页。

④ 姜飞龙：《上海租界百年》，文汇出版社 2008 年版，第 173 页。

三、警政机构的研究

中国租界里的警政机构称为“巡捕房”，警政人员称为“巡捕”。《上海研究资料》以上海的巡捕房为例，对其进行研究，认为巡捕房和巡捕的称呼源于中国本土。早在元朝时，就把县尉和巡检司的职责定为“巡捕”和“巡捕盗贼奸宄”，明清时继续使用。上海租界于1854年开始建立自己的警政机关时，为了便于华人接受，就采用了巡捕房和巡捕的称谓。[①]

《列强在中国的租界》对汉口英租界和法租界的巡捕房作了研究。汉口英租界的巡捕房设在工部局内，拘捕的“人犯”中90%是劳动人民。那时制定的《工部局市政章程警察附则》是“镇压劳动人民的武器”。其中的规定有：任何人不得在租界内携带或私藏武器；马车、人力车在租界内行驶时，不得拉响铃；结婚、出丧仪仗路经租界时，不得使用乐器；不可燃放鞭炮、敲锣打鼓，或使用其他响器；行人不得高声谈话，或大声喊叫；人力车夫不分左右两边鱼贯而行；肩挑鱼贩走人行道；家庭卫生不合标准，情节严重等；违反以上规定都要拘罚。这些规定“不但其中的一部分越出了违警范围，且一些规定语言含混，用心险恶，极尽苛犹侮辱之能事”。巡捕房对烟、赌、娼是“明禁暗不禁”。[②]汉口法租界的巡捕房保护烟、娼。运送烟土的“船到武汉都是深夜卸货，并派法国陆军和巡捕在江边布防，警戒森严，禁止行人”。烟土到旅馆零售，公开吸食，租界“成了毒化区了”。巡捕房要收缴花捐，法租界公开卖淫，长清里、辅营里、

---

① 上海通社编：《上海研究资料》，上海书店1984年版，第92—93页。

② 《列强在中国的租界》编辑委员会编：《列强在中国的租界》，中国文史出版社1992年版，第213—215页。

永贵里、如寿里等都是聚集娼妓的地方。巡捕房在租界里的权力最大，对中国人民可以随意侮辱、迫害，以致人们一提到巡捕，无不谈虎色变。[①]

上海租界也设有巡捕房，最早的是上海英租界的巡捕房。《上海租界法制研究》对上海英租界前期的巡捕房作了专门的研究，内容包含有其产生的背景、外部关系、管理制度三大部分，每一部分再细化研究。比如，在上海英租界巡捕房的管理制度中，又具体研究了它的立警原则、警御与内部分工制度、招聘渠道、物质待遇、编制和纪律控制等。对于立警原则，作者认为主要有六个，分别是：为公众服务；预防为主；制怒、宁静和有礼；保持巡捕的良好个人形象；每个巡捕应当挂牌服务；最低限度暴力等。其他部分也都有较为详细的论述。[②]《上海研究资料》对上海租界的巡捕房也有研究。它指出，上海英租界的巡捕房始建于1854年。中央巡捕房设在福州路和河南路江西路之间，坐南朝北的一座新大厦里。它下设有虹口、老闸、戈登路、新闸、静安寺、嘉兴路、狄思威路、普陀路、成都路、榆林路等13个分巡捕房。其使用的经费“占所有捐钱三分之一”。下属机构有管理处、缉捕股和特务股、各警区总办事处、各区捕房、武装后备队、车务办事处、材料储藏及转运处、马巡等。1935年时，它具有西籍巡捕513人，印籍巡捕599人，日籍巡捕256人，华籍巡捕3 645人。上海法租界的巡捕房建立于1856年，划归公董局管理。驻沪的法国退伍军人龙德为第一任总巡，下有巡头4人，巡捕20名，以后的数量又有增加。它的机构是在警务总监下设警务处长、文书课长、法警课长、政事治安处长；在警务处长下另设人事科长、警备副处长；政治治安处长下又另

① 《列强在中国的租界》编辑委员会编：《列强在中国的租界》，中国文史出版社1992年版，第222—223页。

② 王立民、练育强主编：《上海租界法制研究》，法律出版社2011年版，第261—264页。

设政事科长、治安科长、起诉传译科长。共有 1 794 人。①

《老话上海法租界》对法租界的大亨黄金荣任界内巡捕房华探督察长的表现作了研究，认为在那个弱肉强食的年代里，仪仗着法租界主子起家的黄金荣，利用种种权力，贩运鸦片，开设赌场，什么都干，很快便聚敛了一大笔财富，从一个穷光蛋一跃成为有钱有势的“海上大闻人”。他担任上海法租界巡捕房的华探督察长多达 20 余年，直到 60 岁才辞去职务，然而巡捕房还聘他为顾问。上海解放以后，他登报检讨了自己过去的罪恶，获得了人民的宽大处理。1953 年在上海去世。②

《上海公安志》把上海租界的巡捕房作为上海解放以前曾存在过的警政机构进行了介绍，内容安排在第一编的第三章，其中包括英租界（以后的公共租界）和法租界的警察机构。这一研究比较系统，内容的逻辑性也比较强。其内容的先后排列为：警务委员会和警务处、巡捕房、警务人员、警务人员的装备待遇和经费支出、监狱等。对这些内容都进行了研究。比如关于警务人员。它把英租界聘用“西捕”“华捕”“印捕”“日捕”的时间都作了研究。清同治四年（1865 年）以前都是英国人，被称为“西捕”；同治四年开始聘用中国人，被称为“华捕”；清光绪十年（1884 年）开始聘用印度人，被称为“印捕”；1914 年又开始聘用日本人，被称为“日捕”。这些巡捕的人员不断增加。清同治二年（1863 年）时，“西捕”仅有 133 人，到 1938 年增加到 452 人。清同治四年（1865 年），“华捕”仅有 34 人，到 1942 年增加到 3 762 人。“印捕”和“日捕”也有增加。有关他们的待遇，在“日捕”“印捕”和“华捕”中，“日捕”的薪金最高，“华捕”最低。根据 1935 年的规定，月薪以银币计算，“日捕”为 145—

① 上海通社：《上海研究资料》，上海书店 1984 年版，第 92—97 页。

② 杨尧深：《老话上海法租界》，上海人民出版社 1994 年版，第 141 页。

149元，“印捕”为24.50—37.50元，“华捕”仅为10—35元。其中引用的数据都比较翔实。①

四、司法制度的研究

中国租界建立了自己的司法制度，内容主要涉及领事法庭、领事公堂、会审公廨、临时法院和特区法院等。《中国租界史》对领事法庭和领事公堂作了研究。它认为，通过不平等条约在中国取得领事裁判权的19个国家在华的侨民，无论在租界内外民、刑事案件的被告，都不受中国法律与法庭的管辖，只接受本国在华领事法庭的审判。这些法庭一般附设在领事馆内，多以领事官为庭长或审判官。在市政、经济较为发达的城市，领事法庭一般设在本国的租界内，或设在别国的租界内。天津的英、法租界、汉口的英、俄、法租界、广州的英租界等租界内，都设立过别国的领事法庭。上海和鼓浪屿两个公共租界内则设有来自10来个国家的领事法庭，可以说是“法庭林立”。但是，天津的比利时租界和厦门的英租界是例外，由于没有领事馆，也就没有领事法庭。②

《中国租界史》认为，外人在中国开辟了租界后，也把行政诉讼制度输入租界地区，设立了领事公堂，受理此类案件。不服工部局行政处分的个人或法人即可向租界开辟国的领事法庭控诉工部局总董等人。由于公共租界工部局的董事会由不同国家的侨民组成，不受任何一个国家领事法庭的管辖，所以不得不由当地各国领事组成的混合法庭——领事公堂来行使审判权。值得指出的是，因为各国的法律均不相同，它也不适用中国法

---

① 易庆瑶主编：《上海公安志》，上海社会科学院出版社1997年版，第68—76页。

② 费成康：《中国租界史》，上海社会科学院出版社1991年版，第126页。

律，无任何国家的法律可以在领事公堂适用。实际操作也是如此。1911 年上海公共租界工部局借口租界自来水厂享有专利，阻止闸北水电公司在北四川路底下铺设水管，诉讼后，领事公堂以“专利”有违条约精神，而不是根据某国法律作出了判决，判定闸北自来水电公司胜诉。“尽管引入行政诉讼对近代中国不乏积极的意义，但领事公堂本身却是租界制度所生的畸形儿。”①

有更多的研究成果集中于会审公廨的研究。《帝国之鞭与寡头之链——上海会审公廨权力关系变迁研究》从两个方面研究上海租界的会审公廨权力关系变迁问题。一是会审公廨的生成历史因素、地理人文原因，及组织、运作、侦审程序等等，较偏向于历史的考察。其中涉及的内容包括：自会审公廨向外延伸，会审公廨所根生的上海租界及其法制的成因；租界政体与帝国政体分别与会审公廨的权力关系；会审公廨内部，从侦查、移送、起诉、裁判到执行的运作情况，等等。二是剖析通过会审公廨所呈现的权力与权力的关系，以及寻绎各种权力关系相互竞逐的轨迹与特色，偏向于基础法学的探索。其中，涉及的内容有：上海租界是否在传统帝国上对下掌控的权力关系模式外，又因主事者法律文化与思维的不同，以及新兴都市发展等原因，而产生了新的权力关系；如果有，是否通过会审公廨展现出来了；在这种权力关系中，有否存在非法规范所赋予的“权力”等。它还认为，在观察历史上成文的、理想的或欲速构“法律”以外，更不能偏废“法律”与庶民社会的种种真实互动，也就是隐身在“法律”之后的各种“权力”面相。②

---

① 费成康：《中国租界史》，上海社会科学院出版社 1991 年版，第 130—131 页。

② 杨湘钧：《帝国之鞭与寡头之链——上海会审公廨权力关系变迁研究》，北京大学出版社 2006 年版，第 4—5 页。

《上海审判志》对上海租界的会审公廨作了较为系统的记载，内容涉及它建立的时间、称谓、下属机构、人员构成、谳员的任职情况表等。它所阐述的内容比较系统，发展的脉络比较清晰，有的地方还比较详尽。比如，公共租界和法租界会审公廨谳员任职情况表所列的内容比较详尽。另外，有些内容也表述得比较清楚，比如，法租界会审公廨的机构，有中国刑事初审庭、中国刑事上诉庭、中国民事初审庭、中国民事上诉庭、刑事初审会审公廨、刑事上诉会审公廨、民事初审会审公廨和民事上诉会审公廨等。①其中的内容也是研究中国租界法制的参考内容之一。

上海租界的后期曾出现过临时法院和特区法院。《上海公共租界特区法院研究》以上海公共租界为例，对它们作了一些较为深入的研究。1926年签订《收回上海公共租界会审公廨暂行章程》，1927年设立上海公共租界临时法院。设立这一法院有其深层原因，即会审公廨司法权矛盾冲突激化、民族司法权独立意识觉醒等。②接续上海公共租界临时法院的是上海第一特区地方法院，成立于1930年。它的全称是“江苏省上海公共租界特区地方法院”，建立这一法院的法律依据是1930年签订的《关于上海公共租界内中国法院之协定》。从此以后，这一特区法院便成为南京国民政府司法体系中的一个成员，是其中的一级司法机构了。它设院长一人，下设民事庭、刑事庭和书记室三个机构。这一法院的上诉法院是江苏省高等法院第二分院，也设在上海。③

中国租界司法制度还与律师相关。《中国近代律师制度与律师》在第六章中专门研究近代中国的外籍律师，这些律师主要在租界执业。它认

---

① 滕一龙：《上海审判志》，上海社会科学院出版社2003年版，第61页。

② 姚远：《上海公共租界特区法院研究》，法律出版社2011年版，第46—48页。

③ 同上书，第82—87页。

为，他们是随着西方殖民主义者强行攫取领事裁判权和在中国租界设立了审判机构以后才出现了。从 19 世纪 60 年代起，上海、汉口、厦门等地不仅产生了租界，还设立了会审公廨。这为外籍律师的活动提供了充分的活动场地；不平等条约和治外法权又为这些外籍律师提供了恣意妄为的法律保护。于是，一些外籍律师适时来到中国开业。最初，他们只为外国人提供服务，承办的也只是外国人之间的案件。具有讽刺意味的是，最初来到中国的一些所谓律师，实际上许多人并不是职业律师，甚至连自己国内的法律也根本不通；他们中有的是官员、警察、商人，是为发财而来到中国。①《近代社会变迁中的上海律师》则在第二章中专门对上海租界中的外籍律师作了研究，内容有关于外籍律师的规模、法律事务、律师制度对华人社会的影响、在收回法权前后的变化等。就这类律师的规模而言，有一个增长的过程。1872 年的行名簿中，外籍律师只有 7 人，其中有 1 名当时还不在上海。19 世纪 90 年代的时候“不会与 12 名相差太远”。到了 20 世纪最初的 10 多年时间里，这一数字开始有了明显的增长。1900 年时是 15 人，1912 年增加到 46 名。该书对外籍律师的国别进行了研究，以 1909 年为例。那年共有外籍律师 43 名，其中英国籍的最多，占 24 人；其次是美国籍的，有 7 人；法国籍的有 3 人；日本、德国籍的各 2 人；俄国、意大利籍的各 1 人；还有 3 人不详。②

《上海法制史》对上海租界的监狱作了研究，认为，早期上海公共租界的各种条件都比较差，地点设在南京路的老会审公廨里，肮脏、污秽、疾病丛生。囚犯都要被强制做工。1900 始建提篮桥监狱，1903 年定名为“华德路监狱”，以后规模又有扩大。1925 年时在监人数为 4 422 人，到

① 王申：《中国近代律师制度与律师》，上海社会科学院出版社 1994 年版，第 123—126 页。

② 陈同：《近代社会变迁中的上海律师》，上海辞书出版社 2008 年版，第 43 页。

1934 年增加至 6 166 人。1943 年日伪政府接收此监狱以后，改称为“上海市监狱”。1909 年以后，由于上海法租界巡捕房大肆抓人，所以在建卢家湾总巡捕房的同时，也建造了法租界监狱，并在 1911 年落成。它由巡捕房管辖，人员设置、薪金则由公董局决定。1931 年时改名为“江苏上海第二特区监狱”。此监狱的关押人数定员为 1 000 人，1934 年实际关押人数为 1 068 人。其中，男囚犯 919 人，女囚犯 81 人，童囚犯 68 人。[①]《上海监狱志》也对上海租界监狱作了研究，在第一章专列一节论述租界监狱，包括公共租界的监狱与法租界的监狱。它认为上海公共租界最早的监狱是厦门路监狱，位于厦门路 4 号，原为英国在华高等法院监狱。华德路监狱曾关押许多志士仁人，除了“《苏报》案”的章太炎、邹容以外，还有李维汉、任弼时、曹荻秋、张爱萍、林青等人。上海法租界先在法国驻沪领事馆内设立领事法庭附设监狱，以后才在 1911 年落成新监狱，被称为“薛华立路西牢”。监狱中除了囚房外，还有囚犯的作业工场、教诲营等设施。[②]《列强在中国的租界》中也有一些研究中国租界监狱的成果。[③]

五、有关法制事件、案件的研究

中国租界中发生的一些法制事件、案件也得到一定程度的研究。《上海通史》研究了发生在上海公共租界的《苏报》案。《苏报》原是一份普通小报，创刊于 1896 年 6 月 26 日，先由胡璋经营，其妻驹悦是日本人，以其名义在日本总领事馆注册。1898 年《苏报》出售给陈范。他又聘请爱

① 王立民：《上海法制史》，上海人民出版社 1998 年版，第 294—298 页。

② 麦林华主编：《上海监狱志》，上海社会科学院出版社 2003 年版，第 97—104 页。

③ 《列强在中国的租界》编辑委员会编：《列强在中国的租界》，中国文史出版社 1992 年版，第 79—84 页。

国学社的章士钊担任主笔。此后，《苏报》的革命色彩便十分强烈。他应聘那天就发表了《论中国当道者皆革命党》和邹容的《革命军自序》。在晚清的革命风潮中，邹容的《革命军》和章太炎的《驳康有为论革命书》的反响更大，被认为是“似雨声惊雷，半空轰烈，振聋发聩，地动山摇”。它们都揭露清朝专制统治的腐败，都主张进行革命，因此均闪耀着民主主义的光辉和对革命的信心。《苏报》对此均进行宣传，扩大影响。清政府采取了镇压措施。1903 年 6 月上海道与公共租界当局反复交涉，终于达成拘捕他们的协议，章太炎和邹容在上海公共租界被捕。1904 年 5 月最终判决章太炎监禁 3 年，邹容监禁 2 年，期满以后逐出租界。结果，1905 年 4 月邹容病逝狱中；章太炎于 1906 年 6 月刑满出狱，东渡日本。对此案的意义，被认为对于清朝统治是爆炸性的一击，对于晚清的革命意义重大。从此，革命浪潮越涌越急，此起彼伏。①

《租界里的上海》从地产权问题的角度，研究了“四明公所”事件。它试图从维克多·爱棠与四明公所董事之间签订的租地文契的性质及由此而决定的签约双方对于该契约相关的权利、义务问题进行研究，力求从土地制度及中法法律意识的差异等角度来研究这一事件发生的根源。四明公所的地产使用权在此事件发生时就已是中法双方当事人争论的焦点。宁波同乡会极为正常地以有清政府发给的田单为凭证而证明四明公所属于其祖传的地产，可是法租界公董局则以维克多·爱棠所持的永租契为凭证，强调此地产归法商所有。因此，维克多·爱棠手中永租契的合法性便成为争议的焦点。研究发现，维克多·爱棠与四明公所签订的只是一份挂号永租契，而且四明公所作为签约的一方未享受到与自己权利和义务相关的知情权。最后，还强调两点，一是对于四明公所某些董事轻率签约的行为，一

① 熊月之主编：《上海通史》第 3 卷，上海人民出版社 1999 年版，第 301—320 页。

定的责任仍在于上海法租界当局；二是此事件是那个时代的产物，上海法租界在不断大界域，任意侵犯华人权益的事件本来就屡见不鲜，把四明公所划入法租界是迟早的事。①

《旧上海黑社会》对在上海租界发生的绑架案作了研究，魏廷荣绑架案是其中之一。1929 年 7 月 24 日上午住在上海法租界的魏廷荣突遭持枪绑架。在用蒙汗药昏倒他以后，被船运到南汇县六灶的樊庭玉家中。魏廷荣是上海法租界的著名人物，精通法语，早年在法国留过学，回到上海法租界以后，从事实业，拥有大量地产，他的岳父朱葆三还是上海总商会的会长。以后，还担任了上海法租界公董局的华董兼法租界华人商团司令，还是中法银公司经理，被认为是“法租界数一数二的豪门”。樊庭玉家在上海远郊，比较偏僻。樊庭玉这位农村人士秉性善良，甚至是朱葆三女婿绑架了他的事也告诉了魏廷荣。这位女婿即是魏廷荣的连襟，叫赵慰先，也在法国留过学，回上海后投拜在杜月笙门下。但是，他不务正业，吃喝嫖赌样样都干。上海法租界巡捕房接到报案，开展了侦查，但没有解救成功，只是抓住了 3 名绑架嫌疑人。最后，还是樊庭玉动了恻隐之心，救出魏廷荣。但是，此案的首犯赵慰先却在杜月笙等人的庇护下，逍遥法外。②

这些研究成果都为以后进一步研究中国租界法制打下了基础，也为进一步从事这一研究提供了借鉴，发挥了不可替代的作用。

第三节　中国租界法制研究前瞻

新中国成立 70 年，特别是改革开放后的 40 年，虽然中国租界法制已

① 马长林主编：《租界里的上海》，上海社会科学院出版社 2003 年版，第 207—214 页。

② 郭绪印：《旧上海黑社会》，上海人民出版社 1997 年版，第 237—239 页。

得到一定程度的研究，也有一些成果面世，但是这一研究的时间不算长，成果不算多，远不如中国近代其他时期法制的研究，进一步研究的空间很大。分析当前研究的队伍、资料、方法、成果、交流和海外研究等存在的问题，前瞻今后的研究，有以下一些方面特别值得重视。

一、要重视中国租界法制的研究队伍的进一步改善

当前，研究中国租界法制的队伍存在不足。这种不足主要表现在以下三个方面。第一，专门从事中国租界法制研究的人员很少。这里所指的专门从事中国租界法制的人员是指，专门研究过中国租界法制并且公开发表过具有一定数量、学术价值的成果，或者曾把自己的博士学位论文的题目、内容均定位在中国租界法制的人员。凡是仅研究过某个城市中租界的法制或法制中某个方面的人员也都属于这类人员。当然，不排斥这些人员也有其他研究领域的成果。就是如此，中国目前这类人员仍然很少。可喜的是在华东政法大学聚集了一些这样的研究人员。华东政法大学的法律史学科培养了一些专门研究上海租界法制的人员，其中有洪佳期、张彬、姚远等。他们都把自己的博士学位论文定位在上海租界法制中的某个方面，而且已出版专著，包括姚远的《上海公共租界特区法院研究》，洪佳期的《上海会审公廨审判研究》，张彬的《上海英租界巡捕房制度及其运作研究（1854—1863）》。另外，王立民、练育强也出版、发表过一些有关中国租界法制的成果。王立民出版过《上海租界法制史话》，还发表过《中国的租界与法制现代化》《中国城市中的租界法与华界法》《论上海租界法制的差异》等论文。练育强也发表过《上海公共租界法制现代化的动力来源》《从城市规划法看上海租界土地章程》《近代上海公共租界的建筑法律制度》等论文。他们两人还共同主编了《上海租界法制研究》，其中也都有

他们的成果。尽管如此，从整体上这类研究人员人数还是很少。

第二，没有专门从总体上研究租界法制的人员。与从总体上研究中国租界不同，因为中国已有从总体上研究租界的人员，费成康即是，《中国租界史》是他的研究成果。然而，中国还没有从总体上研究中国租界法制的人员。现有以中国租界法制命名的论文成果，也不是完全从整体上研究中国租界法制的成果，只是从一些侧面来论述中国租界法制。《中国的租界与法制现代化》是以上海、天津和汉口租界的法制为例，《中国城市中的租界法与华界法》则是以上海租界法制为中心。中国现有一大批人员在从事中国法制史的教学与研究，以每所法学院配备 1 人来计算，就会超过 640 人，因为中国已有超过 640 所法学院，而中国法制史这门课程则是法学专业的核心课程，必须为法学专业的每位本科生开设。[①]加上有的法学院还有硕士、博士生的相关课程，超过 640 人不成问题。但是，其中无一人专门从整体上研究中国租界法制，这不能不说是一个缺憾。

第三，附带研究中国租界法制人员的知识结构参差不齐。现有一些人员在研究自己领域的同时，附带研究了一些中国租界法制。中国租界法制的成果只是他们研究成果中的一部分，甚至是一小部分。他们分别来自法学、法律、史学、档案学等。比如，王申来自法学界，他的《中国近代律师制度与律师》中有部分内容研究了中国租界的律师；陈同来自史学界，他的《近代社会变迁中的上海律师》中也有部分内容研究了中国租界的律师与律师制度；滕一龙来自法律界，他主编的《上海审判志》中有上海租界法制的内容；马长林、姜龙飞则来自档案学界，他们的《上海的租界》《上海租界百年》里均有上海租界法制的研究内容。他们的知识结构参差不齐，有明显差异。有的侧重于法学知识，有的偏重于法律实务，有的注

① 王立民：《中国法制与法学教育》，法律出版社 2011 年版，第 252—253 页。

重史学研究，有的则更重视档案资料的探究，等等。目前，这支研究中国租界法制的队伍还未到达理想状态，有改善的空间。

随着中国租界法制研究的不断深入，研究这一法制的队伍需进一步改善。第一，研究队伍需要扩大。中国租界法制研究的空间还很大，研究的空白点还很多，需要有一批人员进行深入研究，方能见大效。其中，研究各城市租界法制的人员不可缺少。中国有 10 个城市存在过租界，而且各租界的情况不完全相同，其法制也是如此。因此，这些城市中的租界法制都有可研究的余地。研究人员可以从多个资料渠道下手，广泛收集资料，进行深入研究。中国租界的收回已经过去几十年，应尽快寻找这些资料，以防时间再长，资料不断丧失，不利于中国租界法制的研究。各所在城市的研究人员去研究当地租界法制比较便利，不仅便于对租界的了解，也利于收集相关资料，作相关研究。

第二，需要从整体上研究。研究中国租界法制的人员可以有一定的分工。比如，一部分人员专门研究地方租界法制，一部分人员则专门研究整个中国租界法制等。甚至在研究地方租界法制的人员中，还可以根据自己的情况，分为研究某个城市不同租界的法制。以上海为例，根据目前的情况来看，侧重于研究上海公共租界法制的人员比较多，研究上海法租界法制的人员比较少，主要原因之一与掌握的外语有关。研究人员中，学习、掌握英语的人员相对多，学习、掌握法语的人员则相对少，而研究法租界的法制，不掌握法语困难较大。目前，最缺少的是能从整体上研究中国租界法制的人员，应该为其积极创造条件，使这类研究人员能冒出来，承担研究这一法制的重担，弥补当前研究中国租界法制的不足。

第三，研究人员的知识结构也需要改善。他们最好能掌握法学和中国租界史的基本知识，因为研究这一法制不可缺少这些基本知识。中国租界法制是中国租界史与法学的交叉，对其研究即会涉及中国租界史，也会旁及法学。这就要求研究人员能具备复合性知识结构，即至少具备中国租界史与法学的复合性知识结构，缺少其中任何一种知识，都会不利于这种研究。缺少了中国租界史知识，就会对其中的基本知识缺少了解，造成史实上的错误；缺少了法学知识，就会对其中的法律形式、内容等一系列法律基本问题把握不准，形成法制内容的混乱。这两者都必须避免，以使中国租界法制的研究更具科学性。总之，要重视研究中国租界法制研究队伍进一步改善，使其能适应这一研究的发展。

二、要重视中国租界法制研究资料的进一步挖掘

中国租界法制已成为历史。研究这一法制，如同研究中国历史上其他时期的法制一样，资料十分重要。它是研究的基础条件。缺少了这个条件，研究就成了无源之水，无本之木。当前，相关资料的不足已成为进一步深入研究中国租界法制的瓶颈。这种瓶颈不仅存在于不同城市的租界法制资料中，也存在于同一城市不同租界的法制资料中。目前，上海、天津、汉口等城市租界的法制资料相对多一些，以致在编成的租界志中，有大量有关法制的内容得到了体现；而苏州、九江、镇江等城市租界的法制资料则少一些，很少有相关的研究、资料、成果公开面世。同在上海的租界中，上海公共租界法制的资料最多，法租界法制资料要少一些，美租界法制的资料则最少；以致当前有关上海租界法制的研究成果大量集中在上海公共租界的法制方面。因此，有必要进一步重视中国租界法制研究资料的挖掘，突破这一瓶颈，推进这一法制的研究。

当前，可以在以下一些方面下点功夫。首先，进一步挖掘国内的现存资料。中国租界法制存在于过去中国有租界的城市中。它的产生、发展都与这个城市息息相关，有一些法制的资料会在城市中存留。其中，可能会

存在于档案、实物、报刊、书籍等之中。上海租界法制的资料在它们中都存在。在上海档案馆保存的档案就有大量上海租界制定的法规，会审公廨临时法院、特区法院等司法机关的档案；上海租界时期上海律师公会用品、律师使用的物品等实物，也有部分保留下来；①上海出版的《申报》《北华捷报》和《法律评论》等报刊中，有关于租界法制的内容；《上海公共租界史稿》《上海法租界史》等书籍中，同样有一些有关法制的内容。中国其他租界法制的资料也可以试着从这些方面进行发掘。当然，每个城市的情况可能不太一样，法制资料的存在也会有差异，因此需要根据本城市的具体情况作出选择。另外，除了租界法制存在的城市以外，还可以去中国第一、第二档案馆中寻找相关资料。中国多数租界产生于 19 世纪下半叶，那时还在清政府执政期内，其档案在第一档案馆比较集中。中国租界的收回大多在 20 世纪上半叶，属于中华民国时期，其档案在第二档案馆比较多。从中或许可以发现一些新资料，弥补其他方面资料的不足。

其次，进一步挖掘境外存有的资料。中国租界是个开放性地区，其法制的资料也具有开放性，因此完全有可能散落在境外地区。中国台湾地区就有关于上海租界的资料。已有学者在中国台湾台北市“中央研究院”近代史研究所的档案馆中，发现了有关上海租界的资料，其中包括推广上海公共租界、上海租界等的卷宗。这些卷宗里就有法制的内容，比如有关上海苏报案、上海跑马厅地皮案等的资料等。甚至，还有专家从中发现了以前从未发现过的日本拟在上海设立日租界的法律文件。②从中国台湾的相关机构里，可以去发掘一些关于中国租界法制的资料。另外，有些国外的机

① 上海卢湾区司法局致力于上海市律师公会展览馆的建设，收集了不少有关上海律师公会的实物与资料，成功建设这一展览馆并与 2010 年正式对外开放。

② 冯绍霆：《台湾所见上海租界历史档案及上海史研究的深入》，载马长林主编：《租界里的上海》，上海社会科学院出版社 2003 年版，第 317—330 页。

构也可能藏有中国租界法制的资料，特别是曾在中国设立过租界的国家。它们曾向中国租界派遣过人员、提供过设备、输出过法制等。在那里也有可能会留下一些关于法制的资料。上海美租界及其法制的资料上海极少，很有可能存留在美国的相关机构中，值得进一步探索、查找。总之，境外也是一个可以挖掘中国租界法制资料的地方。功夫不负有心人，只要重视进一步挖掘这些资料，一定会有新收获，有突破。

三、要重视中国租界法制研究方法的进一步改进

研究方法对于研究中国租界法制也很重要。在同样资料存在的情况下，不同的研究方法可以研究出不同的结果。正确和充分的研究方法可以较为全面、客观地反映出中国租界法制的状况，并在这一基础上作深入、科学地研究，取得新成果、新进展。反之，则很困难。当前，研究中国租界法制的人员较为常用的研究方法是历史归纳与分析的方法。这是研究中国租界法制可以使用的方法，而且也可以在一段时间、一些问题的研究中取得成功。具有代表性的《上海公共租界史稿》运用这一方法，把上海英、美、英美、公共租界中的土地章程及其发展线索梳理得非常清晰，并从中进行了一定程度的论述，在20世纪30年代的研究中获得了成功，并对今天的研究产生了一定的影响。可是，在今天，还停留在这一方法，就不利于进一步深入研究中国租界法制。因为，研究方法过于单一，已无法适应许多问题的深入研究，有必要使用一些其他的研究方法，来进一步推动中国租界法制的研究。

今后，可以首先在比较、实证、联系等方法上下点功夫，改进现有的研究方法，促进中国租界法制的研究。首先，可以使用比较的方法。在中国租界法制的研究中，比较方法是一种十分重要的方法。中国有10个城

市有租界及其法制。总和起来，中国先后出现过英国、美国、法国、德国、日本、比利时、意大利、奥地利等国的租界及其法制。①它们的情况不尽相同。不同的城市有不同的情况；不同的租界，有不同的设立国家；这些都会直接影响其法制。中国租界法制的情况不会一模一样，存在差异不可避免。通过使用比较的方法，可以明显地显示它们之间的差别和特点，然后作深入研究，寻找形成差异和特点的各种原因，探究这一法制的多样性及其相关的问题，进一步认清中国近代社会的面貌和法制现代化的不同进程。目前，在研究中国租界法制中，使用这种方法比较少，尽管《中国城市中的租界法与华界法》《论上海租界法制的差异》中也曾运用过这一方法，但从整体上来看，在整个中国租界法制的研究中使用这种方法不够普遍，以致这类成果不多，应得到改进。这种比较的方法可以运用在不同城市租界法制的领域，比如上海、天津、汉口租界法制的比较；也可以运用在同一城市中不同租界法制的领域，比如上海公共租界与法租界法制的比较；同样也可以使用在不同租界某一方面法制的领域，比如关于土地章程、城市管理、会审公廨制度等方面的比较等。总之，这种比较应该全面一些，面可以宽一些，以补充当前研究的不足，推动中国租界法制研究向纵深发展。

其次，可以使用实证的方法。这是一种侧重于定量的方法。在定量的基础上，再作定性，这样的定性基础比较扎实，结果也会比较可靠。在中国租界法制的研究中，也可以使用实证的方法，以提高研究的科学性。当前，虽然在有些研究成果中，也使用过这一方法。比如，《上海公共租界特区法院研究》曾对 1940 年上海公共租界特区法院涉外刑事案件作了实

① 费成康：《中国租界史》，上海社会科学出版社 1991 年版，第 427—430 页。

证性研究。[1]但从整体上来看，这一方法使用得非常少，相关成果也很少，有必要提倡使用。实证方法可以使用在中国租界立法领域的法规形式、内容等方面，也可以使用在司法领域的案件统计、律师事务所及其律师的统计等。总之，在中国租界法制的研究中，实证的方法大有作为。不过，使用这一方法以后，得出的主要是定量的结果，研究不能停滞在这一结果上，还需进一步提高，把定量上升为定性，使定量与定性结合起来，这样的研究会更有价值一些。

最后，还可以使用系统的方法。中国任何租界的法制都不孤立存在，而与中国社会的方方面面都有联系，这就有一个系统问题。这个系统既存在于租界法制内部，比如立法机关、立法内容、行政执法机关及其执法情况、司法机关及其司法情况等；也存在于租界法制与法制之外的社会之中，比如与政治、经济、文化等的关系等。因此，只有运用系统的方法把中国租界法制放在一个系统去研究，才能全面、正确理解这一法制。已有一些研究成果体现了这一方法，也取得一些成果。比如，《帝国之鞭与寡头之链》在考察上海会审公廨权力关系变迁中，就注意在系统中去考察，首先就从社会背景中去透析这种权力关系竞逐的舞台，包括权力关系各方的心态、寡头政体的生成、寡头政体立法行政与司法体制等一些问题，然后再切入上海会审公廨中的权力关系变迁。[2]然而，还是有不少成果没有重视使用这一方法，其内容往往就事论事，不能在一个系统中进行研究以致缺乏深度和整体效果。今后，在进一步研究中国租界法制的时候，可以重视使用这一方法，把某个问题放在一个系统中去研究，充分考虑这个系统

① 姚远：《上海公共租界特区法院研究》，上海人民出版社 2011 年版，第 135—143 页。

② 杨湘钧：《帝国之鞭与寡头之链——上海会审公廨权力关系变迁研究》，北京大学出版社 2006 年版，第 16—57 页。

中的关联方面，发现它们之间的内在联系，产生一种整体效应，增强论证的说服力，提高其学术价值。

以上这些方法可以单独使用，也可以结合起来使用，这由所研究问题的性质、内容来决定。总之，今后的研究要更重视使用这些方法，使中国租界法制的研究有新的进展。

四、要重视中国租界法制研究成果的进一步扩充

当前，研究中国租界法制的成果虽然有一些，但从总体上来看，存在三个“缺乏”，第一，缺乏研究整个中国租界法制的成果。已有从整体上研究中国租界史的成果，即《中国租界史》，而且在 1991 年就已出版，距离今天已有 20 余年。可是，中国至今还未能出版一本从整体上研究整个中国租界法制史著作，人们还无从了解和认识中国租界法制的整体面貌，这是一个很大的不足。今后可以在这一方面作出努力。要组织力量，搜集中国有租界城市的租界法制资料，运用各种科学方法，进行必要的分析和归纳、综合和提炼，早日使这一成果能够出版。当然，现在要做这一工作难度不小，人手和经费不足、资料分散和残缺等都是其中比较棘手的困难。

第二，缺乏研究各个城市租界法制的成果。中国有 10 个城市曾经出现过租界及其法制，它们都应该在研究之列，这样才能做到全面研究，全面反映中国租界法制的实际状况。目前，能够反映研究成果的租界不多，仅涉及上海、天津、汉口等一些城市租界的法制，多数租界城市的租界法制尚未研究。这种情况也需要改变，也是可以努力之处。有必要组织一定的力量进行研究，各个突破，使一些没有研究成果的租界法制也能填补空白。各个城市租界法制的研究十分有利于对于整个中国租界法制的研究。有了这个基础，再研究整个中国租界的法制就比较便利，通过大量吸收各租界法制的研究成

果，经过一定的整合，就比较容易形成整个中国的租界法制史。

第三，缺乏研究中国租界法制中具体制度的成果。每个城市的租界法制中，都有不少制度，比如土地管理制度、公共卫生管理制度、城市交通管理制度、建筑管理制度、公共设施建设管理制度、律师制度、会审公廨制度、特区法院制度、监狱制度等。目前，对于这些制度的研究也不够充分。其中，土地管理制度、律师制度、会审公廨制度等虽有一些研究成果，但只限于上海、天津、汉口等一些城市的租界，其他的城市则几乎没有。其他制度的研究成果更少，连上海、天津、汉口等一些城市租界的也是如此。这同样是一个可以努力的方向。以后，可以更加重视中国租界法制中一些具体制度的研究，特别是除上海、天津、汉口等一些城市以外，租界法制中一些具体制度的研究，不断弥补当前研究中的不足。当然，随着这一方面研究的深入，成果的增加，也会促进各个城市租界法制和整个中国租界法制的研究，这也是一种从点到面的研究。总之，只要在以上三个方面加大研究力度，扩充有质量的成果，中国租界法制研究一定会更加繁荣，影响也会更大。

五、要重视中国租界法制研究交流的进一步扩大

中国租界法制研究的交流也与其他学术交流一样，可以通过信息的传播，研究成果的共享，互相取长补短，促进研究。因此，它对于加强中国租界法制的研究同样十分重要。目前，这一交流十分贫乏，既没有中国租界法制的交流网站，也没有举行过对这一研究的专门研讨会，仅存的交流主要集中于相关著作的出版和论文的发表，非常不够。加强这一交流也是今后可以努力的一个方向。现在，正处在一个信息化时代，研究成果交流的渠道十分畅通，途径非常多样，要进一步扩大中国租界法制研究的交

流，应该不难。以后，除了继续使用出版、发表途径外，还可以采用一些新的交流形式，加强学术交流。这些途径可以包括：建立网站、召开专题研讨会、发行学术动态通讯、开辟相关杂志中的专栏等。总之，要使这一交流充分起来，发展下去。交流的内容可以是新发现的有关中国租界法制的资料、新的研究的成果，也可以是新的研究方法，等等。可以相信，随着这一交流的扩大，研究信息的进一步沟通，一定会促进中国租界法制的研究。

六、要重视中国租界法制海外研究的进一步加强

中国租界法制的研究并不局限在中国，海外如这一研究也在开展并已有研究成果公开出版、发表。然而，对于这一研究非常不足，甚至没有一篇关于这一研究的有分量论文。改变这一状况也是今后可以努力的目标。其实，海外中国租界法制研究也很重要。通过对这一研究成果的研究，不仅可以掌握海外研究的动态，还可以从海外的研究中有所借鉴，促进中国的相关研究。其他学科的这一研究事实已经证明，这种研究十分有必要，也十分重要。海外上海学的研究就是如此，而且还取得了不小的成就。上海学的研究已在世界上成气候，“早已越出上海，跨出中国，成为国际学术界的热门课题”。①而且，还有一大批知名学者和一大批代表性著作涌现，包括在海外。海外上海学研究已经在中国兴起，而且取得了不小的成就，其内容涉及美国、德国、法国、英国、日本、澳大利亚等国家研究上海学的概况；上海学名著解读；上海学名家简介，等等。另外，还有《上海史研究译丛》公开出版。②海外上海学的研究已经红红火火。相比之下，海外

① 熊月之、周武主编：《海外上海学》，上海古籍出版社 2004 年版，第 1 页。

② 同上书，第 1—2 页。

中国租界法制的研究则十分落后。这种情况也要改变。要组织一些精通外语的人员从事海外中国租界法制的研究，涉及的语言包括英语、德语、法语、日语等，首先从翻译外语成果开始，然后再集中研究，总结海外这一研究的状况，再作深入探究，填补当前在这一领域的不足。可以相信，只要重视海外中国租界法制的研究，一定会有可喜的成果与大家见面，从而也为这一研究打开一个新的局面。

前瞻中国租界法制的研究，困难不小，前景不错，只要持续努力，总会取得新成果，新成绩，新成效。期待这一天早日到来。

第十一章　中国租界审判机关研究70年

中国租界审判机关是近代中国的一种特殊司法机关，19世纪中期后，西方国家或根据不平等条约中有关领事裁判权的规定，在中国各地租界内设立了形式多样、名称各异的审判机关，或通过条约外的非法途径控制中国政府设在租界内的审判机关。从机构性质来看，这些审判机关可分为中外混合审判机关、中国审判机关和外国审判机关三种。①

70年来，学界对这一领域的研究已取得不菲成绩，但仅在部分硕博士学位论文中可见对于部分租界审判机关的学术回顾，尚缺乏对此进行系统回溯的学术综述。故而本章试对70年来上述租界审判机关的学术研究史进行全面梳理，勾勒出中国租界审判机关研究的基本概貌，以期为学界后续的研究方向和研究内容提供有益的参考和借鉴。

第一节　中外混合审判机关研究回溯

中外混合审判机关有法租界违警罪裁判所、洋泾浜北首理事衙门、会

① 参见史梅定主编：《上海租界志》，上海社会科学院出版社2001年版，第278—301页。

审公廨。

一、法租界违警罪裁判所

1859年3月，法国领事将大陆法系中的违警罪及其司法制度引入法租界，设违警罪裁判所审理违反警务章程的行为。1869年4月，随着法租界会审公廨的成立，已有的违警罪裁判所并入其中，违警罪裁判所工作结束。

有关法租界违警罪裁判所的研究成果并不多。首先，一些有关上海的史料类著作如《上海租界志》①《上海审判志》②《上海旧政权建置志》③对裁判所的设立时间、审判官设置、会审情况等作了概要性介绍；其次，一些研究领事裁判权的著作中也略有提及，如《外国在华领事裁判权史稿》一书在介绍“早期租界司法权与会审雏形”时论及法租界违警裁判所，认为外国领事插手华人案件的一个重要原因就是中国官员的腐败传统；④第三，少量论文在论述中也有简要涉及。⑤总体而言，以上学术成果大多是对法租界违警罪裁判所基本情况的介绍，属于此项研究的基础性阶段，而对其进行深入研究的专门性论文还未有发现。

由此可见，学界对于违警罪裁判所的关注还很少，相关研究既不充分

① 史梅定主编：《上海租界志》，上海社会科学院出版社2001年版，第284页。

② 滕一龙主编：《上海审判志》，上海社会科学院出版社2003年版，第75页。

③ 王国忠主编：《上海旧政权建置志》，上海社会科学院出版社2001年版，第233页。

④ 安国胜：《外国在华领事裁判权史稿》，中国政法大学出版社2014年版，第269页。

⑤ 如邓克愚、顾高地《列强在上海侵夺我国司法权的史实》（载《列强在中国的租界》编辑委员会编：《列强在中国的租界》，中国文史出版社1992年版，第26—53页）一文简要提及了该所的设立；又如侯庆斌《晚清上海法租界城市治理中的法律移植与司法实践——以违警罪为例》（载《复旦学报》（社会科学版）2018年第3期）一文在介绍法租界违警司法体系的建立时也提及其设立。

也不完整。然而作为租界中第一个实行中外会审制度的混合法庭，[①]其史无前例的意义与影响不言而喻。现有大多数著作中，在论述租界司法制度或领事裁判权问题时都会提及上海公共租界会审公廨的前身——洋泾浜北首理事衙门，但却鲜少提及上海法租界会审公廨的前身——违警罪裁判所，即便有所论及，也大多比较扼要简略。在设立时间上，违警罪裁判所设立在前，洋泾浜北首理事衙门设立在后，同为中外混合审判机关，在机构设置或审判制度方面，前者对后者有无借鉴和影响，影响多大，违警罪裁判所的设立背景如何，又在多大程度上发挥了其审判机关的职能等，都待学界去研究和解决。囿于资料的匮缺或研究者重视的不足，学界对于违警罪裁判所的相关研究止步不前，但在审判机关林立的上海租界，对法租界违警罪裁判所的研究理应占有一席之地。

二、洋泾浜北首理事衙门

1864 年 5 月，上海道台在英国驻沪领事馆内设立洋泾浜北首理事衙门，专门受理租界内一般华人违警案、华人之间或者华洋之间的普通民事纠纷，如案件涉及外国人的利益，可由外国领事会同审理。1869 年公共租界会审公廨设立后，洋泾浜北首理事衙门撤销。

相对于违警罪审判所的乏人问津，学界给予洋泾浜北首理事衙门的关注有所增多，与其相关的论述在不少学术成果中都有所涉及。首先，史料类著作《上海租界志》[②]《上海审判志》[③]中对理事衙门的成立背景、法庭

① “华人与法国人因商业贸易发生的诉讼案件，由中法两方面官员在法国领事馆中会审”，见史梅定主编：《上海租界志》，上海社会科学院出版社 2001 年版，第 284 页。

② 史梅定主编：《上海租界志》，上海社会科学院出版社 2001 年版，第 278—279 页。

③ 滕一龙主编：《上海审判志》，上海社会科学院出版社 2003 年版，第 59—60 页。

设置、判决权限作了基本介绍；其次，在有关上海租界法制的著作中涉及对理事衙门的研究，如《帝国之鞭与寡头之链——上海会审公廨权力关系变迁研究》一书对理事衙门的成立背景及经过、组织与权限、华洋扞格进行了细致考察，认为理事衙门虽“招牌”是不折不扣的中国衙门，但因准许外人“陪审”而使华方丧失了部分司法权，也进一步坚实了外人在租界的基础；①《“洋泾浜北首理事衙门”的建立及其运作》对理事衙门的建立、具体运作及背后的中外权力冲突、案件的审理及特点等问题作了探研，作者认为，理事衙门是中外双方为解决租界内华人案件及华洋诉讼的管辖问题而设，具有一定的权宜性，且更多承载的是中外双方的权力之争，但其作为司法审判机关，为西方法律制度和观念的传入提供了一种途径，如刑、民事法庭分立、违警犯与刑事犯区别、判决书的形式及公开明示等；②第三，一些研究租界或领事裁判权的著作中也有所涉及，如《上海公共租界史稿》③《上海的租界》④《外国在华领事裁判权史稿》⑤《上海租界与租界法权》⑥等，相关论文如《列强在上海侵夺我国司法权的史实》⑦等，这些成果对于衙门的成立背景、机构设立、案件审理、中外分歧、法权争夺

① 参见杨湘钧：《帝国之鞭与寡头之链——上海会审公廨权力关系变迁研究》，北京大学出版社 2006 年版，第 67—73 页。

② 参见洪佳期：《“洋泾浜北首理事衙门”的建立及其运作》，载王立民、练育强主编：《上海租界法制研究》，法律出版社 2011 年版，第 300—321 页。

③ 徐公肃、丘瑾璋：《上海公共租界制度》第二编第三章“司法之过去与现状”，载《上海公共租界史稿》，上海人民出版社 1980 年版。

④ 马长林：《上海的租界》，天津教育出版社 2009 年版，第 56—57 页。

⑤ 安国胜：《外国在华领事裁判权史稿》，中国政法大学出版社 2014 年版，第 273—276 页。

⑥ 姚远：《上海租界与租界法权》，上海三联书店 2016 年版，第 43—58 页。

⑦ 邓克愚、顾高地：《列强在上海侵夺我国司法权的史实》，载《列强在中国的租界》编辑委员会编：《列强在中国的租界》，中国文史出版社 1992 年版，第 26—53 页。

等问题都作了一定角度的阐述。

然而，对这一审判机构的专门性研究还显得较为缺乏，以洋泾浜北首理事衙门为研究对象的专题论文除以上《“洋泾浜北首理事衙门”的建立及其运作》一文外几近于无，相关专著更是阙如，现有成果大多将理事衙门作为会审公廨的前身进行陪衬式介绍，研究远未推向深入，对史料的挖掘也较浅。作为一个专门的审判机构，理事衙门究竟在多大程度上塑造了国人当时的法律观念，中外法律制度和法律理念在具体案件的审判中会发生怎样不可协调的碰撞，外国陪审官自身的法律素养如何并在多大程度上影响了中方官员的审判，等等，这些问题都有待进一步探研。作为公共租界会审公廨的前身，理事衙门在四年存续期间的具体运作情况及其背后中外权力的争夺在一定意义上也奠定了此后会审公廨的某些特性。希望随着今后更多材料的发掘，对这一审判机构的探讨能够更为深入和全面，这同时也将促进对会审公廨的进一步研究。

三、会审公廨①

（一）上海会审公廨

1869 年 4 月，公共租界与法租界会审公廨相继设立，至 1927 年 1 月，公共租界会审公廨被中国政府先行收回；1930 年 8 月，在上海第二特区地方法院设立后，法租界会审公廨也宣告结束。

会审公廨向来是租界审判机关研究中的热点领域，国内外学界都有所关注，已取得诸多成果。《上海租界志》②《上海审判志》③《上海旧政权建

① 该机构英文为 Mixed Court，根据翻译习惯，又译为“混合法庭”“会审公堂”“会审公所”等。

② 史梅定主编：《上海租界志》，上海社会科学院出版社 2001 年版，第 279—286 页。

③ 滕一龙主编：《上海审判志》，上海社会科学院出版社 2003 年版，第 60—62 页。

置志》[①]《上海公共租界史稿》[②]《上海租界问题》[③]《上海法制史》[④]《上海的租界》[⑤]《清末上海租界社会》[⑥]《上海租界法制史话》[⑦]《旧上海租界史话》[⑧]《外国在华领事裁判权史稿》[⑨]《老话上海法租界》[⑩]等有关上海史、租界史的著作类成果，对公廨的设立、管辖权、诉讼程序、适用法律、刑罚、谳员任职情况、章程的修订、改组与收回等情况作了总括性论述。

其他著作也从某一角度对会审公廨进行了介绍，《中国租界史》介绍了上海两所会审公廨在辛亥革命后的20年中经历的三次独特变化；[⑪]《上海近代史》认为公共租界和法租界会审公堂就是个变相的、由各国领事共管的直接压迫中国人民的特殊领事法庭；[⑫]《上海租界百年》[⑬]一书在第十章中讲述了1905年中英双方谳员因在黎黄氏人口拐带案中对于人犯羁押场所的争辩与冲突，从而引发一场公廨内外的民族对抗，并兼及论述公共

① 王国忠主编：《上海旧政权建置志》，上海社会科学院出版社2001年版，第233—235页。

② 徐公肃、丘瑾璋：《上海公共租界制度》，第二编第三章“司法之过去与现状”，载《上海公共租界史稿》，上海人民出版社1980年版。

③ 吴圳义编：《上海租界问题》，第三编“司法问题”，台湾正中书局1981年版，第173—263页。

④ 王立民：《上海法制史》，上海人民出版社1998年版，第272—287页。

⑤ 马长林：《上海的租界》，天津教育出版社2009年版，第57—61页。

⑥ 吴圳义：《清末上海租界社会》，台湾文史哲出版社1978年版，第18—27页。

⑦ 王立民：《上海租界法制史话》（第2版），上海人民出版社2017年版，第80—81页。

⑧ 薛理勇：《旧上海租界史话》，上海社会科学院出版社2002年版，第50—64页。

⑨ 安国胜：《外国在华领事裁判权史稿》，中国政法大学出版社2014年版，第276—290页。

⑩ 《租界里的法国“公堂”——会审公廨》，载中共上海市卢湾区委党史研究室编写：《老话上海法租界》，上海人民出版社1994年版，第19—22页。

⑪ 费成康：《中国租界史》，上海社会科学院出版社1991年版，第147—159页。

⑫ 刘惠吾编著：《上海近代史》（上），华东师范大学出版社1985年版，第175—183、382—389页。

⑬ 姜龙飞：《上海租界百年》，文汇出版社2008年版，第249—284页。

租界及法租界会审公廨的由来、苏报案及公廨的收回；《上海租界与租界法权》一书对 1911 年前上海会审公廨的设置、职权，1911 年后列强司法权在会审公廨的疯狂扩张及审判情况进行考察，其中还对法租界会审公廨的成立、章程、机构等给予阐述，并与公共租界会审公廨进行比较；①《近代上海城市的特殊记忆——法租界会审公廨与警务处旧址》一书用以图证史的方式，以法租界会审公廨和警务处大楼的建造为线索，从会审公廨的设立、运作和收回等方面对租界司法制度进行解读。②

随着史料的不断挖掘，以及史观和研究方法的愈加多元，研究会审公廨的专题论文层出不穷，由于数量较多，根据研究内容大致分为以下三类：

第一，对基础性问题的研究。③这些论文从各自的角度对公廨的产生、

① 姚远：《上海租界与租界法权》，上海三联书店 2016 年版，第 61—65 页。

② 马学强、钱军主编：《近代上海城市的特殊记忆——法租界会审公廨与警务处旧址》，上海人民出版社 2015 年版。

③ 代表性论文有：张铨：《上海公共租界的会审公廨》，《社会科学》1983 年第 11 期；江兴国：《上海公共租界会审公廨的产生及其性质》，《中国政法大学学报》1984 年第 2 期；马长林：《晚清涉外法权的一个怪物——上海会审公廨剖析》，《档案与历史》1988 年第 4 期；邓克愚、顾高地：《列强在上海侵夺我国司法权的史实》，载《列强在中国的租界》编辑委员会编：《列强在中国的租界》，中国文史出版社 1992 年版，第 26—53 页；张铨：《上海公共租界会审公廨论要》，《史林》1989 年第 4 期；张铨：《上海公共租界会审公廨论要（续）》，《史林》1990 年第 1 期；张铨：《上海法租界会审公廨》，《史林》1994 年第 2 期；李慧娟：《论上海公共租界混合法庭》，《株洲师范高等专科学校学报》2006 年第 3 期；云海、黎霞：《1926 年上海公共租界会审公廨收回交涉背景及其经过》，《档案与历史》1988 年第 4 期；徐小松：《会审公廨的收回及其历史意义》，《民国档案》1990 年第 4 期；赵晋卿：《收回会审公廨交涉的经过》，载《列强在中国的租界》编辑委员会编：《列强在中国的租界》，中国文史出版社 1992 年版，第 54—62 页；谷小水：《1926 年上海公共租界会审公廨收回交涉述评》，《历史档案》2007 年第 2 期；孔晖：《上海公共租界会审公廨司法权的收回》，南京师范大学 2012 年硕士学位论文；唐香梅：《上海公共租界会审公廨——纠纷解决机制》，复旦大学 2008 年硕士学位论文；谢会敏：《上海公共租界会审公廨研究》，山东大学 2009 年硕士学位论文；周勇山：《上海公共租界会审公廨司法审判制度研究》，上海师范大学 2009 年硕士学位论文；王振伟：《上海法租界司法制度与实践之探析》，华中科技大学 2010 年硕士学位论文；陈菊：《上海公共租界会审公廨司法审判制度研究》，烟台大学 2017 年硕士学位论文等。

发展和收回、机构设置、运作机制、早期的性质、性质的嬗变、审判活动及特点、对中国的影响等基本问题作了详尽和深入的论述，但从中也可见一些研究的重复。

第二，比较性研究。①这些论文或从比较法视角对中外会审公廨进行研究，或从中西不同法律制度和思想的角度考察公廨对中国的影响和冲击，或通过将公廨与华界的中国审判机关和公廨收回后租界内设置的中国审判机关相比较，从而对公廨的性质作出界定。

第三，对某一专题的研究。②这些论文或对辛亥革命动荡之际公廨法权变化进行分析，或研究公廨和上海总商会间司法审判权的让渡情况，或通过公廨间的权限之争考察各方背后的利益考量及冲突爆发的深层次原因，

① 代表性论文有：李慧娟：《近代中国与埃及混合法庭之比较》，湘潭大学 2005 年硕士学位论文；余华川：《从上海公共租界会审公廨看中西法律制度和思想的冲突和融合》，华东师范大学 2005 年博士学位论文；王立民：《会审公廨是中国的审判机关异议》，《学术月刊》2013 年第 10 期等。

② 代表性论文有：洪佳期：《上海公共租界会审公廨研究》，华东政法学院 2005 年博士学位论文；洪佳期：《上海会审公廨中外审判官裁判冲突研究》，"中国法制史学会"、"中央研究院"历史语言研究所《法制史研究》2006 年第 9 期；胡震：《清末民初上海公共租界会审公廨法权之变迁（1911—1912）》，《史学月刊》2006 年第 4 期；彭晓亮：《关絅之与上海会审公廨》，《史林》2006 年第 4 期；蔡晓荣：《晚清上海租界会审公廨与华洋民商诉讼》，《西安电子科技大学学报》（社会科学版）2007 年第 4 期；王红梅：《会审公廨司法审判权的攫取与让渡》，载王立民、练育强、姚远主编：《上海法制与城市发展》，上海人民出版社 2012 年版，第 60—72 页；胡松：《上海公共租界会审公廨法权变迁问题研究——以苏报案为视角》，安徽财经大学 2015 年硕士学位论文；侯庆斌：《上海租界会审公廨间的权限之争——以 1902 年〈上海租界权限章程〉的出台为中心》，《史林》2016 年第 4 期；侯庆斌：《一战期间上海法租界当局对德国侨民的处置——以 1917 年会审公廨判决书为中心的考察》，载马军、蒋杰主编：《上海法租界史研究》第 1 辑，上海社会科学院出版社 2016 年版，第 9—22 页；姚尚贤：《司法改革中的多元竞逐与单一效忠——以民国上海公共租界会审公廨收回为例》，《南开法律评论》第 11 辑，南开大学出版社 2017 年版，等等。

或探究民国司法改革在公廨收回问题上的成功和不足等。其中不乏较为优秀的成果，如《一战期间上海法租界当局对德国侨民的处置——以 1917 年会审公廨判决书为中心的考察》一文，作者从法国外交部档案馆馆藏司法档案中提取案例，揭示一战期间在华德侨法律地位的变化，作者发现当时公廨的刑民事案件鲜有直接以西方法律条文作为审判依据的情况；又如洪佳期的博士论文《上海公共租界会审公廨研究》，应是 70 年来首次从法律史角度对公廨成立的背景、发展过程、运作、中外冲突、案件审理、最终收回等作出系统分析和深入探究的论文，是一篇反映当时学界研究水平的优秀之作。

《上海会审公廨审判研究》①是大陆学者中首部以会审公廨为专门研究对象的学术专著，该书着重考察了会审公廨的司法审判权及其嬗变、中外审判官的裁判冲突、案件类型与个案实证分析等，从而为思考西方法律与中国传统法律的冲突与融合提供了新的视角。作者认为，在中国法律近代化的大背景下，作为一个融合中西法律元素的中国司法机构，却终究未能走在时代的前面，没能也不可能担当起中国法律变革的历史使命。该书史料梳理细致，理论创新明显，突破了以往学术成果中的一些雷同性。

此外还有三本近年出版的译著，《上海租界及老城厢素描》出版于 1881 年，此中第一篇“会审公廨”②是我们了解 19 世纪 80 年代公廨日常运作以及西方人眼中中国法庭样貌的珍贵史料，作者通过细致的观察，勾画出一幅极为生动的公廨日常审案图卷。作为会审公廨的亲历、亲见和亲闻者，本书作者留下的这篇文章可为研究公廨的学者提供丰富、形象的一手

① 洪佳期：《上海会审公廨审判研究》，上海人民出版社 2018 年版。

② ［英］麦克法兰等：《上海租界及老城厢素描》，王健译，生活 · 读书 · 新知三联书店 2017 年版，第 3—22 页。

资料；《上海会审公堂与工部局》[1]和《上海公共租界与华人》[2]二书为姊妹篇，作者曾先后担任上海公共租界巡捕和工部局职员，前书完成于 1925 年，作者试图通过对会审公堂历史的描述和法理逻辑来说明其产生、发展的必然性及合法性，此书可以说是第一部比较全面研究会审公堂历史与特征的专著；后书写于五卅运动爆发后，考察该事件对上海公共租界及界内中国司法机构地位构成的冲击是作者写作此书的原因。值得一提的是，这两本著作虽不是严谨的学术专著，甚至由于作者本身的立场局限和思想偏见，使其不遗余力地为租界及会审制度正名，但两书征引资料丰富、挖掘历史深入，对于全面研究会审公堂和上海租界历史具有独特的参考价值。以上三本译著的出版将更有利于学界利用这些史料，并对深化会审公廨研究大有助益。

由于会审公廨的特殊性，一些海外学者也将其纳入研究视角，出现了不少与此相关的学术论文。[3]著作方面，澳大利亚学者斯蒂芬斯（Thomas B.Stephens）撰写的“Order and Discipline in China—The Shanghai Mixed Court 1911—1927”（《中国的秩序与纪律——上海公共租界会审公廨 1911—1927》）[4]一书颇具代表性，该书认为，西方解决纠纷用的是审判型体系，而中国用的则是纪律型体系，在这一理论框架下，会审公廨就为这两种体系的冲突提供了一个典型的研究视角，并展望了中国与西方在法治道路上趋同的前景，该书为研究会审公廨领域内的重要论著，同时也反

① ［俄］郭泰纳夫：《上海会审公堂与工部局》，朱华译，上海书店出版社 2016 年版。

② ［俄］郭泰纳夫：《上海公共租界与华人》，朱华译，上海书店出版社 2017 年版。

③ 如［美］Tahirih V.Lee. Law and Local Autonomy at the International Mixed Court of Shanghai，PH.D. Dissertation，Yale University，1990.

④ Thomas B.Stephens，Order and Discipline in China—The Shanghai Mixed Court 1911—1927，University of Washington Press，1992.

映了西方学术界对该问题的研究水平。①

对上海会审公廨进行专门研究的还有中国台湾地区的两篇硕士论文，分别为《上海会审公廨探微》②和《帝国之鞭与寡头之链——上海会审公廨权力关系变迁研究》③，前文希望借助公廨的运作，来探明中外间的态度与相处状况，作者认为会审公廨的成立是外国政府对清政府的一种友好表示，是中外关系友好的最高点，使得丧失已久的司法权得以局部收回，但此后外国民众基于自身利益，一味侵削我国司法权，从而造成了中西交往的污点；后文已公开出版，作者一改传统“压迫者—被压迫者”的对立史观，从租界追求自治和治安秩序目标的角度，透视会审公廨幕后权力的变迁，全书研究视角独特，理论素养深厚，观点富有见地，在同类研究中深受学界好评，是此领域中的代表性著作。

(二) 汉口会审公堂和厦门鼓浪屿公共租界会审公堂

上海会审公廨发展成熟、组织完备，历来是学者着墨最多的研究对象，而在中国其他租界审判机关中，成功移植上海会审公廨的仅有汉口租界和厦门鼓浪屿公共租界。

著作类成果中，《中国租界史》一书对中国租界司法制度进行了总体介绍，其中鼓浪屿公共租界会审公堂所实行的章程与上海公共租界会审公廨基本相同，大体上将上海公共租界的制度照搬到了鼓浪屿，并简述了汉口会审公堂的大致设立时间、管辖范围和人员设置情况，作者认为这些由

① 有关该书的评论，可参见王志强：《非西方法制传统的诠释》，《北大法律评论》1999 年第 2 卷第 1 辑，第 317—322 页。

② 徐平国：《上海会审公廨探微》，台湾大学历史研究所 1970 年硕士学位论文。

③ 杨湘钧：《帝国之鞭与寡头之链——上海会审公廨权力关系变迁研究》，北京大学出版社 2006 年版。

外国领事坐镇的会审公廨也决不是明镜高悬的真正法庭；①《西风落日——领事裁判权在近代中国的确立》一书在第八章“法律怪胎：会审公廨与外国法院”②中，除了论及上海公共租界洋泾浜北首理事衙门和会审公廨外，还简要介绍了汉口租界会审公堂和厦门鼓浪屿公共租界会审公堂的设立和管辖；《外国在华领事裁判权史稿》一书中引用了北洋政府法权讨论委员会编发的《列国在华领事裁判权志要》的记载来介绍汉口洋务公所的设置及职权，而厦门鼓浪屿公共租界会审公堂的情况“和上海公共租界会审公廨的情况相同”；③《鼓浪屿公共租界》一书第九章介绍了会审公堂设立后受列强挟制的情况；④《公共租界鼓浪屿与近代厦门的发展》一书对鼓浪屿会审公堂的沿革、诉讼管辖范围及审判程序、人员配置及经费等情况进行介绍，并从行政诉讼制度的引入和会审公堂实行的审判制度两方面对租界时期鼓浪屿司法制度对近代厦门司法制度的影响作出阐述；⑤《汉口租界志》⑥《汉口五国租界》⑦大致介绍会审公所的设立、沿革和审理情况。

论文类成果中，《汉口英租界见闻》⑧一文简要介绍汉口会审公堂人员

① 费成康：《中国租界史》，上海社会科学院出版社1991年版，第125—147页。

② 安国胜：《西风落日——领事裁判权在近代中国的确立》，法律出版社2012年版，第253—276页。

③ 安国胜：《外国在华领事裁判权史稿》，中国政法大学出版社2014年版，第290—292页。

④ 何丙仲：《鼓浪屿公共租界》，厦门大学出版社2015年版，第74—80页。

⑤ 何其颖：《公共租界鼓浪屿与近代厦门的发展》，福建人民出版社2007年版，第80—87页，第188—193页。

⑥ 《汉口租界志》编纂委员会编：《汉口租界志》，武汉出版社2003年版，第251—253页。

⑦ 王汗吾、吴明堂：《汉口五国租界》，武汉出版社2017年版，第57—58页。

⑧ 李绍依：《汉口英租界见闻》，载《列强在中国的租界》编辑委员会编：《列强在中国的租界》，中国文史出版社1992年版，第207—220页。

设置和诉讼程序；《会审公堂与华人议事会》①一文认为鼓浪屿会审公堂在审判诸问题上都要听命于外人，实质上就是协助帝国主义统治中国人民的御用工具。专门性论文仅有《厦门鼓浪屿公共租界会审公堂论要》②一篇，该文在现有史料的基础上，对厦门鼓浪屿公共租界会审公堂的发展历程、职能权责、司法程序作了基本介绍，为研究会审公堂提供了一个范例。由上可见，学界对于汉口及鼓浪屿会审公堂尚未进行较为系统的考察。

总览以上研究情况，首先，从发表的论文种类来看，对上海会审公廨研究的论文较多，对汉口租界、鼓浪屿公共租界会审公堂研究的论文较少，再具体到上海租界的情况来看，又以对上海公共租界会审公廨进行研究的论文居多，对法租界会审公廨研究的论文则相对较少，而造成这种现象的根本原因还在于史料问题。各地租界史料的匮乏至今仍是摆在研究者面前的头等难题，很多租界的档案史料在中国国内几乎没有，收藏于欧美各国自己的档案馆内，而上海档案馆内则保存着上海租界的大量原始卷宗，这就为研究上海租界史打开了方便之门，而上海法租界的研究成果较少，究其原因还是由于法租界会审公廨流传下来的史料较公共租界会审公廨要少得多，且多为法文，几无线索可寻，需花费研究者大量时间和精力进行基础整理，以致相关研究屈指可数；其次，从专著的出版情况来看，目前问世的会审公廨代表作仅有境外学者斯蒂芬斯、杨湘钧以及大陆学者洪佳期三人的著作，学者们虽在期刊上发表有大量相关论文，但至今仍未更多具有较高学术水准的代表性专著问世；第三，从研究的内容来看，研究的领域已愈发朝向纵深发展，开始从微观视角诸如对法权的变迁、租界

① 林曼馥：《会审公堂与华人议事会》，载《列强在中国的租界》编辑委员会编：《列强在中国的租界》，中国文史出版社 1992 年版，第 340—343 页。

② 章育良、许峰：《厦门鼓浪屿公共租界会审公堂论要》，《求索》2007 年第 1 期。

内多元纠纷解决机制的建立、列强在会审公廨间的权限之争、华洋民商诉讼案件的审判等问题上进行深入挖掘和剖析，呈现出先基础性研究后专门性研究、先整体后局部、先宏观后微观的研究规律；最后，从研究观念上来看，早期学者的研究尚未完全摆脱二元对立的思维方式，多在民族情结的影响下，对列强攫取司法权、侵犯中国主权的历史不惜笔墨加以鞭挞，具有较为鲜明的时代特征，也具有一定的时代局限性；进入21世纪以后，学术更强调价值中立，学者在研究中也表现的更为冷静与克制，而非简单化、非黑即白的处理，学者们认识到，在动荡的年代中，租界和司法的影响及是非、对错，都不是一目了然的，因而在全面检视租界、力求还原租界司法多层次立体面相的基础上，学者更多的是以一种“鉴于往事，有资于治道”的态度对租界司法制度进行理智的分析和客观的判断。

第二节　中国审判机关研究回溯

中国审判机关有上海公共租界临时法院、特区法院及高等法院。

一、上海公共租界临时法院

1927年1月，江苏省政府收回上海公共租界会审公廨，改组设立上海公共租界临时法院，专门审理租界内发生的属领事裁判权以外的各民刑事案件及违禁案件。

对上海公共租界临时法院的研究，在不少学术成果中都有所论及。著作类成果《上海租界志》[①]《上海审判志》[②]《上海公共租界史稿》[③]《上海租界问题》[④]《上海法制史》[⑤]《上海租界法制史话》[⑥]《中国废约史》[⑦]等，论文类成果《列强在上海侵夺我国司法权的史实》[⑧]，对临时法院的受案范围、机构设置、人员设置、收回过程等情况作了较为全面的介绍。此外，《上海公共租界特区法院研究》[⑨]一书辟一专章对临时法院收回交涉的经过，收回的法律依据进行解读，并结合收回过程中中国对于法权维系的案例评析，探讨临时法院的实际运行状况及法权问题。

以临时法院为研究对象的专题论文在数量上并不多，有姜屏藩的《上海租界时代的临时法院论述》[⑩]、吴健熙的《上海公共租界临时法院改组问题初探》[⑪]和姚笑圆的《上海公共租界临时法院研究》[⑫]。这三篇论文都比较详尽地阐述相关问题，具有一定的学术价值。其中姜屏藩一文对上海公共租界临时法院的设立经过、内容（包括法院组织、管辖范围、上诉庭、

① 史梅定主编：《上海租界志》，上海社会科学院出版社 2001 年版，第 286—287 页。

② 滕一龙主编：《上海审判志》，上海社会科学院出版社 2003 年版，第 63—64 页。

③ 徐公肃、丘瑾璋：《上海公共租界制度》，第二编第三章“司法之过去与现状”，载《上海公共租界史稿》，上海人民出版社 1980 年版。

④ 夏晋麟编著：《上海租界问题》，上海三联书店 2014 年版。

⑤ 王立民：《上海法制史》，上海人民出版社 1998 年版，第 278—279 页。

⑥ 王立民：《上海租界法制史话》（第 2 版），上海人民出版社 2017 年版，第 87—88 页。

⑦ 李育民：《中国废约史》，中华书局 2005 年版，第 828—839 页。

⑧ 邓克愚、顾高地：《列强在上海侵夺我国司法权的史实》，载《列强在中国的租界》编辑委员会编：《列强在中国的租界》，中国文史出版社 1992 年版，第 26—53 页。

⑨ 姚远：《上海公共租界特区法院研究》，上海人民出版社 2011 年版，第 37—69 页。

⑩ 姜屏藩：《上海租界时代的临时法院论述》，《上海社会科学院学术季刊》1987 年第 3 期。

⑪ 吴健熙：《上海公共租界领事法院改组问题初探》，《史林》1987 年第 3 期。

⑫ 姚笑圆：《上海公共租界临时法院研究》，载王立民、练育强主编：《上海租界法制研究》，法律出版社 2011 年版，第 341—373 页。

适用法律、临事观审权、外籍律师出题、法院期限等方面）、发展和变质作出考察和论述，认为尽管临时法院的不少实权仍为外国侵略者所操纵，但能收回侵略者长期霸占着的如同外国法院的会审公廨，仍是我们在收回司法权道路上的一大进步；吴健熙一文就改组临时法院的交涉过程及交涉中争执的问题、新协定的内容进行介绍与评价，认为临时法院的建立只是有条件地收回对华人的司法主权，而并没有从根本上触及领事裁判权保护下的各国列强权益，但新协定毕竟较之前有所改良，使得帝国主义在司法方面的势力遭到一定程度的削弱；姚笑圆一文着力探讨上海公共租界临时法院成立的历史背景，其成立、运作与终结，与会审公廨的比较及影响等四个方面，以反映出上海公共租界临时法院的概况，作者认为临时法院存在的时间虽短，但其历史意义不能忽视，它为中国彻底废除领事裁判权打下基础，并为成立上海特区地方法院积累了经验。

以上三篇论文从各自的角度对临时法院进行论述，在目前的学界成果中还未有过多涉及，已是很难得的探索。但总体而言，现有研究多着眼于史实的梳理而缺乏较为系统深入的探讨，也缺少从案例评析的角度来加以论述，因而对于临时法院的专门性研究仍然显得相当不足。囿于其临时性和过渡性，临时法院存续时间较短，但作为一个上承会审公廨下启特区法院的审判机关，它所具有的一些特征及影响对与其一脉相承的后继者——特区法院有着不容忽视的联系，这种强烈的传承性对认识和了解临时法院、深化对特区法院的研究有所裨益。

二、特区法院及高等法院

1930 年 4 月，江苏上海第一特区地方法院及其上诉法院江苏高等法院第二分院在公共租界改组成立。1931 年 8 月，江苏上海第二特区地方法院及其上诉法院江苏高等法院第三分院在法租界设立。

著作类成果《上海租界志》[①]《上海审判志》[②]《上海公共租界史稿》[③]《上海法制史》[④]《上海租界法制史话》[⑤]等，论文类成果《列强在上海侵夺我国司法权的史实》[⑥]，对特区法院的机构设置、人员设置等总体概况给予总体介绍。一些专题研究则将视角聚焦于第一或第二特区中某一具体法院进行考察：

（一）江苏上海第一特区地方法院和江苏高等法院第二分院（以下简称“第一特院”和“高二分院”）

论文类成果中，《1940 年上海第一特区地方法院涉外刑事案件论析》[⑦]一文通过对 1940 年 305 起涉外刑事案件的分析，力图再现当时公共租界的司法状况，该文对传统观点所界定的“治外法权”收回的时间点进行质疑，提出了“治外法权”的收回是与租界的收回同步的观点；《上海第一特区地方法院涉外民事案件研究——以 1940 年档案为中心》[⑧]一文认为，第一特院已同上海租界外其他地方法院没有差别，都适用中国法，接受最高法院或司法院的工作指导，涉外民事审判几乎不受工部局的干涉和影

---

① 史梅定主编：《上海租界志》，上海社会科学院出版社 2001 年版，第 287—292 页。

② 滕一龙主编：《上海审判志》，上海社会科学院出版社 2003 年版，第 65—68 页。

③ 徐公肃、丘瑾璋：《上海公共租界制度》，第二编第三章“司法之过去与现状”，载《上海公共租界史稿》，上海人民出版社 1980 年版。

④ 王立民：《上海法制史》，上海人民出版社 1998 年版，第 279—281，286—287 页。

⑤ 王立民：《上海租界法制史话》（第二版），上海人民出版社 2017 年版，第 89—90 页。

⑥ 邓克愚、顾高地：《列强在上海侵夺我国司法权的史实》，载《列强在中国的租界》编辑委员会编：《列强在中国的租界》，中国文史出版社 1992 年版，第 26—53 页。

⑦ 姚远：《1940 年上海第一特区地方法院涉外刑事案件论析》，华东政法大学 2007 年硕士学位论文。

⑧ 刘颖：《上海第一特区地方法院涉外民事案件研究——以 1940 年档案为中心》，华东政法大学 2012 年硕士学位论文。

响，但因租界的特殊性及领事裁判权的限制，导致法院在涉外案件中司法管辖权和国际私法的运用受到了一定程度的限制，这也是第一特院涉外民事审判的局限性所在；《日伪时期上海公共租界法制变异》①一文对 1941 年年底太平洋战争爆发后公共租界内法制机构和法制内容的变异作了考察，其中在审判机构的变异中介绍第一特院和高二分院在日本的强行接管下人事方面的变动情况；《论上海临时法院到特区法院的法权问题》②一文通过对相关章程协定的解读，从临时法院存在的法权问题出发，探讨临时法院到特区法院的改组交涉，最后对特区法院的法权问题加以分析和评定。

著作类成果中，《上海公共租界特区法院研究》③是学界对特区法院进行系统研究的第一部学术专著，其以上海档案馆藏大量一手史料为基础，对特区法院的基本构成、审判规则、内部结构、检察制度等作了全面细致的探研，客观而详实地记录了法院的运作情况，并通过对具体法权案件的研究来探讨特区法院时期租界当局与中国政府在法权上的争夺。《从会审公廨到特区法院——上海公共租界法权变迁研究》④一书对公共租界法权问题的产生、发展、演变、回归展开论述，结合具体司法案例来论证和揭示法权的实际运行状况，以往相关研究基本上都围绕会审公廨进行，很少论及会审公廨的继受者——上海临时法院和特区法院，该书从会审公廨的生成出发，经临时法院，至特区法院，通过史论结合的方法，对上海公共租界法权变迁进行全面、整体考察和分析，且机构之间的前后相承及影响阐

① 孙晓鸣：《日伪时期上海公共租界法制变异》，载王立民、练育强主编：《上海租界法制研究》，法律出版社 2011 年版，第 462—521 页。

② 陈策：《论上海临时法院到特区法院的法权问题》，《浙江社会科学》2009 年第 4 期。

③ 姚远：《上海公共租界特区法院研究》，上海人民出版社 2011 年版。

④ 陈策：《从会审公廨到特区法院——上海公共租界法权变迁研究》，中国社会科学出版社 2015 年版。

释得有理有据，环环相扣，具有一定的学术价值。

国内对于高二分院的研究多附属于特区法院总体概况的相关著述中，缺乏更为深入、详尽的论述，与此相关的专题论文仅有一篇——《江苏高等法院第二分院的运行状况研究——兼谈民国收回领事裁判权运动状况》①，作者从上海档案馆所藏高二分院的相关档案着手，对高二分院的运作及其与工部局在管辖权及具体事务中的关系、适用的法律、法院的作用和影响等方面进行研究阐述，以揭示民国法制状况和收回领事裁判权运动的最终实际成效。作为该领域仅有的一篇专门性论文，该文对于增进高二分院相关运作状况的研究有所裨益。

（二）江苏上海第二特区地方法院和江苏高等法院第三分院（以下简称“第二特院”和“高三分院”）

《江苏上海第二特区地方法院烟毒案件研究——以1940年档案为中心》②一文，以1940年第二特院的烟毒案件为研究对象，筛选、统计出包括犯罪者个人信息、作案时间和地点、庭审程序等有效数据信息，进行深入全面的研究以反映出当时烟毒犯罪案件的司法运行全貌，并通过和特一法院烟毒案件的比较，归纳特二法院烟毒案件的特点和可资经验，挖掘当时社会政治背景对案件运行的影响。法律史学界对第二特院相关案件的研究尚属空白，史学界有关上海租界烟毒犯罪问题的研究也明显不足，因而此文在一定程度上对扩大法租界犯罪问题的研究视角起到积极的作用；此外，学界相关成果中对保安处分的论述并不多，而烟毒案件的特殊性还在于判决确定后，被告人需勒令戒烟后方可执行，这一戒烟毒瘾的过程是保

① 彭芸安：《江苏高等法院第二分院的运行状况研究——兼谈民国收回领事裁判权运动状况》，华东政法大学2008年硕士学位论文。

② 金淑媛：《江苏上海第二特区地方法院烟毒案件研究——以1940年档案为中心》，华东政法大学2016年硕士学位论文。

安处分措施，该文第四章第三节中有相关方面的阐述。

综合以上研究情况，总体来说，特区法院的研究已经取得了很大的进步，但在法院整体系统性和微观细节性的研究上仍待进一步加强，在第二特院和高三分院领域仍存在不少研究盲点，即使现有的第一特院和高二分院的研究也有待进一步深入，但以上学术成果为今后研究者对特区法院进行深入研究奠定了基础。

第三节　外国审判机关研究回溯

外国审判机关有领事法庭、领事公堂、英国高等法院及其上诉法院、美国在华法院及美国司法委员法院。

一、领事法庭

鸦片战争后，取得领事裁判权的各国先后在中国各地租界内设立了领事法庭。①

从目前的研究情况来看，相对于其他城市的租界，研究上海租界的学术成果最为丰富，因而研究各国在上海设立的领事法庭的著述也最为多见，《上海租界志》②《上海旧政权建置志》③《上海审判志》④《上海公共租

① 该机构英文为 Consular Courts，又称“领事法院”。

② 史梅定主编：《上海租界志》，上海社会科学院出版社 2001 年版，第 293—294 页。

③ 王国忠主编：《上海旧政权建置志》，上海社会科学院出版社 2001 年版，第 231—232 页。

④ 滕一龙主编：《上海审判志》，上海社会科学院出版社 2003 年版，第 75 页。

界史稿》[①]《上海法制史》[②]《帝国之鞭与寡头之链——上海会审公廨权力关系变迁研究》[③]《上海租界法制史话》[④]等著作类成果，《列强在上海侵夺我国司法权的史实》[⑤]等论文类成果，都不同程度地对上海各国领事法庭的法官设置、受案范围、管辖权限等问题作了总括性介绍；另有《上海法租界司法制度与实践之探析》[⑥]一文对上海法租界领事法庭作了较为细致的考察，介绍法庭的人员设置、运作机制、法律适用等基本情况，并列举具体案件来反映法庭背后存在的问题，作者认为，领事法庭虽然根据法国司法程序设置上诉法院，但其位置在越南不在中国，这对于具体案件的审理来说上诉成本过高，从名义上的“两审终审”沦为实质上的“一审终审”，这就给许多法国人在华犯罪留下了一条“暗道”，尤其上海沦陷后此种情形愈演愈烈，领事法庭更成为法国人在华犯罪的保护伞。

在对各国领事法庭进行总体介绍或着笔于各国在上海之外其他城市设立领事法庭的研究中，《论租界的司法制度》[⑦]一文对各国领事法庭的管辖权限、各项法权等问题作了概要性介绍；《近代外国在华法庭述论》[⑧]一文对于在华设置领事法庭的国家、各国领事法庭的设置年份、设置数量、任

① 徐公肃、丘瑾璋：《上海公共租界制度》，第二编第三章“司法之过去与现状”，载《上海公共租界史稿》，上海人民出版社1980年版。

② 王立民：《上海法制史》，上海人民出版社1998年版，第272—274页。

③ 杨湘钧：《帝国之鞭与寡头之链——上海会审公廨权力关系变迁研究》，北京大学出版社2006年版，第49页。

④ 王立民：《上海租界法制史话》（第2版），上海人民出版社2017年版，第82—84页。

⑤ 邓克愚、顾高地：《列强在上海侵夺我国司法权的史实》，载《列强在中国的租界》编辑委员会编：《列强在中国的租界》，中国文史出版社1992年版，第26—53页。

⑥ 王振伟：《上海法租界司法制度与实践之探析》，华中科技大学2010年硕士学位论文。

⑦ 费成康：《论租界的司法制度》，《政治与法律》1992年第3期。

⑧ 潘家德：《近代外国在华法庭述论》，《四川师范学院学报》（哲学社会科学版）2001年第2期。

职法官、判决依据、上诉程序、监狱设置等诸问题作了全面细致的考察，有较大的参考价值；《近代日本在华领事裁判权述论》[①]一文介绍日本在华各领事法庭的司法组织及程序、法官任职和司法协助等问题，并列举俄、英、法、美四国在华法庭的司法组织及程序进行参照，以说明日本在华领事裁判权体制在设立领事法庭等诸方面较之于欧美各国，自成体系；《外国在华领事裁判权史稿》一书在论述外国在华审判机构时，对意大利在华领事法庭的设立、职权及法律依据作了较为详致的介绍；[②]《汉口租界志》中对英、美、俄等各国设立于各驻汉领事馆内领事法庭的基本概况进行细致介绍；[③]《汉口五国租界》一书中简述汉口租界中英、美、法、比、日、意、葡等国领事法庭的受案范围、法官任职、法律适用等情况。[④]

由上可见，目前学界在领事裁判权制度方面已有不少研究成果，但无论是著作还是论文，研究领事法庭的专论几近于无，与之相关的研究大多附着于领事裁判权制度或租界司法制度。因而对于领事法庭的研究，无论是从宏观层面的总体论述，还是对微观问题的细致考察，都还显得较为不足。个中原因恐怕一方面在于对各国为行使领事裁判权而设立领事法庭的数量确实很难作出一个准确统计，其数量多、线索杂、资料散、规则繁，使得摆在研究者面前的困难不小；另一方面也因为许多有关领事法庭的司法卷宗已确不可考，使得相关研究也裹足不前。然而对这一行使领事裁判权的主要载体，若缺乏对领事法庭的专门性考察，对租界审判机关的研究

① 曹大臣：《近代日本在华领事裁判权述论》，《抗日战争研究》2008 年第 1 期。

② 安国胜：《外国在华领事裁判权史稿》，中国政法大学出版社 2014 年版，第 244—246 页。

③ 《汉口租界志》编纂委员会编：《汉口租界志》，武汉出版社 2003 年版，第 248—251 页。

④ 王汗吾、吴明堂：《汉口五国租界》，武汉出版社 2017 年版，第 53—57 页。

就会显得不够完整，进而影响到对领事裁判权整体制度的判断。

二、领事公堂

1882 年 1 月，上海公共租界根据 1869 年《土地章程》的规定设立由各国领事组成的领事公堂（Court of Foreign Consuls），这是一个专门受理以工部局为被告的审判机关。

在对租界审判机关的总体研究中，有关领事公堂的研究显得颇为小众。现有成果中，一些有关上海租界或上海史的论著会涉及公堂基本概况的描述，著作类成果《上海租界志》①《上海审判志》②《上海旧政权建置志》③《上海公共租界史稿》④《上海法制史》⑤《上海租界法制史话》⑥等，论文类成果《会审公廨与领事公堂》⑦《列强在上海侵夺我国司法权的史实》⑧等，以上研究都或多或少对领事公堂的设立理由、法官设置、诉讼制度、机构性质等作了基本介绍，其中《上海租界志》还列举了几起审判案例，来说明公堂作出的判决也并不每次都是工部局获胜，不利于工部局的

① 史梅定主编：《上海租界志》，上海社会科学院出版社 2001 年版，第 297—301 页。

② 滕一龙主编：《上海审判志》，上海社会科学院出版社 2003 年版，第 75 页。

③ 王国忠主编：《上海旧政权建置志》，上海社会科学院出版社 2001 年版，第 233 页。

④ 徐公肃、丘瑾璋：《上海公共租界制度》，第二编第三章“司法之过去与现状”，载《上海公共租界史稿》，上海人民出版社 1980 年版。

⑤ 王立民：《上海法制史》，上海人民出版社 1998 年版，第 274—275 页。

⑥ 王立民：《上海租界法制史话》（第 2 版），上海人民出版社 2017 年版，第 78—79 页。

⑦ 蒯世勋：《会审公廨与领事公堂》，载吴圳义编：《上海租界问题》第三编“司法问题”，台湾正中书局 1981 年版，第 202—218 页。

⑧ 邓克愚、顾高地：《列强在上海侵夺我国司法权的史实》，载《列强在中国的租界》编辑委员会编：《列强在中国的租界》，中国文史出版社 1992 年版，第 26—53 页。

判决也并不少见。

其他相关论著对公堂也提出了某一角度的见解，如《帝国之鞭与寡头之链——上海会审公廨权力关系变迁研究》认为公堂的存在显示着寡头政体仍有相当的权力制衡意识与体制，而非凭少数独裁决定案件结果；①《西风落日——领事裁判权在近代中国的确立》一书认为公堂面临最大的难题就是法律适用问题，加上工部局本身的利益本位，再从法理而论，公堂就是一个极其荒唐的畸形司法机构；②同一作者在另一本专著《外国在华领事裁判权史稿》③中对公堂论述的内容和观点也基本与前书一致；《近代外国在华法庭述论》④一文则认为领事公堂是各国在华领事裁判权的扩大，但由于公堂在实际上没有适用法律，使其司法审判很难正常进行，审判之案很少。总体来说，以上对于领事公堂的论述基本上附属于领事裁判权或是对租界总体审判机关研究的一般考察。

对领事公堂进行专门性研究的论文，陋见所及，仅有两篇：《试论上海公共租界的领事公堂》和《上海公共租界领事公堂研究》。

《试论上海公共租界的领事公堂》一文对领事公堂的产生背景、基本结构（包括诉讼费用、举证责任、审案原则、任职法官、适用法律、诉讼程序等）、性质及评价等四方面作了细致而全面的考察，从一个侧面揭示近代西方法律制度在上海租界的施行情况。作者认为，设立领事公堂一方

---

① 参见杨湘钧：《帝国之鞭与寡头之链——上海会审公廨权力关系变迁研究》，北京大学出版社2006年版，第51—53页。

② 参见安国胜：《西风落日——领事裁判权在近代中国的确立》，法律出版社2012年版，第284—285页。

③ 安国胜：《外国在华领事裁判权史稿》，中国政法大学出版社2014年版，第296—297页。

④ 潘家德：《近代外国在华法庭述论》，《四川师范学院学报》（哲学社会科学版）2001年第2期。

面是基于司法权对行政权的监督，另一方面是出于在沪领事与租界侨民之间的利益平衡，虽然公堂的成立缺乏法理依据，且本身具有很大的局限性，但作为行政法庭的雏形，对后来中国行政法和行政法院的产生不乏借鉴之处。此外，作者还分别从领事公堂的受案范围和审理的具体案例来判断公堂从本质上是“一个行政法庭”，并以著名的闸北水电公司诉工部局一案为例，对公堂的审判程序作出说明。①该文论证深入细致，材料多为一手档案，可资借鉴的观点和材料较多。

《上海公共租界领事公堂研究》②一文共分四章：上海公共租界领事公堂的缘起及发展、上海公共租界领事公堂人员组成及诉讼程序、上海公共租界领事公堂案件分析、上海公共租界领事公堂其他相关问题。作者认为，领事公堂审理的案件是现代行政法意义上的行政诉讼类纠纷，因此公堂就是公共租界内的行政法庭。它的存在，对工部局行政管理权的行使进行了一定的监督和制约，在一定程度上保护了界内居民或法人的合法权利不受工部局的侵害，是一种新的权利救济途径，规范了租界的市政管理。该文的创新及亮点之处在于：作者花了大量时间收集了众多公堂文书档案史料，提出了一些新观点和新认识，从而突破了以往学术成果中的一些雷同性，并通过对比研究上海公共租界与中国其他租界内的领事公堂，分析异同，考察特点，进而从另一个侧面加深对上海公共租界领事公堂的认识，弥补了以往成果中对比研究方面的不足。

此外，汉口租界领事公堂于 1902 年前后由驻汉领事团成立，但仅见《汉口租界志》③一书对此机构有零星文字的描述；厦门鼓浪屿公共租界领

① 孙慧：《试论上海公共租界的领事公堂》，载马长林主编：《租界里的上海》，上海社会科学与出版社 2003 年版，第 215—228 页。

② 黄毛毛：《上海公共租界领事公堂研究》，华东政法大学 2014 年硕士学位论文。

③ 《汉口租界志》编纂委员会编：《汉口租界志》，武汉出版社 2003 年版，第 251 页。

事公堂的成立时间也不早于 1902 年，与此相关的研究同样寥寥无几，仅有《公共租界鼓浪屿与近代厦门的发展》一书从行政诉讼制度引入的角度对租界时期鼓浪屿司法制度对近代厦门司法制度的影响作出阐述。①

作为中国近代史上首个具有行政法庭属性的审判机关，领事公堂本应获得学界足够的关切和重视。公堂当年审判的一些案件，在今天看来仍具有重要的借鉴意义，尤其是那些判决工部局败诉的案件，事后工部局一般都会对自己的市政立法或市政管理措施有所改变。但遗憾的是，从目前的情况来看，涉及领事公堂基础性介绍的成果为数不少，但相应的专门性研究仍极为有限，现有的论著大多将其作为租界司法机关的陪衬进行顺带介绍，且描述与结论也大同小异。和会审公廨的研究成果相比，对公堂诸多细节方面的考察尚缺乏深入细微的研究和分析。近年来，上海市档案馆整理并公布了一大批租界档案史料，对领事公堂的研究，也应充分利用这一有利条件，继续全面深入地开展下去。

三、英国高等法院和上诉法院

1865 年，英国政府在上海设立高等法院，取代原来的领事法庭，正式名称为“英皇在中日高等法院”（H.B.M.'s Supreme Court for China and Japan），即英国按察使署，后又在上海设立上诉法院（Appeal Court）。1943 年 1 月，中英签署《中国关于取消英国在华驻外法权及其有关特权条约》，英国高等法院撤销。

不少有关上海史或租界司法的论著都涉及对英国高等法院和上诉法院

① 何其颖：《公共租界鼓浪屿与近代厦门的发展》，福建人民出版社 2007 年版，第 188—193 页。

的基本介绍，著作类成果如《上海租界志》[①]《上海审判志》[②]《上海旧政权建置志》[③]《上海法制史》[④]《帝国之鞭与寡头之链——上海会审公廨权力关系变迁研究》[⑤]等，论文类成果如《列强在上海侵夺我国司法权的史实》[⑥]《近代外国在华法庭述论》[⑦]等，对法院的审判官设置、管辖范围、判决依据等情况进行了初步的阐述，为读者勾勒出英国在华法院的基本概貌，虽然相关论述一般都较为简略，缺乏深入性，但为后人的专门性研究提供了铺垫。

一些领事裁判权的著作对法院也进行某一角度的考察，《外国在华领事裁判权史稿》一书论及英国高等法院和上诉法院的法官任职要求、管辖权划分以及时人对英国这套在华司法审判体系的评价，认为英国在华审判机构“可谓民刑兼备、审级齐全，甚至执行体系都堪称完善”，与之相对的则是中国法网被冲击得七零八落；[⑧]《西风落日——领事裁判权在近代中国的确立》一书在第八章中，对英美两国在华设立的专门法院作了基本介绍，并对一些观点将两国在华设立法院作为“在华领事裁判权之实施”或“条约内的中国司法权侵略”提出质疑，认为两国在华法院和其他基于领事

① 史梅定主编：《上海租界志》，上海社会科学院出版社 2001 年版，第 295—296 页。

② 滕一龙主编：《上海审判志》，上海社会科学院出版社 2003 年版，第 75 页。

③ 王国忠主编：《上海旧政权建置志》，上海社会科学院出版社 2001 年版，第 233 页。

④ 王立民：《上海法制史》，上海人民出版社 1998 年版，第 275 页。

⑤ 杨湘钧：《帝国之鞭与寡头之链——上海会审公廨权力关系变迁研究》，北京大学出版社 2006 年版，第 49—50 页。

⑥ 邓克愚、顾高地：《列强在上海侵夺我国司法权的史实》，载《列强在中国的租界》编辑委员会编：《列强在中国的租界》，中国文史出版社 1992 年版，第 26—53 页。

⑦ 潘家德：《近代外国在华法庭述论》，《四川师范学院学报》（哲学社会科学版）2001 年第 2 期。

⑧ 参见安国胜：《外国在华领事裁判权史稿》，中国政法大学出版社 2014 年版，第 240—242 页。

裁判权的审判机构在性质上有本质的区分，其设立“是将原来多少有些权宜之计的领事裁判机构常态化、制度化了，这是一个重要的质的变化”。①

除以上学术成果有所涉及外，专题论述英国高等法院及其上诉法院的论文尚未发现，因而对该法院的专门性研究还很薄弱。英国取得在华领事裁判权后的几十年内，在中国的土地上逐步经营出一套复杂、周密而便利的司法审判体系，这一体系对于紧随其后建立专门法院的美国人提供了多少样板作用，法院在多大程度上践行了英美法系的法治传统，又在多大程度上对英国在华利益提供了有效的保护和管理，随着更多史料的开发和挖掘，希望这一专门法院能够得到更多学者的重视，以对这些问题进行更加系统的梳理和细致的探研。

四、美国在华法院和美国司法委员法院

1906 年 6 月，美国国会通过《设立美国驻华法院并限定其管辖权的法案》，在上海设立美国在华法院（The United States Court for China）②，1920 年美国又废止上海美国领事法庭，改设上海美国司法委员法院（The United States Commissioner's Court at Shanghai）。

不少有关上海史和上海租界法制的论著都涉及对美国在华审判机关的介绍，著作类成果如《上海租界志》③《上海审判志》④《上海旧政权建置

① 参见安国胜：《西风落日——领事裁判权在近代中国的确立》，法律出版社 2012 年版，第 276—284 页。

② “美国在华法院”又称“美国驻华法院”，如朱志辉：《清末民初来华美国法律职业群体研究（1895—1928）》广东人民出版社 2011 年版；或“美国中国事务法院”，如杨寅：《鲜知、遗忘的上海美国法院》，《读书》2003 年第 8 期。

③ 史梅定主编：《上海租界志》，上海社会科学院出版社 2001 年版，第 296—297 页。

④ 滕一龙主编：《上海审判志》，上海社会科学院出版社 2003 年版，第 76 页。

志》[1]《上海法制史》[2]《帝国之鞭与寡头之链——上海会审公廨权力关系变迁研究》[3]《上海租界法制史话》[4]等，论文类成果如《列强在上海侵夺我国司法权的史实》[5]《近代外国在华法庭述论》[6]等，对美国在华法院和美国司法委员法院的机构设置、管辖范围等作了概要性阐述。此外，其他相关著作也对美国法院进行了某一方面的考察，如《清末民初来华美国法律职业群体研究（1895—1928）》一书从法律职业群体执业环境的角度，考察美国驻华法院的设立原因、管辖范围、机构设置、法官任职、律师出庭制度，以及上海美国司法委员法院的法官任职条件、管辖范围。[7]《外国在华领事裁判权史稿》一书在论及美国在华法院时引用时评“未得条约允许之故，不能辄效英国所为”，以表示美国不应在上海设立法院。[8]

在对美国在华法院的专门性研究中，既有专题论文，也有相关的专著问世。《旧上海的美国法院、法官与律师》[9]和《鲜知、遗忘的上海美国法院》[10]二文是较早将研究视角聚焦于美国在华审判机构的研究成果，前者介

① 王国忠主编：《上海旧政权建置志》，上海社会科学院出版社2001年版，第233页。

② 王立民：《上海法制史》，上海人民出版社1998年版，第275页。

③ 杨湘钧：《帝国之鞭与寡头之链——上海会审公廨权力关系变迁研究》，北京大学出版社2006年版，第50—51页。

④ 王立民：《上海租界法制史话》（第2版），上海人民出版社2017年版，第85—86页。

⑤ 邓克愚、顾高地：《列强在上海侵夺我国司法权的史实》，载《列强在中国的租界》编辑委员会编：《列强在中国的租界》，中国文史出版社1992年版，第26—53页。

⑥ 潘家德：《近代外国在华法庭述论》，《四川师范学院学报》（哲学社会科学版）2001年第2期。

⑦ 朱志辉：《清末民初来华美国法律职业群体研究（1895—1928）》，广东人民出版社2011年版，第69—74页。

⑧ 参见安国胜：《外国在华领事裁判权史稿》，中国政法大学出版社2014年版，第242—244页。

⑨ 张新：《旧上海的美国法院、法官与律师》，《档案与史学》2001年第3期。

⑩ 杨寅：《鲜知、遗忘的上海美国法院》，《读书》2003年第8期。

绍了美国在华法院的建立、在法院任职的 5 名法官及代表性律师；后者介绍了法院的设立原因、历史背景和特点等，作者认为职业法院代替领事法院不仅因为美国需要克服中美商业往来的障碍、扩大对华贸易，同时也需要通过整治在华的美国人，以达到理性、规范地处理涉及美国人在华法律事务的目的。

《近代“治外法权”的特殊形式：美国驻华法院初探》①和《从领事法庭到驻华法院：美国在华治外法权模式转型》②二文，从领事法庭到驻华法院的转变，探讨美国设置驻华法院的原因不仅是为了更有效地行使治外法权、更大程度地约束本国在华公民，更深层次的因素还在于对其法律精神、司法原则和理念的域外宣扬和普及，且在客观上对中国传统司法产生了强烈的正面冲击；《美国驻华法院适用法源研究——基于罗炳吉〈治外法权案例集〉的考察》③一文，借由对法官罗炳吉编纂的两卷本《治外法权案例集》的翻译与整理，提炼总结出美国驻华法院法官在案件审判中所依照并确立的审判规则，并以此揭示法院作为美国在华特殊司法机构的独特性，及背后所蕴含的西方法治传输的理念；在《美国驻华法院：近代治外法权的另一重实践》④一文，通过考察美国驻华法院的制度设计和司法实践，探明法院当年的运作概况，以此发掘美国在华治外法权实践背后所蕴含的传播西方法治观念、并最终推行法律帝国主义目的等深层次内涵。以

① 李洋：《近代“治外法权”的特殊形式：美国驻华法院初探》，《湖北社会科学》2013 年第 5 期。

② 李洋：《从领事法庭到驻华法院：美国在华治外法权模式转型》，《南京大学法律评论》2014 年第 1 期。

③ 李洋：《美国驻华法院适用法源研究——基于罗炳吉〈治外法权案例集〉的考察》，《中外法学》2015 年第 4 期。

④ 李洋：《美国驻华法院：近代治外法权的另一重实践》，《法学家》2015 年第 6 期。

上几篇论文的出现，表明该研究领域已出现崭新的局面，美国在华法院研究已开始从基础走向纵深、从零散走向系统。

《美国驻华法院研究（1906—1943）——近代治外法权的殊相》①一书通过考察这一职业司法机构的设置背景、运作规程、审判实践以及社会效果，对其背后所蕴含西方国家推行“法律帝国主义”的深层次理念作一全方位解读。同时客观反思美国在华法律人士借此治外法权实践形式见证并参与中国法制近代化的历史进程，以及国人凭借涉身西方职业司法机构审判进而更为直观体味西方司法模式所带来的冲击，感受西方法治观念洗礼的系列过程。作为美国在华法院研究领域内的第一本专著，该书无疑具有重要的开拓性贡献，并体现了较高的研究水平。

正如杨寅在《鲜知、遗忘的上海美国法院》一文中所言，“对于美国在二十世纪的上海设立为期达三十七年职业法院的历史，无论是当代中国学者还是美国学者都少有研究，甚至可以说这是一段鲜为人知、被人遗忘的历史”，美国在华法院的相关研究在很长一段时间内遭到了学术冷遇，乏人问津，幸而随着以上高质量论著的问世，填补了美国在华法院研究的空白。

第四节　对研究现状的总结与思考

租界法制是一个历久而弥新的研究主题，租界审判机关一直是此中的核心和重点，也是历来研究的难点。通过对以上研究现状进行考察后可

① 李洋：《美国驻华法院研究（1906—1943）——近代治外法权的殊相》，上海人民出版社 2016 年版。

知，70 年来有关中国租界审判机关的研究，成绩与局限同样明显。

一、以研究时间为视角

从论文发表的情况来看，新中国成立后的前 30 年，由于受大环境的影响，相关学术研究也停滞不前。直到 1983 年，随着张铨的《上海公共租界的会审公廨》一文在《社会科学》上的发表，标志着租界审判机关研究开始进入学术轨道。然而这一时期的学术研究尚在起步阶段，整个八九十年代学界关于中国租界审判机关的专题论文并不多，仅为 8 篇，[①]这些论文大多着眼于史实的梳理，偏重于探讨机构设立与沿革、中外交涉等；进入 21 世纪后，论文数量呈现明显增长的趋势，从 2001 年至今的专题论文发表数达 31 篇，比前 20 年增长近四倍，形成一个研究高潮。与此同时，对租界问题的研究已逐渐跳出传统研究方法的局限，关于宏观性、基础性问题的讨论渐趋平淡，研究者开始将目光转向具体的实证研究，如审判机关法权的变迁、对具体审判制度的法理分析、中西法律观念的冲突与融合等，这一时期发表的论文无论在研究广度还是深度上均有突破，学者们的研究视角更为微观而具体。

从著作的情况来看，对于租界审判机关的研究最初大多蕴含于其他研究领域，如地方史、地方志、租界史或领事裁判权领域，使得早期关于租界审判机关的研究成果涉及有地方史著作、地方志著作、中国租界的著作、领事裁判权的著作等。相关成果从 20 世纪 90 年代后期开始，有《上海法制史》《上海审判志》《上海租界志》《上海旧政权建置志》《中国租界史》《上海近代史》《列强在中国的租界》《上海公共租界史稿》《外国在华

① 数据来源：中国知网（CNKI），统计截止日期为 2018 年 12 月 31 日。

领事裁判权史稿》等，一些著作在论述租界问题或领事裁判权问题时对租界审判机关顺便带及，也有一些著作设专章进行介绍并评论，对租界审判机关中从洋泾浜北首理事衙门到特区法院作全景式的描述或介绍。总体而言，这些著作主要体现为运用史料梳理租界相关审判机关的设立背景、产生、审判设置、机构沿革、性质及影响等，描述性较强，属于本项研究的开创性阶段，这些成果的基础性工作普遍做得比较扎实，为此后的进一步研究打下坚实的基础。进入21世纪后，随着研究领域的不断细化，租界审判机关研究从领事裁判权或地方史、甚至是租界法制研究中分立出来，成为一个专门的研究领域，并随着研究的不断深化，2011年后，出现一批专门性的研究专著，如《上海公共租界特区法院研究》《从会审公廨到特区法院——上海公共租界法权变迁研究》《美国驻华法院研究（1906—1943）——近代治外法权的殊相》，这些专著的出现标志着租界审判机关研究领域已取得突破性的进展。

二、以研究内容为视角

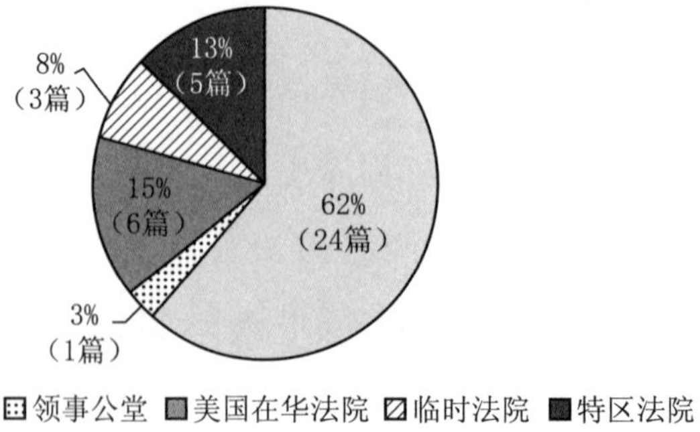

图11-1　中国各租界审判机关之专题论文数统计[①]

① 数据来源：中国知网（CNKI），统计截止日期为2018年12月31日。

纵览研究现状，70 年来对会审公廨、美国在华法院、特区法院等租界审判机关的研究已渐成规模，尤其在进入 21 世纪以后，长期的学术积累，学术环境的更加开放，研究租界学者的不断增加，使得与此相关的学术成果颇丰。

在会审公廨领域，已有大量研究成果问世，仅专题论文就已发表 24 篇，从研究的时间跨度和所取得成果的比例来看，还是较为喜人的，从中也可见一些富有见地、深具功力的研究，但同时也存在着一些局限。一方面，一些研究选题和观点还缺乏新意，有些研究者止步于对材料的搜集整理和简单归纳，提出问题的能力有限，阐释问题的方法也循于常规，这样往往导致了研究过程和研究结论趋于简单和雷同，并存在一些选题重复的现象，因此 70 年来尽管会审公廨的研究史料更为丰富，研究领域和方法也得到较大拓展，但在观点、结构、资料、视角等方面的突破并不大；另一方面，关于会审公廨的研究成果主要还集中在论文方面，至今还缺乏更多具有较高学术水准的代表性专著问世。

对美国在华法院、特区法院的研究都已实现具体“点”的突破，既有发表在高质量期刊上的学术论文，又有相关专著出版，既有宏观上的描述，也有微观上的专题研究，可谓取得较为丰硕的成果。在今后的研究中，可进一步尝试运用各种理论框架解构这些审判组织，开展全景式或阶段式的深入研究。同时也可以尝试开展各审判机关之间的比较研究，如将美国在华法院与美国联邦法院、特区法院与华界法院相比较，从不同的审判机构中提取共同的主题，既充分表达两者的特色和独创，又为双方提供新的立足点来重新审视自己，从而为研究的融通与理论的重构提供可能，可见对于美国在华法院、特区法院的研究可开掘的空间还很大。

与此同时，对法租界违警罪裁判所、洋泾浜北首理事衙门、领事法庭、英国高等法院及上诉法院、临时法院等的研究还远远不够，对上海以外其他租界审判机关的研究更几近空白，从总体上看研究后劲不足，徘徊于既有的格局，缺乏整体性的推进，因此相较于会审公廨，这些审判机关的专题研究显得相当落寞，这不得不说是一种失衡，而这势必导致我们对租界审判机关的研究是局部的、不完整的，也将导致我们的研究只能是描述性的而非专门性和分析性的。但是造成这种研究困境的原因主要还在于资料的局限和翻译的制约。

从目前的情况来看，国内对涉及会审公廨的海外研究论著的翻译只占其中的一小部分。由于没有中文译本和中文史料，无法为国内的相关研究提供基础性资料，国内对这些机关的研究也就未能更深入开展。对此，应推动翻译事业的进一步发展，组织相关力量有计划、有选择地将海外有关中国租界研究的成果译介过来，为租界审判机关的持续研究提供动力，如上述对于英国人麦克法兰、俄国人郭泰纳夫著作的翻译就为会审公廨的进一步研究提供了可能。中外不同的研究目的、视角和方法，以及由此导致对租界审判机关认识的差异，可为研究者开辟新的思路和视野。如澳大利亚学者斯蒂芬斯的“Order and Discipline in China—The Shanghai Mixed Court 1911—1927”（《中国的秩序与纪律——上海公共租界会审公廨 1911—1927》）一书，从研究论证到理论建构，都给人耳目一新的感觉，给同行留下了深刻印象，但至今仍未有中文译本。可见在国际学术交流已愈趋频繁的当下，关于中外租界法制学术成果间的互相借鉴还很不充分，还有待学界的进一步翻译和推介。

三、以期刊来源单位为视角

伴随着研究生教育的着力发展，租界审判机关研究也开始获得各大高校硕博士研究生的关注，成为研究生学位论文的选题，据不完全统计，从

2005 年到 2017 年共 13 年间，与租界审判机关相关的硕博士学位论文达 19 篇，[①]其中不少论文视角独特，观点新颖，获得学界的认可和好评。研究生群体作为租界法制研究的后继力量，在很大程度上增强了研究的传承力与创新力。

华东政法大学法律史学科已逐渐成为租界法制领域的研究重地，近年来随着研究力量的不断凝聚，已形成一支稳定的租界法制研究队伍。在以上提及的 19 篇租界审判机关相关的学位论文中，华政有 9 篇，占总数的近一半。中国法律史方向带头人王立民长期潜心于租界课题的研究，不仅主持多项租界法制方面的省部级项目，[②]还出版多部相关专著《中国租界法制初探》[③]《上海法制史》（第 2 版）、《上海租界法制史话》（第 2 版），主编《上海租界法制研究》《上海法制与城市发展》等著作，并在《中国法学》《中外法学》等刊物上发表中国租界法制方面的相关论文近 30 篇，是中国租界法制领域的专家。在其带领下，团队关于租界法制领域的研究成果不断涌现，一批又一批学术新人相继迈入这一研究行列，由王立民教授指导的多位硕博士研究生纷纷将毕业论文聚焦于会审公廨、会审公堂、临时法院、特区法院等租界审判机关，研究者之间的相互探讨和沟通克服了以往研究中各自为战、缺乏合作的弊端，这些研究成果不仅填补了相关领域的学术盲点，其中一些论文还获得第一届曾宪义法律史优秀硕士论文奖、上海市研究生优秀成果（学位论文）等荣誉。这一研究还在持续进行且不断开拓中，形成了稳定的研究团队和鲜明的学科特色。

---

① 数据来源：中国知网（CNKI），统计截止日期为 2018 年 12 月 31 日。

② 如 2009 年上海市教委科研创新重点项目“上海租界法制研究”、2009 年司法部一般课题“中国租界的现代法制研究——以上海现代化法制为主要视角”、2014 年国家社科基金一般项目“租界法制与中国法制近代化研究”等。

③ 王立民：《中国租界法制初探》，法律出版社 2016 年版。

后　记

《中国法制史研究 70 年》一书原是我主持的 2017 年上海市哲学社会科学“三大系列”课题“中国法制史研究 70 年”（2017BHB013）的结项成果。在此基础上，根据著作的要求，作了修改。此课题与本书都在我与我的同事、学生共同努力下完成。其中，凝聚了大家的心血。我们分工写作的情况如下：

王立民：序、第六、九、十章和后记。

何仁俊：第一章。

陈艳、王安廷：第二章。

李林、刘倩：第三章。

洪佳期：第四章。

王捷：第五章。

高珣：第七章。

宋伟哲：第八章。

孙晓鸣：第十一章。

本书由我和高珣共同设计，洪佳期参与了大量后期工作并总成本书。王捷、孙晓鸣、宋伟哲为我们的工作提供了许多帮助。何仁俊、陈艳、王安廷、李林、刘倩等的硕士学位论文的内容成为本书的重要组成部分。在校的李一枝、晁芸芸、杨芳芳、刘学娜、王晓、高凌艳等硕士研究生也为本书的后期工作提供了许多帮助。上海人民出版社的领导与秦堃、沈骁驰编辑大力支持此著作的出版。在此对大家的参与、帮助与支持表示最为衷心的感谢！文稿虽已成册，本书也快出版，但我仍忧心忡忡。书中存在的错误与不足，还请各位同仁赐教、指正，以便我们日后修正，精益求精。多谢！

王立民

2019 年 4 月 28 日

图书在版编目(CIP)数据

中国法制史研究70年/王立民,洪佳期,高珣主编
.—上海:上海人民出版社,2019
(上海市纪念新中国成立70年研究丛书)
ISBN 978-7-208-15993-8

Ⅰ.①中… Ⅱ.①王… ②洪… ③高… Ⅲ.①法制史
-研究-中国 Ⅳ.①D929

中国版本图书馆CIP数据核字(2019)第149477号

责任编辑 秦 堃
封面设计 谢定莹

上海市纪念新中国成立70年研究丛书
中国法制史研究70年
王立民 洪佳期 高 珣 主编

出　　版 上海人民出版社
(200001 上海福建中路193号)
发　　行 上海人民出版社发行中心
印　　刷 上海商务联西印刷有限公司
开　　本 787×1092 1/16
印　　张 34.75
插　　页 4
字　　数 436,000
版　　次 2019年8月第1版
印　　次 2019年8月第1次印刷
ISBN 978-7-208-15993-8/D·3458
定　　价 140.00元